作者简介

　　高玉昆　教授，1962年生于山东乳山，毕业于北京大学中文系，任教于国际关系学院文化与传播系，长期从事中国传统文化的教学与研究工作。中华诗词学会会员、北京诗词学会会员、中国比较文学学会会员。有《大有斋诗稿》行世。

　　主要学术专著有《全唐诗注释·储光羲诗注》《唐诗比较研究新论》《初唐四杰暨陈子昂诗传》《国学经典导读》《中国古典诗歌艺术研究》等，编著《对外汉语暨汉语国际教育硕士考研》等系列教材。

　　主要学术论文有《论盛唐之音》《试论中唐诗歌复古思潮》《比较鲁迅近体诗与李商隐的诗》《唐诗英译与唐诗词汇研究》《悖论诗学视阈中的杜诗艺术风格特质新探》《国学教育与国际媒体传播》《中国古典文学与中日邦交》《国学教育与翻译人才培养》《国学与我国当代外交实践》《文化安全视阈中汉字安全的潜在危机》等数十篇。

中国书籍·学术之星文库

国学典籍述疏

高玉昆 ◎ 著

中国书籍出版社
China Book Press

图书在版编目（CIP）数据

国学典籍述疏/高玉昆著．—北京：中国书籍出版社，
2016.8

ISBN 978－7－5068－5704－8

Ⅰ.①国… Ⅱ.①高… Ⅲ.①国学—研究 Ⅳ.①Z126

中国版本图书馆 CIP 数据核字（2016）第 173301 号

国学典籍述疏

高玉昆 著

责任编辑 刘 娜

责任印制 孙马飞 马 芝

封面设计 中联华文

出版发行 中国书籍出版社

地 址 北京市丰台区三路居路 97 号（邮编：100073）

电 话 （010）52257143（总编室） （010）52257153（发行部）

电子邮箱 chinabp@ vip. sina. com

经 销 全国新华书店

印 刷 北京彩虹伟业印刷有限公司

开 本 710 毫米×1000 毫米 1/16

字 数 413 千字

印 张 23

版 次 2017 年 1 月第 1 版 2017 年 1 月第 1 次印刷

书 号 ISBN 978－7－5068－5704－8

定 价 88.00 元

目 录
CONTENTS

叙　例

一、本书所谓"国学典籍"之界定

何谓"国学"？古籍记载周朝设立"国学"，乃本指供王室贵族子弟学习的国家级学府。现代作为学术意义上的国学概念，是在近代随着中西学术交流日益频繁、与"西学"概念相对峙而形成的概念，指我国本有之传统学术文化，即自古至今独有的中华文明智慧之精华。至于"国学"这个名称，学界认为源于前清光绪末年章太炎设立"国学讲习会"和刘师培设立"国学保存会"之名称，梁启超也曾筹办《国学报》。当时国人称"国学"，洋人则称"汉学"。早先也曾称"中学"（即指中国之学），所谓"中学为体，西学为用"。或称"旧学""国故""国粹"等。

关于国学的范畴，百年来学术界也见仁见智，大致有广义和狭义两种界定。有学者主张大国学的理念，即大而广之指祖国从古至今的一切历史文化，包括思想学术、文学艺术、历史人物、典籍制度、语言风俗、数术方技、园林建筑、琴棋书画以及武术中医等等。如吴宓认为："兹所谓国学者，乃指中国学术文化之全体而言。"邓实《国学讲习记》说："国学者何？一国所有之学也。"（《国粹学报》第19期）又如胡适即认为："中国的一切过去的文化历史，都是我们的'国故'；研究这一切过去的历史文化的学问，就是'国故学'，省称为国学。"认为"国学"就是"国故学"的简称，乃指中国从古至今的一切历史文化。甚至有学者将概念外延更加泛化，扩大到诸如有关衣食的农桑学、治理水土的水利学、强身健体的气功学、器物制造的工艺学以及堪舆学（风水之学）、占梦学等等。

亦有学者持小国学的理念，如马一浮于1938年所言："今楷定'国学'者，既是'六艺'之学"，即谓《诗》、《书》、《礼》、《乐》、《易》、《春秋》。"而折中的概念如学人曹聚仁《国故学之意义与价值》所言："国学者，中华民族以文字所表达之结晶思想"。商务印书馆刊行的《现代汉语词典》释义为："我国传统的学术文化，包括哲学、历史学、考古学、文学、语言学等"。《新华词典》释义为："称中国的传统学术文化"。定义为研究中国传统的典籍、学术和文化的学问。

至于具体国学内容之分类，学者观点亦不一。如梁启超1923年为清华大学学生所列《国学入门书目》分为：一、修养应用及思想史关系；二、政治史及其他文献；三、韵文；四、小学及文法；五、随意涉览书类。李笠《国学用书摘要》分为五类：哲学部；史学部；文学部；小学部；类书辞典。他们或以现代舶来名词对应传统典籍之内容，名实略显不符；或杂以主观，偏而未全。国学大师章太炎先生《国学讲演录》将国学解读为五大方面：一小学、二经学、三史学、四诸子、五文学。既沿用传统之概念，如"经学""诸子"之名，又析出"小学"独立列类，认为"小学者，国故之本，王教之端，上以推校先典，下以宜民便俗"（《国故论衡》），摒弃旧时"小学"为"经学"之附庸的观念；又单列"文学"一类。章氏的理念契合时代之趋势，适合现代学界专业研究以及学子读者的研习，最有道理。

二、本书述疏国学典籍篇章之意义

对于太炎先生对国学五方面之解读，刘毓庆《国学概论》总结说："从研究中国文化的角度来讲，这五类蕴含五个方面的意义：小学，这是开启中国文化之门的管钥；经学，这是中国人的道德精神与理想追求；史学，这是中国人的价值判断与道德坚持；诸子，我们也可以称作'子学'，这是中国人的思想与生存智慧；文学，这是中国人的人生情怀与咏叹。"国学作为一整套知识学问体系，沉淀于历史的长河，而又升华于现代社会；既是延续传统的纽带，又是开创未来的阶梯；更是蕴涵着国人修身齐家治国平天下的世界观、人生观和价值观。我们研习国学典籍，在历史的层面就是继承悠久的历史，在精神的层面就是传承祖国文明，在民族的层面就是增强民族凝聚力，在国家的层面就是有利于实现中华民族伟大复兴。

当今中华民族走向整体复兴，民族自信心大幅增强，在新世纪国际舞台上纵横捭阖，在国际民族之林的地位不断提升，海峡两岸统一指日可待，文化软实力不断加强。中国文化进一步走向海外，孔子学院和孔子课堂如雨后春笋在全球各地开设。国学正日益受到国内外各界人士的广泛重视，在我国当代社会文化思想生活、对外传播以及外交外事诸领域中发挥重要作用。加强国学典籍教育，是弘扬中华文化、提升全民族人文素养的重要途径，具有重要国家战略意义。作为炎黄子孙，认同国学、重视国学、弘扬国学，关系到我们传承中国文明，实现国人文化自觉、文化认同和文化归属的重要任务，是义不容辞的职责、无上光荣的使命！章太炎曾疾呼："夫国学者，国家所以成立之源泉也。吾闻处竞争之世，徒恃国学固不足以立国矣。而吾未闻国学不兴而能自立者也。吾闻有国亡而国学不亡者矣，而吾未闻国学先亡而国仍立者。"（《国学讲习会·序》）现代著名学者柳诒徵曾言："国学之不知，未有可与言爱国者也。"（《中国文化史》）皆可谓语重心长，深刻表达了国学为立国之本、民族之魂的灼见，今日仍不失其现实意义。

三、本书冠名"述疏"之义

书名曰"述"，其义有二：一曰，"述"者，遵循、传承也。《礼记·中庸》有言："父作之，子述之"。本书志存传承国学典籍名篇之旨意，故于每编之首设有"概述"环节；又于每篇之首设有"叙题"环节。二曰，"述"者，编述也，排比资料、传述成说、纂集成编也。《论语·述而》有言："述而不作，信而好古"。书名冠以"述"，亦有彰显本书乃编纂国学传统典籍名篇之意，以便学子读者阅读，以应古人所谓"学乎上、得乎中"之效。

书名又曰"疏"，其义亦有二：一曰，"疏"，平声，梳理资料、整饬典籍也。二曰，"疏"，读作去声，疏通文义、注解字句也。故本书设有"注疏"部分，解释国学典籍字词文句之意义。

今日国学昌盛，但常见读本多以概论一类为多，而重在经典原著导读教育方面的书籍较少。朱自清《经典常谈·序》曾说："'概论'这名字容易教读者感到自己满足。'概论'里好像什么都有了，再用不着别的了"；"阅读经典的好处，就在教人见识经典一番"。可谓语重心长。我们理应倡导大家阅读、研习几千年来沁透人心、影响深远、世代流传的国学原创性典籍，将文字与思想智慧同时印入心田，而非仅翻阅一些国学知识介绍一类的小册子、只记忆一些定义和概念。本书即依章氏之国学分类遴选相关的典籍名篇，加以述导及注疏。这些国学典籍都是世代流传的原创性名篇，是中华民族文化中最优秀、最具价值的典范性著作，是一架继承传统文化的牢固桥梁，是研究学问的绝好门径。它们既是一套中国传统学术及其研究的学问体系，同时也是一套中华民族经过时间淘漉和历史沉淀的中华传统人文价值系统，每位炎黄子孙皆应潜心研读，准确理解国学典籍本文之原义，此亦为本书撰写之鹄的。

四、本书重视"小学"典籍之述疏

"小学"三门（文字学、音韵学、训诂学）为国学研习不可或缺之门径，是通向国学殿堂的路径，是打开中国传统文化宝库之门的管钥。而自刘歆《七略》、班固《汉书·艺文志》直至《四库全书总目》，皆将小学列入儒家"六经"之附录附庸，唯孙星衍《祠堂书目》将小学类从经部独立分出。章太炎当年宣讲国学，最重视小学，曾明确讲道："仆国学以《说文》、《尔雅》为根基。"将小学从四库经部中析出，列为国学五部分之一、之首，可谓独具慧眼。可是当今出版的大多国学书籍于小学领域论述很少，常常一笔带过，笔者深感此乃辜负了当年太炎先生之用意。故本书重视小学三门之典籍，分别选取其中重要篇章加以述疏。

五、本书篇目之选择偏重述疏先秦两汉典籍

张之洞曾言："唐以前书宜多读，为其少空言耳。大约秦以上书一字千金。由汉至隋，往往见宝，与其过也，无亦存之；唐至北宋，去半留半；南宋迄明，择善而从"，主张"读书宜多读古书"（《书目答问》）。此说极具道理。故本书于经学、史学、诸子部分，大多选取先秦两汉之典籍。至于史学，乾嘉学人强调"四史"之重要。姚鼐说："初学最急，莫如《史记》、两《汉书》、《三国志》。以后便当读《通鉴》。若《晋书》以下，可以从缓。"（《惜抱轩尺牍》）故本书史学典籍的编选，于"廿六史"之中仅选其前四史之篇章。

六、本书篇目之选择不废秦汉以后典籍

为适应当今社会青年读者之视野，亦应突破前贤之眼界。如小学之学问，有清一代乾嘉学人之成就可谓后者居上。张之洞在提倡阅读古书之同时，也大力主张读后出之书，认为"经学、小学书以国朝人为极"，实事求是地充分肯定了清代学术在经学以及文字、音韵、训诂方面的学术成就，即所谓"愈后出者愈要"。故本书小学典籍部分多选明清考据篇章。

又如文学典籍部分，清人纪昀《四库全书总目提要》、张之洞《书目答问》持旧时观念，排斥戏曲和小说，甚至不录东坡词、稼轩词一类，未能彰显古典文学之煌煌成就。章太炎《国学讲演录》和《国故论衡》乃突破经史子集之观念，独立"文学"一类，与经学、史学、诸子并列，理念可贵。但遗憾的是，皆只谈文章（古文、骈赋），而不说及唐诗宋词和明清戏剧小说。其《国学概论》中《国学之派别（三）——文学之派别》认为文学只分为"诗""文"二项，对于整个中国文学史，只谈诗歌与散文，也不涉及词、小说和戏剧。此应为章氏于文学理念认识之瑕疵。故本书特遴选唐诗、宋词、元明清戏剧小说之代表作品，以供学子感受中国古典文学其中之情志与审美。

七、本书对诸子典籍选目范畴持广义理解

诸子典籍是国学的重要组成部分，正如《抱朴子·外篇·百家》所言："正

经为道义之渊海，子书为增深川流"。但历来学术界对"诸子"之范畴，尚有诸子百家之"子"抑或经史子集之"子"之分辨，正如近代学者江瑔《读子卮言》所言："分类之难，不难于经、史、集，而难于子。盖经史集三类颇有畛域，易于判别，若子类则无畛域可言，判别维艰，故古人或分或合，议论纷纷，莫衷一是。"在此，理应言及汤一介先生的学术理念。汤先生一生承继家学，研究儒学、玄学以及佛学，至乎融会贯通。晚年有关哲学文化的理念更为完善，撰文论证不同的文化思想应该通过交往与对话来取得共识，从而达到和而不同、殊途同归、术归一途之境界。2014 年 9 月，笔者于汤先生逝世后，前往燕园吊唁，口号七律一首，其中也提及汤先生对于中国文化兼容并蓄的理念：

> 大家门第饱群书，承父燕园辨释儒。
>
> 娓娓口传波罗蜜，时时手捻淡巴菰。
>
> 戏言文不过三代，严证术应归一途。
>
> 痛悼业师已驾鹤，令人涕下吾衣濡。（《甲午仲秋惊闻汤一介先生仙逝兼忆昔日燕园聆听先生授课》）

汤先生的祖父汤霖是清末进士，父亲汤用彤是近现代著名哲学家，曾任北京大学副校长。汤先生于 20 世纪 80 年代初曾开设"魏晋玄学与佛教"课程，课堂经常座无虚席。笔者印象深刻的是，他常常于课间点燃一支淡巴菰（借用我国早期对香烟的译名）解乏。汤先生晚年因为儿孙已定居海外，曾感叹研究国学的家风大概也传不过三代矣。汤先生对于各种学术流派的同一理念是完全符合国学传承的实际规律的。

汉代刘歆《七略》将兵书、术数、方技各为一略而与诸子略并列。明代胡应麟认为因当时这几类典籍数量繁富，故刘歆分别单列，其实"兵书、术数、方技皆子也"（《少室山房笔丛·九流绪论》）。章太炎也说这几类典籍"古来分，近来合，原没有什么不可"（《论诸子的大概》）。当代有学者体味原本刘歆理念之中这些典籍性质未尝相远，未尝不想列为一类，"殆亦由于部帙独多，单独分目为便"（张京华《〈汉书·艺文志〉"考镜源流"义例申论》）。因此，本书对于诸子典籍的选目持更为宽广开放的理念，选入了释家与兵家等典籍篇章。具体说明如下。

对于《论语》，《艺文志》列《论语》为"六艺略"，晚唐之后逐步列入十三经。《孟子》于《艺文志》即属"诸子略"，只是宋代以后列为十三经。而本书视《论语》和《孟子》皆为先秦诸子百家之列，故皆列为诸子典籍之中。

对于兵书，《艺文志》承袭《七略》列为"兵书略"，并非列为同级之"诸子略"。西晋荀勖《晋中经簿》分四部，于乙部即将兵书与诸子同录。兹后，从南朝梁阮孝绪《七录》《隋书·经籍志》等直至清《四库全书总目》，皆以兵书归为子部。故本书认同《孙子兵法》亦属先秦诸子百家思想著作，列为诸子典籍。

又对于佛家之学，荀勖《晋中经簿》将佛经单列为四部之外。阮孝绪《七录》将佛经作为"佛法""仙道"类，列于"外篇"。《隋书·经籍志》亦列入"佛经部"，在经史子集四部之外。由于儒家思想的影响，佛教长期不受正统学术的欢迎。从《旧唐志》起，各类正史都不著录佛经，认为"颇乖名实"（《四库总目》语）。直至明代胡应麟将释梵列入诸子范畴，认为竺乾佛家之教义，于战国诸子思想中已悉备而吻合，道出中国文化内在的统摄性、生发性和包容性。清《四库全书总目》，始将"释家"列为"子部"之中，视为与诸子百家同等之学术思想，自有道理。于今看来，所谓"三教九流"皆理应得到当下学人之认真研读，佛教文化亦为国学之重要组成部分，在华夏大地早已深入人心，不可视为外来之思想。胡适《一个最低限度的国学书目》就开列包括《坛经》等22种的佛学典籍。钱穆曾开列7部"中国人所人人必读的书"，其中即列《六祖坛经》。故本书不拘于传统"诸子百家"所谓"子"之范畴，乃于诸子典籍部分，节选《金刚般若波罗蜜经》和《六祖大师法宝坛经》，以窥佛教禅宗之一斑。

另外，《鬼谷子》不列于《艺文志·诸子略》中"纵横家"类，而《旧唐书·经籍志》列为"子部·纵横家类"。本书亦选入诸子典籍之中。

八、本书文本述疏力求简明义达而存多家之说

本书注疏乃综合历代前贤之笺疏，只于字词扼要解释，择其一种或数种解读而出注。朱熹有言："汉儒注书，只注难晓处；不全注本文，其辞甚简。"（《朱子语类》卷135）清代学人黄以周《示诸生书》说："汉儒注书，循经立训，意达而止，于去取异同之故，不自深剖，令读者自领之，此引而不发之道也。至宋儒反复推究，语不赚详，已有异于汉注。今人著书，必胪列旧说，力为驳难，心中所有之意，尽写纸上，并有异于宋人。而好学深思之士，阅宋后书而惟恐卧，日夜读汉注而不知倦者，何也？譬如花盛放而姿色竭，一览无余；萼半函而生气饶，耐人静玩而有味也。"（《儆季杂著文钞》卷4）本书注疏之宗旨，即遵循汉学之风范，义达而止。对典籍篇章之主旨和文义，阐明一家之言，同时亦不废他家之说，以存学术争鸣，以利于读者思考自明，庶几存古人所谓"述而不作"之体要。

九、本书编写体例力求完善以满足读者进行系统研习

本书力求体例完善，以便于读者掌握国学典籍体系。典籍原文以传统字体

（所谓繁体字）印刷，以利于学子提高阅读古籍原著之能力。国学典籍各部分编首设有"概述"，略述该领域之学问知识。古者著述设"叙"，所谓"叙"者，乃撮其指要列于诗文篇首也。故本书每篇之首列有"叙题"，对该篇及其作者进行导读；然后再对典籍篇章正文进行疏解。每编之后附"知识答问"，以答问形式列举国学学问重点，对读者而言可有知识鸟瞰之效；又附"参考文献"，使读者对国学各领域古往今来的学术名著有整体了解，亦可依之检索相关书籍，进一步开拓对国学的研习，以补本书篇幅之不足。

言及国学典籍导读之类书籍，前有清人纪昀《四库全书总目提要》、张之洞《书目答问》、范希曾《书目答问补正》、梁启超《国学入门书要目及其读法》等，或篇帙浩繁，或考据杂冗，或有篇目而无原文。本书亦可谓典籍述疏与开列参考书目兼而有之，为莘莘学子提供一部实用的篇幅和程度适宜的国学典籍读本。惟愿学子读者以此书为一舴艋小舟，航行至国学海洋之入口。

第一编 01

小学典籍

小学典籍述疏

概　述

　　現今所謂國學中的"小學"，即指研習古代語言文字之學問。"小學"之名，起於漢代。東漢崔寔《四民月令》記載："正月：農事未起，命成童以上入太學，學五經，不見冰釋，命幼童入小學學篇章。"可知本指古代貴族子弟初級學校。《大戴禮記·保傅篇》載太子少年"古者年八歲而就外舍，學小藝焉，履小節焉。束髮而就大學，學大藝焉，履大節焉"。"則入于小學，小學者所學之宮也。"主要學習內容即為語言文字，即教授所謂"六書"。許慎《說文解字·敘》曰："《周禮》：八歲入小學，保氏教國子，先以六書。"段玉裁注云："六書者，文字聲音義理之總匯也。"《漢書·藝文志》："古者八歲入小學，故《周官》保氏掌養國子，教之六書，謂象形、象事、象意、象聲、轉注、假借，造字之本也。"後來有關文字訓詁音韻方面的學問因之稱為"小學"。

　　宋代王應麟《玉海》卷45說："文字之學凡有三，其一體制，謂點畫有衡縱曲直之殊（《說文》之類）；其二訓詁，謂稱謂有古今雅俗之異（《爾雅》、《方言》之類）；其三音韻，謂呼吸有清濁高下之不同（沈約《四聲譜》及西域反切之學）。"即根據漢字三項要素：字形、字音、字義，將"小學"之學問分為三種：體制、訓詁和音韻。《四庫提要》把"小學"典籍分為訓詁、字書、韻書三類，即對應所謂"小學"三門：訓詁學、文字學、音韻學，又稱"乾嘉以後，人人知習小學，識字勝於明人。"

　　"小學"是通向國學經典的路徑，是打開中國傳統文化之門的管鑰。《三字經》謂："為學者，必有初。小學終，至四書。"可知"小學"為讀書之始。章太炎先生當年講國學，最重視"小學"，明確講道："僕國學以《說文》、《爾雅》為根基。"而自劉歆《七略》、班固《藝文志》直至《四庫全書總目》，皆將"小學"一類列入"六經"之附録附庸，唯孫星衍《祠堂書目》將"小學"類從經部獨立分出。章太炎將"小學"從四庫經部中析出，獨立為國學五部分之一、之首，可謂觀念先進。學者朱季海曾概括乾嘉、章（太炎）黃（侃）的學術理念為：經、史、子互通，以"小學"通經，而不事空談，學風務實，文風簡約。並說："千萬不要聽那些認為章、黃是'復古'的讕言。太炎怎麼會復古？他處處立足當代。""現代是真的，歷史也應當是真的，'還原'不過是求真，懂得'小學'才能求真！這就是'樸學'。"（見王寧《準確理解朱季海先生的為人與為學》）

　　本書據章太炎氏之國學理念，於文字學録許慎《說文解字敘》及章氏《國學概論》和《國學講演録》中有關文字學的論述。音韻學知識為當今一般讀者知識建構中之闕如，理應重視，以掌握研究國學之基本學問，故録陸法言《切韻序》以及明清音韻學家陳第、顧炎武和錢大昕之學術文章。訓詁學方面，則録清代樸學大家俞樾和于鬯之考辨文章，以彰顯訓詁學之基本方法以及於國學研習中之意義。

第一章　文字學

一、說文解字敘〔許慎〕

【叙題】

《說文解字》是我國最早一部系統地分析字形、考究字源、辨識聲讀的文字學經典專著，開創了部首字典辭書編纂的體例，可謂文字學奠基之作。成書於公元 100 年（東漢和帝永元十二年），收字 9353 個，重文（包括古文、籀文、異體字）1163 個，立部首 540 個，按照據形系聯的原則順序排列，始一（部）終亥（部）。全書正文 14 卷，尾卷為敘目，每卷分上下，共 30 卷。今存《說文解字》版本為五代北宋徐鉉校訂本《說文解字》和徐鍇的《說文解字系傳》。二徐為兄弟，故前者稱為大徐本，後者稱為小徐本。現在一般使用大徐本。

作者許慎（約 58～約 147），字叔重，東漢汝南召陵（今河南漯河市）人，時有“《五經》無雙許叔重”（《後漢書・儒林傳》）之讚賞，是東漢時期著名經學家、中國文字學創始人，後人譽為“字聖”。他搜集當時所能見到的篆文、古文和籀文，以 20 年之力完成了《說文解字》這部巨著，保存了大部分先秦和漢代的字體；又通過小篆形體的分析，探賾造字之本義，反映了上古漢語訓詁和古音系統面貌，確立了分析文字的“六書”理論系統，對後人正確理解古代典籍、認識商周文字、了解漢字詞義的發展都具有巨大貢獻，是研究古文字和古漢語的珍貴材料，後世所謂文字、音韻、訓詁之學，大體不出《說文》所涉及的範圍。同時也保存了有關古代歷史、文獻、社會文化、經濟的原始資料，不但過去對漢字研究產生了巨大影響，成為世人閱讀古籍、探討古代文化必不可少的橋樑和鑰匙，而且對現在和將來國人研究漢字、注釋古書以及整理國學典籍仍有巨大的學術價值和應用價值。當然，因為許慎沒有接觸到更早的甲骨文和金文，故有時對個別字形字義的解釋和分析亦有不確之處。

《說文》在漢語字典發展史上和漢語言文字學史上佔有承前啟後的極其重要的地位。清代研究《說文》達到極盛時期，出現“許學”熱潮。最重要的研究者有所謂《說文》四大家：段玉裁《說文解字注》，桂馥《說文解字義證》，王筠《說文句讀》《說文釋例》，朱駿聲《說文通訓定聲》。桂馥側重於字義的考證與說解，朱駿聲注重語音的統攝，王筠綜合各家之說，重在字形分析。而段玉裁則是形、音、義兼重，三者融為一體，以音韻為關鍵說明訓詁，闡明文字的本義、引申義和假借義，於四家中成就最高。

本文為《說文解字》卷15下《後敍》，主要內容：一、闡述周代以前文字的源流發展；指出文字存在各種形體。二、介紹自周代至秦漢文字的演變以及漢以後文字的概況及其有關研究；說明周宣王時史官"籀"整理《大篆》可謂漢字歷史上第一次官方規範，史稱籀文；秦朝李斯、趙高、胡毋敬所作《倉頡篇》，可謂漢字歷史上第二次的官方規範，史稱秦篆；隸書（指秦隸）幾乎與秦篆（小篆）同時產生，是對籀文、古文的省改和簡化；草書是在隸書萌芽的同時產生。三、指出後漢尊崇隸書反對古文的錯誤。

古者庖犧氏之王天下也，仰則觀象於天，俯則觀法於地，觀鳥獸之文與地之宜，近取諸身，遠取諸物；於是始作《易》八卦，以垂憲象。

及神農氏結繩為治而統其事，庶業其繁，飾偽萌生。黃帝之史官倉頡見鳥獸蹄迒之跡，知分理之可相別異也，初造書契。百工以乂，萬品以察，蓋取諸《夬》。"夬，揚於王庭"，言文者宣教明化於王者朝廷，君子所以施祿及下，居德則忌也。

倉頡之初作書也，蓋依類象形，故謂之文。其後形聲相益，即謂之字。文者，物象之本；字者，言孳乳而浸多也。著於竹帛謂之書。書者，如也。以迄五帝三王之世，改易殊體，封於泰山者七十有二代，靡有同焉。

【注疏】

庖（páo）犧氏：古書又作伏戲、宓羲、伏義、包犧，傳說中遠古帝王之一，華夏民族的文化始祖，指導先民漁獵畜牧，創制八卦。王（wàng）：治理。仰則觀象於天：謂觀察天地事物的形狀和運行規律，與下句互文見義。文：紋飾，文采。宜：通"儀"，事物的法度。八卦：古代哲學思維的符號化系統。用陽爻"—"和陰爻"– –"，代表矛盾的對立雙方，按照陰陽因素的多少和位置順序，組成八種圖象，代表矛盾發展變化的八種類型。即乾卦、坤卦、震卦、巽卦、坎卦、離卦、艮卦、兌卦。所謂"近取諸身"，即指《說卦》所謂"乾為首、坤為腹、震為足、巽為股、坎為耳、離為目、艮為手、兌為口"。"遠取諸物"即所謂"乾為馬，坤為牛，震為龍、巽為雞，坎為豕，離為雉，艮為狗，兌為羊。"以垂憲象：來顯示事物變化的基本法則模式；即所謂乾代表天，坤代表地，坎代表水，離代表火，震代表雷，艮（gèn）代表山，巽（xùn）代表風，兌代表沼澤。

神農氏：傳說中的上古帝王，發明農具和藥草。庶（shù）：眾多。飾偽：粉飾作假。迒（háng）：野獸的足跡。乂（yì）：治理。蓋取諸《夬》（guài）：此謂倉頡造字的意圖大概來自於夬卦。夬：《易經》中第四十三卦。"夬，揚於王庭"：《夬卦》解釋卦象之語，意謂文字的功能是為了朝廷能夠宣明教化，政令暢通，借助文字廣布君王的恩澤，使用文字要以德為先。忌：止。

依類象形：按事物的種類模畫外形。形聲相益：表形和表音互相配合而提高了表意的作用。文：即象形、指事的單體字。字：形聲、會意的合體字。孳乳：繁衍派生。浸：逐漸。如也：字形正如事物的形狀。如：遵從。五帝：指黃帝、顓頊、帝嚳、堯、舜；三王：指夏禹、商湯、周文（武）王。改易殊體：經過改變，字形不同。封於泰山：在泰山封禪祭天地。

周禮：八歲入小學，保氏教國子，先以六書。一曰指事。指事者，視而可識，察而見意，上、下是也。二曰象形。象形者，畫成其物，隨體詰詘，日、月是也。三曰形聲。形聲者，以事為名，取譬相成，江、河是也。四曰會意。會意，比類合誼，以見指撝，武、信是也。五曰轉注。轉注者，建類一首，同意相受，考、老是也。六曰假借。假借者，本無其事，依聲託事，令、長是也。

【注疏】

周禮：周代的制度，此處所引見于《大戴禮記·保傅》。保氏：官名，掌管教育。國子：公卿士大夫的子弟。六書：六种造字及解釋文字的方法。詰詘（jié qū）：彎曲貌。譬：喻。誼：同義。以見（xiàn）指撝（huī）：意謂是兩個字合在一起以表現出一個新字所指示的完備含義。撝：同揮。

及宣王太史籀，著《大篆》十五篇，與古文或異。至孔子書《六經》、左丘明述《春秋傳》，皆以古文，厥意可得而說也。其後諸侯力政，不統於王。惡禮樂之害己，而皆去其典籍。分為七國，田疇異畝，車涂異軌，律令異法，衣冠異制，言語異聲，文字異形。

【注疏】

宣王：周宣王，周厲王之子，周朝第十一位王。太史：官名。籀：人名。古文：指所謂壁中書。西漢魯恭王劉餘修造宮殿拆孔子舊宅時得到以先秦古文字編寫的《禮記》《尚書》《春秋》《論語》《孝經》。六經：指《詩》《書》《禮》《樂》《易》和《春秋》。厥意可得而說：那些古文的字義還能解釋。力政：以武力相角逐，爭奪權力。政：通"征"。惡（wù）：憎恨。害己：妨礙、損害自己。異畝：一畝的面積不一樣，如周制 6 尺為步，百步為畝，秦孝公規定 240 步為畝。涂：同塗。車涂：指車路的寬度。軌：車輪間的寬度。言語異聲：各說自己的方言。

秦始皇帝初兼天下，丞相李斯乃奏同之，罷其不與秦文合者。斯作《倉頡篇》、中車府令趙高作《爰歷篇》、太史令胡毋敬作《博學篇》，皆取《史籀》大篆，或頗省改，所謂小篆也。是時，秦滅書籍，滌除舊典。大發隸卒，興戍役。官獄職務繁，初有隸書，以趣約易，而古文由此而絕矣。

【注疏】

秦文：指小篆。《倉頡篇》：已佚，現有王國維輯本《重輯倉頡篇》。中車府令：主管皇帝車馬之職。《爰歷篇》：原書已佚。胡毋敬：復姓；《博學篇》亦佚。漢人將三書統稱《倉頡篇》或《三倉》。或頗省改：有或多或少的省略變動，可有減少筆劃和調整部件位置兩種情況。官獄職務：行政和訴訟事務。隸書：漢代新字體，將小篆圓曲的筆劃簡化為平直方正的筆劃，是漢字形體變化的重要轉捩點。《漢書·藝文志》言隸書之名因"施之於徒隸也"。約易：簡單易寫。

自爾秦書有八體：一曰大篆，二曰小篆，三曰刻符，四曰蟲書，五曰摹印，六曰署書，七曰殳書，八曰隸書。

漢興有草書。尉律：學僮十七已上，始試。諷籀書九千字，乃得為吏。又以八體試之，郡移太史並課。最者以為尚書史。書或不正，輒舉劾之。今雖有《尉律》，不課，小學不修，莫達其說久矣。

【注疏】

自爾：從那時。大篆：指古文或"籀"文的變體。小篆：秦篆，即李斯的小篆體。刻符：專用在符信上刻寫的字形。蟲書：又稱鳥書篆、鳥蟲篆，象鳥蟲之形，書於旗幟之體。摹印：規摹印章之體。署書：用於封簽、題名。殳書：用於鐫刻兵器。殳：古代一種竹子做的兵器。隸書：此謂秦朝的隸書，非漢隸。

尉律：關於廷尉的規定。秦朝掌管刑律的官叫廷尉，簡稱尉。諷、籀：此謂認讀篆書。郡移太史並課：郡縣轉送太史令，把認讀小篆九千同八體字合併考試。課：课考。不正：不正確。舉：提出來。劾：批評。小學不修：不研究文字學。莫達：不能通曉。

孝宣皇帝時，召通《倉頡》讀者，張敞從受之。涼州刺史杜業，沛人爰禮，講學大夫秦近，亦能言之。孝平皇帝時，徵禮等百餘人，令說文字未央廷中，以禮為小學元士。黃門侍郎揚雄，采以作《訓纂篇》。凡《倉頡》以下十四篇，凡五千三百四十字，群書所載，略存之矣。

【注疏】

讀者：指通《倉頡》句讀（dòu）之人。禮等：爰禮等人。元士：魁首。《訓纂篇》：字書，今已不存，後有清代學者輯本。《漢書·藝文志》："至元始中，徵天下通小學者，以百數，各令記字於廷中。揚雄取其有用者，以作《訓纂篇》。"略存：大略保存下來了。

及亡新居攝，使大司空甄豐等校文書之部。自以為應制作，頗改定古文。時有六書：一曰古文，孔子壁中書也。二曰奇字，即古文而異者也。三曰篆書，即小篆，秦始皇帝使下杜人程邈所作也。四曰佐書，即秦隸書。五曰繆篆，所以摹印也。六曰鳥蟲書，所以書幡信也。

壁中書者，魯恭王壞孔子宅，而得《禮記》、《尚書》、《春秋》、《論語》、《孝經》。又北平侯張蒼獻《春秋左氏傳》。郡國亦往往於山川得鼎彝，其銘即前代之古文，皆自相似。雖叵復見遠流，其詳可得略說也。

【注疏】

亡新居攝：指王莽攝政。王莽代漢後國號稱"新"，"亡"指其被劉秀所滅。"亡新"猶言"偽新"。應制：奉皇帝之命。六書：六種字體，此與上文所謂文字構制之"六書"不同。左書：左即"佐"意，以"佐"相稱，知當時法定的標準字體仍為小篆。

魯恭王：漢景帝之子劉餘，封國在魯，諡號為恭。曾於擴建王府時，拆毀孔府房屋，在夾壁中發現一些前代藏書，字體頭粗尾細，形似蝌蚪，稱"蝌蚪文"，又稱"孔壁古文"。實際上是六國文字。

鼎彝：鼎為炊具，彝是酒器，泛指青銅器。銘：鑄在青銅上的銘文。其詳可得略說：對先秦古文字的全貌情況也可知道大概。

而世人大共非訾，以為好奇者也，故詭更正文，鄉壁虛造不可知之書，變亂常行，以耀於世。諸生競逐說字解經誼，稱秦之隸書為倉頡時書，云父子相傳，何得改易！乃猥曰：馬頭人為長；人持十為斗；虫者，屈中也。

廷尉說律，至以字斷法：苛人受錢，苛之字，止句也。若此者甚眾，皆不合孔氏古文，謬於《史籀》。鄙夫俗儒，翫其所習，蔽所希聞。不見通學，未嘗睹字例之條。怪舊埶而善野言，以其所知為秘妙，究洞聖人之微恉。又見《倉頡篇》中“幼子承詔”，因曰：“古帝之所作也，其辭有神僊之術焉。”其迷誤不諭，豈不悖哉！

【注疏】

大共非訾：大都非議誹謗講說古文字的人。故：故意。詭更正文：弄假、改變字的正確寫法。鄉壁虛造：向壁偽造。“鄉”通“向”。不可知之書：不可理解的錯字。諸生：指今文家博士們。猥：卑賤。猥曰：鄙陋地說。馬頭人為長：指當時有人按隸體說“長”字的上部是馬字的頭部，下部是人字。斗：當時被分析為“人持十（升）為斗”的會意字。屈中也：謂“中”字的長豎下部彎曲，就成蟲字。許慎在此認為當時對這三字形體的解釋都是錯誤的，是由於不知字形的演變所致。

廷尉一句：言廷尉解釋法律條文，錯到竟然用字形的誤解來解釋法律。苛人受錢：漢代律令中有“訶人受錢”一條，所謂訶責審案人接受賄賂。翫其所習：賣弄他們習以為常的錯誤說法。蔽所希聞：拒絕接受很少聽到的正確解釋。通學：通達合理的學問。字例之條：字形的規律，即六書。怪舊執而善野言：對傳統的解釋感到奇怪，喜歡道聽塗說。究洞：深知聖人深奧隱微的旨意。幼子：學僮。詔：教訓，先秦“詔”字不專用於帝王的文書命令。神僊之術：指傳說中黃帝死時乘龍升天，此處意謂既然《倉頡篇》是黃帝所作，希望“幼子承詔”繼位，由此可知書中必記有黃帝升天的僊術。許慎在此認為乃望文生義者的錯誤推理。迷誤不諭：執迷不悟。

《書》曰：“予欲觀古人之象”。言必遵修舊文而不穿鑿。孔子曰：“吾猶及史之闕文，今亡矣夫。”蓋非其不知而不問。人用己私，是非無正，巧說邪辭，使天下學者疑。蓋文字者，經藝之本，王政之始。前人所以垂後，後人所以識古。故曰：本立而道生。知天下之至嘖而不可亂也。

【注疏】

觀古人之象：此處引文見《尚書·益稷》。穿鑿：牽強附會。史之闕文：引自《論語·衛靈公》，言孔子自稱在探求史書裏有闕疑的話語，同時嘆歎當世人沒有這種態度了。蓋非其不知而不問：意謂孔子之語就是批評那不知還不問的態度。經藝：經學，指六經。本：基本，即指文字。道：指文句要表達的意思。嘖（zé）：通“賾”，精微，深奧，指天下最深奧的道理。

今敘篆文，合以古籀。博采通人，至於小大。信而有證，稽譔其說。

將以理群類，解謬誤，曉學者，達神恉。分別部居，不相雜廁也。萬物咸睹，靡不兼載。厥誼不昭，爰明以喻。其稱《易》，孟氏；《書》，孔氏；《詩》，毛氏；《禮》；《周官》；《春秋左氏》；《論語》；《孝經》；皆古文也。其於所不知，蓋闕如也。

（正文據清同治十二年陳昌治刻本《說文解字》）

【注疏】

博采通人，至於小大：廣泛地採納了高明學者或大或小的見解。稽譔：搜集起來，加以介紹。理群類：整理出各種頭緒條理。達神恉：講明奧妙之所在。恉：同"旨"。分別部居：分成540部，各歸其類。雜廁：雜亂堆積。廁：通"側"。厥：其。誼：義。孟氏：此指漢代孟喜對《易經》的講解。孔氏：漢代孔安國。毛氏：漢代毛亨。闕如：缺然；存疑，缺而不論。"如"是形容詞詞尾。"鎮定自如""突如其來""空空如也"中之"如"皆為詞尾。

二、小學略說——文字學 [章太炎]

【叙題】

章太炎（1869～1936）初名學乘，字枚叔，以慕漢代辭賦家枚乘。後易名炳麟。又慕顧絳（顧炎武）之為人行事而改名為絳，號太炎，世人稱為"太炎先生"。浙江余杭人。清末民初民主革命家、思想家、樸學大師。因參加維新運動而被通緝，流亡日本。1903年於《蘇報》發表《駁康有為論革命書》（即《康有為與覺羅君之關係》），並為鄒容《革命軍》作序，有"載湉小醜，未辨菽麥"之語，流布人口，觸怒清廷，被捕入獄。相傳太炎於法庭辯解其"載湉小醜"四字並無觸犯清帝聖諱，說古書《爾雅》以及戲劇行當裏"醜"字即作"類"字解，故"小醜"即謂"小東西"或"小孩子"，並非誹謗。聽眾席上掌聲雷鳴，而審判員卻如墜雲霧，尷尬無比。

1904年太炎與蔡元培等發起光復會。後受孫中山之邀至日本，參加同盟會，主編同盟會機關報《民報》，與改良派展開論戰。1911年回國，主編《大共和日報》，並任孫中山總統府樞密顧問。1913年宋教仁被刺後參加討袁，為袁所禁錮。1917年脫離孫中山改組的國民黨，在蘇州設章氏國學講習會，以講學為業。1935年在蘇州主持章氏國學講習會。晚年憤日本侵略中國，曾贊助抗日救亡運動。

其弟子魯迅先生謂太炎先生首先是一位革命者："考其生平，以大勳章作扇墜，臨總統府之門，大詬袁世凱包藏禍心者，並世無第二人；七被追捕，三入牢獄，而革命之志終不屈撓者，並世亦無第二人。這才是先哲的精神，後生的楷模"（《關於章太炎先生二三事》）。太炎早年接受西方近代機械唯物主義和生物進化論，著書闡述西方哲學、社會學和自然科學等方面的新思想，著有《訄書》（後稱《檢論》）等。亦有翻譯英國斯賓塞爾（Herbert Spencer）的《斯賓塞爾文集》，翻譯日本岸本能武太的《社會學》等。其宣揚革命的詩文，影響很大。

太炎更是一位國學大師，在小學、經學、史學、文學以及中醫文獻學等各領域，上探本源，下明流變，建樹頗多，著述甚豐。被譽為"國學界之泰斗""學術宗師"。其《國故論衡》《新方言》《文始》《小學答問》，《儒術新論》《論傷寒》《霍亂論》等，皆為國學名著。梁啟超《清代學術概論》稱之為有清一代學術之"殿軍"。胡適《五十年來中國之文學》認為《國故論衡》等著作之價值可與《文心雕龍》《文史通義》相提並論。侯外廬稱之為"古經文學派最後一位大師"，"學貫中西的經學家"。毛澤東亦稱讚"心在治經、治史，以國學家著稱"。太炎一生著述400餘萬字，彙入《章氏叢書》以及《續編》《三編》。弟子有錢玄同、周樹人、黃侃（季剛）、劉文典、王仲犖、姚奠中等，皆為後來國學大師級人物。

太炎當年講國學，於小學中尤重文字學，曾於致鍾正懋書信中曾明確指出："僕國學以《說文》、《爾雅》為根基。"本篇選自王乘六、諸祖耿1935年在蘇州所記錄《章氏國學講習會講演記錄》中有關文字學之部分。

小學二字，說解歧異。漢儒指文字之學為小學。《漢書·藝文志》："古者八歲入小學。"《周官·保氏》："掌養國子，教之六書、九數。六書著，象形、象事、象意、象聲、轉注、假借也。"而宋人往往以灑掃、應對、進退為小學。段玉裁深通音訓，幼時讀朱子《小學》，其文集中嘗言："小學宜興全體，文字僅其一端。灑掃、應對、進退，未嘗不可謂之小學。"案《大戴禮·保傅篇》："古者八歲出就外舍，學小藝焉，履小節焉；束髮而就大學，學大藝焉，履大節焉。"小藝即《詩》、《書》、《禮》、《樂》，大節乃大學之道也。由是言之，小學固宜該小藝、小節而稱之。

【注疏】

段玉裁（1735～1815）：清代文字音韻訓詁學家，著名樸學大師，"乾嘉學派"之主力。江蘇金壇市人。清代文學家、思想家龔自珍的外祖父。乾隆舉人，歷任貴州玉屏、四川巫山等縣知縣，後引疾歸，居蘇州閶門楓橋，閉門讀書著述。曾任國子監教習，師事戴震，與錢大昕、邵晉涵、姚鼐等學者往來。後又結識王念孫、王引之父子，對我國音韻學、文字學、訓詁學以及校勘學作出傑出貢獻。著有《詩經小學》《古文尚書撰異》《說文解字注》《六書音韻表》《戴東原年譜》等。其《說文解字注》積30餘年之功力寫成，體大思精，前所未有，風行一時，大為學者所推崇，錢大昕譽為"海內說經之家奉為圭臬"，小學家王念孫也曾稱讚為自許慎之後"千七百年來無此作矣"。公認為解釋《說文》之權威性著作，《說文》之學也由此而盛。與同時學者桂馥、朱駿聲、王筠並稱《說文》四大家。

朱子：指朱熹，字元晦，號晦庵，世稱朱子，南宋徽州婺源（今屬江西）人，19歲進士及第，歷仕高宗、孝宗、光宗、甯宗四朝，宋代理學之集大成者，是孔子、孟子以來最傑出的弘揚儒學的大師，繼承北宋程顥、程頤理學，开闡學一派，著作廣博宏富，主要著作有《周易本義》《易學啟蒙》《四書章句集注》《楚辭集注》及門人所輯《朱子大全》《朱子語錄》等，對於經學、史學、文學、佛學以及道教等都有所著述。其學術思想在世界文化史上，也有重要影響。

　　保氏所教六書，即文字之學。九數則《漢書·律曆志》所云："數者，一十百千萬是也。"學習書數，宜於髫齔；至於射御，非體力稍強不能習。故《內則》言："十歲學書計，成童學射御。"《漢書·食貨志》言："八歲入小學，學六甲、五方、書計之事。"《內則》亦言六歲教之數與方名，鄭注以東西釋方名，蓋即地理學與文字學矣。而蘇林之注《漢書》，謂方名者四方之名，此殊不足為訓。童蒙稚獃，豈有不教本國文字，而反先學外國文字哉？故師古以臣瓚之說為是也。

【注疏】

　　髫齔：幼童。《內則》：《禮記》篇名。鄭注：指鄭玄《三禮》注。鄭玄：字康成，高密人，東漢經學大師、大司農。家貧好學，從馬融學古文經，又復客耕東萊，聚徒授課，弟子達數千人，終為大儒。黨錮之禍起，遭禁錮，杜門注疏，潛心著述。以古文經學為主，兼采今文經說，遍注群經，世稱"鄭學"，為漢代經學之集大成者。蘇林：漢末魏初間學者，建安中為五官將文學，黃初中遷博士，官至散騎常侍。師古：指顏師古，唐代經學家、語言文字學家、歷史學家，名儒顏之推之孫，少傳家業，遵循祖訓，博覽群書，學問通博，擅長於文字訓詁、聲韻、校勘之學；唐初歷任朝散大夫、中書舍人、中書侍郎、秘書監、弘文館學士等。貞觀四年（630）唐太宗詔顏師古于秘書省，考定五經，確定楷體文字，撰成《五經定本》，晚年著《漢書注》，在審定音讀、詮釋字義方面成績最大，深為學者所重。當時即有"杜鎮南（杜預）、顏秘書（顏師古）為左丘明、班孟堅忠臣"之稱譽。另有《匡謬正俗》。臣瓚：西晉學問家，曾注釋《漢書》。

　　漢人所謂六藝，與《周禮·保氏》不同。漢儒以六經為六藝，《保氏》以禮、樂、射、御、書、數為六藝。六經者，大藝也；禮、樂、射、御、書、數者，小藝也。語似分歧，實無二致。古人先識文字，後究大學之道。後代則垂髫而諷六經；篆籀古文，反以當時罕習，致白首而不能通。蓋字體遞變，後人于真楷中認點畫，自不暇再修舊文也。

　　是正文字之小學，括形聲義三者而其義始全。古代撰次文字之書，于周為《史籀篇》，秦漢為《倉頡篇》，後復有《急就章》出。童蒙所課，弗外乎此。周興嗣之《千字文》，《隋書·經籍志》入小學類。古人對於文字，形聲義三者，同一重視。宋人讀音尚正，義亦不敢妄談。明以後則不然。清初講小學者，止知形而不知聲義，偏而不全，不過為篆刻用耳。迨乾嘉諸儒，始究心音讀訓詁，但又誤以《說文》、《爾雅》為一類。段氏玉裁詆《漢志》入《爾雅》於"孝經類"，入《倉頡篇》于"小學類"，謂分類不當。殊不知字書有字必録，周秦之《史》、《倉》，後來之《說文》，無一不然。至《爾雅》乃運用文字之學。《爾雅》功用在解釋經典，經典所無之字，《爾雅》自亦不具。是故字書為體，《爾雅》為用。譬之算術，凡可計數，無一不包。測天步曆，特運用之一途耳。清人混稱天算，其誤與混《爾雅》字書為一者相同。《爾雅》之後，有《方言》，有《廣雅》，皆為訓詁之書，文字亦多不具。故求文字之義，乃當參《爾雅》、《方言》；論音讀，更須參韻書，如此，文字之學乃備。

乾嘉以後，人人知習小學，識字勝於明人。或謂講《說文》即講篆文，此實謬誤。王壬秋主講四川尊經書院，學生持《說文》指字叩音，王謂爾曹喻義已足，何必讀音？王氏不明反語，故為是言。依是言之，《說文》一書，止可以教聾啞學生耳。

【注疏】

周興嗣：南朝齊梁時人，於梁武帝時上奏《休平賦》，受到重視，官朝散騎侍郎，著有《皇帝實録》《皇德記》《起居注》《職儀》以及《千字文》。《說文》：指《說文解字》。《爾雅》：我國最早的一部解釋詞義的專著，也是第一部按照詞義系統和事物分類來編纂的詞典，即以雅正之言解釋古語詞、方言詞，使之近於規範。"爾"意謂"近"（後來寫作"邇"），"雅"意謂"正""標準"，專指"雅言"，即在語音、詞彙和語法等方面都合乎規範的標準語。《漢書·藝文志》將《爾雅》列為儒家的經典之一，後世又列入十三經之中。

王壬秋：指王闓運（1833～1916），晚清經學家、文學家，字壬秋、壬父，號湘綺，湖南湘潭人。生平幼資質駑鈍但好學，《清史稿》謂之"晨所習者，不成誦不食；夕所誦者，不得解不寢"。"經、史、百家，靡不誦習。箋、注、抄、校，日有定課。"終成一代宗師。太平天國時期入湘軍曾國藩幕府，後退出。曾受四川總督丁寶楨邀請執掌成都尊經書院，後辭退回湖南先後主持長沙思賢講舍、衡州船山書院。後回湘在湘綺樓講學授徒。民國二年受袁世凱聘入京，任國史館館長，編修國史。兼任參議院參政，復辟聲潮中辭歸。門生眾多，如楊度、楊銳、劉光第、齊白石等。好治經學，並以致用為目的，尤其擅長公羊學。著作豐富，後人合刊《湘綺樓全書》。

今人喜據鐘鼎駁《說文》。此風起於同、光間，至今約六七十年。夫《說文》所録，古文三百餘。古文原不止此，今洛陽出土之三體石經，古文多出《說文》之外。於是詭譎者流，以為求古文于《說文》，不知求之鐘鼎。然鐘鼎刻文，究為何體，始終不能確知。《積古齋鐘鼎款識》釋文，探究來歷，不知所出，於是諉之曰昔人。自清遞推而上，至宋之歐陽修《集古録》。歐得銅器，不識其文，詢之楊南仲、章友直（楊工篆書，嘉祐石經為楊之手筆；章則當時書學博士也）。楊、章止識《說文》之古文，其他固不識也，歐強之使識，乃不得不妄稱以應之。《集古録》成，宋人踵起者多，要皆以意測度，難逭妄斷之譏。須知文學之學，口耳相受，不可間斷。設數百年來，字無人識，後人斷無能識之理。譬如"天地玄黃"，非經先生中授，如此數千年，口耳相受，故能認識。或有難識之字，字書具在。但明反切，即知其音。若未注反切，如何能識之哉？今之學外國文者，必先認識字母，再求拼音，斷無不教而識之理。宋人妄指某形為某字者，不幾如不識字母而誦外國文乎？

宋人、清人，講釋鐘鼎，病根相同，病態不同。宋人之病，在望氣而知，如觀油畫，但求形似，不問筆劃。清人知其不然，乃皮傅六書，曲為分剖，此則倒果為因，可謂巨謬。夫古人先識字形，繼求字義，後乃據六書以分析之，非先以六書分析，再識字形也。未識字形，先以六書分析，則一字為甲為乙，何所施而不可？不但形聲、會意之字，可以隨意妄然，即象形之字，亦不妨指鹿為馬。蓋象形之字，並不纖悉工似，不過粗具輪廓，或興其一端而已。如"人"字略象人形之側，其他固不及也。若本不認識，強指為象別形，何不可哉？倒果為因，則甲以為乙，乙以為丙，聚訟紛紛，所得皆妄。如只摹其筆意，賞其姿態，而闕其所不知，一如歐人觀華劇然，但賞音調，不問字句，此中亦自有樂地，何必為扣槃、捫燭之舉哉！

【注疏】

三體石經：建於三國魏齊王曹芳正始二年（241），因碑文每字皆用古文、小篆和漢隸三種字體寫刻，故名，又稱《正始石經》《魏石經》。刻有《尚書》《春秋》和部分《左傳》，是繼東漢《熹平石經》後建立的第二部石經，在中國書法史和漢字演進發展史上具有重要意義。

《積古齋鐘鼎款識》：指清代阮元於嘉慶初年所編金石學著作《積古齋鐘鼎彝器款識》，著錄、考釋傳世銅器銘文。楊南仲：宋代金石學家。章友直：北宋篆書書法家。逭：逃跑。皮傅：膚淺地附會。闕：同缺。扣：敲；捫：摸。扣槃，捫燭：比喻認識片面，不得要領。成語出自宋代蘇軾《日喻》："生而眇者不識日，問之有目者。或告之曰：'日之狀如銅槃。'扣槃而得其聲。他日聞鐘，以為日也。或告之曰：'日之光如燭。'捫燭而得其形。他日揣籥（類似排簫的樂器），以為日也。"

宋人持望氣而知之態度以講鐘鼎，清人則強以六書分析之。然則以鐘鼎而駁《說文》，其失不止編閏奪正而已。嘗謂鐘鼎款識，不得闌入小學；若與法帖圖像，並列藝苑，斯為得耳。"四庫書"列入藝術一類，其見精卓。其可勉強歸入小學類者，惟有研究漢碑之書，如洪氏《隸釋》、《隸續》之類而已。文字之學，宜該形聲義三者。專講《說文》，尚嫌取形遺聲；又何況邈不可知之鐘鼎款識哉！蓋文字之賴以傳者，全在於形。論其根本，實先有義，後有聲，然後有形，緣吾人先有意思，後有語言，最後乃有筆劃也（文字為語言代表，語言為意想之代表）。故不求聲義而專講字形，以資篆刻則可，謂通小學則不可。三者兼明，庶得謂之通小學耳。《說文》以形為主，《爾雅》、《方言》以義為主，《廣韻》之類以聲為主。今人與唐宋人讀音不同，又不得不分別古今。治小學者，既知今音，又宜明瞭古音。大徐《說文》，常言某字非聲，此不明五代音與古音不同故也。欲治小學，不可不知聲音通轉之理。段注《說文》，每字下有古音在第幾部字樣，此即示人以古今音讀之不同。音理通，而義之轉變乃明。大徐《說文》，每字下注明孫愐反切，此唐宋音，而非漢人聲讀。但由此以窺古音，亦初學之階梯也。要之，形為字之官體，聲義為字之精神，必三者具而文字之學始具。

（正文據臺北廣文書局 1963 年版《國學略說》）

【注疏】

洪氏：即南宋金石學家、詩人、詞人洪适（音括），官至尚書右僕射、同中書門下平章事兼樞密使，與弟洪遵、洪邁皆以文學負盛名，有“鄱陽英氣鐘三秀”之稱；在金石學方面造詣頗深，與歐陽修、趙明誠並稱為宋代金石三大家，所著《隸釋》《隸續》，先依碑釋文，著錄全文，後附跋尾，具載論證，開金石學最善之體例，對後代有重大影響。該：同賅，完備。大徐：指北宋文字學家徐鉉，鉉與弟鍇初仕南唐，並有文名，皆精通文字學，人稱“大小二徐”，鉉入宋後，曾受詔校《說文解字》，世稱“大徐本”。段注：指段玉裁《說文解字注》。

孫愐：唐玄宗時期音韻學家，嘗刊正隋陸法言《切韻》，並加字和增訓，於天寶十年（751）編成《唐韻》五卷，旁徵博引，字字訓解，共 195 韻，比陸法言《切韻》多出兩韻，後佚。《唐韻》是當時影響最大的一部《切韻》增訂本，所謂“自孫愐集《唐韻》諸書遂廢”（宋範鎮《東齋記事》）。徐鉉校訂《說文解字》，注音採用其反切；陳彭年編修《廣韻》亦承襲其體例。

三、治國學之方法——通小學 ［章太炎］

【叙題】

本文選自現代著名學者曹聚仁記錄整理的章太炎 1922 年在上海的講演稿《國學概論》，對國學中“小學”研究的重要性進行了精湛的闡述。

韓昌黎說：“凡作文章宜略識字”，所謂“識字”，就是通小學的意思。作文章尚須略通小學，可見在現在研究古書，非通小學是無從下手的了。小學在古時，原不過是小學生識字的書，但到了現代，雖研究到六七十歲，還有不能盡通的。何以古易今難至於如此呢？這全是因古今語言變遷的緣故。現在的小學，是可以專門研究的，但我所說的“通小學”，卻和專門研究不同，因為一方面要研究國學，所以只能略通大概了。

《尚書》中《盤庚》《洛誥》，在當時不過一種告示，現在我們讀了，覺得"佶屈聱牙"，這也是因我們没懂當時的白話，所以如此。《漢書·藝文志》說："《尚書》直言也"。直言就是白話。古書原都用當時的白話，但我們讀《尚書》，覺得格外難懂，這或因《盤庚》《洛誥》等都是一方的土話，如殷朝建都在黃河以北，周朝建都在陝西，用的都是河北的土話，所以比較地不能明白。《漢書·藝文志》又說，"讀《尚書》應用《爾雅》"，這因《爾雅》是詮釋當時土話的書，所以《尚書》中于難解的地方，看了《爾雅》就可明白。總之，讀唐以前的書，都非研究些小學，不能完全明白。宋以後的文章和現在差不多，我們就能完全瞭解了。

研究小學有三法：

一、通音韻

古人用字，常同音相通，這大概和現在的人寫別字一樣。凡寫別字都是同音的，不過古人寫慣了的別字，現在不叫他寫別字罷了。但古時同音的字，現在多不相同，所以更難明白。我們研究古書，要知道某字即某字之轉訛，先要明白古時代的音韻。

二、明訓詁

古時訓某字為某義，後人更引申某義轉為牠義。可見古義較狹而少，後義較廣而繁。我們如不明白古時的訓詁，誤以後義附會古義，就要弄錯了。

三、辨形體

近體字中相像的，在篆文未必相像，所以我們要明古書某字的本形，以求古書某字的某義。

歷來講形體的書，是《說文》，講訓詁的是《爾雅》，講音韻的書，是《音韻學》。如能把《說文》《爾雅》《音韻學》都有明確的觀念，那麼，研究國學就不至於犯那"意誤""音誤""形誤"等弊病了。

宋朱熹一生研究《五經》《四子》諸書，連寢食都不離，可是糾纏一世，仍弄不明白。實在，他在小學没有工夫，所以如此。清代毛西河（按名奇齡）事事和朱子反對，但他也不從小學下手，所以反對的論調，也都錯了。可見通小學對於研究國學是極重要的一件事了。清代小學一門，大放異彩，他們所發見的新境域，著實不少！

三國以下的文章，十之八九我們能明瞭，其不能明瞭的部分，就須借助于小學。唐代文家如韓昌黎、柳子厚的文章，雖是明白曉暢，卻也有不能瞭解的地方。所以我說，看唐以前的文章，都要先研究一些小學。

桐城派也懂得小學，但比較地少用功夫，所以他們對於古書中不能明白的字，便不引用，這是消極的免除笑柄的辦法，事實上總行不去的。

哲學一科，似乎可以不通小學，但必專憑自我的觀察，由觀察而發表自我的意思，和古人完全絕緣，那才可以不必研究小學。倘仍要憑藉古人，或引用古書，那麼，不明白小學就要鬧笑話了。比如朱文公研究理學（宋之理學即哲學），釋"格物"為"窮至事物之理"，便召非議。在朱文公原以"格"可訓為"來"，"來"可訓為"至"，"至"可訓為"極"，"極"可訓為"窮"，就把"格物"訓為"窮物"。可是訓"格"為"來"是有理，輾轉訓"格"為"窮"，就是笑話了。又釋"敬"為"主一無適"之謂（這原是程子說的），他的意思是把"適"訓作"至"，不知古時"適"與"敵"通，《淮南子》中的主"無適"，所謂"無適"實是"無敵"之謂，"無適"乃"無敵對"的意義，所以說是"主一"。

所以研究國學，無論讀古書或治文學、哲學，通小學都是一件緊要的事。

（正文據上海新亞書店 1933 年版《國學概論》）

【注疏】

佶屈聱牙：出自韓愈《進學解》中評價《尚書》之語。毛西河：即毛奇齡（1623～1716），號西河，稱西河先生，蕭山人，清康熙十八年（1679）中博學鴻儒科，授翰林院檢討、國史館纂修等職，後離館回鄉，專心從事著述。其著述善於雄辯，標新立異，遇有異說，必"搜討源頭"，"字字質正"，以辯定諸經為己任，力主治經以原文為主，撰《四書改錯》抨擊朱熹《四書集注》。此外，於詩詞歌賦音樂頗有造詣，著有《西河詩話》《西河詞話》多卷；遺著由學生編纂為《西河全集》。桐城派：即桐城古文派，清代文壇最大散文流派。其主要代表人物戴名世、方苞、劉大櫆、姚鼐均系清代安徽桐城人，故名。戴名世是桐城派奠基人；方苞、劉大櫆、姚鼐被尊為"桐城三祖"，其他代表人物有：方東樹、梅曾亮、管同、吳汝綸、馬其昶等。朱文公：指朱熹，謚文，稱朱文公。程子：指程頤，字正叔，人稱伊川先生，北宋洛陽人，歷官汝州團練推官、西京國子監教授。與其胞兄程顥共創"洛學"，為理學奠定了基礎。

第二章　音韵學

一、切韵序 ［陸法言］

【叙題】

陸法言，名詞，臨漳人。隋代音韻學家，生卒年月不可考。其祖先為鮮卑人步陸孤氏。後魏孝文帝推行漢化，遷都洛陽，"詔不得以北俗之語言於朝廷，若有違者，免所居官"。步陸孤氏遂改為陸氏。陸法言聰敏，官承奉郎；父爽，史載隋文帝時，爽提議"皇太子諸子，未有嘉名，請依《春秋》之義更立名字"，文帝從之；及太子廢，文帝追怒爽曰："我孫制名，寧不自解？陸爽乃爾多事！扇惑於勇，亦由此人。其身雖故，子孫並宜屏黜，終身不齒。"法言竟坐除名，終未能重用而幾乎湮没不傳。《舊唐書·經籍志》《新唐書·藝文志》著録陸慈《切韻》五卷。王國維考證兩《唐志》之陸慈，亦即陸詞。《切韻》原書已不傳，現代有數種唐寫本現于世。學者考定其書分 193 韻，内平聲 54 韻，上聲 51 韻，去聲 56 韻，入聲 32 韻。平聲因字多而分二卷，上、去、入各一卷。共約一萬一千餘字，亦備簡注，成為漢語音韻學第一經典，史載"時俗共重，以為典規"，"盛行於世"，遂成唐宋韻書之始祖，其餘韻書漸不傳於世。唐孫愐《唐韻》、宋陳彭年《廣韻》均以之為基礎修訂而成。原書已佚。敦煌留有殘本三種，約為原書四分之三。陸法言是鮮卑族後裔，撰成一流的漢語言音韻專著，體現了古代鮮卑貴族對中原文化的認同，反映了魏孝文帝改革的成效，當今尚有"陸法言現象"之說。《切韻》上可追上古音韻，下啟唐宋漢語，有承先啟後之功，掌握《切韻》音系是研究語音史的基礎。

本序選自《廣韻校本》卷首，述《切韻》編撰之原則及體例，為了解古代音韻之寶貴資料。

昔開皇初，有儀同劉臻等八人，同詣法言門宿。夜永酒闌，論及音韻。以古今聲調既自有別，諸家取捨亦復不同，吳楚則時傷清淺，燕趙則多涉重濁，秦隴則去聲為入，梁益則平聲似去。又支（章移切）脂（旨夷切）魚（語居切）虞（遇俱切）共為一韻，先（蘇前切）仙（相然切）尤（于求切）侯（胡溝切）俱論是切。欲廣文路，自可清濁皆通；若賞知音，即須輕重有異。吕静《韻集》、夏侯詠《韻略》、陽休之《韻略》、周思言《音韻》、李季節《音譜》、杜臺卿《韻略》等，各有乖互，江東取韻，與河北復殊。因論南北是非，古今通塞，欲更捃選精切，除削舒緩，蕭、顏多所決定。

【注疏】

開皇：隋文帝楊堅年號。儀同：官名。八人：指劉臻、顏之推、蕭該、魏澹、盧思道、李若、辛德源和薛道衡，皆為當時學者，且身居要職。劉臻：字宣摯，沛國相（今安徽濉溪）人，精通《漢書》，時任儀同三司。顏之推：字介，琅琊臨沂（今山東臨沂）人，才學過人，歷仕梁、北齊、北周，隋文帝開皇時，被太子召為學士，是《切韻》的主要策劃者和審音者，有《顏氏家訓》20 篇，其中《音辭》一篇為古代音韻學研究之要籍。史書所載八人籍貫皆為郡望，實則前三人居建康，操金陵方言；後五人居鄴下（北周都城，今河北臨漳），屬洛陽方言。據考證，這八人皆為陸法言父親陸爽之友，陸法言為晚輩，故陸爽亦應參加聚會，因後來獲罪，故文不提及。聲調：指語音。諸家：指前朝各家韻書。去聲為入：去聲的調值讀得如同中原的入聲。共為一韻：與下文"俱論是切"係互文見義。切：此處指韻，言當時有韻書將數韻合為一韻。廣文路：指詩賦寫作。清濁：指語音。賞知音：指辨語音。輕重：指語音。此言若寫詩為文，相近之韻皆可使用，若辨聲析韻，則差異之處必須細分。

呂靜《韻集》：諸人皆為南北朝語言學家，其所編韻書今皆已亡佚。乖互：差錯。南北是非：指南北方言中可取和不可取之處。古今通塞：指古今語音中相承和不相承之處。捃：摘取。精切：精當確切的音讀。舒緩：粗疏寬緩的音讀。

魏著作謂法言曰："向來論難，疑處悉盡，何為不隨口記之？我輩數人，定則定矣。"法言即燭下握筆，略記綱紀。後博問英辯，殆得精華。於是更涉餘學，兼從薄宦，十數年間，不遑修集。今返初服，私訓諸弟子，凡有文藻，即須明聲韻。屏居山野，交游阻絕。疑惑之所，質問無從。亡者則生死路殊，空懷可作之嘆；存者則貴賤禮隔，以報絕交之旨。遂取諸家音韻、古今字書，以前所記者，定之為《切韻》五卷。剖析毫氂，分別黍累，何煩泣玉，未得縣金。藏之名山，昔怪馬遷之言大；持以蓋醬，今歎揚雄之口吃。非是小子專輒，乃述群賢遺意。寧敢施行人世，直欲不出戶庭。於時歲次辛酉，大隋仁壽元年也。

（正文據商務印書館 1938 年版周祖謨《廣韻校本》卷首）

【注疏】

魏著作：指魏澹，時任著作郎。英辯：精通音韻的辯才。更涉餘學：又研究其他學問。兼從薄宦：指任承奉郎之職。返初服：又穿著未出仕之服，指被除名免官。有文藻：指創作詩文。亡者：指已亡的當年參加策劃編書之人。作：起，指起死回生。存者：指當年聚會尚存之人。貴賤禮隔：言陸法言屏居山野時，辛德源仍在朝廷為官。以：即已。

毫氂：即毫釐，指細小。黍累：指輕微。十黍為一累，十累為一銖，二十四銖為一兩。何煩泣玉：用和氏抱璞泣於楚山之典故，意指《切韻》不像和氏璧那樣寶貴。未得縣金：用呂不韋懸金請人改《呂氏春秋》之故事，意指《切韻》不像《呂氏春秋》那樣無一字錯誤。縣：懸的古字。藏之名山：

司馬遷《報任安書》言把自己所著《史記》"藏之名山，傳之其人"。藉以希望《切韻》能流傳久遠。馬遷即司馬遷。持以蓋醬：言後人可能不懂《切韻》而拋棄它。《漢書·揚雄傳》載揚雄"口吃不能劇談"，著有《太玄》。劉歆對揚雄說，時之學者有禄利，尚且不能學好《周易》，又怎能搞懂《太玄》？恐怕後人會拿去蓋醬甖。小子：陸法言自稱。專輒：擅自行事，指自定語音標準。群賢：指蕭、顏等八人。不出户庭：言傳於自家子孫。辛酉：601 年。仁壽：隋文帝年號。

二、毛詩古音考自序 ［陳第］

【叙題】

陳第（1541～1617），明代音韻學家、詩人。字季立，號一齋，福建連江人。萬曆秀才，學問淵博，喜談兵甲邊事，曾從戚繼光之軍，又應都督俞大猷之聘，出守古北口，歷薊鎮遊擊將軍十年，戰功頗豐，為一代儒將。後棄甲歸田著述。曾出遊五嶽，遍游全國，可謂旅行家。主要著作有《毛詩古音考》《讀詩拙言》《尚書疏衍》《屈宋古音義》《一齋詩集》《寄心集》《五嶽兩粵遊草》等。

《毛詩古音考》四卷，考證古音之變。列《詩經》中韻字 400 餘條，以《詩經》為本證，以古代其他韻語為旁證，提出"時有古今，地有南北，字有更革，音有轉移"，闡明古本音不同於今音，抨擊"叶韻"之說，實開有清一代古音學興盛之先路。毛詩：漢代傳《詩經》者有魯、齊、韓、毛四家，因魯人申公培、齊人轅固生、燕人韓嬰、趙人毛萇而得名。西漢時，魯、齊、韓三家立於學官，《毛詩》未得立。東漢以降，《毛詩》逐漸取代三家，專行於世，三家詩遂先後亡佚。

夫《詩》以聲教也。取其可歌、可詠、可長言嗟歎，至手足舞蹈而不自知，以感竦其興觀羣怨、事父事君之心，且將從容以紬繹夫鳥獸草木之名義，斯其所以為《詩》也。若其意深長而於韻不諧，則文而已矣。故士人篇章，必有音節；田野俚曲，亦各諧聲。豈以古人之詩而獨無韻乎？蓋時有古今，地有南北，字有更革，音有轉移，亦勢所必至。故以今之音讀古之作，不免乖刺而不入，於是悉委之叶。夫其果出於叶也，作之非一人，采之非一國，何"母"必讀"米"，非韻"杞"、韻"止"，則韻"祉"、韻"喜"矣；"馬"必讀"姥"，非韻"組"、韻"黼"，則韻"旅"、韻"土"矣；"京"必讀"疆"，非韻"堂"、韻"將"，則韻"常"、韻"王"矣；"福"必讀"偪"，非韻"食"、韻"翼"，則韻"德"、韻"億"矣。厥類實繁，難以殫舉。其矩律之嚴，即《唐韻》不啻。此其故何耶？又《左》、《國》、《易·象》、《離騷》、楚辭、秦碑、漢賦，以至上古歌謠箴銘贊誦，往往韻與《詩》合，實古音之證也。

【注疏】

夫詩以聲教：語出於《禮記·經解篇》："孔子曰：入其國，其教可知也。其為人也溫柔敦厚，詩教也。……其為人也溫柔敦厚而不愚，則深於詩者也。"可歌可咏：語出《毛詩序》："情動於中而形於言，言之不足故嗟歎之，嗟歎之不足故永歌之，永歌之不足，不知手之舞之，足之蹈之也。"

興觀群怨：語出《論語·陽貨》："子曰：小子何莫學夫《詩》？《詩》可以興，可以觀，可以羣，可以怨；邇之事父，遠之事君。多識於鳥獸草木之名。"興：指激發鼓舞人之感染作用。觀：指考察社會現實之認識作用。群：指相互感化之教育作用。怨：指抨擊不良政治之讽刺作用。

紳繹：闡述。乖刺：違背。悉委之叶：皆歸於叶韻之說。叶：叶韵。漢魏六朝時，有人以當時之語音誦讀《詩經》，因不少詩句頗不和諧押韻，就臨時改讀某字依附某韻，即所謂"叶"，亦稱"協句"，確屬不當，卻又因宋代朱熹等人提倡而盛行一時。

矩律：法度，此指分韻。啻：止，僅。《唐韻》：玄宗時音韻學家孫愐刊正《切韻》之作，在唐代影響極大。

　　或謂《三百篇》詩辭之祖，後有作者，規而韻之耳。不知魏晉之世，古音頗存，至隋唐漸盡矣。唐宋名儒，博學好古，間用古韻以炫異耀奇，則誠有之。若讀"垤"為"姪"，以與"日"韻，《堯誡》也；讀"明"為"芒"，以與"良"韻，《皋陶歌》也。是皆前於《詩》者，夫又何放？且讀"皮"為"婆"，宋役人謳也；讀"丘"為"欺"，齊嬰兒语也；讀"戶"為"甫"，楚民間謠也。讀"裘"為"基，魯朱儒譴也；讀"作"為"詛"，蜀百姓辭也；讀"口"為"苦"，漢白渠誦也；又"家"，"姑"讀也，秦夫人之占；"懷"，"回"讀也，魯聲伯之夢；"旂"，"斤"讀也，晉滅虢之徵；"瓜"，"孤"讀也，衛良夫之譟。彼其間巷贊毀之間，夢寐卜筮之頃，何暇屑屑模擬，若後世吟詩者之限韻邪？

【注疏】

垤：小土丘。《淮南子·堯誡》："戰戰慄慄，日謹一日，人莫于躓山而躓（tuí）於垤。""垤"與"日"為韻，陳氏謂當讀作"姪"。《皋陶歌》：為《尚書》之篇名。偽《古文尚書》又析出《益稷》篇，中有："元首明哉，股肱良哉。"放：通"仿"。

宋役人謳：《左傳·宣公二年》載，宋役人歌嘲敗將大夫華元，華元答役人歌曰："牛則有皮，犀兕尚多，棄甲則那？"宋役人歌曰："從其有皮，丹漆若何？"

齊嬰兒語：《國策·齊策》載田單攻狄嬰兒謠："大冠若箕，修劍拄頤，攻狄不能，下壘枯丘。"楚民間謠：《史記·項籍本紀》載："夫秦滅六國，楚最無罪……故楚南公曰：'楚雖三戶，亡秦必楚也！'"朱儒：《左傳·襄公四年》載朱儒歌："臧之狐裘，敗我於狐駘。"

蜀百姓辭：《後漢書·廉范傳》載：廉范，字叔度，遷蜀郡太守。舊制禁民夜作，以防火災；然民更相隱蔽，燒者日屬。范入蜀後，乃毀削舊制，但嚴使儲水。蜀百姓以為便，於是歌之曰："廉叔度，來何暮。不禁火，民安作；昔無襦，今五絝。"

漢白渠誦：《漢書·溝洫志》載《白渠歌》："且溉且糞，長我禾黍，衣食京師，億萬之口。"秦夫人之占：《左傳·僖公十五年》載晉伯姬之占："姪其從姑，六年其逋，逃歸其國，而弃其家。"

　　聲伯之夢：《左傳·成公十七年》載聲伯之歌："濟洹之水，贈我以瓊瑰。歸乎歸乎，瓊瑰盈吾懷乎！"

　　滅虢之徵：《左傳·僖公五年》載滅虢謠："丙之晨，龍尾伏辰，均服振振，取虢之旂。"

　　衛良夫之譟：《左傳·哀公十七年》載渾良夫譟："登此昆吾之虛，綿綿生之瓜，余為渾良夫，叫天無辜。"

　　愚少受《詩》家庭，竊嘗留心於此。晚年獨居海上，慶弔盡廢。律絕近體既所不嫻，六朝古風企之益遠，惟取《三百篇》日夕讀之。雖不能手舞足蹈，契古人之意，然可欣、可喜、可戚、可悲之懷，一於讀《詩》洩之。又懼子姪之學《詩》而不知古音也，於是稍為考據，列本證、旁證二條：本證者，《詩》自相證也；旁證者，采之他書也。二者俱無，則宛轉以審其音，參錯以諧其韻，無非欲便於歌詠，可長言嗟歎而已矣。蓋為今之詩，古韻可不用也；讀古之詩，古韻可不察乎？嗟夫！古今一意，古今一聲。以吾之意而逆古人之意，其理不遠也；以吾之聲而調古人之聲，其韻不遠也。患在是今非古，執字泥音，則支離日甚，孔子所刪幾於不可讀矣。

　　愚也聞見孤陋，考究未詳，姑藉之以請正明達君子。閩三山陳第季立題。

　　　　　　　　　　（正文據中華書局 2008 年版《毛詩古音考　屈宋古音義》）

【注疏】

　　逆古人之意：《孟子·萬章上》："故說《詩》者……以意逆志，是為得之。"朱熹注："逆，迎也"。孔子所刪：指《詩經》。《史記·孔子世家》："……古者詩本三千餘篇……（孔子）去其重，取其可施於禮義（者）……三百五篇。"

三、答李子德書 ［顧炎武］

【敘題】

　　顧炎武（1613 ~ 1682），初名絳，字寧人。江蘇崑山亭林鎮人，世号亭林先生，明末清初偉大思想家、經學家、史地學家、音韻學家，提出"天下興亡，匹夫有責"的口號，力倡"博學于文""行己有恥"，其生母、胞弟均被清軍所害，故顧炎武積極參加抗清鬥爭。後致力於學術，探究國家典制、郡邑掌故、天文儀象、兵農以及經史百家、音韻訓詁之學，在經學、史學、音韻、小學、金石考古、方志輿地以及詩文諸學上，都有巨大貢獻，被譽為清朝"開國儒師""清學開山"

始祖。宣導"讀九經自考文始，考文自知音始"的治學方法，力主陳第"詩無叶韻"之說，證以羣書以相參考，奠定有清一代古音學之基礎，於音韻學史有承前啟後之功。其成就集中體現在《音學五書》中。另著有《日知録》《天下郡國利病書》《肇域志》《韻補正》《亭林詩文集》等。李子德：名因篤，字天生，又字子德，明代諸生，音韻學家。清兵入關，遂奔走呼籲抗清。後歸而專意於學問。康熙中曾薦為文職，旋以母老辭歸，不復出。

本篇選自《音學五書》卷首，輯古籍文例以探討古代音韻。

三代《六經》之音，失其傳也久矣。其文之存於世者，多後人所不能通；以其不能通，而輒以今世之音改之。於是乎有改經之病，始自唐明皇改《尚書》，而後人往往效之。然猶曰："舊為某，今改為某。"則其本文猶在也。至於近日锓本盛行，而凡先秦以下之書，率臆徑改，不復言其舊為某。則古人之音亡，而文亦亡，此尤可嘆者也。

開元十三年敕曰："朕聽政之暇，乙夜觀書，每讀《尚書·洪範》，至'無偏無頗，遵王之義'，三復茲句，常有所疑。據其下文，並皆協韻，惟'頗'一字，實則不倫。又《周易·泰卦》中'無平不陂'，《釋文》云：陂字亦有頗音，陂之與頗，訓詁無別。其《尚書·洪範》'無偏無頗'字宜改為陂"。蓋不知古人之讀"義"為"我"，而"頗"之未嘗誤也。

《易象傳》："鼎耳革，失其義也；覆公餗，信如何也。"《禮記·表記》："仁者，右也；道者，左也。仁者，人也；道者，義也"。是"義"之讀為"我"，而其見于他書者，遽數之不能終也。王應麟曰："宣和六年詔，《洪範》復舊文為頗。"然監本猶仍其故。……

【注疏】

開元十三年敕：所引資料见《册府元龟》卷40。無偏無頗：《尚書》原文于此句下文為"無有作好，遵王之道。無有作惡，遵王之路。無偏無黨，王道蕩蕩。" "好"，呼號反，与"道"為韻；"惡"，烏路反，與"路"為韵；"黨"與"蕩"為韻。玄宗以唐代之音讀《尚書》，"頗"，普多反；"義"，宜奇反，故以為不韻，以為"為陂則文亦會意，為破則聲不成文"。《經典釋文·周易音義》言："不陂，又破河反。"唐玄宗實為改經之始作俑者，然其未識古今音有別，故謬。

鼎耳革：言鼎耳革除，則无法貫耳舉之，故失去宜；鼎足折，則食物傾覆，故失去信。语见《周易·鼎(九三)(九四)》等。遽數之不能終其物：語出《禮記·儒行》："哀公曰：敢問儒行。孔子對曰：遽數之不能終其物。"遽：就，竟。終：尽。王應麟(1223~1296)：南宋學者，字伯厚，學問淵博，長於考證。著有《困學紀聞》、《玉海》《困學紀聞》卷3："宣和六年诏《洪範》復從旧文。……監本未嘗復舊也。"宣和：宋徽宗年號。

《易·漸》上九："鴻漸于陸，其羽可用為儀。"范諤昌改"陸"為"逵"，朱子謂以韻讀之良是，而不知古人讀"儀"為"俄"，不與"逵"

為韻也。

《小過》上六：“弗遇過之，飛鳥離之。”朱子存其二說，謂仍當作“弗過遇之”，而不知古人讀“離”為“羅”，正與“過”為韻也……

《楚辭·天問》：“簡狄在臺，嚳何宜？玄鳥致詒，女何嘉？”後人改“嘉”為“喜”，而不知古人讀“宜”為牛何反，正與“嘉”為韻也。

《史記·龜策傳》：“雷電將之，風雨迎之，流水行之，侯王有德，乃得當之。”後人改“迎”為“送”，而不知古人讀“迎”為“昂”，正與“將”為韻也……

《隋書》載梁沈約《歌赤帝辭》：“齊醍在堂，笙鏽在下，匪惟七百，無絕終古。”今本改“古”為“始”，不知“長無絕兮終古”乃《九歌》之辭，而古人讀“下”為“户”，正與“古”為韻也。

《詩》曰：“汎彼柏舟，在彼中河。髧彼兩髦，實維我儀，之死矢靡他。”則古人讀“儀”為“俄”之證也……

《易·離》九三：“日昃之離，不鼓缶而歌，則大耋之嗟。”則古人讀“離”為“羅”之證也。

《詩》曰：“君子偕老，副笄六珈。委委佗佗，如山如河。象服是宜，子之不淑。云如之何”。則古人讀“宜”為牛何反之證也……

【注疏】

范諤昌：北宋學者，生卒年無考。著有《大易源流圖》等，已佚。朱子：朱熹，南宋學者、理學家，徽州婺源人，字元晦，一字仲晦，號晦菴。著有《易經本義》等。

簡狄：傳說古有娀國之美女。嚳：高辛氏。玄鳥：燕子；或謂鳳凰，相傳有娀二女居九成之臺，帝嚳令鳳凰往致聘而成匹配，後簡狄為嚳之次妃，生子契，即商朝之始祖。

醍：較清、淺赤色之酒。《禮記·坊記》：“醍酒在堂”。鏽：東方之樂為笙，西方之樂為鏽。

汎彼柏舟：見《詩經·鄘風·柏舟》。副笄：古時王后及貴族夫人之假髻；綴玉之笄謂之珈，侯伯夫人用六珈。委委佗佗：從容自得貌。象服是宜：見《詩經·鄘風·君子偕老》。象服：法度之服。

左思《吳都賦》：“橫塘查下，邑屋隆夸，長干延屬，飛甍舛互。”則古人讀“夸”為“刳”之證也……

《庄子》：“不將不迎，應而不藏，故能勝物而不傷。”又曰：“無有所將，無有所迎。”則古人讀“迎”為“昂”之證也。

《曲禮》：“將適舍，求毋固。”《離騷》：“余固知謇謇之為患兮，忍而不能舍也。指九天以為正兮，夫惟靈修之故也。”則古人讀“舍”為“恕”之證也……

《诗》曰：“于以奠之，宗室牖下，誰其尸之，有齊季女。”則古人讀

"下"為"戶"之證也。

凡若此老，遽數之不能終也。其為古人之本音，而非叶韻，則陳第已辨之矣……

李白《日夕山中有懷詩》："久臥名山雲，遂為名山客。山深雲更好，賞弄終日夕。月銜樓間峯，泉漱階下石。素心自此得，真趣非外借。"今本改"借"為"惜"，不知《廣韻》二十二昔部元有"借"字，而"傷美物之遂化，怨浮齡之如借"已見於謝靈運之《山居賦》矣。

凡若此者，亦遽數之不能終也。（其詳並見《唐韻正》本字下。）

嗟夫！學者讀聖人之經與古人之作，而不能通其音，不知今人之音不同乎古也，而改古人之文以就之，可不謂之大惑乎？

（正文據中華書局 1982 年版《音學五書》卷首）

【注疏】

不將不迎：出自《莊子·應帝王》。無有所將：出自《莊子·知北遊》。

奠之：置之。牖下：窗下。此處所引詩句見《詩經·召南·采蘋》。

四、古無輕唇与古无舌上 ［錢大昕］

【叙題】

錢大昕（1728～1804），字曉徵，又字辛楣，號竹汀，江蘇嘉定人，清代著名學問大師。乾隆進士。初從長洲沈德潛遊，詩賦冠於吳中七子。後歎道："經之未通乃從而繡其鞶帨乎？"遂博覽羣籍。曾主鍾山、紫陽等書院。他不專治一經，而無經不通；不專攻一藝，而無藝不習。精通經史、文義、音韻、訓詁、歷代典章制度、官職、氏族、地理、金石以及中西曆算之法等。一生著述甚豐，代表作有《廿二史考異》《潛研堂文集》《十駕齋養新錄》等。主張"實事求是，護惜古人之苦心，可與海内共白"（《廿二史考異序》），為乾嘉學術的代表人物。之前古音學家，多重古韻，而錢氏始注重古紐之研究，引用古書古音通假使用現象，發前人之所未發，證明後世讀輕唇之非、敷、奉、微，漢魏前皆讀重唇。又證古音本無舌頭、舌上之分，古舌上音知、徹、澄多讀作舌頭音端、透、定，與無輕唇音說同為音韻學中不刊之論。

以下兩篇選自《潛研堂文集》卷 15《答問十二》和《十駕齋養新錄》卷 5。

問：輕唇之音，何以知古人必讀重唇也？

曰：《廣韻》平聲五十七部，有輕脣者僅九部，去其無字者，僅二十餘紐。證以經典，皆可讀重唇。如"伏羲"即"庖羲"；"伯服"即"伯韠"，"士魴"即"士彭"，"扶服"即"匍匐"，"密勿"即"蠠没"，"附婁"即"部婁"，"汶山"即"岷山"，"望諸"即"孟諸"，"負尾"即"陪尾"，"芯芬"即"馥芬"，"有匪"即"有邲"，"繁纓"即"鞶纓"，"方羊"即"旁羊"，"封域"即"邦域"，"亹亹"即"勉勉"，"膴膴"即"腜腜"，"蕪菁"即"蔓菁"。

"封"讀如"窆"，"佛"讀如"弼"，"紛"讀如"豳"，"繁"讀如"婆"。"亹"讀如"門"，"妃"，讀如"配"，"負"讀如"背"，"茀"讀如"孛"，"魩"讀如"勃"，"鳳"讀如"鵬"。凡今人所謂輕唇者，漢、魏以前皆讀重唇，知輕唇之非古矣。

（正文據南京江蘇古籍出版社1997年版《潛研堂文集》卷15）

【注疏】

九部：指東、鍾、微、虞、文、元、陽、尤、凡九韻。

伏羲：傳說古代三皇之一。伯服：春秋時周大夫。士魴：春秋時晉大夫。匍匐：見《詩・邶風・谷風》："凡民有喪，匍匐救之。"而《禮記・檀弓》引作"扶服"。蠠没：見《爾雅・釋詁》："蠠没，勉也。"附婁：見《說文》十四篇下𨸏部"附"字下："附婁，小土山也。"陪尾：山名。《史記・夏本紀索引》："陪尾山，在江夏安陸縣東北。"有匪："有匪君子，如切如磋"，見《詩經・衛風・淇奧》。鞶纓：馬首轡頭之纓索。方羊：遊散之意。膴膴：肥沃貌。

窆：下棺。魩：魩魩然，不悅貌；又謂淺色，敷勿切，齊梁以後音。鳳：朋字，朋、鵬皆古文鳳字。

古無舌頭、舌上之分。"知"、"徹"、"澄"三母，以今音讀之，與"照"、"穿"、"牀"無別也。求之古音，則與"端"、"透"、"定"無異。《說文》："'沖'，讀若'動'。"《書》："惟予沖人"，《釋文》"直忠切"。古讀"直"如"特"，"沖子"猶"童子"也。字母家不識古音，讀"沖"為"蟲"，不知古讀"蟲"亦如"同"也。《詩》"蘊隆蟲蟲"，《釋文》："直忠反。徐徒冬反。《爾雅》作'爞爞'，郭都冬反。《韓詩》作'烔'，音徒冬反"，是"蟲"與"同"音不異。（《春秋・成五年》："同盟于蟲牢。"杜注："陳留封丘縣北有桐牢。"是"蟲""桐"同音之證。）

【注疏】

徐徒冬反：徐、郭，皆指《經典釋文》所引各家注音。此段證明澄母古歸定母。

古音"中"如"得"。《周禮・師氏》："掌王中失之事。"故書"中"為"得"。杜子春云："當為'得'，記君得失，若《春秋》是也。"《三倉》云："中，得也。"（《史記索隱》）《史記・封禪書》："康后與王不相中。"《周勃傳》："勃子勝之倘公主，不相中。"小司馬皆訓為"得"。《吕覽》"以中帝心"，注"'中'猶'得'"……

【注疏】

中失：語出《周禮·地官·師氏》："掌國中失之事，以敎國子弟。"鄭注："中：中禮者也；失，失禮者也。故書'中'為'得'。"杜子春云：當為得，記君得失，《春秋》是也。中，丁仲反。"杜子春：東漢經學家，河南人，曾以《周禮》傳授鄭眾、賈逵。所注《周禮》今已佚。

《三倉》：即《三蒼》。秦相李斯作《蒼頡篇》，中車府令趙高作《爰曆篇》，太史令胡毋敬作《博學篇》，皆以秦篆編寫，以官府名義公佈此三書作為同一文字的標準範例。漢代又合此三書以敎學童，稱為《三蒼》，並改寫成隸書。魏晉時，增揚雄作《訓纂篇》、賈魴作《滂喜篇》，亦稱《三蒼》，又稱《五蒼》。小司馬：即司馬貞，唐河內人，字子正，撰有《史記索隱》等。《吕覽》：《吕氏春秋》。此段證明知母古歸端母。

古音"直"如"特"。《詩》："實惟我特。"《釋文》："《韓詩》作'直'，云相當'值'也。"《孟子》："直不百步耳。"直，但也。"但"、"直"聲相近……

古音"竹"如"篤"。《詩》："綠竹猗猗"。《釋文》：《韓詩》'竹'作'薄'，音徒沃反。"與"篤"音相近，皆舌音也。"篤"、"竺"並从"竹"得聲。《論語》："君子篤於親。"《汗簡》云："古文作'竺'。"《書》曰："篤不忘。"《釋文》云："本又作'竺'。"《釋詁》："笁：厚也。"《釋文》云："本又作'篤'。"按，《說文》："'竺'，厚也。""篤厚"字本當作"竺"，經典多用"篤"，以其形聲同耳。《漢書·西域傳》："無雷國北與捐毒接。"師古曰："捐毒即身毒、天毒也。"《張騫傳》："吾賈人轉市之身毒國。"鄧展曰："毒音督。李奇曰："一名天竺。"《後漢書·杜篤傳》："攡天督。"注："即天竺國。"然則"竺""篤""毒""督"四文同音。

（正文據商務印書館 1937 年版《十駕齋養新錄》卷 5）

【注疏】

實惟我特：見《詩經·鄘風·柏舟》："髧彼兩髦，實維我特。"《釋文》：指《經典釋文》。直不百步：見《孟子·梁惠王上》："直不百步耳，是亦走矣。"此處直猶但。此段證明澄母古歸定母。

綠竹猗猗：見《詩經·衛風·淇奧》："瞻彼淇奧，綠竹猗猗。"篤於親：見《論語·泰仙》："君子篤於親，則民興於仁。"《汗簡》：文字學著作，宋代郭忠恕撰。古文：指古文《論語》。篤不忘：見《尚書·微子之命》："予嘉乃德，曰篤不忘。"《經典釋文》："篤本又作竺，東谷反。"師古：顏師古，唐代訓詁學家，作《漢書注》《急就章注》《匡謬正俗》等。鄧展：三國時魏南陽人，注《漢書》。李奇：生平不詳，亦曾注《漢書》。顏師古作《漢書注》曾引鄧、李之說。此段證明知母古歸端母。

第三章　訓詁學

一、羣經平議［俞樾］

【叙題】

俞樾（1821～1907），清代朴學大師，著名文學家、經學家、古文字學家、書法家。字蔭甫，號曲園居士，浙江德清人。主講杭州"詁經精舍"達 31 年之久。章太炎、崔適、吳昌碩等近代著名學者都出自俞樾的門下，是現代詩人、文學家俞平伯的曾祖父。

道光年間應進士殿試，由曾國藩主持，試題為"淡煙疏雨落花天"，俞樾依題作詩："花落春仍在，天時尚豔陽。淡淡煙盡活，疏密雨俱暘。鶴避何嫌緩？鳩呼未覺忙。峰巒添隱約，水面總文章。玉氣浮時暖，珠痕滴處涼。白描煩畫手，紅瘦助吟腸。深護薔薇架，斜侵薜荔牆。此中涵帝澤，豈僅賦山莊。"以復試詩有"落花春仍在"之句，為曾文正公所賞，得為"殿元"，與李鴻章同為一文一武，並列為曾氏得意門生。曾任翰林院編修、河南學政。

俞樾治學固無常師，博通典籍，學問以經學為主，旁及諸子、史學、訓詁，乃至戲曲、詩詞、小說、書法等，可謂博大精深。海內及日本、朝鮮等國向他求學者甚眾，尊之為樸學大師。卒後，章太炎撰《俞先生傳》，盛讚俞樾之學問成就。俞樾治學紹述高郵王氏之文風，秉承徽派樸學的治學理念，集合校勘成果，仿王引之《經義述聞》而作《羣經平議》，自稱："嘗以為治經之道大要有三：正句讀、審字義、通古今假借……三者之中，通假借為尤要"（《羣經平議·序》），對"十三經"進行了一次較全面的校勘整理。生平著述等身，共 500 餘卷，刻為《春在堂全書》（或稱《春在堂叢書》）。學術代表性著作有《羣經平議》《諸子平議》《古書疑義舉例》等。

本篇考證《論語》"禮之用和為貴"之句，不應解作"禮之用，和為貴"；"四體不勤，五穀不分"，不宜解釋為"四肢不勞動，五穀不認識"。

古"以""用"二字通用。《周易·井·九三》"可用汲"，《史記·屈原傳》引作"可以汲"；《尚書·呂刑》篇"報虐以威"，《論衡·譴告》篇作"報虐用威"；《詩經·板》篇曰"勿以為笑"，《荀子·大略》篇引作"勿用為笑"，並其證也。"禮之用和為貴"，與《禮記·儒行》篇曰

"禮之以和為貴"文義正同，此"用"字止作"以"字解。當以六字為句，近解多以體用為言，失之矣。（卷30）

（"四體不勤，五穀不分"）分，當讀為糞，聲近而誤也。《禮記·王制》篇"百畝之分"，鄭注曰："分或為糞。"《孟子·萬章》篇作"百畝之糞"，是其證也。兩"不"字並語詞。"不勤"，勤也；"不分"，分也。《爾雅·釋丘》曰："夷上灑下不漘。"郭注曰："不，發聲。"《釋魚》曰："龜左倪不類，右倪不若。"邢疏："不，發聲也。"古人多以"不"為發聲之詞。《詩·車攻》篇："徒御不驚，大庖不盈。"《毛傳》曰："不驚，驚也；不盈，盈也。"《桑扈》篇："不戢不難，受福不那。"《傳》曰："不戢，戢也；不難，難也。那，多也。不多，多也。"此類不可勝數。丈人蓋自言唯四體是勤五穀是糞而已，焉知爾所謂夫子。若謂以"不勤""不分"責子路，則不情矣。此二句乃韻語，或丈人引古諺歟？（卷31）

（正文據上海書店1988年版《群經平議》）

【注疏】

四體不勤：語出《論語·微子》："子路從而後，遇丈人，以杖荷蓧。子路問曰：'子見夫子乎？'丈人曰：'四體不勤，五穀不分，孰為夫子？'植其杖而芸。子路拱而立。"或謂此二句是丈人自謂，或謂乃丈人責子路語。郭注：指晉代郭璞《爾雅注》。邢疏：指宋代邢昺《爾雅疏》。《桑扈》：指《詩經·小雅·桑扈》篇。《傳》：指《毛詩》的注解。

二、古書疑義舉例 ［俞樾］

【叙題】

俞樾因周、秦、漢三代之書，用詞造句與後世多有不同，抄傳刊刻亦多有訛誤，音義變易多有歧異，後人閱讀、理解極為不便。遂博覽古書諸經，分類總結概括，仿王引之《經傳釋詞》之體例作《古書疑義舉例》7卷，在訓詁、校勘群經諸子的基礎上歸納總結出古文"文例"88例，論說古書中造句特點、詮釋方法、語言習慣、各種致誤原因等，每說必詳為例證，為研讀秦漢國學經典之初學者必讀之書，在中國訓詁學史上佔有極為重要的地位，它既總結了傳統的訓詁學，又開了近現代訓詁學的先聲。梁啟超認為馬建忠所作的我國第一部漢語語法書《馬氏文通》，正是將王念孫父子的《經傳釋詞》和俞樾此書"融會之後，仿歐人的文法書把語詞詳密分類組織而成"（《中國近三百年學術史》）。該書深為國學研究者所推重，幾經其他學人續補，有劉師培《舉例補》、楊樹達《舉例續補》、馬敘倫《舉例校錄》和姚維銳《舉例增補》，亦可補俞氏之末盡。現有中華書局校點排印《古書疑義舉例五種》本，可供參閱。

以下所選俞樾《舉例》中條目，論及典籍中文字、音韻、語法、修辭、詞彙、校勘、句讀、句段、篇章等方面，其獨到精闢的見解，以及所運用的訓詁學原則和方法，可使讀者收到舉一反三、觸類旁通之效果，對我們今天研習國學經典仍然具有很大的啟發意義。

古人行文不嫌疏略例：

襄二年《左傳》："以索馬牛皆百匹。"《正義》曰："《司馬法》：'丘出馬一匹，牛三頭。'則牛當稱頭而亦云匹者，因馬而名牛曰匹，並言之耳。經傳之文，此類多矣。《易·繫辭》云'潤之以風雨。'《論語·鄉黨》云：'沽酒市脯不食。'《玉藻》云：'大夫不得造車馬。'皆從一而省文也。"按：此亦古人行文不嫌疏略之證。（卷2）

【注疏】

行文不嫌疏略：即當今文法所謂复詞偏義。襄二年：指《左傳·襄公二年》篇章。《正義》：指唐代孔穎達《春秋左傳正義》。《玉藻》：指《禮記·玉藻》篇，記載服飾、玉佩、冠飾、車馬飾等多個方面周代貴族的禮儀規範、生活方式和審美觀念。

因此以及彼例：

古人之文，省者極省，繁者極繁，省則有舉此見彼者矣，繁則有因此及彼者矣。《日知錄》［卷二十七"通鑒注"條］曰："古人之辭寬緩不迫。得失，失也。《史記·刺客傳》：'多人，不能無生得失'……緩急，急也。《史記·倉公傳》：'緩急無可使者。'《遊俠傳》：'緩急，人之所時有也。'成敗，敗也。《後漢書·何進傳》：'先帝嘗與太后不快，幾至成敗'……禍福，禍也。晉歐陽建《臨終詩》：'成此禍福端。'"按：此皆因此及彼之辭，古書往往有之。《禮記·文王世子》篇："養老幼於東序。"因老而及幼，非謂養老兼養幼也。《玉藻》篇："大夫不得造車馬。"因車而及馬，非謂造車兼造馬也。（卷2）

【注疏】

因此以及彼：亦即當今文法所謂副詞偏義。《日知錄》：明末清初大學者顧炎武（1613~1682）窮一生精力所寫的一部百科式著作，引證浩繁，考據精嚴，共36卷，"上篇經術，中篇治道，下篇博聞"，分論經義、政事、世風、禮制、科舉、藝文、名義、史法等。歐陽建：字堅石，冀州人，石崇之甥。西晉渤海南皮（今河北南皮）人，後因事得罪，臨刑時作《臨終詩》，辭甚哀楚，後為《昭明文選》所載。

美惡同辭例：

古者美惡不嫌同辭。如《詩·召南·羔羊》："退食自公，委蛇委

蛇。"詩人之所美也,而《左傳·襄公七年》云:"衡而委蛇必折",則
"委蛇"又為不美矣。《詩·大雅·泂酌》:"豈弟君子,民之父母",則詩
人之所美也,而《齊風·載驅》云:"魯道有蕩,齊子豈弟",《傳》曰:
"言文姜於是樂易然",《正義》足成其義曰:"於是樂易然,曾無慚色"。
則"豈弟"又為不美矣。(卷3)

【注疏】

　　美惡同辭:即今語法所謂詞義的褒貶色彩。委蛇:連綿詞,有綿延屈曲貌、雍容自得貌等多義。
《詩·召南·羔羊》:"退食自公,委蛇委蛇。"鄭玄箋:"委蛇,委曲自得之貌。"陸德明《釋文》:
"《韓詩》作'逶迤',云公正貌。"亦有隨順、順應貌之義。豈弟:和樂平易貌,或作"愷悌"。

　　實字活用例:

　　宣六年《公羊傳》:"勇士入其大門,則無入門焉者。"上"門"字實
字也,下"門"字則為守是門者。襄九年《左傳》: "門其三門"。下
"門"字實字也,上"門"字則為攻是門者矣,此實字而活用者也。《爾
雅·釋山》:"大山宮小山,霍。"郭注曰:"宮,謂圍繞之,""宮"本實
字,而用作"圍繞"之義則活矣。宣十二年《左傳》:"屈蕩戶之"。杜注
曰:"戶,止也"。"戶"本實字,而用作"止"義則活矣。……執持於手
即謂之"手",莊十二年《公羊傳》:"手劍而叱之",《禮記·檀弓》篇:
"子手弓而可"是也。懷抱於腹即謂之"腹",《詩·小雅·蓼莪》:"出入
腹我"是也。(卷3)

【注疏】

　　實字活用:即指古漢語中名詞往往可以用如動詞。

　　以大名冠小名例:

　　1.《荀子·正名》篇曰: "物也者,大共名也;鳥獸也者,大別名
也。"是正名百物,有共名別名之殊。乃古人之文,則有舉大名而合之於
小名,使二字成文者。如《禮記》言"魚鮪",魚其大名,鮪其小名也。
《左傳》言"鳥烏",鳥其大名,烏其小名也。《孟子》言"草芥",草其
大名,芥其小名也。《荀子》言"禽犢",禽其大名,犢其小名也。皆其
例也。(卷3)

【注疏】

　　《荀子·正名》:荀子探討名稱與實物關係的一篇文章,主張名定而實辨,制名以指實,亦涉及相
關語言問題。大共名:即今所謂總稱。大別名:即今所謂大類概念或名稱。正名百物:為萬物制定名
稱。共名:相當於當今種概念。別名:相當於屬概念。古人之文:古人行文情況。魚:是表示大類的
名稱。鮪:是表示小類的名稱。上古漢語這種特殊構詞法,即現代語言學"種類+屬類"的構詞法。

又如人名：帝堯、史游、弈秋、女媧、巫咸、卜偃、醫緩、史墨、祝鮀、師曠、輪扁、匠石、庖丁、盜蹠；地名：城淮、城潁；星名：星火、星虛；植物名：樹桑、草芥、草菅、草茅。

2.《禮記·月令》篇："孟夏行春令，則蝗蟲為災；仲冬行春令，則蝗蟲為敗。"王氏引之曰："'蝗蟲'皆當為'蟲蝗'。此言'蟲蝗'，猶上言'蟲螟'，後人不知而改為'蝗蟲'，謬矣。"按：上言"蟲"而下言"蝗"，上言"蟲"而下言"螟"；蟲，其大名也；蝗、螟，其小名也。（卷3）

【注疏】

孟夏：指夏季第一月，古以孟、仲、季表示一個季節三個月的順序，孟夏乃指農曆的四月。行春令：在初夏猶自出現春季的物候現象。為災、為敗：皆指在當年蝗蟲肆虐成災。仲冬：冬季的第二個月，即農曆十一月。王氏引之：指王念孫之子王引之，王氏父子為乾嘉學派的代表學者。當為：校勘術語，專用於糾正版本文字錯訛現象。蟲：言蟲是表示物體大類的名稱。蝗、螟：是表示物體小類的名稱。

3.《中孚》傳曰："乘木舟虛也。"按《正義》引鄭《注》曰："空大木為之曰虛，總名皆曰舟。"然則舟、虛並言，舟其大名，虛其小名也。王注曰："乘木於用舟之虛。"此說殊不了，輔嗣徒習清言，未達古義也。

【注疏】

《中孚》：《易經》六十四卦的卦名。傳：指《象》傳。乘木舟虛也：此為《象》傳解釋《中孚》卦辭"利涉大川"之語。《正義》：指唐代孔穎達等撰《周易正義》。空：用如動詞，挖空。為：動詞，做。之：代詞，指船。舟：此為表示大類的名稱。虛：此為表示小類的名稱。王注：指王弼（226～249）所著《周易注》，王弼是三國時魏國玄學家，字輔嗣，又著有《周易略例》等。用：介詞，相當於"以"。之：連詞，用在主謂結構之間，取消句子獨立性。殊：程度副詞，很。了：明了。徒：範圍副詞，祇。清言：玄言。達：通達，明瞭。

以小名代大名例：

又有舉小名以代大名者，《詩·王風·采葛》篇："一日不見，如三秋兮"。三秋即三歲也。歲有四時而獨言秋：是舉小名以代大名也。《漢書·東方朔傳》："年十三學書，三冬文史足用。"三冬亦即三歲也。學書三歲而足用，故下云："十五學擊劍"也。注者不知其舉小名以代大名，乃泥"冬"字為說，云："貧子冬日乃得學書"，失其旨矣。（卷3）

【注疏】

舉小名以代大名：可謂現代修辭學所謂"借代"問題。注者：此指唐代大學者顏師古（581～645）晚年研究《漢書》之力作《漢書注》。失其旨：指不明原義。

一字誤為二字例

1. 《禮記·緇衣》篇："信以結之，則民不倍；恭以蒞之，則民有孫心。"惠氏棟《九經古義》謂："孫心"當作"愻"。《說文》："愻，順也。《書》云：'五品不愻'"今文《尚書》作"訓"，古文《尚書》作"愻"，今孔氏本作"孫"，衛包又改作"遜"，古字亡矣，《緇衣》猶存古字耳。（卷5）

【注疏】

《禮記·緇衣》：指小戴《禮記》49 篇本，《緇衣》為其第 33 篇。信：誠信。倍：背叛。蒞：臨，到，後作"蒞"。惠氏棟：指清代漢學家惠棟（1697～1758），字定宇，號松崖，學者稱小紅豆先生。江蘇吳縣人，其學沿顧炎武，一生治經以漢儒為宗，以昌明漢學為己任，尤精於漢代《易》學，所著《易漢學》《易例》和《周易述》駁詰宋人之說，為清代吳派經學奠基，為乾嘉考據學吳、皖兩大學派中吳派之首，深得乾嘉學者推重。但治學墨守漢人成說，以致世人有"株守漢學""嗜博泥古"之譏。主要著述有《古文尚書考》，繼清初閻若璩之後，辨證《古文尚書》為晉人偽作；又有《後漢書補注》《九經古義》等。當作：校勘學術語，特指文獻中誤字的正字。書：《尚書》。今文《尚書》：指漢初所傳以漢隸寫定的《尚書》。古文《尚書》：指漢武帝時孔子舊宅牆壁發現的《尚書》，以先秦篆書寫定。衛包：唐代天寶間學者，《新唐書·藝文志》載其曾改古文為今文。

2. 《國語·晉語》："吾觀晉公子，賢人也。其從者，皆國相也。以相一人，必得晉國。"按：僖二十三年《左傳》曰："吾觀晉公子之從者，皆足以相國；若以相，夫子必反其國。"疑此文"一人"二字乃"夫"字之誤。"以相"絕句，即《左傳》所謂"若以相"也。"夫必得晉國"絕句，即《左傳》所謂"夫子必反其國"也。"夫"者指目其人之辭，說詳襄二十三年《左傳正義》。今誤作"一人"二字，義不可通矣。（卷5）

【注疏】

皆足以相國：都可以成為國相。絕句：句子點斷。一人：實際上原文理應為"夫"，此為後世所傳《國語》之誤。"夫"者指目其人之辭："夫"字是用以指稱特定人的冠詞。

二字誤為一字例：

《禮記·檀弓》篇："從母之夫，舅之妻，二夫人相為服。"按："夫"字衍文也。"二人"兩字誤合為"夫"字，學者旁識"二人"兩字以正其誤，而傳寫誤合之，遂成"二夫人"矣。《國語》"夫"字誤分為"一人"二字，《檀弓》"二人"字誤合為"夫"字，甚矣古書之難讀也。（卷5）

（正文據中華書局 1956 年版《古書疑義舉例五種》）

【注疏】

《禮記·檀弓》：是孔子和弟子討論古代喪葬禮儀等的言行記錄。從母：姨母。從母之夫：指的是姨父。衍文：校勘學術語，指典籍傳抄過程中誤增的字，此謂"夫"字不當有，是多餘的文字。"二人"兩字誤合為"夫"字：是說由於古書豎排的關係，"二"和"人"上下相連，就容易誤合成"夫"字。學者：學識淵博的讀書人。旁識：在旁邊加批註。識：作標記。此言有學者知此"夫"字為"二人"誤合，就在旁邊批註"二人"兩字，以糾正文字訛誤。而傳寫誤合之：傳寫的人卻將批註性文字和誤合的"夫"字一起刻入版本。

三、香草校書 ［于鬯］

【叙题】

于鬯（1854～1910），字醴尊，自號香草，江蘇南匯（今屬上海）人，光緒十二年應松江府歲考，主考為當時著名學者王先謙，對于鬯文章很賞識，取為第一。為人正直，不入仕途，一生致力於教學和研究經史，提倡漢學，與俞樾等有往還，著述甚多。著書有暇，尚擅繪畫。遍覽從東漢經學大師鄭玄到清代王念孫等眾多著名學者對經典的注疏，並加以勘正，作《香草校書》60卷，另著有《香草續校書》《香草文鈔》等。《香草校書》是校勘經部的著作。《續校》校勘子、史部典籍，包括《老子》《水經注》《淮南子》諸家。

本篇訓詁古"學""教"二字，從字音的破讀闡釋語義之別。

古"學""教"二字不別。小戴《學記》引《兑命》曰"學學半"，即"教學半"，此盡人所知者。就彼篇中"學"字當讀為"教"字尚多。說見彼"君子如欲"條校。

又《文王世子》記凡學世子、學干、學戈、學舞干戚，陸德明《釋文》亦訓"學"為"教"。孔穎達《正義》亦云："學謂教也。"又《儀禮·燕禮》鄭康成注"亦學國子以舞"，陸釋亦云："學，教也。"然則此"學"亦當為"教"。惟言教，故曰"而時習之"，"而"字方有意。蓋習即學也，若即言學，則不必以"而"字作轉語也。且下文云"有朋自遠方來"，亦正言教，故從學者廣。有遠方朋來，若止學而已，則未言及近，何遽言遠？層次不太懸乎？下章載曾子曰"傳不習乎"，"傳"亦教也。"習"即此"習"字。

何晏《集解》云："言凡所傳之事，得無素不講習而傳之。"案何義是矣，而一"素"字可商。蓋既傳人，自宜其素習，豈有素不習而可以傳者？曾子之意正恐以教人者自以為素習而不復習，故曰"傳不習乎"。明乎"傳不習"之說，即可知"教而時習"之說。"傳不習乎"與"教而時習之"，語有反正，義則一也。《為政》篇子張學干禄，彼"學"字似亦當讀"教"。

（正文據中華書局1984年版《香草校書》卷52）

【注疏】

小戴：指西漢經學家戴聖，其叔父戴德称大戴；戴德所編訂《禮記》85 篇本稱《大戴禮記》，在後來流傳過程中漸佚，而戴聖選編的 49 篇《小戴禮記》，由東漢末年著名學者鄭玄作注，盛行不衰，即今天所見的《禮記》，成為經典，到唐代列為“九經”之一，到宋代列入“十三經”。此處“小戴”即指《禮記》。《學記》：《禮記》中的篇名。《兌命》：《古文尚書》中的篇名，又作《說命》。

《文王世子》：《禮記》中篇名。陸德明：名元朗，表字德明，蘇州吳縣人，隋唐之際著名學者，秦王李世民召為文學館學士，轉國子博士，封吳縣男，著有《經典釋文》30 卷，採用漢魏六朝注本達 179 種之多，保存了大量珍貴的經學史史料，總結“漢學”，開啟有唐經學，於學術史上具有承前啟後之功。陸德明去世後，此書深為唐太宗所讚賞，遂大為流行。另有《老子疏》15 卷、《易疏》20 卷行於世。

何晏：字平叔，南陽宛（今河南南陽）人，三國時期魏玄學家，因佐曹爽秉政事敗，於正始十年（249）與爽同被司馬懿誅殺。何晏好老、莊，與王弼並稱“王何”，為魏晉玄學家代表人物，主張儒道合同，引老以釋儒，著有《論語集解》。

附

一、知識答問

（一）文字學知識

1. 形聲字中聲符和意符的結合形式可分為幾類？

答：大體分以下八類：

（1）左形右聲：江棋詁超訪任飽通握沱除松賜結理媽牲犧

（2）右形左聲：攻期胡邵頂敵雞雕鵝鳩甌救鴻視和蝕剛錦

（3）上形下聲：空箕罟苔房霧簡茅耄簡草宇蘋苦菅箱箋籀

（4）下形上聲：汞基辜照背架翁裳恐姿盒盅盎駕賞贅費頁

（5）內形外聲：辯哀問閩鳳儺贏羸辨聞悶

（6）外形內聲：閣國固裹術匱街衷雛闈裹戚閭閣圈閘囤園

（7）形占一角：勝裁聖荊穀雜賴條修穎務佞疆倏騰滕穎轂

（8）聲占一角：徒寶從寐施徙旌爬

2. 何謂省聲字？

答：指有些形聲字為了書寫方便或構形美觀，在造字時將形聲字的聲符省去了一部分：

雷：《說文》：“從雨，田省聲。”

家：《說文》：“居也。從宀，豭省聲。”

恬：《說文》：“安也，從心，甜（甜）省聲。”

疫：《說文》：“民皆疾也，從疒，役省聲。”

珊：《說文》：“珊瑚色，宀色赤，生於海，或生於山，從玉，刪省聲。”

夜：《說文》：“舍也，天下休舍也。從夕，亦省聲。”

紂：《說文》：“馬緧也。從系，肘省聲。”

3. 何謂省形字？

答：指形聲字構形時將形符的一部分省去。例如：

釜：《說文》："從金省，父聲。"

弒：《說文》："臣弒君也。從殺省，式聲。"

屨：《說文》："履也。從履省，婁聲。一曰䩕也。"

屐：《說文》："屬也。從履省，支聲。"

4. 什麼是亦聲字？

答：亦聲字也叫會意兼形聲字。其特點是：構形的各個部件在意義上有聯繫，是會意字；但由於其中的一個部件同時充當聲符，故又是形聲字。例如：

授：《說文》："予也。從手，從受，受亦聲。"

娶：《說文》："取婦也。從女，從取，取亦聲。"

婚：《說文》："婦家也。禮，取婦以昏時。婦人，陰也，故曰婚。從女，從昏，昏亦聲。"

禮：《說文》："履也，所以事神致福也。從示，從豊，豊亦聲。"

琀：《說文》："送死口中玉也，從玉，從含，含亦聲。"

忘：《說文》："不識也。從心，從亡，亡亦聲。"

5. 漢字演變的進程如何？

答：（1）古代文字：商代金文、甲骨文（現在已知的最早成系統的文字）。周金文。戰國西方周秦的"籀文"屬大篆文字。東方六國系統的文字是"古文"。秦小篆、秦隸。（2）今文字：漢隸、章草、行書。魏晉真書（楷書）。

漢字由篆書到隸書的變化叫隸變，影響深遠。（1）部首形體的變化：如"人"變為"亻"，"心"變為"忄"。（2）簡省或訛變。如"春"，從艸從日，屯聲，（上部訛變）。"更"，從攴丙聲（整體訛變）。（3）混同，是訛變的後果。有些原先不相同的偏旁，隸變後就混同了。如"服"從舟而不從月，"膾"從肉而不從月。

6. 什麼是六書？

答：六書即象形、指事、會意、形聲、轉注、假借。"六書"理論是漢代班固、鄭眾、許慎等學者分析漢字的結構和漢字的使用而歸納出來的六種條例，對漢字的形體構造與使用規律所作的理論總結，成為我國古代文字學最重要的一種理論體系。其中許慎對六書的研究最全面最深入，其《說文解字·後敘》根據六書的理論對九千多個篆文進行分析歸類，後人一般採用許慎所列六書的名稱、排列順序和定義，即：（1）象形；（2）指示；（3）會意；（4）形聲；（5）轉注；（6）假借。象形、指事、會意、形聲是造字之法，轉注、假借為用字之法。

7. 六書每類主要特點是什麼？

答：象形的主要特點是字形像它所表達的事物之形，以簡單的線條把事物的輪廓或具有特徵的部分描畫出來。即許慎所謂"畫成其物，隨體詰詘"。如：日、月、止、目、人、車、行、牛、瓜、眉、虎、高、夕、犬、女、舟、鳥、手、网。

指事的主要特點是用記號指出事物的特點。許慎的定義是"視而可識，察而見意。"一眼看去就可以認識大體，仔細觀察就發現意義所在。如：上、下、中、亦（腋）、本、末、未、寸、刃、甘等。

會意的主要特點是組合兩個以上的形體來表示一個新的意義。許慎："比類合誼，以見指撝"，字面意思是會合成意，即由若干符號相互構成一種聯繫來表達某種意義。如：逐、取、武、及、戒、朝、暮、牧、從、北、莫、休、明。

形聲的主要特點是由意符（形符）和聲符兩部分組成，意符表示意義範疇，聲符表示讀音。意符相同的形聲字意義上大都同意符所標示的事物或行為有關。如貝與財物有關，言與言語有關，心與心理有關。許慎定義為："形聲者，以事為名，取譬相成。江河是也。"如：楊、柳、吐、忙、胡、破、故。由於它既可以表意又可表音，無論是表示具體實物還是抽象概念，都可用這種造字法去解決其書寫問題，故六書中，形聲字是最能產的造字方式。在漢字發展過程，形聲字所占比例越來越大。在甲骨文中占20%左右，在《說文解字》中占80%以上，在現存漢字中占90%左右。試舉一些形體或讀音都有變化的形聲字：

題：頭額。從頁，是聲。

叔：拾取。從又，尗聲。

脩：幹肉。從肉，攸聲。

造：前往。從辵，告聲。

所：伐木聲。從斤，戶聲。

斯：將木柴析開。從斤，其聲。

勝：勝任。從力，朕聲。

術：邑中道。從行，术聲。

裏：《說文》："衣內也，從衣，里聲。"

都：《說文》："有先君之舊宗廟曰都。從邑，者聲。周禮距國五百里為都。"

物：雜色牛。《說文》："萬牛也。牛為大物，天地之數，起於牽牛，故從牛，勿聲。"

關於轉注，學界看法不一。一般認為其主要特點是字形同部，字義同源。許慎曰："建類一首，同意相受。"即兩個字的部首相同、兩個字的意義有引申關係。如：考與老，呻與吟，諷與誦，空與竅，諛與諂，憂與愁等。它不是一種造字方法，而是一種釋義條例。

假借的主要特點是有詞無字，借用音同或音近的字來表示。許慎曰："假借者，本無其字，依聲托事，令長是也。""本無其字"指某一詞本來沒有專字記錄，"依聲托事"指找一同音字或近音字來代替。即某些詞原先沒有為它選過專用字，只是從現成的字中選取一個讀音相同或相近的字來代替。許慎的定義是不錯的，但所舉的例字不妥。"令"，本是命令的意思，引申指發命令的長官；"長"，本是短長之長，輾轉引申指長官之長（漢律：縣萬戶為令，減萬戶為長）。二字均屬詞義引申現象，非假借。朱駿聲《說文通訓定聲》舉"朋""來"為假借例字。不給新出現的詞造字，借用已有的同音字作為新詞的書寫符號，沒有造字而解決了詞的書寫問題，這是以不造字為造字的方法，是漢字造字法向表音方向發展的重要表現。假借字和本字只是讀音相同，意義上沒有聯繫，例如：

東：像囊橐之形，借為東方之"東"。

易：像有腳之蛇，即蜥蜴，借為難易之"易"。

離：《說文》："黃倉庚也，鳴則蠶生。"借為分離之"離"。

其：象畚箕之形，即"箕"的古字，借為虛詞或代詞。

何：本義是負荷、擔，借為代詞。

莫：是"暮"的古字，《說文》："日且冥也。從日在茻中"。後假借為無定代詞。

笑：本義不明，借為嬉笑之笑。

然：本義為燃燒，《說文》："燒也。從火，肰聲。"借為虛詞。

汝：本義水名，借為人稱代詞。

我：古文字形象兵器，借為人稱代詞。

來：本為麥字的象形字，假借為來去之"來"。

亦：本義是"兩腋"，假借為虛詞。

而：本意為頰毛，借表第二人稱，後假借為連詞。

叔：本意為拾取，假借為叔父之叔。

焉：本意為鳥，假借為疑問代詞。

然：是"燃"的古字，本義是燃燒，後假借為代詞"然"。

新：是"薪"的古字，本義是砍柴，後假借為新舊之"新"。

（二）音韻學知識

1. 上古音聲母系統有何特點？

答：上古聲母，指兩漢以前的聲母系統，其代表是《詩經》音。清錢大昕提出"古無輕唇""古無舌上"，揭開了古聲母研究的序幕，後經章炳麟、黃侃等人繼續研究，取得了重大成就，為深入研究上古聲母奠定了堅實基礎。特點有二：

（1）上古時期無輕唇音（指兩漢前沒有唇擦音）：

錢大昕《十駕齋養新錄·古無舌上音》："凡輕唇者，古皆讀為重唇。"認為輕唇音非、敷、奉、微，在上古分別讀幫、滂、並、明。"旁"從"方"聲，"匍"從"甫"聲，"枹"又作"桴"，"父"古讀如"爸"，輕唇音是上古重唇在後代分化出來的。如："匍匐"又可寫作"扶服"，地名"文水"即"門水"，《論語》"子貢方人"的"方人"即是"謗人"，古書中的"毋"即是"莫"，"封"即是"邦"，"妃"讀如"配"。上述扶、文、方、毋、封、妃等字，在中古讀輕唇，錢氏認為這些字在上古應一律讀作相應的重唇音。

（2）上古時期無舌上音（兩漢以前沒有舌面前塞音）：

錢大昕《十駕齋養新録·舌音類隔之說不可信》："古無舌頭舌上之分，知徹澄三母，……求之古音，則與端透定無異。"中古三十六字母舌音有端透定泥、知徹澄娘8個聲母，前4母稱舌頭音，後4母稱舌上音（即舌面前塞音）。錢氏認為上古沒有舌上音知徹澄3母，中古讀知徹澄3母的字，在上古分別讀作舌頭音端透定3母。錢氏同時舉出了大量例證，如："衝子"猶"童子"，"古音'直'如'特'"，"'但''直'聲相近"，"追琢"即"彫琢"，又寫作"敦琢"，"古讀'根'如'棠'"，"古讀'池'如'泥'"，"古讀'沈'如'潭'"等等，上述衝、直、追、根、池、沈等字，在中古讀舌上音，錢氏認為這些字在上古應一律讀作相應的舌頭音。

2. 上古音韻部的情況是怎樣的？

答：研究上古韻部的主要材料是上古的韻文，如《詩經》和文字聲符。唐宋以前，人們用當時語音讀《詩經》，遇到押韻不和諧的地方，就臨時改讀成自己認為合適的讀音，當時學者把這種做法稱為"叶音""叶韻"（"叶"或寫作"協"）。叶音說盛行于宋代，吳棫《毛詩補音》是代表作，已經亡佚，而從朱熹《詩集傳》注音中可看到吳氏叶音的大致情形（或謂朱氏《詩集傳》叶音完全采自吳氏《毛詩補音》）。"叶音說"是錯誤的，掩蓋語音發展的真相，造成漢字讀音的混亂。直到明末陳第才徹底批判叶音說，提出具有劃時代意義的古今語音不同說，其《毛詩古音考·序》把他的學說概括為一句話："時有古今，地有南北，字有更革，音有轉移。"從此古音學研究真正走上正確的道路。但他對古韻的研究只是隨字考據，而沒有做古韻分部工作，可謂古音學的開路先鋒，而顧炎武則是古音學的奠基者，分古韻為10部，初步確定了古韻分部的規模。

3. 何謂古書的假借（古音通假）現象？

答：古代文獻使用漢字時，應該另造新字，或應該使用甲字，卻使用了同音或近音的乙字，這就是假借現象。從語音角度看，即謂古音通假。古書中的假借大致有兩種情況：

（1）一種是本無其字的假借，即"六書"上造字的"假借"。古書裏的用字，如果它所記録的詞義不是該字的本義或引申義，這個字就是假借字。假借字產生的原因是書寫者只考慮語音因素而不考慮形體因素，造成不同字之間的通用和假借。這也就是許慎所說的"本無其字，依聲托事"，即造字的時候，沒有為語言中的某個詞專門造一個新的形體來記錄它，而是在已經造好的字中，找一個音同或音近的現成漢字來記錄。假借字所記錄的多是一些意義比較抽象的詞，或是無實在意義的虛詞，因為這些詞不好造字。如"我"字，本是上古使用的一種有齒的武器，而第一人稱代詞不好造字，就沒有去再造新字，而是用表示武器的"我"來記錄，於是"我"便假借為第一人稱代詞。

（2）另一種是"本有其字"的假借，即本來有表示某音一的字形，但書寫時由於各種原因寫成了別的同音字，這種情況我們稱為通假字。通假字中本來的漢字叫本字，被借用的漢字叫借字。通假字的要求是本字和借字之間必須是讀音相同或相近的。如：

①旦日不可不蚤自來謝項王。（《史記·項羽本紀》）"蚤"借用來表示"早"。

②陽貨欲見孔子。孔子不見，歸孔子豚。（《論語·陽貨》）"歸"借用來表示"饋"。

③甚矣，汝之不惠！（《列子·湯問》）"惠"借用來表示"慧"。

又例如："伸"寫成"信"，"飛"寫成"蜚"，"屎"寫成"矢"，"尿"寫成"溺"，"叛"寫成"畔"，"拒"寫成"距"，"修"寫成"脩"。詳—佯，闕—掘。

4. 什麼是破讀？

答：一個詞產生以後，隨著語言的發展，意義或詞性可能發生變化，古漢語中把這種通過改變一個字的讀音來區別詞性或詞義的方法，叫做"破讀"、"讀破"。把一個字原來的讀音叫做"本音"，訓詁上把讀本音用本義的字叫做"如字"，把改變後的讀音叫做"破讀音"。破讀有一個基本規律，都是讀去聲。比如"王"字，它本是名詞，讀"wáng"，所記錄的是當君王的人，若要表明當君王的動作，則改變它的讀音，讀"wàng"。再如：

《韓非子·五蠹》："循徐魯之力，使敵萬乘。"乘：破讀音為"shèng"。

《閻典史傳》："帥劉良佐擁騎至城下。"騎：破讀音為"jì"。

《韓非子·五蠹》："婦人不織，禽獸之皮足衣也。"衣：破讀音為"yì"。

5. 什麼是特讀？

答：古代漢語中一些特殊的用字場合，一些字並不讀它的現代標準音，而是要讀它的特殊讀音，大多是該字的古音或是接近古音的音。這種讀特殊讀音即所謂"特讀"。古書中需要特讀的字，主要是一些專有名詞，如姓氏、古代的人名、國名、部族名、地名、器物名等，其特讀音被繼承到現代漢語中，因此我們讀古文時要特讀。例（僅為每詞的最後一字或兩字注音）：

洗（xiǎn）姓　　　　　　　　蓋（gě）姓

查（zhā）姓　　　　　　　　　　祭（zhài）姓

稷契（xiè）商朝祖先名　　　　　皋陶（yáo）傳說中夏朝人名

伍員（yún）春秋吳国人名　　　　樊於期（wū jī）戰國燕国人名

酈食其（yí jī）漢初人名　　　　萬俟卨（mò qí xiè）宋代人名

阿房（ē páng）秦代宮殿名　　　　可汗（kè hán）古代少數民族首領

冒頓（mó dú）古代少数民族首领　龜茲（qíu cí）漢代西域國名

大宛（ yuān）西域国名　　　　　大月氏（ròu zhī）西域国名

康居（qú）西域国名　　　　　　先零（ lián）古代民族名

不羹（láng）古代地名　　　　　吐蕃（tǔ bō）西藏古名

（三）訓詁學知識

1. 什麼是訓詁學？

答：訓詁意謂解釋古書中的詞句意義。訓詁學就是以古代書面語言的訓詁為研究對象、以詞義為主要研究内容的一門語言科學。

形訓：是用分析文字的形體的方法來解釋字義。

聲訓：又稱音訓，即取音同或音近的字來解釋字義。劉熙《釋名》是聲訓的專著。包括：（1）同字相訓：即用相同的字來訓釋字義。（2）同聲相訓：即用同音的字來訓釋字義。（3）音近相訓：用雙聲迭韻的字來訓釋字義。

義訓：即直陳詞義，不借助於字的讀音和形體，而是利用語言環境據文證義，用一個詞或者一串詞來直接說明某詞的含義。（1）直訓：即同義相訓，簡稱"同訓"，即用一個詞去解釋另一個詞，是"義訓"中常見方式。如《說文・一部》："元，始也。"利用詞的同義關係來訓釋詞義。（2）反義相訓：簡稱"反訓"，即用某詞的反義詞來解釋該詞的意義。

2. 《康熙字典》的編制有何特點？

答：張玉書、陳廷敬等編，在明代梅膺祚《字彙》和張自烈《正字通》基礎上編成，是我國第一部以"字典"來命名的工具書。始編於康熙四十九年（1710），成書於康熙五十五年（1716），收單字共收字49030個。使用部首檢字法，分214部，再按十二地支命名分12集，每集分上中下三卷。釋字體例先音後義，每義引古書為證。其注音方式：

（1）直音：即用同音字注音。如："貧，音頻"。（2）反切：用兩個漢字拼注一個漢字讀音的注音方法。其方法是：反切上字與被切字聲母相同，下字與被切字韻母、聲調相同。如"號，呼報反"，即用"呼"的聲母 h 和"報"的韻母ao 及聲調去聲相拼。"許"字用"喜語切"來注音。"喜"的聲母是 x，"語"的韻母是 ü，聲調是上聲，合成就是 xǔ。由於古今語音系統並不完全相同，故有的反切能切出現代的讀音，有些字則切不出現代的讀音，比如"貧，符巾切"，就切不出"貧"的現代讀音。（3）叶（xié）音法：用"叶"某音的方式來注音，比如"貧，叶頻眠切，音駢"。由於對古代語音缺乏認識，叶音法用改變字的讀音來遷就押韻，并不科學，故為明代陳第、清代顧炎武所批判。

3.《經傳釋詞》有何特點？

答：《經傳釋詞》作者為清代乾嘉學派著名學者王引之（1766~1834），完成於嘉慶二十四年（1819），共10卷，解釋古漢語虛詞，收虛詞160字，依唐守溫三十六字母而排序，從先秦、西漢的《論語》《周易》《左傳》《史記》等經傳古籍中選取例證，說明虛詞的意義或用法，徵引材料翔實豐富，每條解釋博引例證，推源溯本，富於創見，是研究和學習古漢語虛詞的重要著述，世人評價很高。

4. 古今詞義的異同有哪些情況？

答：有三種情況：

（1）古今意義基本未變：馬、牛、羊、山、水。

（2）古今意義完全不同："綢"古代意義是"纏繞"，現代意義是"絲綢"；"該"古義是"完備"，現在是"應當"。

（3）古今詞義同中有異：勸、路、池、瓦。

5. 從詞義範圍看，古今詞義的不同有哪些類型？

答：詞義的變化分為詞義的縮小、詞義的擴大、詞義的轉移三類：

（1）詞義的縮小：其特點是古義的範圍大於今義，今義一般包括在古義之中。如：親戚、禽、丈夫、金。

"臭"，古義是氣味，今義是難聞的氣味。

"瓦"，古義比今義廣，古代指陶製品，現在指房屋上的建築材料。

（2）詞義的擴大：古義範圍小於今義。如：裁、皮、醒、涉。

"菜"，古代專指植物類蔬菜，現在包括肉、蛋之類；

"睡"，古代指坐着打盹，現在指一般的睡覺。

（3）詞義的轉移：詞義由指甲事物變為指乙事物，詞義中心轉移，而甲乙事物之間又有一定的聯繫。如：走、腳、獄、誅、貨、涕、去。

"封"，古義指積土成堆，今義指封閉。

"暫"，古代是指狗突然向人襲擊，今義指時間短暫。

"湯"，本義指熱水，現在指菜湯、米湯之類。

6. 舉例說明何謂詞義範圍的縮小？

答：其特點是詞的古義的範圍大於今義，今義一般包括在古義之中。例如：

"宮"，古代是房屋的統稱。如《戰國策·蘇秦連橫約從》："父母聞之，清宮除道。""清宮"即打掃房屋。後來"宮"專指宮殿，詞義範圍縮小了。

"丈人"，古代是對老者的尊稱。《論語·子路從而後》："子路從而後。遇丈人，以杖荷蓧。"現代"丈人"專指妻子的父親，即岳父。詞義範圍縮小了。

"墳"，古義是用土堆積而成的高地，今義是埋屍體的土堆。

7. 舉例說明何謂詞義範圍的擴大？

答：其特點是古義的範圍小於今義，此現象在漢語詞義的發展變化中十分普遍，許多詞的意義在發展中由特指變為泛指，由專名變為通名。例如：

"焚"，《說文》："焚，燒田也。"本義是放火燒山林進行圍獵（"田"意謂田獵，後來寫作"畋"）。《左傳·子產說范宣子輕幣》："象有齒以焚其身。"意謂大象因為有價值昂貴的象牙，因而導致自身遭受圍獵。又如《孟子·許行》："益烈山澤而焚之，禽獸逃匿。"後來"焚"的意義範圍擴大，泛指一切焚燒。

"響"，古代本意為回聲，後來泛指一切聲音。

"色"，臉色，後來指顏色、色彩。

"江"，長江的專名，後來泛指江河。

"河"，黃河的專名，後來泛指江河。

8. 舉例說明詞義範圍的轉移。

答：詞義由指甲事物變為指乙事物，詞義中心轉移，而甲乙事物之間又有一定的聯繫。如：腳、誅、貨。

"兵"，本來指兵器，《鄭伯克段于鄢》："大叔完聚，繕甲兵，具卒乘。"後來指拿兵器的人，即士兵，再由士兵的意義引申為軍隊、戰爭，詞義發生轉換。又如：

"走"，本指跑，如《山海經》"夸父與日逐走。"後指步行、行走。

"獄"，本指案件，如《曹劌論戰》："小大之獄，雖不能察，必以情。"後指監獄。

"布"，古指麻布、葛布，今指棉布。

"坐"，古指兩膝著席或床榻，臀部壓在腳後跟上；今指臀著席位上。

9. 舉例說明古今詞義的輕重不同。

答：（1）古義輕，今義重：

"恨"，古代意謂遺憾、不滿。如：司馬遷《報任安書》："而長逝者魂魄私恨無窮。""私恨"即內心私下的遺憾。《漢書·蘇武傳》："子為父死亡所恨。""亡所恨"即沒有遺憾。現代"恨"意謂仇恨、忿恨，詞義比古代重。

"誅"，最初只有"責備"之義，後來是"誅殺"的意思。

（2）古義重，今義輕：

"怨"，古義為怨恨、痛恨。如：《史記·秦本紀》："繆公之怨此二人入於骨髓。"用"入骨髓"來形容"怨"的程度。《漢書·蘇武傳》："聞漢天子甚怨衛律。"用副詞"甚"來修飾"怨"，可見怨恨程度之深。今義輕，謂埋怨和不滿。

"餓"，古代意谓嚴重的餓，指長時間未進食，受到死亡的威脅。現在意謂一般的餓，只是想吃些食物。

"感激"，古義為"憤激"義，現在一般是"感謝"義。

10. 詞義感情色彩的差異有哪些？

答：（1）古代是褒義，現在是貶義：如"復辟"，古代是"恢復君位"，現在是說"開歷史倒車"；"爪牙"，古代指"勇猛的得力助手"義，現在是"走狗"，可謂古褒今貶。又如"吹噓"，古代指替人宣揚、稱揚，現在指說大話，並且含貶義。

（2）古代是貶義，現在是褒義：如"鍛煉"，古代是玩弄法律誣陷別人的意思，現在指"練習、磨煉"，是褒義。

（3）有的中性詞，後來有了褒貶色彩：如《搜神記》："長安中謠言曰：'見乞兒，與美酒，以免破屋之咎。'""謠言"指民間的歌謠諺語，感情色彩為中性，而現在指流傳的沒有事實根據的消息，且有貶義。又如《報任安書》："下流多謗議。""謗"指"議論"，中性，現在指"誹謗"，貶義。又如《報孫會宗書》："下流之人，眾毀所歸。""下流"古代指地位或處境低下，今天則指品德惡劣，且有明顯貶義。

11. 何謂句讀？

答：古代稱給文章斷句為"句讀"。古人研讀經書要自己斷句，一句話讀完，常在字旁邊加圓圈或打勾，叫做"句"；一句話沒完，但需要停頓一下，就在字下加以頓點兒，這種地方叫做"讀"。宋代開始刻書附有句讀。古代人很早就重視斷句訓練，認為正確斷句是讀書的基本要求。《禮記·學記》："比年入學，中年考校，一年視離經辨志。"鄭玄注："離經，斷句絕也；辨志，謂別其心意所趨向也。"唐孔引達疏曰："離經，謂離析經理，使章句斷絕也。"韓愈《師說》也說："彼童子之師，授之書而習其句讀者也。"即謂訓練學生正確斷句，是老師傳授知識的一項基本內容。標點古書的一般原則：（1）詞彙方面；（2）語法方面；（3）音韻方面；（4）古代文化常識方面。

12. 何謂衍文和脫文？

答：校勘學術語，簡稱"衍"，也叫"衍字"。用來指明古籍中多出了文字的現象。如"'漢水以為池'，'水'字衍"。脫文簡稱"脫"，也叫"脫字"，用來指明古籍中脫落了文字的現象。如"'孔世家云：頎然而長'。'孔'下脫'子'字"。

二、參考文獻

（一）國學總論部分

范希曾：《書目答問補正》，上海古籍出版社 1983 年版。

章太炎：《國學概論》，巴蜀書社 1987 年版。

章太炎：《國學講演録》，華東師大出版社 1995 年版。

章太炎：《章太炎全集》，上海人民出版社 1982 年版。

章太炎：《國故論衡》，商務印書館 2010 年版。

李　時：《國學問題五百》，中國社會科學出版社 2008 年版。

劉毓慶：《國學概論》，北京師範大學出版社 2009 年版。

曹勝高：《國學通論》，北京大學出版社 2008 年版。

龔鵬程：《國學入門》，北京大學出版社 2007 年版。

王　傑：《領導幹部國學大講堂》，中共中央黨校出版社 2011 年版。

謝　謙：《國學詞典》，中國人民大學出版社 2007 年版。

（二）文字學部分

許　慎：《說文解字》，陳昌治刻本，同治十二年。

段玉裁：《說文解字注》，上海古籍出版社 1981 年版。

郝懿行：《爾雅義疏》，上海古籍出版社 1983 年版。

王念孫：《廣雅疏證》，江蘇古籍出版社 1984 年版。

陸宗達：《說文解字通論》，北京出版社 1981 年版。

唐　蘭：《中國文字學》，上海古籍出版社 1999 年版。

裘錫圭：《文字學概要》，商務印書館 1999 年版。

洪　誠：《中國歷代語言文字學文選》，江蘇人民出版社 1982 年版。

楊樹達：《中國文字學概要》，上海古籍出版社 1988 年版。

胡朴安：《中國文字學史》，中國書店 1983 年版。

施蟄存：《金石叢話》，中華書局 1991 年版。

李學勤：《古文字初階》，中華書局 1985 年版。

劉守清：《古文字選輯》，文化大學華岡出版部 2005 年版。

王　輝：《商周金文》，文物出版社 2006 年版。

（三）音韻學部分

陸德明：《經典釋文》，中華書局 1983 年版。

周德清：《中原音韻》，中華書局 1978 年版。

羅常培：《漢語音韻學導論》，中華書局 1956 年版。

王　力：《漢語音韻學》，中華書局 1987 年版。

王　力：《漢語史稿》，中華書局 1980 年版。

王　力：《漢語音韻》，中華書局 1980 年版。

唐作藩：《音韻學教程》，北京大學出版社 1991 年版。

郭錫良：《漢語古音手冊》，北京大學出版社 1986 年版。

胡奇光：《中國小學史》，上海人民出版社 1987 年版。

耿振生：《音韻通講》，河北教育出版社 2001 年版。

簡啟賢：《音韻學教程》，巴蜀書社 2005 年版。

周祖庠：《新著漢語語音學》，上海辭書出版社 2006 年版。

（四）訓詁學部分

顧炎武：《日知錄》，上海古籍出版社 1985 年版。

錢大昕：《十駕齋養新錄》，上海書店 1983 年版。

王引之：《經義述聞》，江蘇古籍出版社 1985 年版。

俞　樾：《群經平議》，上海古籍出版社 1996 年版。

俞　樾：《諸子平議》，商務印書館 1937 年版。

齊佩瑢：《訓詁學概論》，中華書局 1984 年版。

郭在貽：《訓詁學》，湖南人民出版社 1986 年版。

孫德謙：《古書讀法略例》，商務印書館 1936 年版。

張舜徽：《中國古代史籍校讀法》，上海古籍出版社 1962 年版。

汪壽明：《歷代漢語音韻學文選》，上海古籍出版社 1986 年版。

陸宗達：《訓詁簡論》，北京出版社 1980 年版。

洪　誠：《訓詁學》，江蘇古籍出版社 1984 年版。

倪其心：《校勘學大綱》，北京大學出版社 1987 年版。

王　寧：《訓詁學》，高等教育出版社 2004 年版。

程千帆：《校讎廣義·版本編》，齊魯書社 1991 年版。

程千帆：《校讎廣義·目錄編》，齊魯書社 1991 年版。

余嘉錫：《目錄學發微》，巴蜀書社 1991 年版。

蔣伯潛：《校讎目錄學纂要》，北京大學出版社 1990 年版。

來新夏：《古典目錄學》，中華書局 1991 年版。

第二编 **02**

| **经学典籍** |

经学典籍述疏

概　述

　　所謂“經學”，即指儒家文化的經典文獻，亦指古代研究儒家經典、解釋其字辭意義、闡明其義理的學問，可謂中國傳統學術文化之主體。所謂儒家經典，世人一般指儒學十三經：周易、尚書、詩經、周禮、儀禮、禮記、春秋左傳、春秋公羊傳、春秋穀梁傳、論語、孝經、爾雅、孟子。其實早期儒家經典祇稱“六經”或“六藝”（見《漢書·藝文志》）。先秦古籍所載最早提出“六經”概念，見於《莊子·天運篇》記載孔子曾問道於老子時所言：“丘治《詩》、《書》、《禮》、《樂》、《易》、《春秋》六經，自以為久矣。”其中唯惜《樂》至漢代已佚。漢武帝為適應大一統政治局面和加強中央集權統治，實行罷黜百家、獨尊儒術，設五經博士，重視經學研習，通曉經書者獲得禮遇，東漢時諺語說：“遺子金滿盈，不如教子一經”。《詩》《書》《禮》《易》《春秋》五經地位超出一般典籍，成為神聖的法定經典，成為中華文化的核心和載體。

　　《詩經》是西周初至春秋中期的音樂詩歌總集，《尚書》是上古歷史文獻彙編，《周禮》彙集周王室官制和戰國時期各國制度，《儀禮》記載春秋戰國時代的禮制，《禮記》是秦漢以前有關各種禮儀的論著彙編，《周易》內蘊哲理至深至弘，《春秋》三傳解釋《春秋》，《左傳》重在述史，《公羊傳》《穀梁傳》重在論議。經學今文學派認為《樂》本無經，樂附麗於《詩》《禮》，意謂樂即在《詩》與《禮》之中，所謂“樂之原在《詩》三百篇之中，樂之用在《禮》十七篇之中。”而經學古文學派則認為《樂》原本確有此書，因秦焚書而亡失。《莊子·天運篇》載所謂“六經”明確說明有《樂》。又據《史記》等史籍載秦始皇焚書並未提及《樂》和《禮》，亦有後世學者認為可能先秦時《樂》已亡佚。

　　漢代稱秦代以前的篆書為古文，稱當時通行的隸書為今文。秦焚書坑儒之後，除《易》外，儒家經籍基本絕跡，幸依賴儒生的記憶背誦才整理流傳下來。漢代初期，五經得到復原，以漢隸書寫，稱今文經學。漢景帝末年魯恭王興建王府，壞孔子宅，從舊宅牆中發現一批隱藏的經典，用秦前篆書抄錄，經劉歆等學者整理，稱古文經學。在五經今古文的長期傳播過程中，不僅字體不同，在文本和解讀上均有差異，形成研究儒家經傳的兩大對立流派："古經文"學派和"今經文"學派。古文經學家認為六經是古代史籍，注重經籍的整理、考訂、訓釋，與現實政治關係相對疏遠。而今文經學家重視經籍中的"微言大義"，主張"通經致用"，與現實政治關係密切。

經學今古文學派關於六經的排列次序的主張亦有不同。經古文學派將孔子視為史學家，將六經視為前代史料，即所謂"六經皆史"（後來王陽明、章學誠亦此主張）；認為孔子祇是"述而不作"的"先師"，是古代文化的保存者，將前代史料加以整理以傳授後人，所以六經的順序應按史料產生的早晚排列，即《易》《書》《詩》《禮》《樂》《春秋》。西漢劉歆排列"六藝"次序，就認為"《易》為之原"，置於首位。隋唐著名經學家陸德明《經典釋文》述列經典，也如此次第先後。而經今文家認為六經是孔子"托古改制"的工具，皆為孔子所作，把孔子視為道德教化之聖人，六經雖有前代史料的性質，但孔子所側重的不在六經的文字事實，而在其微言大義，故六經的次第應按文義程度的淺深而排列，即《詩》《書》《禮》《樂》《易》《春秋》。今國學大師饒宗頤也認為"經"是從"史"裏面提高出來的，地位高於"史"；若講所謂"六經皆史"，就是"夷經為史"。

當今國學復興，而經學是國學之核心之義，不研習經學，就不能把握中國傳統文化的主流和核心。故不應將經學從學科目錄中抹去，亦不應將《詩經》當作文學作品來對待，劃入文學學科。正如周予同先生曾斷定：經學時代已經結束了，可是經學史的研究才剛剛開始。國學中五經或十三經對於今天和未來的中國社會，甚至對於全世界的文化都將有所貢獻。

本編僅列所謂"五經"經典，加以導讀，不依後世"經史子集"或"十三經"之寬泛範疇，而依秦漢"五經""六藝"之最早觀念，即選讀《詩》《書》《禮》《易》以及《春秋》三傳（即不將《春秋左氏傳》列為"史學經典"之編），而將《論語》《孟子》等經典視為先秦諸子之作，列於本書第四編"諸子經典"之中。又《孝經》為古代儒家經典，當成書於戰國末期，為先秦古籍，傳說為孔子門人曾子或其弟子之所作，在我國歷史社會影響深遠。漢代以降所謂五經之書，在先秦均不稱"經"，唯《孝經》書名標明"經"字，可謂於儒典中稱"經"最早，《漢書·藝文志》即列於"六藝略"，隋唐經學家陸德明《經典釋文》述十二部經典之產生與演變，亦列《孝經》。《三字經》謂："《孝經》通，

《四書》熟，如"六經"，始可讀。"章太炎《國學講演錄》亦於經學部分論及，故本編又列《孝經》於經學經典之中。

至於對經學經典的次序排列，本編乃依傳統的《詩》《書》《禮》《易》《春秋》之次序。又孔子曰："不學詩，無以言，無以立。"《詩經》有其形象性、知識性以及生動性的特質，故仍不失為研習國學的最佳途徑，理應列于經學典籍之首。

本編"經學經典"所選各篇章之正文，均據中華書局 1980 年影印清阮元刻本《十三經注疏》，於篇後不再一一注明。

第一章　詩經

一、召南·野有死麕

【叙题】

《詩經》是我國第一部詩歌總集，共收入自西周初年至春秋中葉約近六百年間的詩歌305篇。分風（160篇）、雅（105篇）、頌（40篇）三大部分，皆本於音樂分類。"風"即土風、風謠，指各地民歌民謠，即"十五國風"。"雅"爲正聲雅樂，分"大雅"（用於重大宴會的典禮）和"小雅"（用於一般宴會的典禮），或謂僅爲以音樂調式而分類。"頌"是用於宮廷宗廟祭祀祖先的歌舞，祈禱和讚頌神明。《詩經》在先秦稱《詩》，或稱《詩三百》《三百篇》。《詩經》廣泛地反映了西周時期的社會生活，內容涉及政治、經濟、倫理、天文、地理、外交、風俗、文藝等各個方面，對後世文化有深遠影響。

關於《詩經》的編輯，歷來有"王官采詩""公卿列士獻詩說"和"孔子刪詩"等說。唐孔穎達、宋朱熹、明朱彝尊以及清代魏源等皆對"孔子刪詩"說均持懷疑態度。關於《詩經》中詩的分類，除"風、雅、頌"之外，尚有"四始六義"之說。"四始"指《風》《大雅》《小雅》《頌》的四篇列首位的詩。"六義"則指"風、雅、頌、賦、比、興"。"賦、比、興"是其表現手法。朱熹《詩集傳》解釋："賦者，敷陳其事而直言之者也"，"比者，以彼物比此物也"，"興者，先言他物以引起所詠之詞也"。

在古代，社會賦予《詩經》以政治教化上的作用。漢代儒家學者尊稱爲《詩經》，列入"五經"之中，視爲同政治、道德密切相連的教化人民的教科書，即所謂"詩教"。孔子對《詩經》評價很高，即《論語》中所謂"詩三百，一言以蔽之，思無邪"，"不學詩，無以言"，"可以興，可以觀，可以群，可以怨。邇之事父，遠之事君；多識於鳥獸草木之名"，"溫柔敦厚，詩教也"。顯示出《詩經》對中國古代社會的深刻作用與影響。春秋時期各國之間的外交，經常用歌詩或奏詩的方法來表達政治意圖以及外交辭令。

《詩經》約在春秋後期編輯成書，史載曾經孔子刪定。漢代傳授《詩經》有四家，即齊國轅固所傳《齊詩》、魯國申培所傳《魯詩》、燕國韓嬰所傳《韓詩》和魯國毛亨、毛萇所傳《毛詩》。東漢時，《毛詩》得到官方和學者們的認同，逐漸盛行，齊、魯、韓三家《詩》逐漸衰落以至亡佚。現今所讀《詩經》，即所謂《毛詩》。

《召南·野有死麕》是一首情歌，表現男女間真摯而熱烈的愛情。鄭玄《詩箋》說："貞女欲起士以禮來，……又疾時無禮，強暴之男相劫脅。"認為是表揚貞女斥責未經媒妁之言而就來求愛的強暴之男。朱熹《詩集傳》亦說："此章乃述女子拒之之辭，言姑徐徐而來，毋動我之帨，毋驚我之犬，以甚言其不能相及也。其凜然不可犯之意，蓋可見矣！"而宋代王質力主謂男女情詩："女至春而思有所歸，起士以禮通情，而思有所耦，人道之常。或以懷春為淫，誘為詭；若爾，安得為起士"（《詩總聞》卷1）。清人姚際恒亦謂"此篇是山野之民相與及時為婚姻之詩"（《詩經通論》卷2），又此詩為春秋時期著名的外交會盟之詩。《左傳·昭會元年》載：晉鄭兩國會盟，鄭國大夫子皮賦《召南·野有死麕》，晉國大夫趙孟賦《小雅·常棣》，以喻兩國相安如兄弟，勿使南方楚國等威脅中原，如犬無吠。

> 野有死麕，白茅包之。有女懷春，吉士誘之。
> 林有樸樕，野有死鹿。白茅純束，有女如玉。
> 舒而脫脫兮，無感我帨兮，無使尨也吠。

【注疏】

麕：獐子，比鹿小，無角。白茅：草名。懷春：思春，男女情欲萌動。吉士：古時對男子的美稱。誘：求，指求婚。樸樕：小樹。純束：包裹，捆紮。舒：慢慢，徐緩。脫脫：緩慢貌。感：同撼，動搖。帨：女子的佩巾。尨：當時楚國對長毛狗的稱呼。

二、邶風·柏舟

【敘題】

《毛詩序》謂此詩為男性仁臣之作："《柏舟》，言仁而不遇也。衛頃公之時，仁人不遇，小人在側。"或謂衛宣夫人所作，以顯貞女不二之心，故有匪石之詩。後人一般認為是一首女子自傷遭遇不偶而又苦於無可訴說的怨詩。朱熹《詩集傳》謂："婦人不得於其夫，故以柏舟自比。"而清代方玉潤《詩經原始》謂："賢臣憂讒憫亂，而莫能自遠也。"未免附會。

> 汎彼柏舟，亦汎其流。耿耿不寐，如有隱憂。微我無酒，以敖以遊。
> 我心匪鑒，不可以茹。亦有兄弟，不可以據。薄言往愬，逢彼之怒。
> 我心匪石，不可轉也。我心匪席，不可卷也。威儀棣棣，不可選也。

憂心悄悄，慍於群小。覯閔既多，受侮不少。静言思之，寤辟有摽。
日居月諸，胡迭而微？心之憂矣，如匪澣衣。静言思之，不能奮飛。

【注疏】

汎（fàn）：飄浮，同"泛"。柏舟：柏木舟。耿耿：心中不安貌。不寐：不能成眠。隱憂：深憂。
微：非，不是。以：於此。敖：遨遊，通"遨"。匪：非。鑒：明鏡，鏡子。茹（rú）：度，度察，度
量。據：依靠。薄言：句首發語之辭，無實義。愬（sù）：即"訴"，告訴。

棣棣：雍容嫻静貌。悄悄：憂愁，苦愁貌。慍（yùn）：怨恨。於：表示被動。覯（gòu）：通
"遘"。遭到，遭遇。閔（mǐn）：憂患。静：安静，平静。言：語助詞，無實義。寤：覺悟，明白。
辟：以手拊心，喻心痛。摽（biào）：拍擊。居：語氣詞，乎。諸：語氣詞，乎。迭：更迭，交替。
微：此謂日月虧缺，昏暗不明。澣（hàn）：洗。

三、邶風·凱風

【叙題】

　　本篇歌頌母愛，述七子感念母親，自責不能安慰母心，語言質樸，寫出孝子
婉曲的心意。《毛序》認為是讚美孝子之詩："《凱風》，美孝子也。衛之淫風流
行，雖有七子之母，猶不能安其室。故美七子能盡其孝道，以慰其母心，而成其
志爾。"後人或認為是七子孝事其繼母的詩。又現代聞一多認為"名為慰母，實
為諫父"（《詩經通義》）。

凱風自南，吹彼棘心。棘心夭夭，母氏劬勞。
凱風自南，吹彼棘薪。母氏聖善，我無令人。
爰有寒泉？在浚之下。有子七人，母氏勞苦。
睍睆黃鳥，載好其音。有子七人，莫慰母心。

【注疏】

凱風：和風。或謂南風，夏風。棘：落葉灌木，即酸棗，枝上多刺。心：指纖小尖刺。夭夭：樹
木嫩壯貌。劬（qú渠）：辛苦。劬勞：操勞。棘薪：長到可以當柴燒的酸棗樹。聖善：明理而有美德。
令：善。

爰（yuán元）：何處；或謂發語詞。浚：衛國地名。睍睆（xiàn huǎn）：猶"間關"，清和宛轉的
鳥鳴聲，或謂美麗貌。載：則。

四、邶风·谷风

【叙題】

　　此詩借葑菲之采，訴棄婦之怨。以棄婦的口吻陳述被棄的痛苦，深情感人，

真實地反映了春秋時代婦女的命運，怨恨男尊女卑不合理制度。

習習谷風，以陰以雨。黽勉同心，不宜有怒。

采葑采菲，無以下體？德音莫違，及爾同死。

行道遲遲，中心有違。不遠伊邇，薄送我畿。

誰謂荼苦，其甘如薺。宴爾新昏，如兄如弟。

涇以渭濁，湜湜其沚。宴爾新昏，不我屑以。

【注疏】

習習（sà）：猶"颯颯"，風聲。谷風：來自谿谷的風，即大風。以陰以雨：即為陰為雨，比喻男子暴怒。黽（mǐn）勉：努力，盡力。有：猶"又"。葑（fēng）：蔓菁。菲（fēi）：蘆菔。以：用。下體：指根莖，喻人內在本質。此謂採食葑菲，應根葉並用，比喻丈夫對妻子不應只重顏色而不重德行。德音：指恩意和善言。莫違：言前後不要違背。及爾同死：意謂"與子偕老"。

遲遲：緩慢貌。中心：即心中。違：相背。伊：語助詞，猶"維"。邇（ěr）：近。薄：發語詞。畿（jī）：即"機"，門限。誰謂荼苦，其甘如薺：此謂荼（tú）菜的味道，雖然很苦，但是對於我而言已經甘甜似薺菜。宴：樂。昏：同婚。新昏：指丈夫娶新人。涇、渭：水名，源出甘肅，涇水清，渭水濁。意謂棄婦以涇水自比，渭水比新人；清比美，濁比醜。湜湜（shí）：水清見底貌。沚（zhǐ）：此同"止"。不屑：猶"不肯"。以：與。

毋逝我梁，毋發我笱。我躬不閱，遑恤我後。

就其深矣，方之舟之。就其淺矣，泳之游之。

何有何亡，黽勉求之。凡民有喪，匍匐救之。

不我能慉，反以我為讎。既阻我德，賈用不售。

昔育恐育鞠，及爾顛覆。既生既育，比予於毒。

我有旨蓄，亦以御冬。宴爾新婚，以我御窮。

有洸有潰，既詒我肄。不念昔者，伊余來墍。

【注疏】

逝：到，往。梁：石堰，攔阻水流而留缺口以便捕魚。發：撥，撥亂。笱（gǒu）：竹器，安置在梁的缺口，用來捉魚。此處或謂丈夫不許新人動舊人的東西。躬：身。閱：容。遑恤我後：此謂何必顧及後人。遑：何。恤：愛惜。方：竹筏。舟之：用舟渡過。亡：同"無"。就：遇見。匍匐：伏在地上，手足並進，以喻急遽和努力。慉（xù）：同"蓄"，愛好。不我能慉：倒裝句式。讎（chóu）：同"仇"。既：盡。阻：猶"拒"。賈（gǔ）：賣。用：貨物。

育：長養，生計。鞠（jú）：窮。顛覆：謂困窮。旨：甘美。蓄：收藏過冬的菜，如乾菜、醃菜之類。有洸（guāng）：意謂"洸洸"。有潰（kuì）：意謂"潰潰"，水激怒潰決之貌，此形容丈夫剛狠。既詒我肄：既：盡。詒：同貽，給。肄（yì）：勞苦。伊：維。來：語辭，同"是"。墍：同古體"愛"字。伊余來墍：即維我是愛。

五、小雅·鹿鳴

【叙題】

此詩為東周時期宴會群臣賓客的詩篇。朱熹《詩集傳》曰:"此燕(宴)饗賓客之詩也。"又云"豈本為燕(宴)群臣嘉賓而作,其後乃推而用之鄉人也與?"即言此詩原是君王宴請群臣時所唱,後來逐漸推廣到民間,在鄉人的宴會上也可唱。東漢末年曹操作《短歌行》,還引用此詩首章前四句,表示渴求賢才之願望。

呦呦鹿鳴,食野之蘋。我有嘉賓,鼓瑟吹笙。
吹笙鼓簧,承筐是將。人之好我,示我周行。
呦呦鹿鳴,食野之蒿。我有嘉賓,德音孔昭。
視民不恌,君子是則是效。我有旨酒,嘉賓式燕以敖。
呦呦鹿鳴,食野之芩。我有嘉賓,鼓瑟鼓琴。
鼓瑟鼓琴,和樂且湛。我有旨酒,以燕樂嘉賓之心。

【注疏】

呦(yōu)呦:鹿的叫聲。蘋:指艾蒿一類。簧:笙上的簧片。承筐:指奉上禮品。將:送,獻。周行(háng):大道,引申為大道理。

蒿:又叫青蒿、香蒿,菊科植物。德音:美好的品德聲譽。孔:很。視:同"示"。恌:同"佻"。則:動詞,意謂法則或楷模。旨:甘美。式:語助詞。燕:同"宴",安逸貌。敖:同"遨",嬉遊。芩(qín):草名,蒿類植物。湛:深厚。

六、小雅·常棣

【叙題】

本篇以推崇和規勸兄弟友愛為主題,是周代貴族宴會上使用的樂歌之一。《國語》載其作者是周公(姬旦),《左傳》載其作者為周厲王時大臣召穆公(召虎)。今人認為非周、召手筆,而是一般的宴饗詩。因古人對常棣花朵彼此相依而生髮聯想,故以常棣之花喻比兄弟,"凡今之人,莫如兄弟",成為一篇主旨,既是詩人對兄弟親情的頌贊,也表現了華夏先民傳統的人倫觀念。"兄弟鬩于牆,外禦其務(侮)"之詩句在後世成為成語。"常棣"(棠棣)一詞亦成為兄弟友誼、手足情深的代名詞,可知《常棣》在後世影響巨大。錢鍾書《管錐編》論及

《常棣》時指出："蓋初民重'血族'之遺意也。就血胤論之，兄弟天倫也，夫婦則人倫耳；是以友于骨肉之親當過於刑於室家之好。……觀《小雅·常棣》，'兄弟'之先於'妻子'，較然可識"。可謂從文化人類學的角度，深刻揭示了《常棣》主題的歷史文化根源。又史載晉國趙孟在晉鄭會盟時賦本篇，以表明晉鄭同為姬姓兄弟，理應和睦相處。

> 常棣之華，鄂不韡韡。凡今之人，莫如兄弟。
> 死喪之威，兄弟孔懷。原隰裒矣，兄弟求矣。
> 脊令在原，兄弟急難。每有良朋，況也永歎。
> 兄弟鬩於牆，外禦其務。每有良朋，烝也無戎。

【注疏】

常棣：亦作棠棣、唐棣，薔薇科落葉灌木。鄂：盛貌。不：語助詞。韡（wěi）韡：鮮明貌。威：通"畏"。孔懷：最為思念、關懷。孔：很，最。原隰（xí）：原野。裒（póu）：聚。脊令：即鶺鴒，一種水鳥。每：雖。永：長。鬩（xì）：爭吵。禦：抵抗。務：通"侮"。烝：終久。戎：幫助。

> 喪亂既平，既安且寧。雖有兄弟，不如友生？
> 儐爾籩豆，飲酒之飫。兄弟既具，和樂且孺。
> 妻子好合，如鼓瑟琴。兄弟既翕，和樂且湛。
> 宜爾室家，樂爾妻帑。是究是圖，亶其然乎？

【注疏】

友生：友人。儐：陳列。籩（biān）豆：祭祀或宴享時用來盛食物的竹制和木制器具。之：猶是。飫：滿足。具：同"俱"，聚集。孺：相親。好合：相親相愛。翕（xì）：聚合。湛：深厚。宜：和順。帑（nú）：通"孥"，兒女。究：深思。圖：考慮。亶（dǎn）：信、確實。然：如此。

七、小雅·蓼莪

【敘題】

《毛詩序》謂本篇"刺幽王也，民人勞苦，孝子不得終養爾"。此詩懷念父母恩德，抒發失去父母的孤苦和苦於兵役不得終養父母的遺憾，沉痛悲愴，淒惻動人。清人方玉潤《詩經原始》稱之為"千古孝思絕作"。

> 蓼蓼者莪，匪莪伊蒿。哀哀父母，生我劬勞。
> 蓼蓼者莪，匪莪伊蔚。哀哀父母，生我勞瘁。
> 瓶之罄矣，維罍之恥。鮮民之生，不如死之久矣。

【注疏】

蓼（lù）蓼：又長又大貌。莪（é）：草名，即莪蒿。匪：同"非"。伊：是。劬（qú）勞：勞累。蔚（wèi）：草名，即牡蒿。瓶：汲水器具。罄（qìng）：盡。罍（lěi）：盛水器具。罍恥：意謂瓶小而盡，罍大而盈。以諷刺貧富不均。鮮（xiǎn）：指寡、孤。民：人。

> 無父何怙，無母何恃。出則銜恤，入則靡至。
> 父兮生我，母兮鞠我。拊我畜我，長我育我。
> 顧我復我，出入腹我。欲報之德，昊天罔極。
> 南山烈烈，飄風發發。民莫不穀，我獨何害。
> 南山律律，飄風弗弗。民莫不穀，我獨不卒。

【注疏】

怙（hù）：依靠。銜恤：含憂。鞠：養。拊：通"撫"。畜：通"慉"，喜愛。顧：顧念。復：返回，指不忍離去。腹：指懷抱。昊（hào）天：廣大的天。昊天罔極：指父母之恩如天大而無窮。罔：無。極：準則。

烈烈：風大貌。飄風：同"飆風"。發發：讀如"撥撥"，風聲。穀：善。律律：同"烈烈"。弗弗：同"發發"。卒：終，指養老送終。

第二章　書經

一、商書·盤庚

【叙题】

《書經》（《尚書》）是我國現存最古老的歷史文獻彙編，所收文獻有典、謨、誓、誥、訓、命等體例。所記内容的時間，上自傳說時代的堯舜，下至春秋時代的秦穆公，按虞、夏、商、周四代編排。諸篇内容已經周代學者整理過，反映了周人敬天法祖、尚德崇文等思想，也保存了不少周以前的史實和思想，是後人瞭解古代社會文化的寶貴資料。

《史記·孔子世家》載孔子修《書》。但近代學者多以為《尚書》編定於戰國時期。《左傳》等典籍引《尚書》文字，猶分別稱《虞書》《夏書》《商書》或《周書》。先秦總稱為《書》，孟子曾說《尚書·武成》一篇紀事不可盡信，所謂"盡信《書》，則不如無《書》。吾于武成，取二三策而已矣。仁人無敵於天下。以至仁伐至不仁，而何其血之流杵也"（《孟子·盡心下》）。西漢時稱《尚書》。"尚"意謂"上"，意即"上古帝王之書"（王充《論衡·正說篇》）。又稱《書經》，成為儒家五經之一。

因秦始皇焚書，《尚書》一度失傳。秦博士伏生（勝）私下藏存傳授，於漢文帝時獻給朝廷，鼂錯受命前往聽講時，伏生已九十多歲。因用當時通行的文字寫定，故稱《今尚書》或《今文尚書》，共28篇。漢景帝末年，魯共（恭）王擴建宮殿，拆毀孔子舊宅，牆壁内出現用先秦古文字書寫的《尚書》，比《今文尚書》多出16篇，獻上朝廷，於武帝時經孔安國整理，即所謂《古文尚書》。漢平帝時，劉歆傾向古文《尚書》，建議朝廷將各種古文經書都立于國學，因涉及若干篇的真偽問題以及朝廷内政治、學術派別的矛盾，遂出現"今古文"之争。古文《尚書》經東漢賈逵、馬融、鄭玄等經學大師作注、提倡，在學界逐漸取得優勢，直至三國時期仍盛極一時。

西晉永嘉之亂時，晉朝所藏圖書遭到嚴重損失，伏生所傳《今文尚書》以及孔安國整理古文本子全失傳，各種今古文《尚書》全都散失。東晉元帝時豫章内史梅賾給朝廷獻上一部《尚書》，共有58篇，包括今文《尚書》33篇、古文《尚書》25篇，自稱傳自于孔安國的古文尚書。後來唐代學者對此不疑，採用其作為官方版本，孔穎達也用其撰成《尚書正義》，即包括今文《尚書》和古文《尚書》，並刻入開成石經，而取代了鄭玄注本，最終使來自孔壁本的古文尚書完全失傳。現今流傳兩千多年的《尚書》即根據梅賾所獻版本編訂。偽古文尚書從宋朝朱熹、吳棫等人，即開始質疑梅獻古文的真實性。清閻若璩、惠棟等學者考證為偽，今據清華大學 2008 年自海外校友手中獲贈一批戰國竹簡實物比照，證明世傳《古文尚書》確為偽造。但是偽《古文尚書》保存了原已失散的一些漢代今文篇章，可謂商、周文獻的孑遺，亦具史料價值。

《書經》的文字和古奧艱深，所謂"周誥殷盤，佶屈聱牙"（韓愈《進學解》）。但也有些段落敘述生動，行文朗暢。自漢以來，《書經》一直被視為社會的政治思想經典，對中國社會甚至在亞洲漢字文化圈中影響極為深遠，如日本歷史上"昭和""平成"等年號多用《書經》中詞彙與觀念。

盤（甲骨文作般）庚是湯的第十世孫，商朝的第二十位君王，此前商朝因水患已五次遷都，朝廷居無定所，盤庚力排眾議，率領臣民將國都從奄（今山東曲阜）遷往殷（今河南安陽），史稱"盤庚遷殷"。此舉遇到來自各方面的反對，盤庚極力申說遷之利，前後三次告喻臣民，終於完成了遷都。後繼續"行湯之政，然後百姓由寧，殷道復興"，步入繁盛，故後世又稱商為"殷商"。《盤庚》（分上、中、下三篇）即記述了這次遷徙的經過。此為上篇，記述盤庚遷殷之前教訓元老貴族的一番話，責備他們不與自己保持一致，卻煽動輿論反對遷都，既講明遷都以及服從君令的必要性，又宣稱對頑固派加以嚴懲。

盤庚五遷，將治亳殷，民諮胥怨。作《盤庚》三篇。盤庚遷於殷，民不適有居，率籲眾慼，出矢言曰：

"我王來，即爰宅於茲，重我民，無盡劉。不能胥匡以生，卜稽，曰其如台？先王有服，恪謹天命，茲猶不常寧；不常厥邑，於今五邦。今不承於古，罔知天之斷命，矧曰其克從先王之烈？若顛木之有由蘗，天其永我命於茲新邑，紹復先王之大業，底綏四方。"

【注疏】

殷：在今河南安陽。《史記·殷本紀》載："帝盤庚之時，殷已都河北，盤庚渡河南，復居成湯之故居，乃五遷，無定處。"適：同悅，言民不悅新邑。有：語助詞，無實義。率：用，因此。慼：同戚，此指親近的貴戚大臣。矢：陳述。

爰：換，易。爰宅：變換居住地。茲：此。劉：殺害。此言盤庚遷殷是為了使臣民免受洪水之災。胥：相互。匡：匡扶、扶助。卜：占卜。稽：稽查。其：將。如台（yī）：如何，怎樣。有：虛詞。服：法度。恪：恭敬。謹：謹慎。猶：尚且。邑：此指國都。五邦：此言曾遷五次國都。承：繼承。古：指先王恪謹天命。斷命：斷定的命運。矧：何況。烈：功烈，成功的業績。顛：倒伏。由蘗：老樹幹上長出新枝稱由，從砍後的樹根上萌生的新芽叫"蘗"。新邑：指殷。紹：繼續。復：恢復，復興。厎：定。綏：安撫，安定。

盤庚斅於民由乃在位，以常舊服正法度。曰：“毋或敢伏小人之攸箴!”王命眾，悉至於庭。

王若曰：“格汝眾，予告汝訓汝，猷黜乃心，無傲從康。

“古我先王，亦惟圖任舊人共政。王播告之修，不匿厥指。王用丕欽；罔有逸言，民用丕變。今汝聒聒，起信險膚，予弗知乃所訟。

“非予自荒茲德，惟汝含德，不惕予一人。予若觀火，予亦拙謀，作乃逸。

【注疏】

斅：覺悟。由乃在位：由於當政者有怨言。舊服：舊制。正：端正，整飭。伏：藏匿。攸：所。箴：勸戒，勸戒的話。此句為倒文，言不要隱匿我規誡小民的話語。眾：此指群臣。

若：語助詞，若曰：如是說之意。格：至，到。猷：虛詞，由，以。黜：廢退，除去。乃：你們的。心：私心。傲：傲慢。從：縱，放縱。康：逸樂。

任：任用。舊人：長期在官位的人。共政：共同管理政事。修：從政執法。匿：隱瞞。指：通“旨”，旨意。用：因此。丕：大。欽：敬重，此指敬重大臣們。逸言：越軌之言。起：興起。信：通“伸”，伸說。險膚：危險而浮誇的言論。訟：爭辯，爭是非。

荒：失掉。茲德：這種美德。指任用舊人的美德。含德：此指大臣們隱藏了盤庚自己的大恩德。惕：懼怕。予一人：商代君主自稱，相當於後世“寡人”的意思。觀：權，熱火。拙：不光亮。拙謀：此言無赫赫之威。作：興作，做下去；使。乃：你們。逸：放縱，過錯。

“若網在綱，有條而不紊；若農服田，力穡乃亦有秋。汝克黜乃心，施實德於民，至於婚友，丕乃敢大言汝有積德! 乃不畏戎毒於遠邇，惰農自安，不昏作勞，不服田畝，越其罔有黍稷。

“汝不和吉言於百姓，惟汝自生毒，乃敗禍奸宄，以自災於厥身。乃既先惡於民，乃奉其恫，汝悔身何及! 相時憸民，猶胥顧於箴言，其發有逸口，矧予制乃短長之命! 汝曷弗告朕，而胥動以浮言，恐沈於眾? 若火之燎于原，不可向邇，其猶可撲滅。則惟汝眾自作弗靖，非予有咎。

【注疏】

綱：網的總繩。紊：亂。服：治，從事。服田：種田。穡：收割。秋：秋成，收成。可：能。黜乃心：去掉你們的私心。施：給予。實德：指遷都為惠民之實德。婚：有姻親關係，指親戚。丕乃：豈不。乃：若，如果。戎毒：巨毒，大禍害。昏：勤勉。服：從事於。越：發語詞。越其：於是就。

和：俞樾讀為“宣”，宣佈。吉言：善言。百姓：廣大貴族之家。毒：禍害。敗：危敗。

奸：在外作惡。宄：在內作惡。先：引導，宣導。先惡於民：導民為惡。奉：承受。恫：痛，痛苦。此指禍根。相：看，觀察。時：是，這些。憸民：小民，無長遠眼光的人。胥：相。顧：顧慮。逸口：毫無顧忌的話。其發有逸口：指小民唯恐說錯話。矧：何況。制：掌握。短長之命：或短或長的壽命。曷：何。而：卻。動：煽動。恐：惡。沈：同扰，推行，煽動蠱惑。向邇：接近。靖：善，安定。咎：過失。

"遲任有言曰：'人惟求舊，器非求舊，惟新。'古我先王暨乃祖乃父胥及逸勤，予敢動用非罰？世選爾勞，予不掩爾善。茲予大享于先王，爾祖其從與享之。作福作災，予亦不敢動用非德。

"予告汝於難，若射之有志。汝無侮老成人，無弱孤有幼。各長於厥居。勉出乃力，聽予一人之作猷。

"無有遠邇，用罪伐厥死，用德彰厥善。邦之臧，惟汝眾；邦之不臧，惟予一人有佚罰。凡爾眾，其惟致告：自今至於後日，各恭爾事，齊乃位，度乃口。罰及爾身，弗可悔。"

【注疏】

遲任：古之賢史。人惟求舊：言仍然重用舊大臣。暨：與，和。胥：相。逸：安樂。勤：勤勞。此言共甘苦。動：動輒。非罰：不恰當的懲罰。選：數，計算，繼續。勞：勞績，功勞。掩：掩蔽。享：祭祀。《周禮·大宗伯》："天神曰祀，地祇曰祭，人鬼曰享。"大享于先王：指天子祭宗廟。非德：不恰當的賞賜，此亦包括不恰當的懲罰。

難：指為政之艱難。志：射箭的標誌，靶心。侮老：動詞，輕視的意思。《唐石經》作"老侮"。弱孤：以為孤弱而輕忽之。長：長久，安居。厥居：居住的地方，指殷邑。作猷：作出謀劃，提出謀略。

遠邇：親疏。罪：刑罰。德：獎賞。臧：善，美好。佚罰：失政的嚴懲。齊：整飭。位：職位。度：杜塞。

二、周書·無逸

【叙題】

本篇為史官記錄的周公的誥詞。無：通毋，禁止。逸：逸樂，指縱酒、淫樂、嬉游、田獵等娛樂活動。周成王已成年，周公讓他主持政事。以防他貪圖享樂，荒廢懈怠，就告誡成王謂人君不可沉迷於逸樂，須先知稼穡之艱難，先知小民之痛苦。寓意非常深刻，至今仍具現實意義。

周公作《無逸》。

周公曰："嗚呼！君子所，其無逸。先知稼穡之艱難，乃逸，則知小人之依。相小人，厥父母勤勞稼穡，厥子乃不知稼穡之艱難，乃逸，乃諺，既誕，否則侮厥父母曰：'昔之人無聞知。'"

【注疏】

君子：指長官。所：居官。其：副詞，表祈使。逸：逸樂。乃：而，而後。小人：老百姓。依：

痛苦，苦衷。相：看。乃：就。諺：同嗲，粗野不恭。誕：放肆無禮。否則：同丕則，那就，於是。侮：輕侮。昔之人：老人。

　　周公曰：“嗚呼！我聞曰：昔在殷王中宗，嚴恭寅畏，天命自度，治民祗懼，不敢荒寧。肆中宗之享國七十有五年。其在高宗，時舊勞於外，爰暨小人。作其即位，乃或亮陰，三年不言。其惟不言，言乃雍。不敢荒寧，嘉靖殷邦。至於小大，無時或怨。肆高宗之享國五十年有九年。

　　其在祖甲，不義惟王，舊為小人。作其即位，爰知小人之依，能保惠於庶民，不敢侮鰥寡。肆祖甲之享國三十有三年。自時厥後立王，生則逸。生則逸，不知稼穡之艱難，不聞小人之勞，惟耽樂之從。自時厥後，亦罔或克壽。或十年，或七八年，或五六年，或四三年。”

【注疏】

中宗：祖乙，殷之第七世賢主。嚴：莊正。寅：敬。嚴恭：指外貌莊敬。寅畏：指内心敬畏。度：法制，引申為限制。天命自度：以天命制約自己。祗懼：敬畏。荒寧：荒廢自安。肆：所以。享國：指在帝位。有：又。高宗：武丁，殷代第十一世賢主。時舊勞於外：時，同寔。舊：久。爰：於是。暨：一起，共同。作：等到。或：又。亮陰：誠信而寡言。雍：和諧。嘉：善。靖：和。小大：老百姓和群臣。時：同是，指高宗。或：有。無時或怨：無有怨之。

祖甲：武丁的兒子帝甲。殷代第十二世賢主。惟：為。舊：久。不義惟王，舊為小人：相傳祖甲有兄祖庚，而祖甲較賢，武丁欲立之。祖甲以王廢長立少是不義的，逃亡民間。依：隱，痛苦。保：安定。惠：愛。鰥寡：孤寡無依的人。時：是，這。厥：之。立王：在位的君王。生則逸：生下來就耽於享樂。耽樂：過度逸樂。從：追求。罔：無。或：有。克：能。

　　周公曰：“嗚呼！厥亦惟我周太王、王季，克自抑畏。文王卑服，即康功田功。徽柔懿恭，懷保小民，惠鮮鰥寡。自朝至於日中昃，不遑暇食，用咸和萬民。文王不敢盤于遊田，以庶邦惟正之供。文王受命惟中身，厥享國五十年。”

　　周公曰：“嗚呼！繼自今嗣王，則其無淫于觀、于逸、于游、于田，以萬民惟正之供。無皇曰：‘今日耽樂。’乃非民攸訓，非天攸若，時人丕則有愆。無若殷王受之迷亂，酗於酒德哉！”

【注疏】

太王、王季：文王的祖父和父親。抑：謙下。畏：敬畏。卑服：任卑下的事。服：事。

即：完成，從事。康功田功：康功謂安居之事；田功謂服田力穡之事。徽：和。懿：美。懷保：和睦安定。惠鮮：善待。遑暇：空暇。用：以。咸和：和諧。盤：樂。遊：遊樂。田：打獵。以：使。正：正常的貢賦。供：進獻。受命：接受天命為君。中身：中年。相傳文王47歲即位。

淫：過度。觀：此意謂歡。無皇曰：同“無況曰”。攸訓：所順。訓：順。攸若：所善。若：善，順從。時人：這種人。丕則：於是。愆：過錯。受：紂王名。酗於酒德：以醉怒為酒德。

周公曰："嗚呼！我聞曰：'古之人猶胥訓告，胥保惠，胥教誨，民無或胥譸張為幻。'此厥不聽，人乃訓之，乃變亂先王之正刑，至於小大。民否則厥心違怨，否則厥口詛祝。"

周公曰："嗚呼！自殷王中宗及高宗及祖甲及我周文王，茲四人迪哲。厥或告之曰：'小人怨汝詈汝。'則皇自敬德。厥愆，曰：'朕之愆。'允若時，不啻不敢含怒。此厥不聽，人乃或譸張為幻，曰小人怨汝詈汝，則信之，則若時，不永念厥辟，不寬綽厥心，亂罰無罪，殺無辜。怨有同，是叢於厥身。"

周公曰："嗚呼！嗣王其監於茲。"

【注疏】

胥：互相。訓告：勸導。保：安。惠：愛。譸張：欺誑。幻：詐惑。此厥不聽：如果不聽訓誡。訓：同順，效仿。正刑：政策法令。違：怨恨。詛祝：詛咒。

迪哲：明達明智。皇：更加。厥愆：厥或愆之。愆：指責過失。允：確實。時：這樣。不啻：不但。含怒：此指人們怨怒周王。則若時：若果真如此。厥辟：為君之道。綽：寬，放寬。怨有：即怨尤。同：會同。叢：聚集。監：同鑒，鑒戒。

第三章　禮記

一、曲禮

【叙題】

　　《禮記》是一部戰國至秦漢年間的儒家文献彙編，非一人一時之所作，多數篇章可能是孔子的弟子及戰國時期儒家后學之著作。漢代將孔子整理而成的典籍稱為“經”，將弟子對“經”的解說稱“傳”或“記”，《禮記》即因解釋《儀禮》而得名，内容主要記載、論述先秦禮制，記錄孔子同弟子的問答，記述修身作人的準則。内容廣博，涉及政治、法律、道德、哲學、歷史、祭祀、文藝、日常生活、曆法、地理等諸多方面，集中體現了先秦儒家的政治、哲學和倫理思想，爲研究先秦社會的寶貴資料，或謂先秦禮樂制度文物典章盡在於斯。

　　據記載，到西漢前期《禮記》共有百篇之多，朝廷立《禮經》博士。相傳漢元帝時戴德選編其中85篇，稱為《大戴禮記》；侄子戴聖又於漢宣帝時選編其中49篇，稱為《小戴禮記》。東漢後大戴本漸不流行，小戴本專稱《禮記》，流傳至今，又與《周禮》《儀禮》合稱“三禮”，鄭玄作注，逐漸成為經典，到唐代被列為“九經”之一，到宋代被列入“十三經”，成為士人必讀之書，對中國傳統文化產生深遠影響。其中《中庸》《大學》《禮運》等蘊含深邃思想内容的篇章，成為後代仁人志士的思想資源。宋代理學家選其中《大學》《中庸》兩篇，與《論語》和《孟子》合稱“四書”。

　　《曲禮》列為《禮記》首篇，因篇首引古書《曲禮》而得名。曲，意謂細小的雜事。《曲禮》分上下兩篇，記錄先秦儒家關於各種禮義制度的言論，闡述“禮”的重要性和為人處世之道，羅列卿大夫和士在日常生活中所應遵循的具體禮儀。

　　《曲禮》曰：毋不敬，儼若思，安定辭。安民哉！

　　敖不可長，欲不可從，志不可滿，樂不可極。賢者狎而敬之，畏而愛之。愛而知其惡，憎而知其善。積而能散，安安而能遷。臨財毋苟得，臨難毋苟免。很毋求勝，分毋求多。疑事毋質，直而勿有。

　　若夫，坐如尸，立如齊，禮從宜，使從俗。

　　夫禮者，所以定親疏、決嫌疑、別同異、明是非也。禮，不妄說人，不辭費。禮，不踰節，不侵侮，不好狎。修身踐言，謂之善行；行修言道，禮之質也。禮，聞取於人，不聞取人。禮，聞來學，不聞往教。

【注疏】

敬：尊敬，嚴肅。儼：同"嚴"，端正、莊重貌。辭：言辭。

敖：同"傲"，傲慢。從：同"縱"，放縱。狎：親近。安安：前"安"是動詞，滿足；後"安"為名詞，指安逸的環境。遷：改變。很：此謂爭辯。分：分得物品或名利。質：評判，肯定。直：正確。

夫：此指成人男子。尸：周代祭祀時用活人扮作先祖形象以代之受祭，尸居神位，坐必矜莊。齊：通"齋"，古人祭祀之前的齋戒。使：出使。

說：通"悅"，取悅，討好。費辭：說空話。狎：不恭敬。行修言道：行為善美，言談符合道理。取於人：請教於人。

道德仁義，非禮不成；教訓正俗，非禮不備；分爭辨訟，非禮不決；君臣上下，父子兄弟，非禮不定；宦學事師，非禮不親；班朝治軍，涖官行法，非禮威嚴不行；禱祠祭祀，供給鬼神，非禮不誠不莊。是以君子恭敬、撙節、退讓以明禮。鸚鵡能言，不離飛鳥；猩猩能言，不離禽獸。今人而無禮，雖能言，不亦禽獸之心乎？夫唯禽獸無禮，故父子聚麀。是故聖人作，為禮以教人，使人以有禮，知自別於禽獸。

太上貴德，其次務施報。禮尚往來：往而不來，非禮也；來而不往，亦非禮也。人有禮則安，無禮則危，故曰禮者不可不學也。夫禮者，自卑而尊人。雖負販者，必有尊也，而況富貴乎？富貴而知好禮，則不驕不淫；貧賤而知好禮，則志不懾。

【注疏】

正俗：使風俗端正。宦學：遊學。班：分層次等級。涖：到任。撙：抑損、節制。父子聚麀：古人比喻禽獸行為。聚：共。麀：牝鹿。作：產生。為：產生並使用。太上：指古代三皇五帝。負販者：肩挑東西做買賣的人。懾：膽小。

人生十年曰幼，學；二十曰弱，冠；三十曰壯，有室；四十曰強，而仕；五十曰艾，服官政；六十曰耆，指使；七十曰老，而傳；八十、九十曰耄，七年曰悼，悼與耄雖有罪，不加刑焉；百年曰期頤。大夫七十而致仕，若不得謝，則必賜之几杖，行役以婦人，適四方，乘安車，自稱曰老夫，於其國則稱名，越國而問焉，必告之以其制。

謀於長者，必操几杖以從之。長者問，不辭讓而對，非禮也。

凡為人子之禮，冬溫而夏清，昏定而晨省，在丑夷不爭。

夫為人子者，三賜不及車馬，故州閭鄉黨稱其孝也，兄弟親戚稱其慈也，僚友稱其弟也。執友稱其仁也，交遊稱其信也。見父之執，不謂之進不敢進，不謂之退不敢退，不問不敢對：此孝子之行也。

夫為人子者，出必告，反必面，所游必有常，所習必有業。恒言不稱老。年長以倍，則父事之；十年以長，則兄事之；五年以長，則肩隨之。群居五人，則長者必異席。

【注疏】

弱：身體還未完全成熟。冠：謂二十歲行冠禮，即成人禮。艾：艾草，喻人年老頭白，此指老練、老道。服：擔任，掌管。指使：有資格指使後輩。傳：謂傳重，指將宗主的地位傳給嫡長子。致仕：退離職位。謝：推辭。

幾杖：指坐時所靠之物和走時所扶之物。安車：古代一匹馬拉的小車。操：配備。清：讓父母感到涼爽。定：謂安置枕簟。丑：眾，同類。夷：儕，平輩。弟：通"悌"，敬愛兄長。執友：有共同志向的人或朋友。交遊：普通朋友。父之執：和父親有相同志趣的人。反：返，返回。肩隨：謂並行而稍後退。長者必異席：古人席地而坐，每席可坐四人，四人中推年長者坐席端。若有五人，則當為年長者另設一席，以示尊敬。

為人子者，居不主奧，坐不中席，行不中道，立不中門，食饗不為概，祭祀不為尸，聽於無聲，視於無形，不登高，不臨深，不苟訾，不苟笑。孝子不服暗，不登危，懼辱親也。父母存，不許友以死，不有私財。

為人子者，父母存，冠衣不純素。孤子當室，冠衣不純采。

孤子常視毋誑，童子不衣裘、裳。立必正方，不傾聽。長者與之提攜，則兩手奉長者之手。負劍辟咡詔之，則掩口而對。

從於先生，不越路而與人言。遭先生於道，趨而進，正立拱手。先生與之言則對，不與之言則趨而退。從長者而上丘陵，則必鄉長者所視。登城不指，城上不呼。……

【注疏】

奧：室中西南隅，為室中最尊之位。概：主。聽於無聲：在父母沒有說話之前，對父母的意圖要有所領悟和知曉。於無形：父母不在身邊的時候，也要時刻想起父母的樣子。服：通"伏"，潛伏暗處。不服暗：不做隱瞞父母之事。

純：音同"撙"，衣帽的鑲邊。孤子：失去父親之人。視：通"示"，顯示。提攜：謂攙扶。劍：謂挾小兒于腋下如帶劍。辟：傾斜。掩口而對：遮住口和長者說話，以免口氣傷人。鄉：通"向"。登城不指，城上不呼：登城不隨便指示方向，以免迷惑眾人；也不大呼小叫，以免驚嚇大家。

先生書策琴瑟在前，坐而遷之，戒勿越。虛坐盡後，食坐盡前。坐必安，執爾顏。長者不及，毋儳言。正爾容，聽必恭。毋剿說，毋雷同，必則古昔，稱先王。

侍坐於先生，先生問焉，終則對。請業則起，請益則起。父召無諾，先生召無諾，唯而起。侍坐於所尊，敬毋餕席。見同等不起。燭至，起。食至，起。上客，起。燭不見跋。尊客之前不叱狗。讓食不唾。

　　侍坐於君子，君子欠伸，撰杖，履，視日蚤莫，侍坐者請出矣。侍坐於君子，君子問更端，則起而對。侍坐於君子，若有告者曰：“少間，願有復也。”則左右屏而待。毋側聽，毋噭應，毋淫視，毋怠荒，游毋倨，立毋跛，坐毋箕，寢毋伏，斂髮毋髢，冠毋免，勞毋袒，暑毋褰裳……

【注疏】

　　坐：古人雙膝著地，而以臀部置於足後跟上曰坐，提臀直腰曰跪。虛坐盡後，食坐盡前：若食物在前，要儘量靠前坐，以免食物弄髒席位；若無食則儘量靠後坐，以示謙恭。唯：應答語。燭：火把。跋：柄，指火把快要燒完的部分。

　　蚤莫：通“早暮”。淫視：目光遊移不定。跛：指身體重心偏離到一隻腳上。箕：兩腿分開很隨便地坐。髢：音同“替”，假髮。

二、檀弓上

【叙题】

　　本篇因開篇記敘戰國時代一位名叫檀弓（又稱檀公）的人的故事，故以“檀弓”為題。又因篇幅較長，故分《檀弓》上下兩篇，列於《禮記》第三、第四篇。孔穎達疏引鄭玄《三禮目錄》說：“名曰‘檀弓’者，以其記人善於禮，故著其姓名以顯之。姓檀名弓。今山陽有檀氏。此於《別錄》屬通論。”《檀弓》篇中較多記錄喪事的禮節，對天子諸侯的有關禮制也作了一些考證，應為孔門弟子所作。

　　孔子既得合葬於防，曰：“吾聞之，古也墓而不墳。今丘也，東西南北人也，不可以弗識也。”於是封之，崇四尺。孔子先反，門人後，雨甚，至，孔子問焉，曰：“爾來何遲也？”曰：“防墓崩。”孔子不應。三，孔子泫然流涕曰：“吾聞之，古不修墓。”

【注疏】

　　防：即防山，古地名，在今山東曲阜東。孔子之父叔梁紇和母親顏氏之葬地。《史記·孔子世家》載：“郰人輓父之母誨孔子父墓，然後往合葬於防焉。”孔子因為出生不久父親去世，所以不知父親葬地。此處記載孔子喪母之後，從輓父之母那裏得到父親葬地的地點、為父母合葬之後的事情。墓：埋葬死人之處。墳：在墓上築起的土堆。東西南北人：居無定所之人。識：通“志”，做標記。崇四尺：高四尺。防墓崩：防山之墓因雨大而崩壞。

　　曾子曰：“朋友之墓，有宿草而不哭焉。”

孔子少孤，不知其墓。殯于五父之衢。人之見之者，皆以為葬也。其慎也，蓋殯也。問於郰曼父之母，然後得合葬於防。

鄰有喪，舂不相；里有殯，不巷歌。喪冠不緌。

【注疏】

曾子：春秋末年魯國人，名參，字子輿，孔子弟子。為人謹慎謙恭，以孝著稱。齊國欲聘之為卿，他因在家孝敬父母，辭而不就。曾提出"慎終（慎重地辦理父母喪事）追遠（虔誠地追念祖先），民德歸厚"的主張。又提出"吾日三省吾身"（見《論語·學而》）的修養方法。相傳著有《大學》、《孝經》等經典，後世儒家尊他為"宗聖"。宿草：墓地上隔年的草。

殯：此指孔子暫時停放母親靈柩。五父：街名。慎：鄭玄認為是指殯引之禮。

相：依據舂米的節奏而歌唱。緌（ruí）：冠帶系於領下後的懸垂物。不緌：意指服喪期間要去掉冠帶的飾物。

晉獻公將殺其世子申生。公子重耳謂之曰："子蓋言子之志於公乎？"世子曰："不可。君安驪姬，是我傷公之心也。"曰："然則蓋行乎？"世子曰："不可。君謂我欲弒君也。天下豈有無父之國哉！吾何行如之！"

使人辭於狐突曰："申生有罪，不念伯氏之言也，以至於死。申生不敢愛其死。雖然，吾君老矣，子少，國家多難，伯氏不出而圖吾君，伯氏苟出而圖吾君，申生受賜而死。"再拜稽首，乃卒。是以為"恭世子"也。

（晉獻公殺世子申生）

【注疏】

晉獻公：春秋晉國國君，姬姓。世子：即太子，天子或諸侯的嫡長子，君位繼承人。申生：晉獻公嫡長子，夫人齊姜所生。獻公殺申生事，即所謂晉國史上著名的"驪姬之難"。事詳見《國語·晉語》和《左傳·僖公四年》。獻公寵妾驪姬生子奚齊，驪姬恃寵欲廢申生而立奚齊，借獻公出外打獵之時，驪姬讓太子申生去曲沃祭祀其生母，太子把祭肉祭酒帶回獻給獻公，驪姬在酒肉裏下了毒藥，待獻公打獵回來獻上去，以酒祭地，土突起；以肉飼犬，犬死。驪姬誣陷太子弒父。獻公聽信讒言，逼迫申生自縊。重耳：申生異母弟，史稱晉文公。獻公有五子：長子申生為太子；次子重耳（即後為春秋五霸之一的晉文公）；三子夷吾（繼獻公位為惠公）；四子奚齊與五子悼子，皆為驪戎姬妾所生。蓋（hé）：同"盍"，何不。志：想法。此指申生知道驪姬故意投毒之事。公：此指父君。行：逃亡。

辭：辭別，訣別。狐突：申生的師傅，字伯行，重耳的外祖父，後為惠公太子懷公子圉所殺，即下文"伯氏"。伯氏：對狐突的敬稱。念：記住。愛其死：吝惜其死。子：君之子，指驪姬之子奚齊，時年六歲。國家多難：申生預料死後，其弟兄將因爭奪君位而相互殘殺。圖吾君：為吾君圖。圖：出謀劃策。賜：恩惠。稽首：叩頭到地，最恭敬的跪拜禮。恭世子：申生死後封的謚號，古法所謂"敬順事上曰恭敬。"言申生明知父命錯誤，卻仍然順從而自殺，故謚"恭"。

曾子寢疾，病，樂正子春坐於床下，曾元、曾申坐於足，童子隅坐而執燭。童子曰："華而睆，大夫之簀與？"子春曰："止！"曾子聞之，瞿然曰："呼！"曰："華而睆，大夫之簀與？"曾子曰："然，斯季孫之賜也，我未之能易也，元，起易簀！"曾元曰："夫子之病革矣，不可以變。幸而至於旦，請敬易之。"曾子曰："爾之愛我也不如彼。君子之愛人也以德，細人之愛人也以姑息。吾何求哉？吾得正而斃焉，斯已矣。"舉扶而易之，反席未安而没。（曾子易簀）

【注疏】

病：病情嚴重。樂正子春：春秋時魯國人，曾子弟子。曾元、曾申：曾子之子。華而睆：華：華麗，彩飾。睆：明亮貌。簀（zé）：竹子或木條編成的床墊，即"第"。瞿（jù）然：驚怕貌。革：通"亟"，危急。細人：小人。反：同"返"。没：同"歿"，死去。

子夏喪其子而喪其明。曾子吊之曰："吾聞之也：朋友喪明則哭之。"曾子哭，子夏亦哭，曰："天乎！予之無罪也。"曾子怒曰："商，女何無罪也？吾與女事夫子於洙泗之間，退而老於西河之上，使西河之民疑女於夫子，爾罪一也；喪爾親，使民未有聞焉，爾罪二也；喪爾子，喪爾明，爾罪三也。而曰女何無罪與！"子夏投其杖而拜曰："吾過矣！吾過矣！吾離群而索居，亦已久矣。"

【注疏】

子夏：《史記·仲尼弟子列傳》載："卜商字子夏。少孔子四十四歲……子貢問：'師與商孰賢？'子曰：'師也過，商也不及。''然則師愈與？'曰：'過猶不及'……孔子既没，子夏居西河教授，為魏文侯師。其子死，哭之失明。"疑女於夫子：言子夏索居西河，不稱孔子之師，自為談說辨慧，聰睿絕異於人，使西河之民疑其道德與孔子相似。或謂"疑"通"擬"，意謂比較之意。喪爾親，使民未有聞焉：指子夏喪父母時為人不知，及其子喪，則為人所知。即所謂"不隆於親而隆於子"。

有子問于曾子曰："問喪於夫子乎？"曰："聞之矣：喪欲速貧，死欲速朽。"有子曰："是非君子之言也。"曾子曰："參也聞諸夫子也。"有子又曰："是非君子之言也。"曾子曰："參也與子游聞之。"有子曰："然。然則夫子有為言之也？"曾子以斯言告於子遊。子遊曰："甚哉！有子之言似夫子也。昔者夫子居於宋，見桓司馬自為石槨，三年而不成。夫子曰：'若是其靡也！死不如速朽之愈也。'死之欲速朽，為桓司馬言之也。南宫敬叔反，必載寶而朝。夫子曰：'若是其貨也！喪不如速貧之愈也。'喪之欲速貧，為敬叔言之也。"曾子以子遊之言告於有子。有子曰："然。吾固曰非夫子之言也。"曾子曰："子何以知之？"有子曰："夫子制於中都，四寸之棺，五寸之槨，以斯知不欲速朽也。昔者夫子失魯司寇，將之荆，蓋先之以子夏，又申之以冉有，以斯知不欲速貧也。"（有子之言似夫子）

【注疏】

喪：丟掉，此謂失去職位。問喪：即問失位而所以處之之道。桓司馬：宋國大夫。靡：奢侈。南官敬叔：魯國大夫。反：返回。中都：邑名，孔子曾為其邑宰，制立法以示民，後由此升為魯司空，由司空為司寇。荊：楚國的代稱。

三、檀弓下

晉獻公之喪，秦穆公使人弔公子重耳，且曰：“寡人聞之，亡國恒於斯，得國恒於斯。雖吾子儼然在憂服之中，喪亦不可久也，時亦不可失也，孺子其圖之！”以告舅犯。舅犯曰：“孺子其辭焉。喪人無寶，仁親以為寶。父死之謂何？又因以為利，而天下其孰能說之？孺子其辭焉！”公子重耳對客曰：“君惠弔亡臣，重耳身喪父死，不得與於哭泣之哀，以為君憂。父死之謂何，或敢有他志，以辱君義？”稽顙而不拜，哭而起，起而不私。

子顯以致命於穆公。穆公曰：“仁夫，公子重耳！夫稽顙而不拜，則未為後也，故不成拜。哭而起，則愛父也；起而不私，則遠利也。”（公子重耳對秦客）

【注疏】

重耳：當時因避驪姬之亂重耳逃亡在狄國。舅犯：即狐突之子，字子犯，是重耳之舅，故稱舅犯。稽顙：以示自為父喪哀號。顯：即秦公子縶，字子顯，當時出任使者。

知悼子卒，未葬，平公飲酒，師曠、李調侍，鼓鐘。杜蕢自外來，聞鐘聲，曰：“安在？”曰：“在寢。”杜蕢入寢，歷階而升，酌曰：“曠飲斯！”又酌曰：“調飲斯！”又酌，堂上北面坐飲之。降，趨而出。

平公呼而進之，曰：“蕢！曩者爾心或開予，是以不與爾言。爾飲曠，何也？”曰：“子卯不樂。知悼子在堂，斯其為子卯也大矣！曠也，太師也。不以詔，是以飲之也。”“爾飲調，何也？”曰：“調也，君之褻臣也。為一飲一食忘君之疾，是以飲之也。”“爾飲，何也？”曰：“蕢也，宰夫也，非刀匕是共，又敢與知防，是以飲之也。”平公曰：“寡人亦有過焉，酌而飲寡人。”杜蕢洗而揚觶。公謂侍者曰：“如我死，則必毋廢斯爵也！”至於今，既畢獻，斯揚觶，謂之“杜舉”。（杜蕢揚觶）

【注疏】

知悼子：知罃（yīng），春秋時晉國大夫，謚悼。師曠：晉國樂師。李調：晉臣。侍：作陪。鼓鐘：演奏鐘。杜蕢：晉平公的廚師。寢：國君的寢宮。降：指走下殿階。

進之：讓他進來。曩者：剛才。飲：要別人喝酒。子卯不樂：商紂王於甲子日自殺，夏桀於乙卯日被流放的，故甲子日、乙卯日是歷代君王的忌諱之日，禁止享樂。在堂：靈柩還放在殿堂裏沒有下葬。悼子是親近大臣，死了還沒下葬，這忌諱應當大於桀紂之忌。太師：對樂師的稱呼。詔：告訴。

亵臣：寵倖的近臣。疾：忌諱之事。宰夫：廚師。共：同"供"。匕：羹匙。刀匕是共：賓語前置句。
與：參加。知防：察覺和防止違禮的事。揚：舉起。觶：飲酒器皿。爵：飲酒器。

　　孔子過泰山側，有婦人哭於墓者而哀。夫子式而聽之，使子路問之
曰："子之哭也，壹似重有憂者。"而曰："然。昔者吾舅死於虎，吾夫又
死焉，今吾子又死焉。"夫子曰："何為不去也?"曰："無苛政。"夫子
曰："小子識之，苛政猛於虎也。"

【注疏】

　　式：同軾，車前的伏手板，這裏用作動詞。子路：孔子弟子，仲氏，名由，一字季路。壹：真是，
實在。而：乃。舅：丈夫之父，古時公婆稱舅姑。苛政：苛煩的政令，繁重的賦役。小子：古時長輩
對晚輩或老師對學生的稱呼。識（zhì）：記住。

　　晉獻文子成室，晉大夫發焉。張老曰："美哉輪焉！美哉奂焉！歌於
斯，哭於斯，聚國族於斯。"文子曰："武也得歌於斯，哭於斯，聚國族於
斯，是全要領以從先大夫於九京也。"北面再拜稽首。君子謂之善頌善禱。
（晉獻文子室成）

【注疏】

　　獻文子：晉國正卿趙武，諡"獻文"，簡稱文子。趙氏從晉文侯時起成為晉國大族，以其歷代事
晉侯有功勳，到趙衰、趙盾父子時，已成為專權重臣。據《史記·趙世家》說，趙盾之子趙朔於晉景
公三年娶成公（景公父）姊為夫人。就在這一年，晉國司寇屠岸賈勾結諸將軍構罪族滅趙氏，趙朔的
夫人懷著身孕躲進公宮，後來生下趙武，即本篇所記的文子，也就是有名的"趙氏孤兒"。15 年後，
趙武得到韓厥的幫助，攻屠岸賈，滅族報仇，後來成為晉國的正卿。本篇所記趙武築新室成，當是復
位後不久之事，年紀尚輕，故張老在讚頌的同時，還有規勸之意。成室：新屋落成。發：送禮慶賀。
張老：晉大夫張孟。輪：高大。奂：通"煥"，華麗。歌於斯：在這裏祭祀時奏樂唱詩。歌：此指祭
禮。斯：此。哭於斯：在此死喪哭泣。聚：聚會、宴會。國：國賓。族：宗族。武：趙武自稱。全要
領：免於腰斬、戮頸之刑。要：通"腰"。領：脖頸。先大夫：自稱已故的祖、父。九京：當作"九
原"，晉國卿大夫的墓地，在今山西絳縣北。再拜：拱手禮兩次。稽（qǐ）首：叩頭。

四、禮運

【叙题】

　　《禮運》列為今本《禮記》第九篇，應為戰國末年或秦漢之際儒家學者託名
孔子答問的著作，借孔夫子對身旁子游"喟然而歎"，而論述禮的起源、運行與
作用。《禮運》反映了儒家的政治思想和歷史觀點，實際上同時也是儒、道、墨、
農各家社會學說的總結和發揚。尤其是文中"大同""天下為公"思想，對后代
政治家、改革家都有深刻的影響。

近代著名資產階級維新運動政治家和教育思想家康有為1884年撰《禮運注》，以發揮其有關變法維新的政治主張，提出其大同理想，次年又"手定大同之制，名目《人類公理》"，後來逐步形成《大同書》，刊於1913年《不忍》雜誌發刊版。全書共分甲至癸十部分，即所謂"一去國界，消滅國家；二去級界，消滅等級；三去種界，同化人種；四去形界，解放婦女；五去家界，消滅家庭；六去產界，消滅私有制；七去亂界，取消各級行政區劃，按經緯度分度自治，全球設大同公政府；八去類界，眾生平等；九去苦界，臻于極樂"。進而構建一個所謂"無邦國、無帝王、人人平等、天下為公"的大同社會。並言"太平世以開入智為主，最重學校。自慈幼院之教至小學、中學、大學，人人皆自幼而學，人人皆學至二十歲，人人皆無家累，人人皆無惡習，圖書器物既備，語言文字同一，日力既省，養生又備，道德一而教化同"。其實即以公羊三世說和《禮記·禮運》的大同小康說作為理論依據，又糅合佛教慈悲平等說、耶穌教平等博愛自由說、盧梭的天賦人權說、達爾文進化論、柏拉圖烏托邦學說，再加上所知的傅立葉、歐文等空想社會主義思想。譚嗣同著《仁學》也大力宣傳大同理想。孫中山"天下為公"，"以建民國，以建大同"的理想，即接受了《禮運》"大同"觀念。早年毛澤東亦受大同理念影響："孔子知此義，故立太平世為鵠，而不廢據亂、升平二世。大同者，吾人之鵠也，立德、立功、立言以盡力於斯世者，吾人存慈悲之心以救小人也。"（《毛澤東早期文稿·致黎錦熙信》）

昔者仲尼與於蜡賓，事畢，出遊於觀之上，喟然而歎。仲尼之歎，蓋歎魯也。言偃在側曰："君子何歎？"孔子曰："大道之行也，與三代之英，丘未之逮也，而有志焉。大道之行也，天下為公。選賢與能，講信修睦。故人不獨親其親，不獨子其子，使老有所終，壯有所用，幼有所長。矜寡、孤獨、廢疾者，皆有所養。男有分，女有歸。貨，惡其棄於地也，不必藏於己；力，惡其不出於身也，不必為己。是故謀閉而不興，盜竊亂賊而不作。故外戶而不閉。是謂大同。

【注疏】

蜡：年末進行的隆重祭祀活動，又稱蜡祭。觀：宗廟門外的小樓。喟然：深深地感歎。言偃：指子游。大道：太平年代的行為規範。三代之英：指夏商周三代中開明、有豐功偉績的君王。逮：逢遇。與能：推舉賢能之士。矜：與"鰥"同。分：職分。歸：出嫁之地。謀：陰謀計策之意。外戶：屋門外的大門。

"今大道既隱，天下為家。各親其親，各子其子。貨力為己。大人世及以為禮，城郭溝池以為固，禮義以為紀，以正君臣，以篤父子，以睦兄弟，以和夫婦，以設制度，以立田里，以賢勇知，以功為己。故謀用是作，而兵由此起。禹、湯、文、武、成王、周公由此其選也。此六君子者，未有小謹於禮者也，以著其義，以考其信，著有過，刑仁講讓，示民有常。如有不由此者，在勢者去，眾以為殃。是謂小康。"

【注疏】

隱：退去、消散。大人：代指國君。世及：古代傳位元的兩種主要方式，分別指的是父傳子和兄傳弟。郭：外城。溝池：城外的護城河。篤：深厚之意。田里：所種田地和所住之處。用是：由此。兵：戰爭。選：表現出色、能成就大事之人。著：表現，展露。義：符合禮數之事。考：成全。刑：范式，優秀。勢：擔負職務。去：辭去，驅逐。

言偃復問曰："如此乎，禮之急也？"孔子曰："夫禮，先王以承天之道，以治人之情，故失之者死，得之者生。《詩》曰：'相鼠有體，人而無禮！人而無禮，胡不遄死！'是故夫禮，必本於天，殽於地，列於鬼神，達於喪、祭、射、御、冠、昏、朝、聘。故聖人以禮示之，故天下國家可得而正也。……

"故政者，君之所以藏身也。是故夫政必本於天，殽以降命。命降於社之謂殽地，降於祖廟之謂仁義，降於山川之謂興作，降於五祀之謂制度。此聖人所以藏身之固也。故聖人參於天地，並於鬼神，以治政也。處其所存，禮之序也；玩其所樂，民之治也。故天生時而地生財，人其父生而師教之。四者君以正用之。故君者立於無過之地也。

【注疏】

復：再次。遄：立即。殽：與"效"相通，仿效。列：列有順序。達：表現、顯現。

殽：同"效"，仿效。社：社祭。固：穩固。參：參考。治政：制定各項政策法規。所存：指天地運行的道理。玩：研習。

"故君者，所明也，非明人者也。君者，所養也，非養人者也。君者，所事也，非事人者也。故君明人則有過，養人則不足，事人則失位。故百姓則君以自治也，養君以自安也，事君以自顯也。故禮達而分定，故人皆愛其死而患其生。故用人之知去其詐，用人之勇去其怒，用人之仁去其貪。故國有患，君死社稷，謂之義；大夫死宗廟，謂之變。

"故聖人耐以天下為一家，以中國為一人者，非意之也，必知其情，辟於其義，明於其利，達於其患。然後能為之。何謂人情？喜、怒、哀、懼、愛、惡、欲，七者弗學而能。何謂人義？父慈、子孝、兄良、弟弟、夫義、婦聽、長惠、幼順、君仁、臣忠，十者謂之人義。講信修睦，謂之人利。爭奪相殺，謂之人患。故聖人之所以治人七情，修十義，講信修睦，尚辭讓，去爭奪，舍禮何以治之？飲食男女，人之大欲存焉。死亡貧苦，人之大惡存焉。故欲惡者，心之大端也。人藏其心，不可測度也。美惡皆在其心，不見其色也。欲一以窮之，舍禮何以哉？……

【注疏】

明：讓別人效仿。明人：仿效別人。則：作為準則，效仿。達：暢達。分：職分。愛：吝惜。知：智，智慧。死：獻身而死。

耐：能。意：臆想，隨意猜測。達：明白，知道。弟：悌，敬愛、順從兄長。修：提倡。大端：最基本的表現徵兆。窮：窮盡。

“故聖人作則，必以天地為本，以陰陽為端，以四時為柄，以日星為紀，月以為量，鬼神以為徒，五行以為質，禮義以為器，人情以為田，四靈以為畜。以天地為本，故物可舉也；以陰陽為端，故情可睹也；以四時為柄，故事可勸也；以日星為紀，故事可列也；月以為量，故功有藝也；鬼神以為徒，故事有守也；五行以為質，故事可復也；禮義以為器，故事行有考也；人情以為田，故人以為奧也；四靈以為畜，故飲食有由也……

【注疏】

則：法則、制度。柄：权衡。徒：伴侶。器：工具。田：指治理對象。四靈：麟、鳳、龜、龍四者。藝：準則，定制。考：成。奧：主體。由：由來。

“是故夫禮，必本於大一，分而為天地，轉而為陰陽，變而為四時，列而為鬼神。其降曰命，其官於天也。夫禮必本於天，動而之地，列而之事，變而從時，協於分藝。其居人也曰養，其行之以貨力、辭讓、飲食、冠、昏、喪、祭、射、御、朝、聘。故禮義也者，人之大端也。所以講信修睦，而固人之肌膚之會、筋骸之束也；所以養生、送死，事鬼神之大端也；所以達天道，順人情之大寶也。故唯聖人為知禮之不可以已也，故壞國、喪家、亡人，必先去其禮。

【注疏】

大一：即太一，最至高無上的、天地未分之前混沌的狀態。官：效法。協於分藝：同各種事情相契合協調。養：或謂應作“義”。大端：最根本點。大寶：最基本的情理。已：停止。

“故禮之於人也，猶酒之有糵也，君子以厚，小人以薄。故聖王修義之柄，禮之序，以治人情。故人情者，聖王之田也，修禮以耕之，陳義以種之，講學以耨之，本仁以聚之，播樂以安之。故禮也者，義之實也，協諸義而協。則禮雖先王未之有，可以義起也。義者，藝之分，仁之節也。協于藝，講於仁，得之者強。仁者，義之本也，順之體也，得之者尊。故治國不以禮，猶無耜而耕也；為禮不本於義，猶耕而弗種也；為義而不講之以學，猶種而弗耨也；講之以學而不合之以仁，猶耨而弗獲也；合之以仁而不安之以樂，猶獲而弗食也；安之以樂而不達於順，猶食而不肥也。四體既正，膚革充盈，人之肥也；父子篤，兄弟睦，夫婦和，家之肥也；大臣法，小臣廉，官職相序，君臣相正，國之肥也；天子以德為車，以樂為御，諸侯以禮相與，大夫以法相序，士以信相考，百姓以睦相守，天下之肥也。是謂大順。大順者，所以養生、送死、事鬼神之常也。故事大積焉而不苑，並行而不繆，細行而不失，深而通，茂而有間，連而不相及也，動而不相害也。此順之至也。故明於順，然後能守危也。故禮之不同也，不豐也，不殺也，所以持情而合危也"……

【注疏】

糵：釀酒制醬發酵時候用的麴。田：操作的場所。耨：除草。聚：團結、收穫。耜：農具。篤：忠信。相與：相交、相處。苑：彙集、堵塞。不苑：不堵塞，不阻滯。繆：悖謬、不合情理。細行：細微小事。明：明白、通曉。守危：自我警惕。豐：過度。殺：減少。合危：即守危。

五、學記

【叙题】

本篇列為《禮記》第 18 篇，郭沫若考證其作者應為孟子的學生。《學記》言簡意賅，喻辭生動，系統而全面地闡明了教育的目的及作用、學校管理以及教學原則和方法，並論及親師敬業之道，與《大學》所闡明之理念相為表裏，更具教育方面的實際意義，對傳統社會教育的發展產生了重大影響，故甚為宋代理學所推崇，認為《禮記》除《中庸》《大學》之外，唯《學記》《樂記》最近"道"。《學記》可謂先秦教育理論和實踐的概括和總結，是中國教育史乃至世界教育史上第一部教育學、心理學專著，是研究古代教育思想的寶貴資料。

1. 發慮憲，求善良，足以謏聞，不足以動眾。就賢體遠，足以動眾，未足以化民。君子如欲化民成俗，其必由學乎！玉不琢，不成器；人不學，不知道。是故古之王者建國君民，教學為先。《兌命》曰："念終始典於學。"其此之謂乎。

【注疏】

憲：法。求：招來。謏：音義皆同"小"。就：靠近。體：體察。《兌命》：偽《古文尚書》篇章，記商王武丁與傅說諸事。兌：通說，指傅說。典：經常。

2. 雖有嘉肴，弗食，不知其旨也；雖有至道，弗學，不知其善也。是故學然後知不足，教然後知困。知不足，然後能自反也；知困，然後能自強也。故曰：教學相長也。《兌命》曰："學學半"。其此之謂乎。

【注疏】

旨：美味。學學半：意謂教別人學習，同時自己也增長知識，各得一半。第一個"學"，通"教"。

3. 古之教者，家有塾，黨有庠，術有序，國有學。比年入學，中年考校。一年，視離經辨志。三年，視敬業樂群。五年，視博習親師。七年，視論學取友，謂之小成。九年，知類通達，強立而不反，謂之大成。夫然後足以化民易俗，近者說服而遠者懷之。此大學之道也。《記》曰："蛾子時術之。"其此之謂乎？

【注疏】

塾：與庠、序、學為等級不同的學校。黨：古代五百家為一黨。術：當作"遂"。比年：每一年。中年：隔一年。蛾：指"蟻"。古代"蛾""蟻"同音。術：後人謂當作"衛"。

4. 大學始教，皮弁祭菜，示敬道也。《宵雅》肆三，官其始也；入學鼓篋，孫其業也；夏楚二物，收其威也；未卜禘，不視學，遊其志也；時觀而弗語，存其心也；幼者聽而弗問，學不躐等也。此七者，教之大倫也。《記》曰："凡學，官先事，士先志。"其此之謂乎。

【注疏】

皮弁：即皮弁服。祭菜：行釋菜禮祭先祖、先師。宵：小。肆：學習。《宵雅》肆三：學習《小雅》裏的三首詩，即《鹿鳴》《四牡》《皇皇者華》。篋：打開篋。孫：同"順"。夏：教尺一類。楚：教鞭一類。視學：巡察學校。躐等：逾越等級。

5. 大學之教也，時，教必有正業，退息必有居。學：不學操縵，不能安弦；不學博依，不能安詩；不學雜服，不能安禮；不興其藝，不能樂學。故君子之于學也，藏焉，修焉，息焉，遊焉。夫然，故安其學而親其師，樂其友而信其道，是以雖離師輔而不反也。《兌命》曰："敬、孫、務、時、敏，厥修乃來。"其此之謂乎。

【注疏】

退息：放學與假期。操、縵：此謂琴瑟的基本曲目以及指法。博依：廣泛地顯現，指廣泛地運用各種表現事物情狀的手法。依：比喻。雜服：洒扫应对之事。服：事。師輔：師友。

6. 今之教者，呻其佔畢，多其訊，言及於數，進而不顧其安，使人不由其誠，教人不盡其材。其施之也悖，其求之也佛。夫然，故隱其學而疾其師，苦其難而不知其益也，雖終其業，其去之必速。教之不刑，其此之由乎。

大學之法：禁於未發之謂豫，當其可之謂時，不陵節而施之謂孫，相觀而善之謂摩。此四者，教之所由興也。發然後禁，則扞格而不勝；時過然後學，則勤苦而難成；雜施而不孫，則壞亂而不修；獨學而無友，則孤陋而寡聞。燕朋逆其師。燕辟廢其學。此六者，教之所由廢也。

【注疏】

呻：吟詠。佔：看，視。畢：書册。訊：問難。言及於數：講太多名物制度。進：傳授。安：熟悉曉解。使人：教人。佛：通"拂"，乖僻。刑：成功。

豫：防備。時：合乎時宜。節：學習的不同階段。扞格：抵制。燕朋：不良朋友。燕辟：笑話老師的譬喻講解。辟：譬喻。

7. 君子既知教之所由興，又知教之所由廢，然後可以為人師也。故君子之教喻也，道而弗牽，強而弗抑，開而弗達。道而弗牽則和，強而弗抑則易，開而弗達則思。和易以思，可謂善喻矣。學者有四失，教者必知之。人之學也，或失則多，或失則寡，或失則易，或失則止。此四者，心之莫同也。知其心，然後能救其失也。教也者，長善而救其失者也。善歌者，使人繼其聲；善教者，使人繼其志。其言也約而達，微而臧，罕譬而喻，可謂繼志矣。

【注疏】

道：引導；牽：強迫。強：勉勵。抑：壓抑。開：啟發。達：道理說透。多：貪多。易：見異思遷。止：淺嘗輒止。微：含蓄。臧：精當。罕：少用。喻：明白。

8. 君子知至學之難易，而知其美惡，然後能博喻；能博喻，然後能為師；能為師，然後能為長；能為長，然後能為君。故師也者，所以學為君也。是故擇師不可不慎也。《記》曰："三王四代唯其師。"此之謂乎。凡學之道，嚴師為難。師嚴，然後道尊；道尊，然後民知敬學。是故君之所不臣於其臣者二：當其為尸，則弗臣也；當其為師，則弗臣也。大學之禮，雖詔于天子，不北面，所以尊師也。

【注疏】

博喻：廣博地曉喻他人。三王：夏禹商湯周文、武王。四代：三王加上虞舜。嚴：尊敬。尸：祭主。不北面：據載老師與天子對答，面對西方而不面對北方。

9. 善學者，師逸而功倍，又從而庸之。不善學者，師勤而功半，又從而怨之。善問者，如攻堅木，先其易者，後其節目，及其久也，相說以解。不善問者反此。善待問者如撞鐘，叩之以小者則小鳴，叩之以大者則大鳴，待其從容，然後盡其聲。不善答問者反此。此皆進學之道也。

【注疏】

庸之：此謂歸功與老師。

10. 記問之學，不足以為人師。必也其聽語乎，力不能問，然後語之；語之而不知，雖舍之可也。良冶之子，必學為裘。良弓之子，必學為箕。始駕馬者反之，車在馬前。君子察於此三者，可以有志於學矣。古之學者，比物丑類。鼓無當於五聲，五聲弗得不和；水無當於五色，五色弗得不章；學無當於五官，五官弗得不治；師無當於五服，五服弗得不親。君子曰："大德不官，大道不器，大信不約，大時不齊。"察於此四者，可以有志於學矣。三王之祭川也，皆先河而後海，或源也，或委也。此之謂務本。君子曰：大德不官，大道不器，大信不約，大時不齊。察於此四者，可以有志於學矣。三王之祭川也，皆先河而後海；或源也，或委也。此之謂務本。

【注疏】

記問：此謂老師備課以備學生提問。力不能問：指學生之才力不足以表達其自己的疑惑。冶：冶金的工匠。箕：畚箕。車在馬前：指讓剛剛學習拉車的小馬走在車之後。丑：儔類。五聲：宮、商、角、徵、羽。五色：青、赤、黃、白、黑。五服：斬衰、齊衰、大功、小功、緦麻。此謂各種人倫關係。源：指河。委：指海。

六、中庸

【叙題】

《中庸》列為《禮記》之第 31 篇，一般認為是孔子之孫子思所作。據《史記·孔子世家》載，孔子之子孔鯉，字伯魚；伯魚之子孔伋，字子思。孔子去世後，儒家分為八派，子思為其中一派。在師承關係上，子思學于孔子的得意弟子曾子，孟子又學於子思。故荀子將子思和孟子視為一派，即所謂"思孟學派"。《中庸》和《孟子》的基本思想亦大體相同，故後代尊稱子思為"述聖"。

現存之《中庸》已經過秦代儒者的修改，大致寫定於秦統一後不久，故名篇方式為撮取文章的中心內容為題，已不同於《大學》的取篇首兩個字為題。鄭玄《〈三禮〉目錄》說："名曰'中庸'者，以其記中和之為用也。庸，用也。孔子之孫子思極作之，以昭明聖祖之德。"中庸之義主要指折中、適當、不走極端，以中為用、取用其中。孔子即多有反對走極端之語，如《論語》所記："過猶不及”，“樂而不淫，哀而不傷”；主張執中、中行：“允執厥中”，“不得中行而與之，必也狂狷乎”；力戒片面：“我叩其兩端而竭焉”。《中庸》提出“中庸”作為儒家的最高道德標準，闡述“中庸”之道和“誠”的觀念，涉及儒家學說的各個方面，故被推崇為“實學”，視為可供人們終身受用不盡之經典。

早在西漢即有專門解釋《中庸》的著作，但影響最大的應為南宋朱熹的《中庸章句》，朱熹認為《中庸》“憂深言切，慮遠說詳”，“歷選前聖之書，所以提挈綱維，開示蘊奧，未有若是之明且盡者也”（《中庸章句序》），且引用程頤之語，強調《中庸》是“孔門傳授心法”的著作，“放之則彌六合，卷之則退藏於密”，其味無窮，為實用之學問，並與《大學》《論語》《孟子》合在一起，成為“四書”之一。

天命之謂性；率性之謂道；修道之謂教。道也者，不可須臾離也；可離，非道也。是故君子戒慎乎其所不覩，恐懼乎其所不聞。莫見乎隱，莫顯乎微。故君子慎其獨也。喜、怒、哀、樂之未發，謂之中。發而皆中節，謂之和。中也者，天下之大本也。和也者，天下之達道也。致中和，天地位焉，萬物育焉。

【注疏】

天命：天賦，指人的自然稟賦；也指天理、命運。率性：統率並規範人的自然本性。率：統率，規範，遵循。修道：修養道德，探求事物的本源。道：道德。須臾：片刻。不覩：看不見的地方。不聞：聽不到的事情。莫：無之相比。獨：獨處。中：不偏不倚。中節：符合法度。和：和諧，不乖戾。達道：天下古今必由之路，即普遍規律。致：達到。位：安於所處的位置。育：成長發育。

仲尼曰：“君子中庸，小人反中庸。君子之中庸也，君子而時中；小人之反中庸也，小人而無忌憚也。”

子曰：“中庸其至矣乎！民鮮能久矣。”子曰：“道之不行也，我知之矣！知者過之，愚者不及也。道之不明也，我知之矣！賢者過之，不肖者不及也。人莫不飲食也，鮮能知味也。”子曰：“道其不行矣夫！”

子曰：“舜其大知也與！舜好問而好察邇言，隱惡而揚善，執其兩端，用其中於民，其斯以為舜乎！”

子曰：“人皆曰‘予知’，驅而納諸罟擭陷阱之中，而莫之知辟也。人皆曰‘予知’，擇乎中庸，而不能期月守也。”

【注疏】

中庸：中和之美。庸：敦厚、溫和。忌憚：畏懼、顧忌。

鮮：極少。道：指中庸之道。知者：智者。不肖者：不賢之人。不行：不能施行。

邇言：容易讓人理解的話。其斯以為舜乎：這就是舜之所以被尊稱為舜的原因吧。

罟：捕獲獵物的網。擭：捕獲獵物的籠子。辟：與“避”同，躲避。期月：一個月。

子曰："回之為人也，擇乎中庸。得一善則拳拳服膺，而弗失之矣。"

子曰："天下國家可均也，爵祿可辭也，白刃可蹈也，中庸不可能也。"

子路問強。子曰："南方之強與？北方之強與？抑而強與？寬柔以教，不報無道，南方之強也，君子居之。衽金革，死而不厭，北方之強也，而強者居之。故君子和而不流，強哉矯！中立而不倚，強哉矯！國有道，不變塞焉，強哉矯！國無道，至死不變，強哉矯！"

【注疏】

回：指顏回，孔子的弟子。拳拳服膺：深深地銘記在心。拳拳：真誠、用心貌。服膺：放在心間。

均：公平治理。爵：爵位，官職。祿：俸祿。辭：捨棄。白刃：鋒利的刀刃。蹈：踩踏。

子路：孔子的弟子，名仲由。抑：連詞，抑或。而：你。居：屬於。衽：臥席。金：鐵製兵器。革：皮革甲盾。不厭：不後悔。和而不流：要有平和的心境，但絕不隨波逐流。矯：剛強。變塞：變節、變志。

子曰："素隱行怪，後世有述焉，吾弗為之矣。君子遵道而行，半途而廢，吾弗能已矣。君子依乎中庸，遯世不見知而不悔，唯聖者能之。"

君子之道，費而隱。夫婦之愚，可以與知焉；及其至也，雖聖人亦有所不知焉。夫婦之不肖，可以能行焉；及其至也，雖聖人亦有所不能焉。天地之大也，人猶有所憾。故君子語大，天下莫能載焉；語小，天下莫能破焉。《詩》云"鳶飛戾天，魚躍於淵，"言其上下察也。君子之道，造端乎夫婦；及其至也，察乎天地。

【注疏】

素：與"索"同。隱：隱蔽。怪：荒誕不經。述：記錄、訴諸。已：停止。見知：被知道。

費而隱：廣大而又精微。夫婦：指平民百姓。與：參與，實行。破：此謂理解。鳶飛戾天，魚躍於淵：出自《詩經·大雅·旱麓》。鳶：鷹。戾：到達。察：通顯，顯豁。造端：發軔、發端。

子曰："道不遠人。人之為道而遠人，不可以為道。《詩》云：'伐柯伐柯，其則不遠。'執柯以伐柯，睨而視之，猶以為遠。故君子以人治人，改而止。忠恕違道不遠，施諸己而不願，亦勿施於人。君子之道四，丘未能一焉：所求乎子，以事父，未能也；所求乎臣，以事君，未能也；所求乎弟，以事兄，未能也；所求乎朋友，先施之，未能也。庸德之行，庸言之謹，有所不足，不敢不勉，有餘不敢盡。言顧行，行顧言，君子胡不慥慥爾！君子素其位而行，不願乎其外。素富貴，行乎富貴；素貧賤，行乎貧賤；素夷狄，行乎夷狄；素患難，行乎患難；君子無入而不自得焉。在上位，不陵下；在下位，不援上。正己而不求於人，則無怨，上小怨天，下不尤人。故君子居易以俟命，小人行險以徼倖。"

【注疏】

伐柯伐柯，其則不遠：出自《詩經·豳風·伐柯》。伐柯：製作斧柄。則：製作斧柄的樣式。睨：斜看。違道：與道相背離。庸：平常。慥慥：真誠敦厚貌。素其位：滿足於現在所處的位置。夷：古代指東部的少數民族。狄：指西部少數民族。無入：不論在什麼樣的位置下。陵：欺淩。援：攀登，指靠權勢向上。居易：待在平常人的位置上。俟命：聽從天意安排。

子曰："射有似乎君子，失諸正鵠，反求諸其身。君子之道，辟如行遠，必自邇；辟如登高，必自卑。《詩》曰：'妻子好合，如鼓瑟琴。兄弟既翕，和樂且耽。宜爾室家，樂爾妻帑。'"子曰："父母其順矣乎！"

子曰："鬼神之為德，其盛矣乎！視之而弗見，聽之而弗聞，體物而不可遺。使天下之人，齊明盛服，以承祭祀，洋洋乎如在其上，如在其左右。《詩》曰：'神之格思，不可度思，矧可射思？'夫微之顯，誠之不可掩如此夫。"

【注疏】

射：射箭。正鵠：皆為箭靶。正：是畫在布上。鵠：是畫在皮上。辟：與"譬"同。邇：近。妻子好合：出自《詩經·小雅·常棣》。好合：和睦。翕：和諧相處。耽：安貧樂道。帑：通"孥"，指子孫後代。

齊：與"齋"通假，齋戒之意。明：乾淨。盛服：正式的服裝。神之格思：出自《詩經·大雅·抑》。格：到來。思：語氣詞。度：揣摩。矧：況且。射：此謂懈怠。掩：隱藏。

子曰："舜其大孝也與！德為聖人，尊為天子，富有四海之內，宗廟饗之，子孫保之。故大德必得其位，必得其祿，必得其名，必得其壽。故天之生物，必因其材而篤焉。故栽者培之，傾者覆之。《詩》曰：'嘉樂君子，憲憲令德。宜民宜入，受祿於天。保佑命之，自天申之。'故大德者必受命。"

子曰："無憂者，其惟文王乎！以王季為父，以武王為子，父作之，子述之。武王纘太王、王季、文王之緒，壹戎衣而有天下，身不失天下之顯名。尊為天子，富有四海之內。宗廟饗之，子孫保之。武王末受命，周公成文、武之德，追王太王、王季，上祀先公以天子之禮。斯禮也，達乎諸侯大夫，及士庶人。父為大夫，子為士，葬以大夫，祭以士。父為士，子為大夫，葬以士，祭以大夫。期之喪達乎大夫，三年之喪達乎天子，父母之喪，無貴賤，一也。"

【注疏】

饗：古代一種隆重的祭祀儀式。之：指舜。材：天生資質。篤：忠厚、誠懇地對待。覆：顛覆，此指淘汰。嘉樂君子：出自《詩經·大雅·假樂》。嘉樂：即詩名“假樂”，意謂快樂。憲憲，即“顯顯”，光明顯盛貌。

無憂：沒有憂慮。作：開創。述：繼承。續：継续。緒：未竟之事業。壹：同燷，歼灭。戎：大。衣：当作“殷”。末：晚年。

子曰：“武王、周公其達孝矣乎！夫孝者，善繼人之志，善述人之事者也。春秋，修其祖廟，陳其宗器，設其裳衣，薦其時食。宗廟之禮，所以序昭穆也；序爵，所以辨貴賤也；序事，所以辨賢也；旅酬下為上，所以逮賤也；燕毛，所以序齒也。踐其位，行其禮，奏其樂；敬其所尊，愛其所親；事死如事生，事亡如事存，孝之至也。郊社之禮，所以事上帝也；宗廟之禮，所以祀乎其先也。明乎郊社之禮，禘嘗之義，治國其如示諸掌乎！”

【注疏】

達孝：特別孝道，最守孝道。繼人：繼承祖先。設：擺設，此謂尸位祭祀。薦：供奉，貢獻。序昭穆：宗廟的排位次序。序事：按職位排列。旅酬：祭祀結束時的禮儀。下為上：由下位及上位飲酒。燕：宴飲。毛：按頭髮的黑白程度而依次坐。老少有序。郊：冬季南郊的祭祀。社：夏節北郊的祭祀。禘：五年的大祭。嘗：冬季的祭祀。

哀公問政。子曰：“文武之政，布在方策，其人存則其政舉；其人亡則其政息。人道敏政，地道敏樹。夫政也者，蒲盧也。故為政在人，取人以身，修身以道，修道以仁。仁者，人也，親親為大。義者，宜也，尊賢為大。親親之殺，尊賢之等，禮所生也。在下位不獲乎上，民不可得而治矣。故君子不可以不修身；思修身，不可以不事親；思事親，不可以不知人；思知人，不可以不知天。天下之大道五，所以行之者三。曰：君臣也，父子也，夫婦也，昆弟也，朋友之交也。五者，天下之達道也。知、仁、勇三者，天下之達德也，所以行之者一也。或生而知之，或學而知之，或困而知之。及其知之，一也。或安而行之，或利而行之，或勉強而行之，及其成功，一也。”

【注疏】

哀公：春秋時期魯國國君。哀：諡號。布：展示、顯露。方、策：書寫用的木板和竹簡。其人：指周文王和周武王。敏：致力，努力。蒲盧：古注謂一种土蜂。殺：此謂親疏之分。昆弟：同輩兄弟。

子曰：“好學近乎知，力行近乎仁，知恥近乎勇。知斯三者，則知所以修身；知所以修身，則知所以治人；知所以治人，則知所以治天下國家矣。凡為天下國家有九經曰：修身也，尊賢也，親親也，敬大臣也，體群臣也，子庶民也，來百工也，柔遠人也，懷諸侯也。修身，則道立；尊賢，則不惑；親親，則諸父昆弟不怨；敬大臣，則不眩；體群臣，則士之報禮重；子庶民，則百姓勸；來百工，則財用足；柔遠人，則四方歸之；懷諸侯，則天下畏之。齊明盛服，非禮不動，所以修身也。去讒遠色，賤貨而貴德，所以勸賢也。尊其位，重其禄，同其好惡，所以勸親親也。官盛任使，所以勸大臣也。忠信重禄，所以勸士也。時使薄斂，所以勸百姓也。日省月試，既廩稱事，所以勸百工也。送往迎來，嘉善而矜不能，所以柔遠人也。繼絕世，舉廢國，治亂持危，朝聘以時，厚往而薄來，所以懷諸侯也。

"凡為天下國家有九經，所以行之者一也。凡事豫則立，不豫則廢。言前定，則不跲；事前定，則不困；行前定，則不疚；道前定，則不窮。在下位不獲乎上，民不可得而治矣；獲乎上有道，不信乎朋友，不獲乎上矣；信乎朋友有道，不順乎親，不信乎朋友矣；順乎親有道，反諸身不誠，不順乎親矣；誠身有道，不明乎善，不誠乎身矣。誠者，天之道也；誠之者，人之道也。誠者，不勉而中，不思而得，從容中道，聖人也。誠之者，擇善而固執之者也。

【注疏】

經：原則。體：體恤之意。子：意動用法。來：召集。百工：各種類型的工匠。柔遠人：優待異族來的人。懷：安撫。讒：說別人壞話的人。官：下官。盛：多。任使：隨便調用。時使：使用老百姓時，不佔用農忙時節。薄斂：少收賦稅。省：訪視。試：考察。既廩：薪資糧食。稱事：與其所做公事相符合。矜：憐憫。繼絕世：延續將已經斷代的家族世系。舉廢國：重新整治行將沒落的國家。朝聘：古代諸侯朝見天子。

豫：同"預"，預謀。跲：言語不通順。疚：差錯。獲：得到信任。諸身：自己的心。

"博學之，審問之，慎思之，明辨之，篤行之。有弗學，學之弗能，弗措也；有弗問，問之弗知，弗措也；有弗思，思之弗得，弗措也；有弗辨，辨之弗明，弗措也；有弗行，行之弗篤，弗措也。人一能之，己百人；人十能之，己千之。果能此道矣，雖愚必明，雖柔必強。"

【注疏】

措：放置下來。弗措：不厭倦、不甘休之意。

自誠明，謂之性；自明誠，謂之教。誠則明矣，明則誠矣。唯天下至誠，為能盡其性；能盡其性，則能盡人之性；能盡人之性，則能盡物之性；能盡物之性，則可以贊天地之化育；可以贊天地之化育，則可以與天地參矣。

其次致曲。曲能有誠，誠則形，形則著，著則明，明則動，動則變，變則化。唯天下至誠為能化。至誠之道，可以前知。國家將興，必有禎祥；國家將亡，必有妖孽。見乎蓍龜，動乎四體。禍福將至：善，必先知之；不善，必先知之。故至誠如神。

【注疏】

自：從。明：通曉之意。盡其性：充分展示自己的天性。贊：幫助。化育：養育。天地參：與天地並列。

其次致曲：次於"自誠明"一類的下一等的人，即所謂賢人。致曲：致力於細微之處。形：表現出來。著：顯著。明：遠大光明。化：感化。前知：預測未來。禎祥：吉祥前兆。妖孽：異於常態的動植物。妖：指草木類。孽：指蟲豸類。蓍龜：用來占卜的蓍草和龜甲。四體：兩手兩足，此指身體儀態。如神：像神靈一樣。

誠者，自成也；而道，自道也。誠者，物之終始，不誠無物。是故君子誠之為貴。誠者，非自成己而已也，所以成物也。成己，仁也；成物，知也；性之德也，合內外之道也，故時措之宜也。故至誠無息，不息則久，久則徵，徵則悠遠，悠遠則博厚，博厚則高明。博厚，所以載物也；高明，所以覆物也；悠久，所以成物也。博厚配地，高明配天，悠久無疆。如此者，不見而章，不動而變，無為而成。天地之道，可一言而盡也：其為物不貳，則其生物不測。天地之道，博也，厚也，高也，明也，悠也，久也。

今夫天，斯昭昭之多，及其無窮也，日月星辰系焉，萬物覆焉。今夫地，一撮土之多，及其廣厚，載華嶽而不重，振河海而不泄，萬物載焉。今夫山，一卷石之多，及其廣大，草木生之，禽獸居之，寶藏興焉。今夫水，一勺之多，及其不測，黿鼉蛟龍魚鱉生焉，貨財殖焉。《詩》曰：'維天之命，於穆不已。'蓋曰天之所以為天也，於乎不顯，文王之德之純，蓋曰文王之所以為文也，純亦不已。

【注疏】

自成：成全自己、完善自己。自道：自己引導。息：停止。徵：檢驗、校驗。無疆：沒有窮盡。見：顯露。章：同"彰"，彰顯。一言：一字，即謂"誠"字。不貳：始終如一。

斯：道。昭昭：明亮、光明。華嶽：華山。振：收攬，治理。卷：此謂小。不測：深不可測。維天之命：見《詩經·周頌·唯天之命》。穆：深遠。不：同"丕"，此謂大。顯：光明。

大哉聖人之道！洋洋乎發育萬物，峻極於天。優優大哉！禮儀三百，威儀三千，待其人然後行。故曰：苟不至德，至道不凝焉。故君子尊德性而道問學，致廣大而盡精微，極高明而道中庸；溫故而知新，敦厚以崇禮。是故居上不驕，為下小倍。國有道，其言足以興；國無道，其默足以容。《詩》曰：'既明且哲，以保其身'，其此之謂與！

【注疏】

洋洋：浩浩蕩蕩。優優：充足、富庶。威儀：禮儀中的一些動作規範以及細小規矩，又稱曲禮。其人：指聖人。苟不至德：假如說沒有很高的德行。凝：聚集，此謂成功。問學：善問好學。倍：通"背"，背叛。容：保全自己。既明且哲：出自《詩經·小雅·烝民》。哲：智慧、聰穎，通曉事理。

子曰："愚而好自用，賤而好自專，生乎今之世，反古之道；如此者，災及其身者也。非天子，不議禮，不制度，不考文。今天下車同軌，書同文，行同倫。雖有其位，苟無其德，不敢作禮樂焉；雖有其德，苟無其位，亦不敢作禮樂焉。"

【注疏】

自用：剛愎自用。自專：一意孤行。反：同"返"，恢復、回來。制度：動詞，制定制度。考文：考核文字。車同軌：車輪間的距離相等。書同文：書寫文字的字體相同。行同倫：言行遵從相同的倫理道德規範。

子曰："吾說夏禮，杞不足征也；吾學殷禮，有宋存焉。吾學周禮，今用之，吾從周。王天下有三重焉，其寡過矣乎！上焉者，雖善無征，無征不信，不信民弗從。下焉者，雖善不尊，不尊不信，不信民弗從。故君子之道，本諸身，征諸庶民，考諸三王而不繆，建諸天地而不悖，質諸鬼神而無疑，百世以俟聖人而不惑。質諸鬼神而無疑，知天也；百世以俟聖人而不惑，知人也。是故君子動而世為天下道，行而世為天下法，言而世為天下則。遠之則有望，近之則不厭。《詩》曰：'在彼無惡，在此無斁。庶幾夙夜，以永終譽。'君子未有不如此，而蚤有譽於天下者也。"

【注疏】

夏禮：夏朝的禮法制度。杞：國名，周武王給夏禹後代的封地，在今河南杞縣。征：檢驗、證明。殷禮：殷朝的禮法制度。盤庚時商朝都城遷至殷，故商朝又殷商或商殷。宋：國名，商湯後代居住地，在今河南商丘。

王天下：在天下稱王。三重：三件重要大事，分別指儀禮、制度、考文。上焉者：處在高堂之上的人，指君王。下焉者：處在下位的人，指臣子。三王：指夏、商、周三代君王。建：樹立。質：問詢。俟：等到。道：法則。在彼無惡：出自《詩經·周頌·振鷺》。斁：厭恨。庶幾：差不多。夙夜：從早到晚。終譽：始終保持美好聲譽。蚤：同"早"。

仲尼祖述堯舜，憲章文武，上律天時，下襲水土。辟如天地之無不持載，無不覆幬。辟如四時之錯行，如日月之代明。萬物並育而不相害，道並行而不相悖，小德川流，大德敦化，此天地之所以為大也。

唯天下至聖為能聰明睿知，足以有臨也；寬裕溫柔，足以有容也；發強剛毅，足以有執也；齊莊中正，足以有敬也；文理密察，足以有別也。溥博淵泉，而時出之。溥博如天，淵泉如淵。見而民莫不敬，言而民莫不信，行而民莫不說。是以聲名洋溢乎中國，施及蠻貊，舟車所至，人力所通，天之所覆，地之所載，日月所照，霜露所隊，凡有血氣者，莫不尊親，故曰配天。

唯天下至誠，為能經綸天下之大經，立天下之大本，知天地之化育，夫焉有所倚？肫肫其仁，淵淵其淵，浩浩其天。苟不固聰明聖知，達天德者，其孰能知之？

【注疏】

祖述：遵循。憲章：效仿、模仿。襲：符合、相配。覆幬：覆蓋。錯行：更替交錯運行。代明：交替綻放光明。敦化：淳樸、敦厚。

有臨：能夠居上位而統治下民。有執：有很強的決斷能力。有別：分辨區別是非曲直。溥博：遼闊。施：蔓延，流布。霜露所隊：霜雪墜落。隊：通“墜”。

至誠：最高的真誠。經綸：主宰，治理。

《詩》曰：“衣錦尚絅。”惡其文之著也，故君子之道，暗然而日章；小人之道，的然而日亡。君子之道，淡而不厭，簡而文，溫而理。知遠之近，知風之自，知微之顯，可與入德矣。《詩》云：“潛雖伏矣，亦孔之昭。”故君子內省不疚，無惡於志。君子之所不可及者，其唯人之所不見乎。《詩》云：“相在爾室，尚不愧於屋漏。”故君子不動而敬，不言而信。《詩》曰：“奏假無言，時靡有爭。”是故君子不賞而民勸，不怒而民威於鈇鉞。《詩》曰：“不顯惟德，百辟其刑之。”是故君子篤恭而天下平。《詩》曰：“予懷明德，不大聲以色。”子曰：“聲色之於以化民，末也。”《詩》曰：“德輶如毛。”毛猶有倫。“上天之載，無聲無臭”，至矣！

【注疏】

衣錦尚絅：出自《詩經·衛風·碩人》。衣：穿衣。錦：有花紋裝飾物的衣服。尚：添加。絅：用麻布做的外衣。暗然：隱蔽起來。的然：鮮豔顯著。潛雖伏矣：出自《詩經·小雅·正月》。孔：很，特別。昭：明顯。相在爾室：出自《詩經·大雅·抑》。相：觀看、查看。屋漏：古代房屋西北角隱蔽處，專為神靈空出，故代指神明。奏假無言：出自《詩經·商頌·烈祖》。奏：貢獻、敬獻。假：通“格”，與神靈溝通、對話。靡：無。鈇鉞：代執行法令時使用的大斧。不顯惟德：出自《詩經·周頌·烈文》。不顯：大顯。辟：指稱諸侯。刑：通“型”，典範、效仿。予懷明德：出自《詩經·大雅·皇矣》。聲：發號施令。色：容貌。德輶如毛：出自《詩經·大雅·烝民》。輶：古代一種輕型小車，此謂輕小。毛：羽毛。倫：比。上天之載：出自《詩經·大雅·文王》。載：化育。臭：指氣味、味道。

七、大學

【叙題】

《大學》列《禮記》第43篇，因篇首"大學"二字而爲篇名。唐孔穎達曰："此《大學》之篇，論學成之事，能治其國，章明其德於天下，卻本明德所由，先從誠意爲始。"《大學》明確提出博學的宗旨是"明明德、親民、止於至善"，即朱熹所言之"三綱領"；又闡明達到天下太平的八大步驟，即格物、致知、誠意、正心、修身、齊家、治國、平天下，指出其中"修身"爲最重要之環节，即朱熹所說的"八條目"。後文便引用《詩》《書》對前面的論點進行逐段逐句的解釋和闡發，可謂中國古代教育理論的重要著作。

朱熹重新編排之《大學》版本，於世流傳甚廣。本書即依朱本，爲經一章，傳十章。

經一章：

大学之道

大學之道，在明明德，在親民，在止於至善。知止而後有定，定而後能靜，靜而後能安，安而後能慮，慮而後能得。物有本末，事有終始。知所先後，則近道矣。

【注疏】

大學：相對于小學而言的"大人之學"。古代八歲入小學，學習"灑掃應對進退、禮樂射禦書數"等文化基礎知識和禮節；十五歲入大學，學習"窮理正心，修己治人"的學問。明明德：前"明"字作使動詞用，彰明，弘揚；後"明"字是形容詞，光明正大。親民：程頤說"親"當作"新"，即革新、自新。新民：即使人棄舊圖新、去惡從善。知止：知道目標所在。本末：始末、主次。

古之欲明明德於天下者，先治其國；欲治其國者，先齊其家；欲齊其家者，先修其身；欲修其身者，先正其心；欲正其心者，先誠其意；欲誠其意者，先致其知；致知在格物。物格而後知至；知至而後意誠；意誠而後心正；心正而後身修；身修而後家齊；家齊而後國治；國治而後天下平。自天子以至於庶人，壹是皆以修身爲本。其本亂，而末治者否矣。其所厚者薄，而其所薄者厚，未之有也！

【注疏】

齊：治理。修其身：修養自身品性。致其知：使自己獲得知識。格物：認識研究萬事萬物的道理。庶人：平民百姓。壹是：都是。本：根本。其所厚者薄：當重視的而不重視。薄者厚：不該重視的反而重視。

传十章：

第一章　明明德

《康誥》曰："克明德。"《大甲》曰："顧天之明命。"《帝典》曰："克明峻德。"皆自明也。

【注疏】

《康誥》：《尚書·周書》中篇名。克：能夠。《大甲》：即《太甲》，《尚書·商書》中篇名。顧：顧念。《帝典》：即《堯典》，《尚書·虞書》中篇名。克明峻德：原句為"克明俊德"。俊：通"峻"，高大，崇高。

第二章　新民

湯之《盤銘》曰："苟日新，日日新，又日新。"《康誥》曰："作新民。"《詩》曰："周雖舊邦，其命唯新。"是故君子無所不用其極。

【注疏】

銘：刻在器皿上用來稱頌功德或警戒自己的箴言。苟：如果。《詩》：此指《詩經·大雅·文王》。周：周朝。舊邦：舊國。其命：指周朝所稟受的天命。無所不用其極：指道德的高度自我完善。

第三章　止於至善

《詩》云："邦畿千里，唯民所止。"《詩》云："緡蠻黃鳥，止於丘隅。"子曰："於止。知其所止，可以人而不如鳥乎！"《詩》云："穆穆文王，於緝熙敬止！"為人君，止於仁；為人臣，止於敬；為人子，止於孝；為人父，止于慈；與國人交，止於信。

【注疏】

邦畿千里：見《詩經·商頌·玄鳥》。邦畿（jī）：古代天子都城及其周圍的郊區。止：居住的地方。緡蠻黃鳥：見《詩經·小雅·綿蠻》。緡（mín）蠻：即綿蠻，鳥鳴聲。止：棲息。丘隅：山丘角落。於止：對於居住的地方。可以：何以，為什麼。穆穆文王：見《詩經·大雅·文王》。穆穆：形容文王儀錶深沉端莊，道德深遠。緝熙：光明。

《詩》云："瞻彼淇澳，綠竹猗猗，有斐君子，如切如磋，如琢如磨。瑟兮僩兮，赫兮喧兮。有斐君子，終不可兮！"如切如磋者，道學也；如琢如磨者，自修也；瑟兮兮者，恂栗也；赫兮喧兮者，威儀也；有斐君子，終不可兮者，道盛德至善，民之不能忘也。《詩》云："於戲！前王不忘。"君子賢其賢而親其親，小人樂其樂而利其利，此以沒世不忘也。

【注疏】

瞻彼淇澳：見《詩經·衛風·淇澳》。澳：水邊。綠：通"綠"。猗猗（yī）：美麗茂盛貌。斐：文采，文雅。瑟：同瑟，庄重。僩（xiàn）：嚴謹寬大貌。赫：顯耀。喧：同煊，明亮，盛大。道：

說，言。前王：指前代賢王，見《詩經·周頌·烈文》。此以：因此。没世：去世。

第四章　知本

子曰："聽訟，吾猶人也，必也使無訟乎！"無情者不得盡其辭。大畏民志。此謂知本。

【注疏】

子曰：子指孔子，語見《論語·顏淵》。聽訟：聽訴訟，審案。猶人：同别人一樣。情：實。不得盡其辭：不能夠巧言辯說。民志：民心，人心。知本：知道本末次序。

第五章　格物致知

所謂致知在格物者，言欲致吾之知，在即物而窮其理也。蓋人心之靈莫不有知，而天下之物莫不有理，唯於理有未窮，故其知有不盡也。是以《大學》始教，必始學者即凡天下之物，莫不因其已知之理而益窮之，以求至乎其極。至於用力之久，而一旦豁然貫通焉，則衆物之表裏精粗無不到，而吾心之全體大用無不明矣。此謂物格。此謂知之至也。

【注疏】

此段為朱熹取程頤之文意所作的補傳。窮：窮究，徹底研究。未窮：未窮盡。

第六章　誠意

所謂誠其意者，毋自欺也。如惡惡臭，如好好色，此之謂自謙。故君子必慎其獨也！小人閒居為不善，無所不至，見君子而後厭然，掩其不善，而著其善。人之視己，如見其肺肝然，則何益矣。此謂誠於中，形於外。故君子必慎其獨也。曾子曰："十目所視，十手所指，其嚴乎！"富潤屋，德潤身，心寬體胖。故君子必誠其意。

【注疏】

誠其意者：使意念真實無妄。毋：不要。惡（wù）惡（è）臭（xiù）：厭惡腐臭的氣味。謙：通"慊（qiè）"，滿足，愜意。慎其獨：獨處謹慎、不苟。閒居：獨處。厭然：掩藏、躲閃貌。掩：遮蓋。著：顯示。中：内心。嚴：畏懼，可怕。潤屋：修飾房屋。潤身：修養自身。胖：安适坦然。

第七章　正心修身

所謂修身在正其心者，身有所忿懥，則不得其正；有所恐懼，則不得其正；有所好樂，則不得其正；有所憂患，則不得其正。心不在焉，視而不見，聽而不聞，食而不知其味。此謂修身在正其心。

【注疏】

身：程頤認為"身"當作"心"。忿懥（zhì）：憤怒。

第八章　修身齊家

所謂齊其家在修其身者，人之其所親愛而辟焉，之其所賤惡而辟焉，之其所畏敬而辟焉，之其所哀矜而辟焉，之其所敖惰而辟焉。故好而知其惡，惡而知其美者，天下鮮矣！故諺有之曰："人莫知其子之惡。莫知其苗之碩。"此謂身不修不可以齊其家。

【注疏】

之：此義同"於"，對於。辟：偏頗，偏向。惡（wù）：厭惡。哀矜：同情，憐憫。敖：通"傲"，驕傲。惰：怠慢。好：喜好。鮮（xiǎn）：少。諺：俗語。碩：大，苗壯。

第九章 齊家治國

所謂治國必先齊其家者。其家不可教而能教人者無之。故君子不出家而成教於國。孝者，所以事君也；弟者，所以事長也；慈者，所以使眾也。《康誥》曰："如保赤子。"心誠求之，雖不中。不遠矣。未有學養子而後嫁者也！一家仁，一國興仁；一家讓，一國興讓；一人貪戾，一國作亂。其機如此。此謂一言僨事，一人定國。堯舜帥天下以仁，而民從之；桀紂帥天下以暴，而民從之。其所令反其所好，而民不從。是故君子有諸己而後求諸人，無諸己而後非諸人。所藏乎身不恕，而能喻諸人者，未之有也。故治國在齊其家。《詩》云："桃之夭夭，其葉蓁蓁。之子於歸，宜其家人。"宜其家人，而後可以教國人。《詩》云："宜兄宜弟。"宜兄宜弟，而後可以教國人。《詩》云："其儀不忒，正是四國。"其為父子兄弟足法，而後民法之也。此謂治國在齊其家。

【注疏】

弟：同"悌（tì）"，指尊重兄長。慈：慈愛，指父母愛子女。如保赤子：保護平民百姓如母親愛護嬰兒一樣，原爲周成王告誡康叔之語，見《尚書·周書·康誥》。中：達到目標。貪戾：貪婪，暴戾。機：弩箭上的發動機關，此謂關鍵。僨（fèn）：敗，壞。諸："之於"的合音。夭夭（yāo）：鮮嫩、美麗貌，見《詩經·周南·桃夭》。之子：這位女子。於歸：指女子出嫁。宜：善。宜兄宜弟：見《詩經·小雅·蓼蕭》。其儀不忒：見《詩經·曹風·鳲鳩》。儀：儀表。忒（tè）：差錯。正是：做正面榜樣。

第十章 治國平天下

所謂平天下在治其國者，上老老而民興孝；上長長而民興弟；上恤孤而民不倍。是以君子有絜矩之道也。所惡於上，毋以使下；所惡於下，毋以事上；所惡於前，毋以先後；所惡於後，毋以從前；所惡於右，毋以交於左；所惡於左，毋以交於右。此之謂絜矩之道。

【注疏】

老老：尊敬老人。長長：尊重長輩。弟：同"悌"。恤：體恤，周濟。孤：孤兒。倍：通"背"，背棄，背叛。絜（xié）矩之道：指言行要有規矩準繩，要有示範作用。惡：厭惡，憎恨。

《詩》云："樂只君子，民之父母。"民之所好好之，民之所惡惡之。此之謂民之父母。《詩》云："節彼南山，維石巖巖。赫赫師尹。民具爾瞻。"有國者不可以不慎。辟則為天下僇矣。《詩》云："殷之未喪師，克配上帝。儀監于殷。峻命不易。"道，得眾則得國，失眾則失國。是故君子先慎乎德。有德此有人。有人此有土，有土此有財，有財此有用。德者，本也；財者，末也。外本內末，爭民施奪。是故財聚則民散，財散則民聚。是故言悖而出者，亦悖而入；貨悖而入者，亦悖而出。

【注疏】

樂只君子：見《詩經·小雅·南山有台》，樂：快樂。只：語助詞。節彼南山：見《詩經·小雅·節南山》。節：高大。巖巖：險峻貌。師尹：周之大臣。具：全部。辟：偏差。僇：同戮。殷之未喪師：見《詩經·大雅·文王》。喪師：喪失民心。峻命：大命。此：乃，才。爭民：與民爭利。施奪：施行劫奪。悖：逆。

《康誥》曰："唯命不于常。"道善則得之，不善則失之矣。《楚書》曰："楚國無以為寶。唯善以為寶。"舅犯曰："亡人無以為寶。仁親以為寶。"《秦誓》曰："若有一個臣。斷斷兮無他技。其心休休焉。其如有容焉。人之有技。若己有之。人之彥聖。其心好之，不啻若自其口出，實能容之。以能保我子孫黎民，尚亦有利哉！人之有技，媢疾以惡之。人之彥聖，而違之俾不通，實不能容。以不能保我子孫黎民、亦曰殆哉！"唯仁人放流之，迸諸四夷，不與同中國。此謂唯仁人為能愛人，能惡人。見賢而不能舉，舉而不能先，命也。見不善而不能退，退而不能遠，過也。好人之所惡，惡人之所好，是謂拂人之性，災必逮夫身。

【注疏】

命：天命。《楚書》：指《國語·楚語》。舅犯：名狐偃，字子犯。晉文公重耳的舅舅。《秦誓》：《尚書·周書》中的一篇。斷斷：忠誠貌。休休：善良貌。彥聖：德才兼備之人。聖：明。彥：美好。媢（mào）疾：妒忌。《尚書·秦誓》作"冒疾"。放流：流放。迸：即"屏"，驅逐。命：東漢鄭玄謂應爲"慢"字之誤。慢：輕慢。

是故君子有大道：必忠信以得之，驕泰以失之。生財有大道：生之者眾，食之者寡，為之者疾，用之者舒，則財恒足矣。仁者以財發身，不仁者以身發財。未有上好仁而下不好義者也，未有好義其事不終者也，未有府庫財非其財者也。孟獻子曰："畜馬乘不察於雞豚，伐冰之家不畜牛羊，百乘之家不畜聚斂之臣。與其有聚斂之臣，寧有盜臣。"此謂國不以利為利，以義為利也。長國家而務財用者，必自小人矣。彼為善之，小人之使為國家，災害並至。雖有善者，亦無如之何矣！此謂國不以利為利，以義為利也。

【注疏】

驕泰：驕橫放縱。疾：快，迅速。舒：舒緩。發身：修身。發，發達，發起。府庫：古時國家收藏文書或財物的倉庫。孟獻子：魯国大夫。畜：養。乘（shèng）：指四匹馬拉的車。伐冰之家：古時卿大夫以上的貴族之家。百乘之家：擁有一百輛車的家族，指有封地的諸侯王。長（zhǎng）國家：成為國家之長，指君王。無如之何：没有辦法。

第四章　易經

一、乾坤卦經傳

【叙題】

《易經》本稱《易》或《周易》，為中國最古老的文獻之一，亦被尊為群經之首，對中華文明數千年的發展產生了巨大影響。東漢鄭玄《易論》說"周"意謂"周普"，即變化無窮，周而復始。"易一名而含三義：簡易一也；變易二也；不易三也。"又謂《易》有"三易"：《連山》《歸藏》和《周易》，據說"連山"為夏之占筮書，"歸藏"為殷商之占筮書，"周易"為周之占筮書。後世唯有《周易》傳世。唐代孔穎達《周易正義》說"周"指岐陽地名，代稱周朝，即《易》流行於周朝，故稱《周易》《論語》《莊子》《左傳》等較早先秦文獻只稱《易》，"周易"之名最早見於《周禮》。

傳說伏羲仰觀天文、俯察地理，而創八卦，文王又演六十四卦。《史記》即載"文王拘而演周易"。歷代學者認為《易經》並非任何一個傳說或歷史人物的著作，而是西周時期占筮用的文字編纂而成，成書年代應是西周後期，至少從戰國時代起就被視為古代儒家學派的經典之一。相傳秦始皇焚書坑儒之時，李斯將《周易》列入醫術占卜之書而得以倖免。至西漢初年被列為六經（易，詩，書，禮，樂，春秋）之首。在我國文化史上享有最崇高的地位。

《周易》包括"經"和"傳"兩個部分。"經"即經文，分為"上經"、"下經"兩部分。共有六十四卦，由乾、坎、艮、震、巽、離、坤、兌八卦（即經卦）重疊推演而來，六十四卦中每一卦由兩個經卦組成，依其位置稱為上卦（外卦）與下卦（内卦），形成六爻，爻分陰陽，陽性稱為"九"，陰性稱為"六"，從下向上排列成六行，依次稱初、二、三、四、五、上，故六十四卦畫共有三百八十四爻。八個經卦兩兩相重，即產生具有内部關係的復合卦象，根據八個經卦所代表事物的屬性，形成相制相克、相和相應的一系列矛盾關係，從而象徵性地概括表示自然、社會的種種現象。每一卦由卦畫、標題、卦辭、爻辭四部分組成。爻辭來源復雜，不少為古時流行的諺語、民謠等。

春秋時代，《周易》作為占筮書傳佈於世，多有學者進行詮釋，亦借解說經文來發揮對世界的認識。戰國時出現《易傳》七種十篇，即《彖》上下、《象》

上下、《繫辭》上下凡六篇和《文言》《說卦》《序卦》《雜卦》凡四篇，合稱"十翼"，意謂"傳"是附屬於"經"的羽翼，用來解說《易》"經"本文。《彖》解釋《易經》卦名和卦辭，《象》解釋卦名及爻辭，《文言》對《乾》、《坤》二卦作深入解釋，《繫辭》可謂《易經》的理論綱領，《說卦》具體說明八卦卦象，《雜卦》將六十四卦以相反或相錯的形態排成兩兩相對的綜卦和錯卦，從卦形中看卦與卦之間的聯繫。與序卦研究的角度不同。《序卦傳》闡述六十四卦的排列次序。"十翼"舊說為孔子所撰，"孔子讀易，韋編三絕，而為之傳"（《漢書·儒林傳》）。或謂孔子之弟子所撰，後世學者認為並非一人一時之所作。後來《易傳》編入《易經》，就成為今本《易經》，其中《十翼》的排列程式，漢代學者認為乃漢魏王弼所排列。

《周易》是最能體現中國傳統文化的經典，闡明世界萬物發展變化的基本要素即陰"－－"與陽"—"。所謂"一陰一陽之謂道"（《繫辭傳》）。《易經》論述的對象是天、地、人三才，而以人為根本，所謂伏羲畫八卦以明天道，文王作卦辭以序人事，周公作爻辭以卜吉凶，孔子作十翼以明萬理。

本篇選《易經》中《乾》《坤》兩卦之經傳。《乾》為天，為陽；《坤》為地，為陰。"乾"創始萬物，"坤"成形萬物。《易經》將《乾》《坤》兩卦安排在六十四卦之首，具有天地陰陽互生萬物之含義。《乾》卦為八卦之首，卦中各爻反映事物由始到末、由初級到高級以至再到滅亡的演變過程，在"周而復始"的世界觀之中，亦概括了禍福相依相伏、事物有極必反的辯證哲理。從其爻辭內容所反映的層次演變過程來看，是整部《周易》的總論，可謂一部簡化了的《周易》。《坤》卦亦如同《乾》卦，反映一個事物由始到末的發展演變全過程，亦可謂《易經》總論的一部分。

乾卦第一

《乾》：元亨，利貞。

初九：潛龍，勿用。

九二：見龍在田，利見大人。

九三：君子終日乾乾，夕惕若。厲，無咎。

九四：或躍在淵，無咎。

九五：飛龍在天，利見大人。

上九：亢龍，有悔。

用九：見群龍無首，吉。

【注疏】

　　《乾》：乾，卦名，指天，由六個陽爻組成，上為用，下為體。元亨：是《乾》卦的卦辭，意謂大通順。利貞：所占問之事有利，貞：占問。或謂元、亨、利、貞為乾卦的四項偉大的品性。元為原始之意；亨為開通；利為和諧；貞為貞固。亦謂此言事物演化的總過程。元，寓意事物的起始或基礎；亨，寓意事物的生長和壯大；利，寓意事物的創造與收穫；貞，寓意事物的趨正與靜止，即發展過程的結束。

　　初九：乾卦有六畫，稱六爻。陽爻，稱九。初九：指倒數一爻為陽爻。以上九二、九三指倒數第二、第三陽爻。上九指上陽爻。“九”代表陽卦，“六”代表陰卦。一個卦畫由六爻組成，從下向上排列，依次用初、二、三、四、五、上表示，如“六三”“上六”“九二”“上九”等。潛龍：指神龍陽氣始潛伏未萌。勿用：不利。

　　見：同現。龍：龍星。田：天田。大人：指王公貴族。

　　君子：有才德的貴族。乾乾：勤勉努力貌。惕若：保持敬懼。厲：危險。咎：過失、災難。

　　亢龍：升騰到極高處的龍星。有悔：不吉利的占筮，比喻處在高危的地位。

　　用九：乾卦特有的爻名。《易經》的乾卦和坤卦都多一爻（坤卦為“用六”），專門表示道兩卦是全陽、全陰。“用九”表示乾卦的全陽爻將盡變為全陰爻。無首：龍捲曲起來就見不到頭，是吉利的兆頭。

　　《彖》曰：大哉乾元！萬物資始，乃統天。雲行雨施，品物流形。大明終始，六位時成。時乘六龍以御天。乾道變化，各正性命。保合大和，乃利貞。首出庶物，萬國咸寧。

【注疏】

　　《彖》：解釋卦辭的話，稱《彖傳》。彖：或謂本義為一種能咬斷堅物的動物。孔穎達《周易正義》：“彖，斷也，斷定一卦之義。所以名為彖也。”乾元：元氣之始，化生萬物。資：取給，依賴。雨施：猶雨降。品物：品類之物，指萬物。流形：變動成形。大明：光明，陽光。六位：上下和東南西北四方。時：按時。禦：駕馭，行駛。乾道：天道。天道變化，即“大明終始，六位時成”。各正性命：萬物各得性命之正。性指屬性，命指壽命。保合：保持住。大和：太和，指沖和之氣，即四時之氣諧調，無疾風暴雨旱澇災害。

　　《象》曰：天行健，君子以自強不息。“潛龍勿用”，陽在下也。“見龍在田”，德施普也。“終日乾乾”，反復道也。“或躍在淵”，進無咎也。“飛龍在天”，大人造也。“亢龍有悔”，盈不可久也。“用九”，天德不可為首也。

【注疏】

　　《象》：《象》傳，對卦爻辭的解釋。象：即形象、象徵之意。天行：天道。道兩句講卦辭的意義。普：普遍。造：有所作為。盈：滿。

　　《文言》曰：“元”者，善之長也；“亨”者，嘉之會也；“利”者，義之和也；“貞”者，事之幹也。君子體仁足以長人，嘉會足以合禮，利物足以和義，貞固足以幹事。君子行此四德者，故曰：“乾，元、亨、利、貞。”

【注疏】

《文言》：對《易經》乾卦和坤卦的卦爻辭的解釋，把乾坤卦爻辭給予理論發揮，發展了乾坤卦爻辭原為占問吉凶的意義，可謂典型的"六經注我"，故將"元、亨、利、貞"分開詮釋。長：第一，為首嘉：美。和：相應。貞：正。幹：枝幹。體仁：實行仁。利物：對人物有利。貞固：正而堅，堅持正道。

初九曰："潛龍勿用"，何謂也？子曰："龍，德而隱者也。不易世，不成名。遁世無悶，不見是而無悶。樂則行之，憂則違之，確乎其不可拔，潛龍也。"

九二曰："見龍在田，利見大人"，何謂也？子曰："龍，德而正中者也。庸言之信，庸行之謹，閑邪存其誠，善世而不伐，德博而化。《易》曰：'見龍在田，利見大人。'君德也。"

【注疏】

子：《易傳》中的"子"，均指孔子。但應為後人託名孔子之言。易：變易，轉移。遁：隱藏。是：肯定。違：回避。確：堅正。拔：轉移。

正中：正確，中指不偏。庸言、庸行：常言、常行，不易之謂庸，指正確。閑：防止，制止。善世：使世俗變好。伐：自誇。化：感化。

九三曰："君子終日乾乾，夕惕若，厲，無咎"。何謂也？子曰："君子進德修業。忠信所以進德也；修辭立其誠，所以居業也。知至至之，可與言幾也。知終終之，可與存義也。是故居上位而不驕，在下位而不憂。故乾乾因其時而惕，雖危無咎矣。"

九四曰："或躍在淵，無咎"，何謂也？子曰："上下無常，非為邪也；進退無恒，非離群也。君子進德修業，欲及時也，故無咎。"

九五曰："飛龍在天，利見大人"，何謂也？子曰："同聲相應，同氣相求；水流濕，火就燥，雲從龍，風從虎。聖人作而萬物睹。本乎天者親上，本乎地者親下，則各從其類也。"

上九曰："亢龍有悔"，何謂也？子曰："貴而無位，高而無民，賢人在下位而無輔，是以動而有悔也。"

【注疏】

居業：守而勿失。知至至之：此謂修德之事。知至：預知將要出現的變化。至之：出現了一定的變化。幾：細微。終：第一個"終"是名詞，意謂終結，結果；第二個"終"是動詞。乾乾：勤勉不息。

邪：錯。群：眾人，指周圍環境。

"潛龍勿用"，下也。"見龍在田"，時舍也。"終日乾乾"，行事也。

"或躍在淵"，自試也。"飛龍在天"，上治也。"亢龍有悔"，窮之災也。乾元"用九"，天下治也。

"潛龍勿用"，陽氣潛藏。"見龍在田"，天下文明。"終日乾乾"，與時偕行。"或躍在淵"，乾道乃革。"飛龍在天"，乃位乎天德。"亢龍有悔"，與時偕極。乾元"用九"，乃見天則。

【注疏】

舍：居住，居處。窮：極。乾元：指天道本質，即運動、變化。

文明：這裏指草木初生於地面，如有花紋而又顯明。偕行：同行，並進。革：變革。極：最高。天則：天的法則。

《乾》"元"者，始而亨者也。"利貞"者，性情也。乾始能以美利利天下，不言所利，大矣哉！大哉乾乎！剛健中正，純粹精也。六爻發揮，旁通情也。"時乘六龍"，以"御天"也。"雲行雨施"，天下平也。君子以成德為行，日可見之行也。"潛"之為言也，隱而未見，行而未成，是以君子"弗用"也。

君子學以聚之，問以辯之，寬以居之，仁以行之。《易》曰："見龍在田，利見大人。"君德也。

九三重剛而不中，上不在天，下不在田。故乾乾因其時而惕，雖危無咎矣。

九四重剛而不中，上不在天，下不在田，中不在人，故"或"之。"或"之者，疑之也，故"無咎"。

夫"大人"者，與天地合其德，與日月合其明，與四時合其序，與鬼神合其吉凶。先天而天弗違，後天而奉天時。天且弗違，而況於人乎？況於鬼神乎？

"亢"之為言也，知進而不知退，知存而不知亡，知得而不知喪。其唯聖人乎！知進退存亡而不失其正者，其唯聖人乎！

【注疏】

亨：通達。揮：動。旁：廣大。剛：陽剛重合，指九三的爻象。

夫：發語詞。先天：在天象之前。

坤卦第二

《坤》：元亨。利牝馬之貞。君子有攸往，先迷後得主，利。西南得朋，東北喪朋。安貞，吉。

初六，履霜，堅冰至。

六二，直、方、大，不習，無不利。

六三，含章，可貞；或從王事，無成，有終。

六四，括囊，無咎無譽。

六五，黃裳，元吉。

上六，龍戰於野，其血玄黃。

用六，利永貞。

【注疏】

坤：卦名。象徵地、柔性、陰性、柔順、安靜等。牝馬：母馬。攸：所。朋：殷周以海貝作貨幣，十貝爲一朋，故代指財產、收益。安：平安。貞：占卜。

履：踏過，走過。

章：彰，文采。貞：純正。從：從事。王事：君王的政事。

括：結紮，捆束。

元：大。

《彖》曰：至哉坤元，萬物資生，乃順承天。坤厚載物，德合無疆。含弘光大，品物咸亨。牝馬地類，行地無疆，柔順利貞，君子攸行，先迷失道，後順得常。西南得朋，乃與類行。東北喪朋，乃終有慶。安貞之吉，應地無疆。

【注疏】

至：極。坤：大地，代表陰。元：始，最初的元氣。資：取給，依賴。承：承奉，承受。弘：宏大。品物：萬物。咸：皆，都。亨：通，順利。貞：純正。應：適應。

《象》曰：地勢坤，君子以厚德載物。

（初六）"履霜堅冰"，陰始凝也。馴致其道，至"堅冰"也。

（六二）"六二"之動，"直"以"方"也。"不習無不利"，地道光也。

（六三）"含章可貞"，以時發也。"或從王事"，知光大也。

（六四）"括囊無咎"，慎不害也。

（六五）"黃裳元吉"，文在中也。

（上六）"龍戰於野"，其道窮也。

（用六）"用六永貞"，以大終也。

【注疏】

陰始凝：陰氣開始凝聚。馴：馴服。

動：行動。習：學習。光：光大。

發：發揚，表現。知：通"智"，智慧、才能。

囊：袋子。慎：通"順"，順從，順應。

文：文采。

《文言》曰：坤至柔而動也剛，至靜而德方，"後得主"而有常，含萬物而化光。坤道其順乎，承天而時行。

積善之家必有餘慶，積不善之家必有餘殃。臣弒其君，子弒其父，非一朝一夕之故，其所由來漸矣，由辯之不早辯也。《易》曰："履霜堅冰至。"蓋言順也。

"直"其"正"也，"方"其義也。君子敬以直內，義以方外。敬義立而德不孤。"直、方、大，不習，無不利"，則不疑其所行也。

陰雖有美，"含"之以"從王事"，弗敢成也。地道也，妻道也，臣道也。地道"無成"，而代"有終"也。

天地變化，草木蕃。天地閉，賢人隱。《易》曰："括囊，無咎無譽。"蓋言謹也。

君子"黃"中通理，正位居體，美在其中。而暢于四支，發於事業，美之至也。

陰疑于陽必"戰"，為其嫌于無陽也，故稱"龍"焉。猶未離其類也，故稱"血"焉。夫"玄黃"者，天地之雜也。天玄而地黃。

【注疏】

方：方正，規矩。主：主持。光：光大。順：柔順。

殃：禍殃。辯：辨別。順：沿著順序。

其：是其，乃是。正：正直，純正。義：正義。

陰：柔。成：成功。無成：沒有成功。

四支：四肢，手足。

疑：通"擬"，比擬，相似。坤卦用六是陰達于極盛的標誌，六爻全陰，是最後最高的陰爻，故與陽勢均力敵，不再順從于陽，必然發生鬥爭，故謂"陰疑于陽必戰"。嫌：疑。類：指本來屬於陰的一類。血：亦屬陰類，所謂氣為陽、血為陰。雜：顏色混雜。

二、繫辭傳

【叙題】

《繫辭傳》為《易傳》十篇中最重要的篇章，體現了整個易學精神，在《易經》的流傳影響極大。後人認為出自從戰國到漢初期間眾多易學學者之手，經過歷代增補編修。"繫辭"之含義，王夫之《周易內傳》說："繫云者，數以畫生，積畫而象成，象成而德著，德立而義起，義可喻而以辭達之，相與屬系而不相離。故無數外之象，無象外之辭。辭者，即理數之藏也。"意謂繫辭於卦爻之下，將理、氣、象、數用論辯語言總括到一起。

《繫辭傳》與《易傳》中《彖》《象》不同，不是對《易經》卦辭、爻辭逐項注釋，而是對《易經》整體理論概括，對《易經》的產生、原理、意義及易卦占法進行全面而系統的詮釋。追述易之起源，推論易之作用，兼釋卦義以補《彖》《象》《說卦》之不足，並言明占筮方法等，可謂《易經》的通論。《易經》上升為系統完整的理論思想，在很大程度上得益於《繫辭傳》的產生。

《繫辭傳》分上下兩篇。朱熹《周易本義》把《繫辭上傳》和《繫辭下傳》各分為十二章。現節選其中重要段落如下。

繫辭上傳

天尊地卑，乾坤定矣。卑高以陳，貴賤位矣。動靜有常，剛柔斷矣。方以類聚，物以羣分，吉凶生矣。在天成象，在地成形，變化見矣。

是故剛柔相摩，八卦相蕩。鼓之以雷霆，潤之以風雨。日月運行，一寒一暑。乾道成男，坤道成女。乾知大始，坤作成物。乾以易知，坤以簡能。易則易知，簡則易從。易知則有親，易從則有功。有親則可久，有功則可大。可久則賢人之德，可大則賢人之業。易簡而天下之理得矣。天下之理得，而成位乎其中矣。（第一章）

【注疏】

尊：高，貴。卑：下，賤。定：定其方位。以：已。陳：列。動靜有常：古人認為天繞地轉，故稱為天動地靜。《莊子·天道篇》："其動也天，其靜也地。"常：不變的規律。斷：分，判。方：指事情。此兩句是互文，即方與物以類聚，以羣分，事情和人物，都是類聚羣分的。象：天象，日月星辰。形：地形，山川草木。變化：天時變，故在天為"變"；坤化成物，故在地為"化"。見：顯現。

剛柔相摩：乾剛坤柔之畫相互摩蕩而成八卦。摩：切摩。八卦相蕩：八卦相互滌蕩而運動。蕩：推移。鼓：動。霆：雷之餘氣。潤：滋。男：陽性事物，即《說卦》所謂"長男"、"中男"、"少男"。女：陰性事物，即《說卦》所謂"長女"、"中女"、"少女"。知：當訓"為"，即化生。乾以易知，坤以簡能：此兩句爲互文。易：平直，無所難。知：同智。簡能：簡約之能。成位乎其中：人得天地之理，居位於天地之中。

易與天地準，是故能彌綸天地之道。仰以觀于天文，俯以察於地理。是故知幽明之故，原始反終。故知死生之說，精氣為物，遊魂為變。是故知鬼神之情狀，與天地相似，故不違；知周乎萬物而道濟天下，故不過；旁行而不流，樂天知命，故不憂；安土敦乎仁，故能愛。範圍天地之化而不過，曲成萬物而不遺，通乎晝夜之道而知。故神無方而易無體。（第四章）

【注疏】

易：《周易》所包含道理。準：等同、齊平。彌：偏。綸：包括。明：幽暗光明。原始反終：由事物開始返歸到事物的終結。原：推究。反：同"返"。精氣為物：陰陽精靈之氣聚則物成其形。遊魂為變：氣之遊散而物變其故。知：同智。違：違背。濟：助。旁：徧。流：流蕩。樂天：順行天道。知命：知性命之理。安土：安居坤土。敦：篤厚。範圍：包括，籠罩。範：鑄金之範，此謂法則。不遺：不遺失細微。晝夜之道：指陰陽剛柔之道。方：處所。體：固定形體。

一陰一陽之謂道，繼之者善也，成之者性也。仁者見之謂之仁，知者見之謂之知。百姓日用而不知，故君子之道鮮矣。顯諸仁，藏諸用，鼓萬物而不與聖人同憂，盛德大業至矣哉。富有之謂大業，日新之謂盛德，生生之謂易，成象之謂乾，效法之謂坤，極數知來之謂占，通變之謂事，陰陽不測之謂神。（第五章）

【注疏】

繼：承續，秉受。成：生成，成就。性：天性、本性。鮮：少。諸：之於。用：功用。鼓：動。至：極。富有：無所不備。日新：變化不息，日日增新。生生：陰陽相互變化而不窮。成象：生成天象。效法：效地之形。法：世界之形。極數：窮極著策之數。占：筮占。通變：即變通，指變化而通達，趨時而利。陰陽不測：陰陽變化迅速微妙而不可測度。

聖人有以見下之賾，而擬諸其形容，象其物宜，是故謂之象。聖人有以見天下之動，而觀其會通，以行其典禮。繫辭焉以斷其吉凶，是故謂之爻。言天下之至賾而不可惡也，言天下之至動而不可亂也。擬之而後言，議之而後動，擬議以成其變化。"鳴鶴在陰，其子和之。我有好爵，吾與爾靡之。"

子曰："君子居其室，出其言善，則千里之外應之，況其邇者乎！居其室，出其言不善，則千里之外違之，況其邇者乎！言出乎身，加乎民。行發乎邇，見乎遠。言行，君子之樞機。樞機之發，榮辱之主也。言行，君子之所以動天地也，可不慎乎？""同人先號咷而後笑。"子曰："君子之道，或出或處，或默或語，二人同心，其利斷金。同心之言，其臭如蘭。"

【注疏】

賾：或本作"嘖"，說話雜亂，此指事物繁雜。擬：比擬，摹仿。諸：之於。形：形態，形狀。容：容貌。宜：相稱，適宜。會通：會合交通。典禮：典章禮儀。惡：厭惡。議：一本作"儀"，仿效。鳴鶴在陰：此引《中孚》九二爻辭。陰：通"蔭"。和：應和。爵：古代飲酒器，此指酒。靡：分享。

君子居其室：此釋《中孚》九二爻辭。言：言語。樞：户樞，即門軸。機：弩機。同人：即同仁。號咷：啼哭，此引《同人》九五爻辭。默：不語。其利斷金：此釋《同人》九五爻辭。利：銳利。臭：氣味。

初六，"藉用白茅，無咎。"子曰："苟錯諸地而可矣。藉之用茅，何咎之有？慎之至也。夫茅之為物薄，而用可重也，慎斯術以往，其無所失矣"。"勞謙君子有終，吉。"子曰："勞而不伐，有功而不德，厚之至也，語以其功下人者也。德言盛，禮言恭，謙也者，致恭以存其位者也。""亢龍有悔。"子曰："貴而無位，高而無民，賢人在下位而無輔，是以動而有悔也。""不出戶庭，無咎。"子曰："亂之所生也，則言語以為階，君子密則失臣，臣不密則失身，幾事不密則害成，是以君子慎密而不出也。"子曰："作易者，其知盜乎！易曰：'負且乘，致寇至。'負也者，小人之事也。乘也者，君子之器也。小人而乘君子之器，盜思奪之矣。上慢下暴，盜思伐之矣，慢藏誨盜，冶容誨淫。《易》曰：'負且乘，致寇至。'盜之招也。"（第八章）

【注疏】

藉用白茅：此引《大過》初六爻辭，意為用白茅鋪地（擺設祭品）無咎。藉：鋪墊。茅：茅草。苟：但。錯：措，放置。慎：謹慎。薄：猶輕，慎：遵循。斯：此。術：道。勞謙：引《謙》九三爻辭，言有功勞而又謙虛，君子吉利。伐：誇。德：得。厚：篤厚。功下人：有功勞而卑下於人。致：推致。亢龍有悔：引《乾》卦上九爻辭。亢：窮極。不出戶庭：引《節》初九爻辭。密：隱密。幾事：幾微之事。負且乘：引《解》六三爻辭。乘：古時指車輛。慢：驕慢。誨：教。冶：裝飾，炫耀。

是故易有太極，是生兩儀，兩儀生四象，四象生八卦，八卦定吉凶，吉凶生大業。是故法象莫大乎天地，變通莫大乎四時，縣象著明莫大乎日月，崇高莫大乎富貴。備物致用，立成器，以為天下利，莫大乎聖人。探賾索隱，鉤深致遠，以定天下吉凶。成天下之亹亹者，莫大乎蓍龜。是故天生神物，聖人則之；天地變化，聖人效之；天垂象，見吉凶，聖人象之；河出圖，洛出書，聖人則之。《易》有四象，所以示也；繫辭焉，所以告也；定之以吉凶所以斷也。（第十一章）

【注疏】

太極：指原始混沌之氣，為含元生氣之宇宙本原。兩儀：陰陽。四象：指少陽、老陽、少陰、老陰。法：指地。象：指天。《繫辭》："成象之謂乾，效法之謂坤。"變通：四時推移終而復始，變而通達。縣：即懸。崇：充實。立成器：創立成就器物。探賾索隱：探討事物之繁雜，求索事物之幾微。鉤深致遠：鉤取深奧推致遠大。鉤：曲而取之。致：推致。亹亹：一本作娓娓，勉勉，或謂微妙。蓍龜：蓍草龜甲。神物：指蓍龜。則：法。河出圖、洛出書：傳說黃河裏出圖，伏羲仿照它作八卦；洛水裏出書，大禹仿照它作《洪範》。鄭玄認為二者皆為書："《河圖》有九篇，《洛書》有六篇。"孔安國認為《河圖》即八卦，《洛書》即《洪範·九疇》。

《易》曰："自天佑之，吉，無不利。"子曰："佑者，助也。天之所助者，順也；人之所助者，信也。履信思乎順，又以尚賢也，是以自天佑之，吉，無不利也。"子曰："書不盡言，言不盡意。"然則，聖人之意，其不可見乎？子曰："聖人立象以盡意，設卦以盡情偽，繫辭焉以盡其言，變而通之以盡利，鼓之舞之以盡神。"

乾坤，其易之縕邪？乾坤成列，而易立乎其中矣。乾坤毀，則無以見易，易不可見，則乾坤或幾乎息矣。是故形而上者謂之道，形而下者謂之器，化而裁之謂之變，推而行之謂之道，舉而錯之天下之民謂之事業。是故夫象，聖人有以見天下之賾，而擬者其形容，象其物宜，是故謂之象。聖人有以見天下之動，而觀其會通，以行其典禮，繫辭焉以斷其吉凶，是故謂之爻極天下之賾者存乎卦，鼓天下之動者存乎辭，化而裁之存乎變，推而行之存乎通，神而明之存乎其人，默而成之，不言而信，存乎德行。（第十二章）

【注疏】

履信：實行誠信。書：文字。言：言語。意：心意。情偽：真情虛偽。

縕：藏，此指淵源。成列：分佈。毀：毀棄。息：止。形而上：指無形而不可見的抽象事物。形而下：指有形可見的具體事物。化而裁之：陰陽轉化而裁成事物。化：陰陽轉化。裁：裁成。推而行之：陰陽推移，行施不窮。舉：用，推。錯：通"措"，置於、施加。存：依存，依賴。卦：卦象。辭：爻辭。變：爻變。神而明之：神妙莫測而能明示。德行：品德行為。

繫辭下傳

古者包犧氏之王天下也，仰則觀象於天，俯則觀法於地，觀鳥獸之文，與地之宜，近取諸身，遠取諸物，於是始作八卦，以通神明之德，以類萬物之情。作結繩而為網罟，以佃以漁，蓋取諸《離》。包犧氏沒，神農氏作，斲木為耜，揉木為耒，耒耨之利，以教天下，蓋取諸《益》。日中為市，致天下之民，聚天下之貨，交易而退，各得其所，蓋取諸《噬嗑》。神農氏沒，黃帝、堯、舜氏作，通其變，使民不倦，神而化之，使民宜之。易窮則變，變則通，通則久。是以自天祐之，吉無不利。

【注疏】

包犧氏：傳說中原始社會聖王，被稱為三皇之一。又寫作包戲、伏犧、伏羲、炮犧、包羲、庖羲、虙儀、宓儀等。又說即太昊氏。為中國東方氏族之祖。象：天象。法：形。鳥獸：飛鳥走獸。文：文彩。宜：適宜、適合。諸：之乎，即於。神明之德：指天地變化神妙之德，也指健順動止之性。類：比擬。情：情況。作：始。罟：網。佃：取獸曰佃。一本作"田"。漁：取魚。蓋：大概。《離》：卦名，卦象如網。沒：終。神農氏：傳說遠古之神，教民為耒耜以興農業，嘗百草發明醫藥。作：起。斲：砍削。耜、耒：農具，犁頭和犁柄。《益》：卦有手持木入土之象。日中：中午。致：招致。《噬嗑》：卦有日中集市之象。噬嗑：咬合，以齒咬物為"噬"，合口為"嗑"。

黄帝、堯、舜垂衣裳而天下治，蓋取諸《乾》《坤》。刳木為舟，剡木為楫，舟楫之利，以濟不通，致遠以利天下，蓋取諸《渙》。服牛乘馬，引重致遠，以利天下，蓋取諸《隨》。重門擊柝，以待暴客，蓋取諸《豫》。斷木為杵，掘地為臼，臼杵之利，萬民以濟，蓋取諸《小過》。弦木為弧，剡木為矢，弧矢之利，以威天下，蓋取諸《睽》。上古穴居而野處，後世聖人易之以宮室，上棟下宇，以待風雨，蓋取諸《大壯》古之葬者，厚衣之以薪，葬之中野，不封不樹，喪期無數，後世聖人易之以棺椁，蓋取諸《大過》。上古結繩而治，後世聖人易之以書契，百以治，萬民以察，蓋取諸《夬》。（第二章）

【注疏】

黄帝：姬姓，號軒轅氏，有熊氏，中原部落之祖。堯：陶唐氏，名放勳，又稱唐堯。舜：姚姓，有虞氏，名重華，史稱"虞舜"。垂：垂示。衣：上衣。裳：下服。刳：剖空。剡：削、銳。楫：槳。《渙》：本卦有木在水上乘風而行之象。服：用，駕。《隨》：卦故有服乘馬之象。柝：巡夜敲擊的木梆。待：防備。暴客：盜寇。《豫》：有重門之象。杵：古代舂米用的木椎。濟：受益。《小過》：卦即舂米之象。弦木：曲木加弦。弧：木弓。矢：箭。《睽》：卦有弓矢之象。野處：生活於野外。後世：指三代。棟：棟樑。宇：屋邊，或謂屋簷廊簷。宮：室。《大壯》：卦有棟宇之象。衣：依附，覆蓋。薪：柴草。中野：荒野之中。不封：不造墳墓。不樹：不植樹標記。棺椁：古者喪葬設棺椁兩層，內層為棺，外層為椁。《大過》：卦象有棺椁之象。結繩：結繩記事。書：文字。契：在木竹上刻字。《夬》：有以刀契刻之象。夬：有決斷之義。

《易》曰："憧憧往來，朋從爾思。"子曰："天下何思何慮？天下同歸而殊塗，一致而百慮。天下何思何慮！日往則月來，月往則日來，日月相推，而明生焉。寒往則暑來，暑往則寒來，寒暑相推，而歲成焉。往者，屈也。來者，信也。屈信相感，而利生焉。尺蠖之屈，以求信也。龍蛇之蟄，以存身也。精義入神，以致用也。利用安身，以崇德也。過此以往，未之或知也。窮神知化，德之盛也。《易》曰：窮：窮極。困于石，據於蒺藜，入于其宮，不見其妻，凶。"子曰："非所困而困焉，名必辱。非所據而據焉，身必危。既辱且危，死期將至，妻其可得見耶？"《易》曰："公用射隼于高墉之上，獲之，無不利。"子曰："隼者，禽也。弓矢者，器也；射之者，人也。君子藏器於身，待時而動，何不利之有？動而不括，是以出而有獲，語成器而動者也。"（第五章）

【注疏】

憧憧：往來熱鬧，此引《咸》卦九四爻辭，原指商人往來經商賺錢。朋：朋貝，指錢幣。思：語助詞。同歸：指同歸于"一"。塗：同途。一致：即致一。歲：年。屈：消退。信：通"伸"，進長。尺蠖：昆蟲。蟄：潛藏。困于石：引《困》六三爻辭。據：佔據。公用射隼：引《解》卦上爻辭。公：古代爵位，古分公、侯、伯、子、男五等。隼：鷹類鳥。墉：城牆。器：器具，此指弓矢。括：阻塞。不括：即暢通自如。

子曰："小人不恥不仁，不畏不義，不見利不勸，不威不懲，小懲而大誠，此小人之福也。易曰：'履校滅趾，無咎。'此之謂也。善不積，不足成名；惡不積，不足以滅身。小人以小善為無益而弗為也，以小惡為無傷而弗去也。故惡積而不可揜，罪大而不可解。《易》曰：'何校滅耳，凶。'"子曰："危者，安其位者也；亡者，保其存者也；亂者，有其治者也。是故君子安而不忘危，存而不忘亡，治而不忘亂，是以身安而國家可保也。《易》曰：'其亡其亡，系于苞桑。'"子曰："德薄而位尊，知小而謀大，力小而任重，鮮不及矣。《易》曰：'鼎折足，覆公餗，其形渥，凶。'言不勝其任也。"子曰："知幾其神乎？君子上交不諂，下交不瀆，其知幾乎。幾者，動之微，吉之先見者也，君子見幾而作，不俟終日。《易》曰：'介於石，不終日，貞吉。'介如石焉，寧用終日，斷可識矣。君子知微知彰，知柔知剛，萬夫之望。"子曰："顏氏之子，其殆庶幾乎？有不善未嘗不知，知之未嘗復行也。《易》曰：'不遠復，無祗悔，元吉。'""天地氤氳，萬物化醇，男女構精，萬物化生。《易》曰：'三人行，則損一人；一人行，則得其友。'言致一也。"子曰："君子安其身而後動，易其心而後語，定其交而後求，君子修此三者，故全也。危以動，則民不與也。懼以語則民不應也。無交而求，則民不與也。莫之與，則傷之者至矣。《易》曰：'莫益之，或擊之，立心勿恒，凶。'"（第五章）

【注疏】

恥：辱。畏：懼。勸：勉。威：刑威。誠：即戒。履校滅趾：此引《噬嗑》初九爻辭，意謂腳上施以刑具，看不見腳趾，無災咎。校：古代木制刑具的通稱。滅：遮沒。揜：掩蓋。何校滅耳：引《噬嗑》上九爻辭，意謂荷以刑具，掩沒了耳朵，這是凶兆。何：即荷。其亡其亡：引《否》卦九五爻辭，意謂將要滅亡，因系于植桑而鞏固。苞：植。任：負。鮮：少。及：達到，此指及于刑。鼎折足：引《鼎》九四爻辭，意謂鼎足折斷，將王公的八珍菜粥倒出來，沾儒了四周，這是凶兆。餗：糝與筍做成八珍菜粥。形渥：沾濡之貌。幾：微。諂：諛。瀆：瀆慢。俟：等待。介於石：引《豫》六二爻辭，意謂堅貞如同磐石，不待終日，占問得吉。介：中正堅定。於：如。斷：決斷。彰：顯明。望：瞻仰。顏氏之子：指孔子學生顏回。殆：將。庶：近。不遠復：引《復》卦初九爻辭，意謂離開不遠就返回，無大後悔，開始得吉。祗：大。氤氳：交融。醇：凝厚。構：會合，交通。三人行：引《損》卦六三爻辭。易：平易。交：交遇。與：助。莫益之：引《益》卦上九爻辭，意謂得不到增益，或許要遭到攻擊；沒有恒心，必然有凶。

　　《易》之興也，其於中古乎？作《易》者，其有憂患乎？是故《履》，德之基也。《謙》，德之柄也。《復》，德之本也。《恒》，德之固也。《損》，德之修也。《益》，德之裕也。《困》，德之辨也。《井》，德之地也。《巽》，德之制也。

　　《履》，和而至。《謙》，尊而光。《復》，小而辨於物。《恒》，雜而不厭。《損》，先難而後易。《益》，長裕而不設。《困》，窮而通。《井》，居其所而遷。《巽》，稱而隱。《履》以和行。《謙》以制禮。《復》以自知。

　　《恒》以一德。《損》以遠害，《益》以興利，《困》以寡怨，《井》以辨義，《巽》以行權。（第七章）

【注疏】

　　中古：殷末周初。相傳伏羲時代為上古，文王時代為中古，孔子時代為下古。憂患：憂慮患難，指周文王囚於羑里之事。《履》，德之基：履，指禮，禮是德行的基礎。《謙》，德之柄：謙虛能執行德行，故稱柄。《復》，德之本：復返德善，是德行的根本。《恒》，德之固：堅持德行，久而不變。《損》，德之修：減少過失，是德行的修養。《益》，德之裕：增進美行，是德行的擴大。《困》，德之辨：處境窮困，可辯明德行。《井》，德之地：井水養人，如德行所處。《巽》，德之制：巽是謙遜，合於謙遜謂有德。

　　《履》，和而至：履行和諧，才到達禮。《謙》，尊而光：尊，同撙，謙抑。謙虛為光榮。《復》，小而辨於物：復回善美，從小事做起，遍及萬物。辨：同遍。《恒》，雜而不厭：恒久做好事，始終不倦。雜：同匝，周遍。《損》，先難而後易：減少過失應逐漸努力。《益》，長裕而不設：使人受益，要出於自然而不是有意設施。《困》，窮而通：困是貧困，身貧困而道通。《井》，居其所而遷：井水可養人，指處在可以養人的地位而施德於人。《巽》，稱而隱：巽是退讓，有所稱說，只稱自己不是退讓，不稱退讓，這是隱。《履》以和行：履指行動，用和來行動。《謙》以制禮：用謙讓來制定禮節。《復》以自知：復指回到行善，是出於自覺。

　　《恒》以一德：恒久指專一于德行。《損》以遠害：損指減少自己的過失，可避禍害。《益》以興利：益是增加善事。《困》以寡怨：貧困而守道，可少結怨恨。《井》以辨義：井水養人，可以此分辨義與不義。《巽》以行權：巽是退讓，可謂權宜之計。

第五章　春秋經

一、左氏傳·鄭伯克段于鄢

【叙題】

"春秋"本為春秋時代各國史書的通稱，戰國末期，各國史書先後失傳，唯有魯國史官所撰魯國《春秋》得以流傳。《春秋》記事起於起魯隱公元年（前722），止於魯哀公十四年（前481），共242年。雖然用魯國紀年，卻同時記載列國朝聘、盟會、戰爭等史實，可謂現存最早的一部編年體通史。從先秦孟、荀到兩漢馬、班諸家一致認為《春秋》是一部蘊涵著深刻政治思想的政治學著作，所謂"《春秋》之義行，則天下亂臣賊子懼焉"（《史記·孔子世家》）。故漢代儒家學者尊為"經"書，稱《春秋經》，列入"五經"之中。但受兩漢古文經學影響，後世學者亦有視《春秋》純為史學著作，晉人杜預以及近人錢玄同、顧頡剛等"古史辨"派學者即持此看法。

孟子曾說："世衰道微，邪說暴行有作，臣弒其君有之，子弒其父者有之，孔子懼，作《春秋》。《春秋》，天子之事也，是故孔子曰：'知我者，其惟《春秋》乎？罪我者，其惟《春秋》乎'"（《孟子·滕文公下》）。司馬遷說"仲尼厄而作春秋"（《報任安書》），又說孔子"西觀周室，論史記舊聞，興于魯而次《春秋》……約其辭文，去其煩重"（《史記·十二諸侯年表》）。即認為孔子作《春秋》。但後世學者亦有質疑，唐代劉知幾《史通·惑經篇》即列舉12條理由來懷疑孔子作《春秋》。

又據傳孔子修訂《春秋》，其末文載："魯哀公，十有四年，春，西狩獲麟"，即後人言孔子"絕筆於獲麟"，故《春秋經》後世又或稱《麟經》或《麟史》。其最初原文據曹魏時典籍記載為18千字（見南朝宋裴駰《史記·太史公自序》《集解》引張晏之說），而現存版本則為約16千字，可見自三國以後脫漏不少。

《春秋》行文講究屬辭造句的所謂"書法"，來表達對史實的觀點和對人物事件的褒貶愛憎，即所謂"微言大義""《春秋》筆法"。如同樣寫戰爭，就有伐、侵、戰、圍、入、滅、救、取、敗等不同詞彙：聲罪致討曰伐，潛師掠境曰侵，兩兵相接曰戰，環其城邑曰圍，造其國都曰入，毀其宗廟社稷曰滅。同樣記載殺人，又有殺、誅、弒等區別：殺無罪者曰殺，殺有罪者曰誅，下殺上曰弒。

　　《漢書·藝文志》載為《春秋》作傳者共 5 家：《左氏傳》30 卷；《公羊傳》11 卷；《穀梁傳》11 篇；《鄒氏傳》11 卷；《夾氏傳》11 卷。流傳到現在的《春秋》有三種，即《左傳》、《公羊傳》和《穀梁傳》，漢代學者認為它們都是講解《春秋》的著作。漢初《左傳》版本一種出於孔子舊居牆壁之中，使用秦以前古文字寫成；一種從吳起、荀卿一派而流傳下來。（見劉向《別錄》載）《公羊傳》和《穀梁傳》則皆用漢代今文寫成。

　　相傳《春秋左傳》為春秋晚期魯國史官左丘明為解釋《春秋》而作，原名《左氏春秋》，漢代又稱《春秋左氏傳》，簡稱《左傳》。後世亦有學者認為它是一部與《春秋》有關但相對獨立的編年體史書。《左傳》依魯國從隱公至哀公共 12 國君的順序，以魯國國君的紀年，起於魯隱西元年（前 722），訖於魯哀公二十七年（前 468），其編年比《春秋經》延長了 13 年。全書約 18 萬字，記載春秋時代各諸侯國的政治、軍事、經濟、外交和文化等社會生活的重要史實，同時也表達自己的觀點以及情感態度，尤其擅長寫戰爭和外交辭令，極具文學手法，不僅具有極其重要的歷史文獻價值，同時也具有極高的文學價值，對後世的政治、思想以及文學藝術的發展，產生了巨大而深遠的影響，亦為當今研習先秦經學歷史、文學、哲學和語言必讀之經典。

　　《春秋》與“三傳”本來各獨自成書流傳。西漢後期哀帝時，學者劉歆“引傳文以解經”，尊《春秋》為“經”，將《左氏春秋》《公羊春秋》《穀梁春秋》稱為解釋經書的“傳”。後人以傳附經，合為一編，稱為“春秋三傳”。西晉杜預將《春秋》和《左傳》合編，加上前人注釋，稱為《春秋經傳集解》，唐代孔穎達又作注，並附上陸德明《左傳音義》，稱為《春秋左傳正義》，列入“十二經”，宋代又列入“十三經”。

　　本篇選自《左傳·隱公元年》，通過描述鄭莊公的陰險狡詐、其母姜氏的偏心溺愛以及其弟共叔段的貪得無厭，反映了鄭國當權者內部爾虞我詐、互相傾軋的激烈矛盾衝突和鬥爭。將發生在兩千七百多年前的“鄭伯克段于鄢”的史事，具體可感地呈現在我們眼前，使我們仿佛進入時間隧道，親歷這一事件的緣起、發生、發展和最後結局，看到了相關人物的內心世界。

《春秋經》：

隱公元年：

　　夏，五月，鄭伯克段于鄢。

【注疏】

　　隱公：魯惠公之子，魯桓公之兄。鄭伯：指鄭莊公，姓姬，鄭國國君。克：打敗。段：鄭莊公之弟。鄢（yān）：鄭國邑名，在今河南鄢陵縣境。

　　傳：初，鄭武公娶于申，曰武姜。生莊公及共叔段。莊公寤生，驚姜氏，故名曰寤生，遂惡之；愛共叔段，欲立之。亟請于武公，公弗行。

及莊公即位，為之請制。公曰："制，岩邑也，虢叔死焉。他邑唯命。"請京，使居之，謂之京城大叔。

【注疏】

初：當初，起先。鄭：鄭國，東周時建都新鄭，曾是春秋初期的強國。鄭武公：名掘突，嫡長子即莊公。申：國名，姜姓。武姜：鄭武公夫人，此為後人以其丈夫之諡號"武"來稱呼她。共叔段：即鄭莊公之弟段，古人按伯、仲、叔、季排行，故稱叔段；後因出逃共國，故又稱共叔段。共：地名，在今河南輝縣市。寤（wù）生：指胎兒出生時腳先出，即逆產。寤：通"悟"。惡（wù）：討厭，厭惡。亟（qì）：屢次。

制：鄭國邑名，在今河南滎陽市東北。岩邑：形勢險要的城邑。虢叔：虢國國君，姬姓。死焉：死在那裏。京：鄭國邑名，在今河南滎陽市東南。大（tài）叔：即太叔，對共叔段的敬稱。大：通"太"。

祭仲曰："都城過百雉，國之害也。先王之制，大都，不過三國之一；中，五之一；小，九之一。今京不度，非制也，君將不堪。"公曰："姜氏欲之，焉辟害？"對曰："姜氏何厭之有不如早為之所，無使滋蔓；蔓，難圖也。蔓草猶不可除，況君之寵弟乎！"公曰："多行不義必自斃，子姑待之。"

【注疏】

祭（zhài）仲：即祭足，鄭國大夫。都城：都邑城牆。雉（zhì）：量度單位，古代城牆長三丈、高一丈為一雉。制：制度，規定。大都（dū）：大的都邑。下文"中""小"分別指中等都邑和小的都邑。三國之一：國都（城牆）的三分之一。下文"五之一"和"九之一"，則分別指國都（城牆）的五分之一和九分之一。國：國都。不度：不合法度。不堪：此謂不好控制。辟：通"避"。厭：通"饜"，飽足，滿足。為之所：給他安排個地方。滋蔓：滋長，蔓延。圖：圖謀，對付。況：何況，況且。不義：指不義之事。自斃：自己跌倒。斃：僕倒。姑：姑且，暫且。

既而大叔命西鄙、北鄙貳於己。公子呂曰："國不堪貳，君將若之何？欲與大叔，臣請事之；若弗與，則請除之，無生民心。"公曰："無庸，將自及。"大叔又收貳以為己邑，至於廩延。子封曰："可矣！厚將得眾。"公曰："不義不暱，厚將崩。"

【注疏】

既而：不久。鄙：邊邑，邊地。貳於己：意謂同屬於莊公和自己。貳：兩屬。公子呂：字子封，鄭國大夫。若之何：對它怎麼辦。生民心：使人民產生別的想法。無庸：不用。自及：自己趕上，此謂自取滅亡。及：趕上。至於廩延：指共叔段將自己的勢力範圍擴展到廩延。廩延：鄭國城邑名，在今河南延津縣東北。厚：指領地擴大，實力雄厚。眾：指人民、百姓。暱（nì）：同"昵"，親近。此謂擁護、擁戴。崩：指滅亡。

　　大叔完聚，繕甲兵，具卒乘，將襲鄭，夫人將啟之。公聞其期，曰：
"可矣！"命子封帥車二百乘以伐京。京叛大叔段，段入于鄢，公伐諸鄢。
五月辛丑，大叔出奔共。

　　書曰："鄭伯克段于鄢。"段不弟，故不言"弟"；如二君，故曰
"克"；稱"鄭伯"，譏失教也；謂之"鄭志"，不言"出奔"，難之也。

【注疏】

　　完：指修治城牆。聚：聚集，指積聚糧食。繕：修繕整治。甲：鎧甲。兵：兵器。具：準備。卒：
指步兵。乘（shèng）：指戰車。春秋時代甲車一乘配甲士三人，步卒七十二人。襲：突襲，偷襲。夫
人：指武姜。啟之：開啟城門，指做內應。帥：率領。伐：攻打，攻討。諸：兼詞，"之於"的合音
字。五月辛丑：古代以干支記日，此處"辛丑"指周曆五月二十三日。出奔：逃亡國外。

　　書：指《春秋》。難之：以之為難。意謂對記載"共叔段出奔"這件事，難以行文。或說此謂責
難（nàn），即責備鄭伯故意促成其弟的不臣不弟之行為。

　　遂置姜氏於城潁，而誓之曰："不及黃泉，無相見也！"既而悔之。

　　潁考叔為潁谷封人，聞之，有獻於公。公賜之食，食舍肉。公問之，
對曰："小人有母，皆嘗小人之食矣，未嘗君之羹，請以遺之。"公曰：
"爾有母遺，繄我獨無！"潁考叔曰："敢問何謂也？"公語之故，且告之
悔。對曰："君何患焉？若闕地及泉，隧而相見，其誰曰不然？"公從之。
公入而賦："大隧之中，其樂也融融！"姜出而賦："大隧之外，其樂也泄
泄！"遂為母子如初。

　　君子曰："潁考叔，純孝也！愛其母，施及莊公。"《詩》曰："孝子
不匱，永錫爾類。"其是之謂乎！

【注疏】

　　城潁：鄭國城邑名，在今河南臨潁縣西北。黃泉：地下的泉水，指人死後埋葬地下。此句意謂不
死不相見。

　　潁考叔：鄭國大夫。潁谷：鄭國邊邑，在今河南登封市西南。封人：管理疆界的官員。封：疆界，
邊界。獻：指進獻的東西。羹：這裏特指帶汁的肉食。遺（wèi）：贈與，贈給。繄（yì）：惟。語
（yù）：告訴。故：緣故。闕（jué）：通"掘"，挖。隧：隧道，此用作動詞，指挖隧道。融融：快樂、
和睦貌。泄泄（yì）：快樂舒暢貌。

　　君子：指德才高尚之人。《左傳》採用"君子曰"的方式，對所記述的事件或人物進行評論，開
後世史書評論讚美文字的先河。施（yì）：延伸，推及，此謂影響。《詩》：指《詩經·大雅·既醉》。
匱（kuì）：匱乏，窮盡。錫：通"賜"，給予。

二、公羊傳·宋人及楚人平

【叙题】

《春秋公羊傳》又稱《公羊傳》、《公羊春秋》，為詮釋《春秋》經的儒家經典，其起迄年代與《春秋》一致，作者為戰國齊人、孔子弟子子夏的傳人公羊高，或謂亦有後人補寫。今本《公羊傳》為經傳合併，用問答的方式逐句詮釋春秋經之義理，釋史簡略，與《左傳》以記載史實為主有別。

《公羊傳》寫定於漢初，系用漢代通行的隸書書寫，它是今文經學中富有理論色彩的代表性典籍。公羊派學者認為《春秋經》是孔子借春秋時代史事以表達儒家的社會政治觀念，處處包含"微言大義"，蘊含著一套獨有的政治歷史哲學，不同於古文學派認為《春秋經》僅為一部歷史著作。

首先，今文公羊學派大力彰顯孔子擁戴周天子"天下共主"的立場，為戰國晚期正在進行的"統一"作輿論準備；認為孔子在《春秋經》中貫穿了"大一統"、"撥亂反正"等政治"大義"。其次，認為《公羊傳》包含歷史變易的觀點。何休《公羊解詁》更糅合了《禮記·禮運》關於大同、小康的描繪，發展成為具有系統性的"公羊三世說"歷史哲學，論證變易和變革是歷史的普遍法則。認為《春秋》之"義"重在"張三世"，謂孔子將春秋 242 年的歷史，劃分成了"據亂世""升平世""太平世"，即"三世說"："所傳聞世"是"據亂世"，所謂"內其國外其夏"；"所聞世"是"升平世"，所謂"內諸夏外夷狄"；"所見世"是"太平世"，所謂"夷狄進至於爵，天下遠近大小若一"。闡述華夏社會歷史的演進，是從"據亂世"進入相對平和穩定的"升平世"，再到"太平世"，呈現一條理想的社會發展軌轍。其所描述的歷史運動並不符合史實，但卻符合儒家的理想。當然，亦具有歷史循環論的弊端。

《公羊春秋》在中國傳統文化中佔有重要地位，影響深遠。漢代公羊學大顯於世，經近兩千年的消沉，至鴉片戰爭前後又重新復興，成為近代維新運動的思想武器，亦為中國思想界接受西方進化論的思想基礎。從龔自珍、魏源，直到近代維新派的康有為、譚嗣同以及梁啟超等人，都是後世公羊學派中有影響的人物。如康有為《大同書》即依據《春秋公羊傳》說，把社會的發展分作據亂世、升平世、太平世三世，指出"神明聖王孔子早慮之，憂之，故立三統三世之法，據亂之後，易以升平，太平，小康之後，進以大同"。

本篇詮釋《春秋·宣公十五年》經文"宋人及楚人平"一句，揭示其所謂"春秋筆法"，解釋本經六字的語意有褒有貶，即褒揚華元和子反兩位大夫以誠相待主動講和，減輕了宋楚兩國的戰禍；指責兩人超越君權自作主張，背著國君講和。文章反映了古代戰爭的殘酷，具有反戰思想。通篇全用對話口氣，重復之中又有變化，頗為傳神。

《春秋經》：

宣公十五年

夏五月，宋人及楚人平。

【注疏】

宣公：指魯宣公。宋人：指宋國軍民。此記魯宣公十五年，楚莊王圍困宋國達九個月，後兩國議和。

傳：外平不書，此何以書？大其平乎己也。何大其平乎己？莊王圍宋，軍有七日之糧爾，盡此不勝，將去而歸爾。於是使司馬子反乘堙而闚宋城，宋華元亦乘堙而出見之。

司馬子反曰："子之國如何？"華元曰："憊矣！"曰："何如？"曰："易子而食之，析骸而炊之。"司馬子反曰："嘻！甚矣憊！雖然，吾聞之也：圍者，柑馬而秣之，使肥者應客，是何子之情也？"華元曰："吾聞之：君子見人之厄則矜之，小人見人之厄則幸之。吾見子之君子也，是以告情於子也。"司馬子反曰："諾，勉之矣。吾軍亦有七日之糧爾，盡此不勝，將去而歸爾。"揖而去之。

【注疏】

外平不書：指《春秋》中不記載魯國以外各諸侯國停戰講和之事。外：魯國之外的國家。平：講和。書：書寫，記載。大：重點說明，讚揚。平己：主動講和。莊王：即楚莊王。司馬：掌管軍政之官。子反：楚國公子側。乘：登。堙：小土山，此謂堆土爲山，用以攻城。闚：同窺。華元：宋國大夫。

易子：交換兒子。析骸：劈開屍骨。柑馬：給馬嘴銜木棍。秣：喂。情：說真話。厄：困難。矜：憐憫。厄：災難。矜：同情。幸：幸災樂禍。

反于莊王。莊王曰："何如？"司馬子反曰："憊矣！"曰："何如？"曰："易子而食之，析骸而炊之。"莊王曰："嘻！甚矣憊！雖然，吾今取此，然後而歸爾。"司馬子反曰："不可。臣已告之矣。軍有七日之糧爾。"莊王怒曰："吾使子往視之，子曷爲告之？"司馬子反曰："以區區之宋，猶有不欺人之臣，可以楚而無乎？是以告之也。"莊王曰："諾，舍而止。雖然，吾猶取此，然後歸爾。"司馬子反曰："然則，君請處於此，臣請歸爾。"莊王曰："子去我而歸，吾孰與處於此？吾亦從子而歸爾。"引師而去之。故君子大其平乎己也。此皆大夫也，其稱"人"何？貶。曷爲貶？

平者在下也。

【注疏】

　　反：同"返"，返回。曷：為什麼。區區：很小。舍而止：築舍安營駐紮。平者在下：講和的人處在下位。

三、穀梁傳·虞師晉師滅夏陽

【叙題】

　　《春秋穀梁傳》又稱《穀梁傳》《穀梁春秋》，為《春秋》三傳之一。《漢書·藝文志》載其作者為戰國時魯人穀梁子（或作赤、喜、嘉、俶、真），與公羊高同受學於子夏。《穀梁傳》起初也為口頭傳授，最初寫定當在戰國中期。或謂經數世後學補充，至西漢時成書。或考證其書中曾引用公羊子的話並加以辯駁，故成書較《公羊傳》為晚。起初經、傳分別成書，到晉朝范甯作《春秋穀梁傳集解》，經傳合為一書，逐句傳述經文大義。

　　《穀梁傳》流傳兩千年之久，在思想上、語言上有獨到價值。與《公羊》體例相同，採取自問自答的方式解說《春秋》旨意，闡明儒家思想。其突出特點是強調禮樂教化，力主仁德之治，主張貴義而不貴惠、成人之美而不成人之惡。故宋代《春秋》學家胡安國曾說："其事莫備于《左氏》，例莫明於《公羊》，義莫精于《谷梁》。"是後世研究秦漢及西漢初年儒家思想的重要文獻資料。東晉范甯（《後漢書》作者范曄之祖父）在其《春秋穀梁經傳集解序》中評論《春秋》三傳的特色說："《左氏》豔而富，其失也巫（指多敘鬼神之事）。《穀梁》清而婉，其失也短。《公羊》辯而裁，其失也俗。"所謂清而婉，即指用辭文風清通而含蓄，準確而凝煉。

　　本篇對《春秋·僖公二年》經文"虞師晉師滅夏陽"一句進行闡述，述評這一歷史事件，深刻地說明了"唇亡齒寒"的道理。魯僖公二年（前658），晉獻公準備伐虢。虞國地處晉、虢之間，若繞道則受阻於中條山。獻公聽從荀息之計，以重禮賄虞君，借道伐虢。虞國賢臣宮之奇看出晉國居心不良，有各個擊破、一箭雙雕的用意，勸諫虞君不要上當。虞君不但不聽，而且自告奮勇願出兵開路打頭陣，助晉國攻下虢邑夏陽，結果國破家亡。

　　《春秋經》：

　　僖公二年

　　虞師、晉師滅夏陽。

【注疏】

虞：周初姬姓小國，在今山西省平陸縣北。虞師：指虞國軍隊。夏陽：虢國邊邑。

傳：非國而曰滅，重夏陽也。虞無師，其曰師何也？以其先晉，不可以不言師也。其先晉何也？為主乎滅夏陽也。夏陽者，虞虢之塞邑也，滅夏陽而虞虢舉矣。

虞之為主乎滅夏陽何也？晉獻公欲伐虢，荀息曰："君何不以屈產之乘，垂棘之璧，而借道乎虞也?"公曰："此晉國之寶也！如受吾幣，而不借吾道，則如之何？"荀息曰："此小國之所以事大國也！彼不借吾道，必不敢受吾幣。如受吾幣而借吾道，則是我取之中府而藏之外府，取之中廄而置之外廄也！"

【注疏】

虞無師：謂晉滅虢，而虞國卻未嘗出師。先晉：謂虞假道於晉以伐虢，其滅虢之心實乃先于晉。晉：西周始封姬姓國，晉獻公時都於絳（今山西翼城）。師：可泛指軍隊，也可專指古代軍隊的編制單位。為主：主動。虢：周初始封姬姓國，有東、西、北虢之分，東虢、西虢已先亡于鄭、秦。晉獻公所伐為北虢，在今河南三門峽和山西平陸一帶，建都上陽（今河南陝縣）。塞邑：邊陲之地。舉：攻克，佔領。

晉獻公：名詭諸，晉武公之子，在位26年，伐滅了周圍一些小國，為其子晉文公稱霸打下基礎。據《史記·晉世家》，晉獻公伐虢的藉口是虢國在晉國內亂中支持了他先君的政敵。荀息：晉國大夫，晉獻公最親信的大夫，食邑于荀，亦稱荀叔。在獻公病危時相托以國政，獻公死後在宮廷政變中為裏克所殺。屈：北屈，晉地名，在今山西省吉縣東北。屈產之乘：屈地出產的良馬。垂棘：晉地名，在今山西省潞城縣北。垂棘之璧：垂棘出產的美玉。

公曰："宮之奇存焉，必不使受之也。"荀息曰："宮之奇之為人也，達心而懦，又少長於君。達心則其言略，懦則不能強諫，少長於君，則君輕之。且夫玩好在耳目之前，而患在一國之後，此中知以上，乃能慮之。臣料虞君中知以下也。"

公遂借道而伐虢。宮之奇諫曰："晉國之使者，其辭卑而幣重，必不便於虞。"虞公弗聽，遂受其幣而借之道。宮之奇又諫曰："語曰：'唇亡則齒寒。'其斯之謂與！"挈其妻子以奔曹。

獻公亡虢，五年而後舉虞。荀息牽馬操璧而前曰："璧則猶是也，而馬齒加長矣。"

【注疏】

宮之奇：虞國大夫。劉向《說苑·尊賢》說："虞有宮之奇，晉獻公為之終死不寐。"達心而懦：明達於心而懦弱於事。一國之後：在虢國之後也。中知：中等智慧。曹：西周始封姬姓國，都陶丘（今山東省定陶縣西南）。馬齒：馬每歲增生一齒。加長（zhǎng）：增添。

第六章　孝經

【叙题】

《孝經》這部中國古代儒家的倫理學經典，傳說是孔子或其門人曾子所作，但南宋時已有學者懷疑，認為乃出於後人附會，當為曾子弟子所作，當成書於戰國末期。清代紀昀《四庫全書總目》指出是孔子"七十子之徒之遺言"，成書於秦漢之際。亦有人認為是漢儒偽作。儒家經典如五經之《易》《尚書》《春秋》等，在先秦均不稱"經"，只有《孝經》書名標明"經"字。因此，《孝經》可謂儒典中稱"經"最早的一部。班固《漢書·藝文志》列之於"六藝略"，并指出："夫孝，天之經，地之意，民之行也。舉大言者，故曰《孝經》。"

《孝經》以孝的理念為中心，集中闡發儒家倫理思想，肯定"孝"是上天所規定的規範："夫孝，天之經也，地之義也，人之行也。"指出孝是諸德之本："人之行，莫大於孝"，國君可用孝治理國家，臣民能用孝立身理家。其本義在於孝父母而悌兄弟，進而推己及人，推孝悌之義於天下，以廣顯父母之名而成仁義之道。在中國倫理思想發展史中，首次將孝親與忠君聯繫起來，認為"忠"是"孝"的發展和擴大，并把"孝"的社會作用推而廣之，認為"孝悌之至"就能夠"通於神明，光于四海，無所不通"。

兩漢時期，《孝經》大行，史載人皆誦習，家所藏有，至於帝宮宿衛，販夫走卒輩，亦皆能明《孝經》，可見在秦漢時期地位之崇。至於唐代，三教並重，而玄宗特擇《孝經》《道德經》《金剛經》為儒、道、佛之至經，親為之注，并以親書刻石，立于長安官學，名爲《石臺孝經》，今尚存於西安碑林中。南宋後列為《十三經》之一。現在通行的版本是唐玄宗李隆基注、宋代邢昺疏，共分18章。

《孝經》共千八百餘字，為諸經之最短，但在中國自漢代至清代的漫長社會歷史進程中，流傳極廣，影響至巨，被看作是"孔子述作，垂範將來"的經典，對傳播和維護社會綱常、社會太平起到很大作用。但在漫長的封建社會中，由於統治者的曲解和利用，其中許多有價值的内涵被冲淡或掩蓋了，因此有必要對其加以重新認識。

開宗明義章第一

仲尼居，曾子侍。子曰："先王有至德要道，以順天下，民用和睦，上下無怨，汝知之乎？"曾子避席曰："參不敏，何足以知之？"子曰："夫孝，德之本也，教之所由生也。復坐，吾語汝。身體髮膚，受之父母，不敢毀傷，孝之始也；立身行道，揚名於後世，以顯父母，孝之終也。夫孝，始於事親，中於事君，終於立身。《大雅》云：'無念爾祖，聿修厥德。'"

【注疏】

開：开張。宗：根本。明：明顯。義：义理。

仲尼：孔子的字。曾子：即曾參，孔子弟子。《史記·仲尼弟子列傳》："曾參，南武城人，字子輿，少孔子四十六歲，孔子以能通孝道，故授之業，作孝經。"侍：侍坐，陪坐。先王：先代聖帝明王，此指堯、舜、禹、湯、文、武王等著名賢君聖王。至德：至美之德。要道：要約之道，指禮樂。順：順理，治理。用：因而。避席：離開座位，以示恭敬。教：教化。立身：獨立己身。行道：行己身當行之道。終於立身：為國為君盡忠，最後實現自己的志向。《大雅》：指《詩經·大雅·文王》篇。無念：怎能不懷想，指懷念。聿修厥德：修述其先祖之功德。聿：循，述。厥：代詞，指周文王等先王。

天子章第二

子曰："愛親者不敢惡於人，敬親者不敢慢於人。愛敬盡於事親，而德教加於百姓，刑於四海，蓋天子之孝也。《甫刑》云：'一人有慶，兆民賴之。'"

【注疏】

天子：指帝王、君主。惡：厭惡、憎恨。人：此指別人。慢：輕侮，怠慢。德教：以道德教化。加：施行。刑：同型，法則。四海：四方。《甫刑》：一名《呂刑》，《尚書》篇名。一人：天子。慶：善，此謂天子愛親敬親的孝行。兆民：萬民，指天下百姓。兆：一說為一百萬，一說為萬億。賴：依靠，憑藉。

諸侯章第三

在上不驕，高而不危；制節謹度，滿而不溢。高而不危，所以長守貴也；滿而不溢，所以長守富也。富貴不離其身，然後能保其社稷，而和其民人，蓋諸侯之孝也。《詩》云："戰戰兢兢，如臨深淵，如履薄冰。"

【注疏】

制節：儉樸。謹度：謹慎生活。溢：洩漏。貴：尊重。富：財富充足。社：土神。稷：穀神。戰戰兢兢：引自《詩經·小雅·小宛》。戰戰：恐懼。兢兢：警戒。

卿大夫章第四

非先王之法服不敢服，非先王之法言不敢道，非先王之德行不敢行。是故非法不言，非道不行；口無擇言，身無擇行；言滿天下無口過，行滿天下無怨惡。三者備矣，然後能守其宗廟，蓋卿大夫之孝也。《詩》云：
"夙夜匪懈，以事一人。"

【注疏】

卿大夫：地位僅次於諸侯。先王：泛指遠古君王到春秋時期的君王。法服：合於禮儀規定的服裝。
法言：合於理法的言論。擇：可指摘的。夙夜匪懈：見《詩經·大雅·蒸民》。夙：早起。匪：同非，
不敢。懈：鬆懈。

士章第五

資於事父以事母而愛同，資於事父以事君而敬同。故母取其愛，而君
取其敬，兼之者父也。故以孝事君則忠，以敬事長則順。忠順不失，以事
其上，然後能保其祿位，而守其祭祀，蓋士之孝也。《詩》云："夙興夜
寐，無忝爾所生。"

【注疏】

資：憑藉。事：事奉。敬：尊重為敬，父嚴而尊成敬。位：職位，爵位。夙興夜寐：见《詩經·
小雅·小宛》。忝：羞辱。

庶人章第六

用天之道，分地之利，謹身節用，以養父母，此庶人之孝也。故自天
子至於庶人，孝無終始，而患不及者，未之有也。

【注疏】

庶人：指天下百姓人民。用天之道：指春生、夏長、秋收、冬藏，舉事順時，遵守自然規律。用：
善用。分地之利：分別各種土地資源，各盡所宜。謹身節用：指處世恭謹用度節省，身恭謹則遠恥辱，
用節省則免饑寒。患不及：而擔心做不到。患：擔心。

三才章第七

曾子曰："甚哉！孝之大也。"子曰："夫孝，天之經也，地之義也，
民之行也。天地之經，而民是則之。則天之明，因地之利，以順天下，是
以其教不肅而成，其政不嚴而治。先王見教之可以化民也，是故先之以博
愛，而民莫遺其親；陳之以德義，而民興行；先之以敬讓，而民不爭；導
之以禮樂，而民和睦；示之以好惡，而民知禁。《詩》云：'赫赫師尹，民
具爾瞻。'"

【注疏】

三才：天之經、地之義、人之行，即三才。則：法則。肅：糾正。嚴：嚴厲。先：帶頭做示範。
博愛：胸懷寬廣的愛。遺：遺忘。陳：陳述。導：引導。示：公示。赫赫師尹：見《詩經·小雅·南
山》。師尹：姓尹的太師官。瞻：愛戴和尊敬。

孝治章第八

子曰："昔者明王之以孝治天下也，不敢遺小國之臣，而況於公侯伯子男乎？故得萬國之歡心，以事其先王。治國者，不敢侮於鰥寡，而況於士民乎？故得百姓之歡心，以事其先君。治家者，不敢失於臣妾，而況於妻子乎？故得人之歡心，以事其親。夫然，故生則親安之，祭則鬼亨之，是以天下和平，災害不生，禍亂不作，故明王之以孝治天下也如此。《詩》云：'有覺德行，四國順之。'"

【注疏】

明王：賢明的君王。安：安逸。亨："通享"：享用。有覺德行：見《詩經·大雅·抑之》。覺：美好。

聖治章第九

曾子曰："敢問聖人之德，無以加於孝乎？"子曰："天地之性，惟人為貴。人之行莫大於孝，孝莫大于嚴父，嚴父莫大于配天，則周公其人也。昔者周公郊祀後稷，以配天；宗祀文王於明堂，以配上帝。是以四海之內，各以其職來祭。夫聖人之德，又何以加於孝乎？故親生之膝下，以養父母日嚴，聖人因嚴以教敬，因親以教愛。聖人之教不肅而成，其政不嚴而治，其所因者本也。父子之道，天性也，君臣之義也。父母生之，續莫大焉；君親臨之，厚莫重焉。故不愛其親而愛他人者，謂之悖德；不敬其親而敬他人者，謂之悖禮。以順則逆，民無則焉。不在於善，而皆在於凶德，雖得之，君子不貴也。君子則不然，言思可道，行思可樂，德義可尊，作事可法，容止可觀，進退可度。以臨其民，是以其民畏而愛之，則而象之，故能成其德教，而行其政令。《詩》云："淑人君子，其儀不忒。'"

【注疏】

引詩出自《詩經·國風·曹風·鳲鳩》。續：生命承續。忒：差錯。

紀孝行章第十

子曰："孝子之事親也，居則致其敬，養則致其樂，病則致其憂，喪則致其哀，祭則致其嚴。五者備矣，然後能事親。事親者，居上不驕，為下不亂，在丑不爭。居上而驕則亡，為下而亂則刑，在丑而爭則兵。三者不除，雖日用三牲之養，猶為不孝也。"

【注疏】

丑：同類，眾人。三者：驕、亂、爭三項惡事。三牲：牛羊豬三牲。

五刑章第十一

子曰："五刑之屬三千，而罪莫大於不孝。要君者無上，非聖人者無法，非孝者無親，此大亂之道也。"

【注疏】

五刑：墨、宮、劓、刖、大辟五刑。三千：指罪行繁多。要：要脅，威逼。無上：眼中沒有君主。

廣要道章第十二

子曰："教民親愛，莫善於孝；教民禮順，莫善於悌；移風易俗，莫善於樂；安上治民，莫善於禮。禮者，敬而已矣。故敬其父，則子悅；敬其兄，則弟悅；敬其君，則臣悅；敬一人而千萬人悅。所敬者寡而悅者眾，此之謂要道也。"

【注疏】

要道：重要的道德。

廣至德章第十三

子曰："君子之教以孝也，非家至而日見之也。教以孝，所以敬天下之為人父者也；教以悌，所以敬天下之為人兄者也；教以臣，所以敬天下之為人君者也。《詩》云：'愷悌君子，民之父母。'非至德，其孰能順民如此其大者乎？"

【注疏】

文中之詩引自《詩經·大雅·泂酌》。愷：樂。悌：易。愷悌：和樂平易。

廣揚名章第十四

子曰："君子之事親孝，故忠可移於君；事兄悌，故順可移於長；居家理，故治可移於官。是以行成於內，而名立於後世矣。"

【注疏】

成於內：處理好家內的事務。

諫爭章第十五

曾子曰："若夫慈愛恭敬，安親揚名，則聞命矣。敢問子從父之令，可謂孝乎？"子曰："是何言與？是何言與？昔者天子有爭臣七人，雖無道，不失其天下；諸侯有爭臣五人，雖無道，不失其國；大夫有爭臣三人，雖無道，不失其家；士有爭友，則身不離於令名；父有爭子，則身不陷於不義。故當不義，則子不可以不爭于父，臣不可以不爭於君。故當不義則爭之，從父之令，又焉得為孝乎。"

【注疏】

争：諫。令：善。

感應章第十六

子曰：“昔者明王事父孝，故事天明；事母孝，故事地察。長幼順，故上下治；天地明察，神明彰矣。故雖天子，必有尊也，言有父也；必有先也，言有兄也。宗廟致敬，不忘親也；修身慎行，恐辱先也。宗廟致敬，鬼神著矣。孝悌之至，通於神明，光于四海，無所不通。《詩》云：‘自西自東，自南自北，無思不服。’”

【注疏】

事天：奉天行事。文中之詩出自《詩經·大雅·文王有聲》。思：語助詞。

事君章第十七

子曰：“君子之事上也，進思盡忠，退思補過，將順其美，匡救其惡，故上下能相親也。《詩》云：‘心乎愛矣，遐不謂矣。中心藏之，何日忘之。’”

【注疏】

上：此指君主。將：施行。匡：匡正。文中之詩引自《詩經·小雅·隰桑》。遐：遠。

喪親章第十八

子曰：“孝子之喪親也，哭不偯，禮無容，言不文，服美不安，聞樂不樂，食旨不甘，此哀戚之情也。三日而食，教民無以死傷生，毀不滅性，此聖人之政也。喪不過三年，示民有終也。為之棺槨衣衾而舉之，陳其簠簋而哀戚之。擗踊哭泣，哀以送之；卜其宅兆，而安厝之；為之宗廟，以鬼亨之；春秋祭祀，以時思之。生事愛敬，死事哀戚，生民之本盡矣，死生之義備矣，孝子之事親終矣。”

【注疏】

哭不偯：哀極氣竭，發不出正常悠長的哭腔。禮無容：失去了平時的端正禮儀。不文：不為文飾。毀：哀毀。舉：謂舉屍內於棺。簠簋：祭器。擗踊：捶胸頓足。宅：墓穴。兆：塋域。

附

一、知識答問

1. 《爾雅》體例有何特點？

答：《爾雅》的作者不詳，後世說法不一。成書時代約在戰國末年，漢代又稍有增補。《爾雅》是我國第一部按照義類編排的辭書，按照內容類別分為19篇：

（一）釋詁、（二）釋言、（三）釋訓、（四）釋親、（五）釋宮、（六）釋器、（七）釋樂、（八）釋天、（九）釋地、（十）釋丘、（十一）釋山、（十二）釋水、（十三）釋草、（十四）釋木、（十五）釋蟲、（十六）釋魚、（十七）釋鳥、（十八）釋獸、（十九）釋畜。

在解說體例上採取對詞同義歸類、總括解釋的方法：

如、適、之、嫁、徂、逝，往也。（《釋詁》）

明明、斤斤，察也。（《釋訓》）

婦稱夫之父曰舅，稱夫之母曰姑。（《釋親》）

東西牆謂之序。（《釋宮》）

石戴土謂之崔嵬。（《釋山》）

江河淮濟為四瀆。（《釋水》）

《爾雅》被列為十三經之一，成為其中唯一一部專門通釋語詞的典籍，保存了先秦大量的古訓古義，是後人瞭解先秦文獻經典以及探討先秦社會風俗生活的重要津梁，對於漢語詞彙史的研究有重要作用；也保存了大量有關天文、地理、動物、植物等各個領域的科學知識，可謂中國古代文化的一次總結，對當今科學研究仍有價值。當然，對詞語的一些總括性的解釋有時流於粗疏簡略。

2. 漢代有哪些重要注釋家及注本？

答：毛亨：魯人，或謂河間人。漢景帝時為河間獻王博士，其學傳自子夏，著作有《毛詩故訓傳》，簡稱《毛詩》。時人稱毛亨為大毛公，稱其學生趙人毛萇的小毛公。

孔安國：西漢曲阜人，字子國，孔子十二世孫。曾向申公學習《詩經》，向伏生學習《尚書》。武帝時為博士，官諫議大夫。今本《古文尚書孔氏傳》為晉梅賾所獻，題孔安國作，實為託名之作。

馬融：東漢扶風茂陵（今陝西興平縣）人，漢安帝時為校書郎，桓帝時官南郡太守，後回朝為議郎。博學多才，有學生數千人，鄭玄即出其門下。

鄭玄：東漢北海高密（今山東高密）人，字康成。曾從馬融學古文經，回鄉後聚徒講學。晚年因黨錮之禍被囚禁，建安初獲釋。官任大司農，世稱鄭大司農。治學以古文經為主，遍注群經，為漢代經學的集大成者，著有《毛詩箋》《周禮注》《儀禮注》《禮記注》（《三禮注》）。

何休：東漢樊（今山東濟甯市東北）人，董仲舒四傳弟子，為人質樸口訥，終生精研六經，尤好《公羊傳》，閉門 17 年撰成《春秋公羊解詁》。

趙岐：東漢京兆長陵（今咸陽市東北）人，曾為並州刺史，後任議郎、太常等職，撰《孟子章句》。

高誘：東漢涿郡涿人，著有《戰國策注》（今殘）、《淮南子注》（與許慎注相雜）、《呂氏春秋注》等。

王逸：東漢南郡宜城（今湖北省宜城）人，曾為校書郎，漢順帝時官至侍中。著《楚辭章句》一書，為後世所重，是《楚辭》現存最早的注本。

3. 魏晉南北朝時期有哪些重要注釋家及注本？

答：何晏：三國魏時南陽宛邑（今河南南陽市）人，玄學家，何進之孫。曾隨母為曹操收養，娶魏公主，官散騎侍郎，遷待中、尚書。其儀錶"美姿儀，面至白"。後因依附曹爽而為司馬懿所殺。著作有《道德論》《周易解》及各種文賦數十篇，多不傳；有《論語集解》20 卷，流傳至今。

王弼：三國魏山陽（今河南焦作）人，篤好老莊之學。與何晏、夏侯玄同開魏晉後玄學的先聲。由何晏薦為尚書郎，著有《老子注》《周易注》等。

杜預：晉京兆杜陵（今西安市東南）人，字元凱。官河南尹、度支尚書，後拜鎮南大將軍，鎮襄陽，太康元年率兵滅吳，有功，封陽縣侯。博學多才，長於謀略，時人稱為"杜武庫"。一生耽思經籍，酷好《左傳》，自稱有《左傳》癖。其《春秋左氏傳集解》是流傳至今最早最完整的《左傳》注本。另有《春秋長曆》《春秋釋例》。

郭璞：晉河東聞喜（今山西聞喜縣）人。字景純。曾為著作佐郎、尚書郎。後因勸阻王敦起兵作亂而為敦所殺。其所注文獻很多，諸如《爾雅注》《三蒼注》《方言注》《穆天子傳注》《山海經注》《楚辭注》《子虛賦注》《上林賦注》等。其中《爾雅注》費時最久，用功最多，是《爾雅》流傳至今最早最好的注本。

郭象：晉河内（今河南沁陽縣）人。官至黃門侍郎、太傅主簿。為人好老、莊，善清談。曾參考向秀《莊子注》撰成《莊子注》33 卷，闡釋老、莊思想。後向本佚，郭本獨傳于世，唐時成玄英為之作疏。

裴松之：南朝宋河東聞喜（今山西聞喜縣）人。先仕晉，任員外散騎侍郎、吳興故鄣令、尚書侍郎等職，入宋後累官中散大夫、國子博士、大中大夫等。奉詔注《三國志》，博采群書 140 餘種，以"補缺、備異、懲妄、論辨"為宗旨，注文多出正文三倍，開創了注釋新例。

裴駰：裴松之之子。官至南中郎參軍，著《史記集解》130 卷傳世。另有《史記音義》80 卷，已佚。

4. 唐代有哪些重要注釋家及注本？

答：孔穎達：隋末唐初冀州衡水（今河北衡水）人。隋時舉第，授河内郡博士，繼補太學助教。入唐後李世民引為文學館博士，封曲阜縣男，轉遷給事中，官至國子祭酒。博通經典，名重一時。奉太宗詔主編《五經正義》，兼采南北經學家之長，成為一代訓詁名著，唐時以之作為科舉取士的依據。

賈公彥：唐洛州永年（今河北永年縣）人。官至太常博士，博通群經。參考鄭玄注而著《周禮義疏》60 卷、《儀禮義疏》30 卷，為後人所重，收入《十三經注疏》，然精審不及《周禮注》。

徐彥：唐人，著《春秋公羊傳疏》，後收入《十三經注疏》。

楊士勳：唐人，曾任四門助教，著《春秋穀梁傳疏》，後收入《十三經注疏》。

李善：唐揚州江都（今揚州市）人，曾任崇賢館直學士、兼沛王侍讀等職，後為潞王府記室參軍，轉秘書郎，又出為經城令。其學有師承，意多存古，于唐顯慶三年（658 年）完成《文選注》60 卷，旁徵博引，是唐初文選學的集大成之作。

楊倞：唐弘農（今河南靈寶縣南）人，與元稹、白居易同時，官東川節度使、刑部尚書。著《荀子注》，是流傳至今的最早《荀子》注本。

司馬貞：唐河内（今河南沁陽）人，官至朝散大夫，弘文館學士。著《史記索隱》，並補作《三皇本紀》，有小司馬《史記》之稱。

張守節：唐開元、天寶間人，官諸王侍讀。其學長于地理，著有《史記正義》。

顏師古：唐京兆萬年（今西安市）人，祖籍臨沂，顏之推之孫。太宗時拜中書侍郎，官至弘文館學士，精通文字訓詁，著有《漢書注》《急就章注》等書，為世所重。

5. 宋代有哪些重要注釋家及注本？

答：邢昺：北宋曹州濟陽（今山東荷澤）人。一生多在東宮及內庭講授經書，其著《孝經注疏》《論語注疏》《爾雅注疏》收入《十三經注疏》。

孫奭：北宋博州博平（今山東荏平縣）人。官至工部尚書，以太子少傅致仕。曾奉敕校定趙歧《孟子注》，並撰《孟子正義》14 卷，收入《十三經注疏》。另著有《孟子音義》《爾雅釋文》等。

朱熹：徽州婺源（今屬江西）人，南宋著名學者。19 歲中進士，歷仕四朝，官至煥章閣待制兼侍講。一生主要精力用於聚徒講學，研究學問，廣注經籍，著有《周易本義》《詩集傳》《四書章句集注》《楚辭集注》等。

洪興祖：南宋丹陽（今江蘇丹陽）人，官至太常博士。博學好古，著有《老莊本旨》《周易通義》《楚辭補注》等。

6.《十三經》是怎樣形成的？

答：就傳統觀念而言，《易》《詩》《書》《禮》《春秋》謂之“經”，《左傳》《公羊傳》《穀梁傳》屬於《春秋經》之“傳”，《禮記》《孝經》《論語》《孟子》謂之“記”，《爾雅》則是漢代經師的訓詁之作。十三種文獻中當以“經”的地位最高，“傳”、“記”次之，《爾雅》又次之。十三種儒家文獻取得“經”的地位，經過了一個相當長的時期。漢代以《易》《詩》《書》《禮》《春秋》為“五經”，官方頗為重視，立於學官。唐代有“九經”，也立於學官，並用以取士。“九經”即《易》《詩》《書》《周禮》《儀禮》《禮記》和《春秋》三傳。唐文宗開成年間於國子學刻石，所鐫內容除“九經”外，又益以《論語》《爾雅》《孝經》。五代時蜀主孟昶刻“十一經”，排除《孝經》、《爾雅》，收入《孟子》，《孟子》首次進入諸經之列。南宋朱熹以《禮記》中的《大學》《中庸》與《論語》《孟子》並列，形成後人所熟知的《四書》，並為官方所認可。至此，儒家的十三部文獻確立了其經典地位。

7. 何謂《十三經注疏》？

答：“十三經”是 13 部儒家經典的總稱，在中國社會地位尊崇，影響深廣。解釋古書意義的為“注”（注有傳、箋、解、章句等名），疏通注文意義的為“疏”（疏有義疏、正義、疏義等名），宋人把古人關於經書的注本、疏本合為一編，合稱“注疏”。書目如下：

周易正義	魏·王弼、晉·韓康伯注　唐·孔穎達正義
尚書正義	漢·孔安國傳　唐·孔穎達正義
毛詩正義	漢·毛亨傳、鄭玄箋　唐·孔穎達正義
周禮注疏	漢·鄭玄注　唐·賈公彥疏
儀禮注疏	漢·鄭玄注　唐·賈公彥疏

禮記正義	漢·鄭玄注 唐·孔穎達正義
春秋左傳正義	漢·杜預注 唐·孔穎達正義
春秋公羊傳注疏	晉·何休注 唐·徐彥疏
春秋穀梁傳注疏	晉·范甯注 唐·楊士勳疏
孝經注疏	唐·唐玄宗注 宋·邢昺疏
爾雅注疏	晉·郭璞注 宋·邢昺疏
論語注疏	魏·何晏注 宋·邢昺疏
孟子注疏	漢·趙岐注 宋·孫奭疏

後人將以上注疏加上唐陸德明《經典釋文》的注音合成一部書，稱作《十三經注疏》，共416卷，自南宋後開始合刻，明嘉靖、萬曆年間曾刊行，清乾隆初有武英殿本。其後阮元據宋本重刊，並撰《十三經注疏校勘記》，為"十三經"各注釋版本中最為完善，是研究國學的重要參考資料。

二、參考文獻

（一）經學原典部分

孔穎達：《毛詩正義》，中華書局《十三經注疏》本1980年版。

朱　熹：《詩集傳》，上海古籍出版社1958年版。

孔穎達：《尚書正義》，中華書局《十三經注疏》本1980年版。

吳闓生：《尚書大義》，中國書店2009年版。

孫希旦：《禮記集解》，中華書局1989年版。

孔穎達：《禮記正義》，中華書局《十三經注疏》本1980年版。

孔穎達：《周易正義》，中華書局《十三經注疏》本1980年版。

朱　熹：《周易本義》，上海古籍出版社1987年版。

高　亨：《周易古經今注》，中華書局1984年版。

高　亨：《周易大傳今注》，清華大學出版社2010年版。

楊伯峻：《春秋左傳注》，中華書局1981年版。

孔穎達：《春秋左傳正義》，中華書局《十三經注疏》本1980年版。

王闓運：《春秋公羊傳箋》，嶽麓書社2009年版。

楊士勳：《春秋穀梁傳注疏》，中華書局《十三經注疏》本1980年版。

邢　昺：《孝經注疏》，中華書局《十三經注疏》本1980年版。

（二）經學史論部分

黃宗羲：《宋元學案》，中華書局1986年版。

黃宗羲：《明儒學案》，中華書局1985年版。

皮錫瑞：《經學歷史》中華書局 1959 年版。

皮錫瑞：《經學通論》，中華書局 1954 年版。

姚際恆：《詩經通論》，中華書局 1958 年版。

陳　沆：《詩比興箋》，上海古籍出版社 1981 年版。

梁啟超：《清代學術概論》，中華書局 1954 年版。

梁啟超：《中國近三百年學術史》，中國書店 1985 年版。

錢　穆：《中國近三百年學術史》，中華書局 1986 年版。

馬宗霍：《中國經學史》，商務印書館 1937 年版。

陳子展：《詩經直解》，復旦大學出版社 1983 年版。

朱自清：《詩言志辨》，古籍出版社 1957 年版。

聞一多：《風詩類鈔》，中華書局 1957 年版。

于省吾：《澤螺居詩經新證·澤螺居楚辭新證》，中華書局 2009 年版。

劉毓慶：《從文學到經學——先秦兩漢詩經學史論》，華東師範大學出版社 2009 年版。

王曉平：《日本詩經學史》，學苑出版社 2009 年版。

朱　熹：《四書章句集注》，中華書局 1983 年版。

程元敏：《尚書學史》，五南圖書事業有限公司 2008 年版。

董治安：《經部要籍概述》，江蘇教育出版社 2008 年版。

章權才：《魏晉南北朝隋唐經學史》，廣東人民出版社 1996 年版。

葉國良：《經學側論》，清華大學出版社 2005 年版。

丁亞傑：《晚清經學史論集》，文津出版社 2008 年版。

錢基博：《經學通志》，廣西師範大學出版社 2009 年版。

錢基博：《古籍舉要》，廣西師範大學出版社 2009 年版。

焦桂美：《南北朝經學史》，上海古籍出版社 2008 年版。

米　靖：《經學與兩漢教育》，天津人民出版社 2008 年版。

邊家珍：《經學傳統與中國古代學術文化形態》，人民出版社 2010 年版。

第三编

03

| 史学典籍 |

史学典籍述疏

概　述

　　國學中史學定義之内涵可歸納為廣狹兩種。廣義的“史學”包括：一、完全獨立於人們的意識之外的中華民族過往社會的客觀存在及其發展過程，即所謂歷史。二、歷代史學家對這種客觀存在和過程及其規律的描述和探索以及著述。狹義上的史學則不包括前者，而專指後者。中國古代“史”的含義經歷了史官、史書、史事、史學的發展過程，人們對史學概念的認識不斷加深，後來又有了編纂學、文獻學的内涵，以及歷史敘述技巧和歷史認識方法等内涵，也逐步認識到史學是一門關於如何認識、敘述或編纂過去史實的專門性、技藝性的學問。

　　近代國學大師、“新史學”革命的首倡者梁啟超在《中國歷史研究法》中指出：“史者何？記述人類社會賡續活動之本相，校其總成績，求得其因果關係，以為現代一般人活動之資鑒者也。史的目的：求得真事實，予以新意義，予以新價值，供吾人活動之資鑒。”這裡所謂“史”即指“史學”，即如何研究歷史的方法，而非敘述歷史史事。章太炎論國學當中的所謂史學，也主要指史料學、文獻學以及史學著作方面的相關知識。

　　史學是國學中重要組成部分。我們五千年悠久的文明史，留下豐富多彩的史學文化遺產，在著述方面形成廿六史。我國自古就有以史為鑒的優良傳統。唐太宗李世民曾說：“夫以銅為鏡，可以正衣冠；以古為鏡，可以知興替；以人為鏡，可以明得失。”了解我國輝煌燦爛的歷史，探求中華民族發展的規律，研習歷史典籍非常重要。首先要通過研習眾多史學經典，加強閱讀理解史料原文的能力，了解史料典籍產生的背景、撰寫方式以及其版本流傳狀況，了解史學的發展概況，然後可對史學典籍進行分析研究，豐富我們的思維，尋求歷史規律，以利於我們民族的未來發展。非歷史專業的本科生或研究生也應能通讀如《左傳》《史記》等一些著名史學經典。

　　廿六史浩繁博大，本編只节選其中歷代最受稱道的"前四史"：《史記》《漢書》《後漢書》和《三國志》。因其兼備史料價值與文采，今日讀之，既可見前賢史學編纂撰寫之成就，亦可一窺古代歷史之風貌，從而以豐富我們的"史才"和"文才"，可謂一舉兩得。

第一章　史記［司馬遷］

一、越王句踐世家

【叙題】

司馬遷，字子長，夏陽（今陝西韓城）人，其生平大約同漢武帝相始終。先世為周代史官，父談於漢武帝時任太史令，有志於編寫一部通史，但生前沒有實現，臨終時囑咐司馬遷完成遺願。司馬遷十歲開始學習古文，後從董仲舒、孔安國學《公羊春秋》《古文尚書》。二十歲起漫遊祖國名山大川，考察古跡，採集傳說。為後來編寫《史記》作了很好的準備。武帝元封三年（前108），於父親司馬談死後，承襲父職為太史令。他博覽漢室藏書，參以遊歷見聞，在其父累積編次的大量史料基礎上，於太初元年（前104）開始《史記》的編寫。天漢二年（前99），李陵率兵隨李廣利出擊匈奴，兵敗投降。司馬遷在朝廷眾議中認為有情可原，被漢武帝認為是貶責自己愛姬李夫人之兄李廣利，而替李陵開脫。被處腐刑，在獄中，他仍寫作不輟，三年後出獄，授大多由宦官充任的中書令。使他更發憤著述更加發奮編撰《史記》。去世多年後，外孫楊惲才把這部52萬多字的不朽名著公諸於世。

《史記》是我國第一部紀傳體通史，記載自黃帝至漢武帝時三千多年歷史，凡52萬餘言，130篇，分十二"本紀"、十"表"、八"書"、三十"世家"、七十"列傳"。各體有機配合，構成了這部"究天人之際，通古今之變，成一家之言"（《報任安書》）的歷史巨著。

本篇記載越國的興亡，著重記敘越王句踐遭會稽之恥，臥薪嚐膽、禮賢下士，與百姓同甘共苦。發奮圖強，終於戰勝吳國，稱霸于諸侯。范蠡輔佐句踐成就霸業，故太史公又於此附范蠡傳。范蠡做官，能深謀遠慮、運籌帷幄，終使國富民強；理家，能辛苦勞作、慘澹經營，終使家產累積數十萬，被人們稱頌。篇末敘寫范蠡極力營救在楚殺人的兒子，曲折有致，頗具戲劇性，故亦有人認為"必好事者為之，非實也"。

越王句踐，其先禹之苗裔，而夏後帝少康之庶子也。封於會稽，以奉守禹之祀。文身斷髮，披草萊而邑焉。後二十餘世，至於允常。允常之時，與吳王闔廬戰而相怨伐。允常卒，子句踐立，是為越王。

　　元年，吴王阖庐闻允常死，乃兴师伐越。越王句践使死士挑战，三行，至吴陈，呼而自到。吴师观之，越因袭击吴师，吴师败于檇李，射伤吴王阖庐。阖庐且死，告其子夫差曰："必毋忘越。"

　　三年，句践闻吴王夫差日夜勒兵，且以报越，越欲先吴未发往伐之。范蠡谏曰："不可。臣闻兵者凶器也，战者逆德也，争者事之末也。阴谋逆德，好用凶器，试身于所末，上帝禁之，行者不利。"越王曰："吾已决之矣。"遂兴师。吴王闻之，悉发精兵击越，败之夫椒。越王乃以余兵五千人保栖于会稽。吴王追而围之。

【注疏】

　　庶子：宗法社会中非正妻所生之子。文身：在身上刺花纹；斷髮：剪短头发。萊：野草。允常：春秋末年越国国君，越侯夫谭之子。阖庐：春秋末年吴国君，吴王诸樊之子，名光，杀死其侄吴王僚而自立。元年：指越王句践元年，即西元前496年。死士：勇战之士。三行：排成三行。陈（zhèn）：通"阵"。檇李：地名；又作"醉李"、"就李"。故地在今浙江嘉兴西南。勒：约束，统帅。范蠡：春秋末年楚国宛（今河南南阳）人，字少伯，越大夫。越为吴所败，曾赴吴为质二年。又辅佐越王句践，官至上将军。越灭吴后，離越经商，号陶朱公。夫椒：山名，在今浙江绍兴市北。保栖：守卫居住。

　　越王谓范蠡曰："以不听子故至于此，为之奈何？"蠡对曰："持满者与天，定倾者与人，节事者以地。卑辞厚礼以遗之，不许，而身与之市。"句践曰："诺。"乃令大夫种行成于吴，膝行顿首曰："君王亡臣句践使陪臣种敢告下执事：句践请为臣，妻为妾。"吴王将许之。子胥言于吴王曰："天以越赐吴，勿许也。"种还，以报句践。句践欲杀妻子，燔宝器，触战以死。种止句践曰："夫吴太宰嚭贪，可诱以利，请间行言之。"于是句践以美女宝器令种间献吴太宰嚭。嚭受，乃见大夫种于吴王。种顿首言曰："原大王赦句践之罪，尽入其宝器。不幸不赦，句践将尽杀其妻子，燔其宝器，悉五千人触战，必有当也。"嚭因说吴王曰："越以服为臣，若将赦之，此国之利也。"吴王将许之。子胥进谏曰："今不灭越，后必悔之。句践贤君，种、蠡良臣，若反国，将为乱。"吴王弗听，卒赦越，罢兵而归。

　　句践之困会稽也，喟然叹曰："吾终于此乎？"种曰："汤系夏台，文王囚羑里，晋重耳奔翟，齐小白奔莒，其卒王霸。由是观之，何遽不为福乎？"

【注疏】

　　大夫种：即越国大夫文种，字少禽，一作"子禽"，楚国郢（今湖北江陵）人。佐句践灭吴后被杀。子胥：即伍员（yún），原是楚国人，父兄遭楚平王杀害后，逃至吴国，为吴王谋臣。持满：谓处在盛滿的狀態。與天：即天與，得到天的保佑。定傾：平定危難。與人：得到人的幫助。以地：得到地利。"以"與"與"，義同。遺：贈送。行成：求和。下執事：指待從左右供使令的人。觸戰：拼一死戰。間行：潛行，從小路走。間獻：暗中進獻。見：推薦，介紹。有當：有相當的代價。說：勸說。以：通"已"。反：通"返"

喟然：歎氣貌。湯：商朝開國之君。系：拘囚"夏台"，又稱"均台"，夏朝監獄名，相傳湯曾被夏王桀囚禁於此。文王：周文王姬昌，周朝的開國之君。羑裏：地名，故地在今河南湯陰縣北，周文王曾被商紂王囚禁於此。重耳：晉文公的名字，春秋時期的霸主之一。翟（dí）同"狄"，指翟國，故地在今山西省境内。小白：齊桓公的名字，春秋時期的霸主之一。莒（jǔ）：春秋時小國，故地在今山東莒縣一帶。

　　吳既赦越，越王句踐反國，乃苦身焦思，置膽於坐，坐臥即仰膽，飲食亦嘗膽也。曰："女忘會稽之恥邪？"身自耕作，夫人自織，食不加肉，衣不重采，折節下賢人，厚遇賓客，振貧吊死，與百姓同其勞。欲使范蠡治國政，蠡對曰："兵甲之事，種不如蠡；鎮撫國家，親附百姓，蠡不如種。"於是舉國政屬大夫種，而使范蠡與大夫柘稽行成，為質于吳。二歲而吳歸蠡。

　　句踐自會稽歸七年，拊循其士民，欲用以報吳。大夫逢同諫曰："國新流亡，今乃復殷給，繕飾備利，吳必懼，懼則難必至。且鷙鳥之擊也，必匿其形。今夫吳兵加齊、晉，怨深于楚、越，名高天下，實害周室，德少而功多，必淫自矜。為越計，莫若結齊，親楚，附晉，以厚吳。吳之志廣，必輕戰。是我連其權，三國伐之，越承其弊，可克也。"句踐曰："善。"

【注疏】

坐：通"座"。折節：屈己下人。振：救濟。屬：通"囑"。柘稽：越國大夫。拊循：安撫，撫慰。逢（péng）：姓。殷給：富足。備利：指備戰。必匿其形：指鷙鳥掠食前的卑飛斂翼。連：相牽引、把握。權：權宜。承：通"乘"。

　　居二年，吳王將伐齊。子胥諫曰："未可。臣聞句踐食不重味，與百姓同苦樂。此人不死，必為國患。吳有越，腹心之疾，齊與吳，疥癬也。願王釋齊，先越。"吳王弗聽，遂伐齊，敗之艾陵，虜齊高、國以歸。讓子胥。子胥曰："王毋喜！"王怒，子胥欲自殺，王聞而止之。越大夫種曰："臣觀吳王政驕矣，請試嘗之貸粟，以蔔其事。"請貸，吳王欲與，子胥諫勿與，王遂與之，越乃私喜。子胥言曰："王不聽諫，後三年吳其墟乎！"太宰嚭聞之，乃數與子胥爭越議，因讒子胥曰："伍員貌忠而實忍人，其父兄不顧，安能顧王？王前欲伐齊，員強諫，已而有功，用是反怨王。王不備伍員，員必為亂。"與逢同共謀，讒之王。王始不從，乃使子胥於齊，聞其托子於鮑氏，王乃大怒，曰："伍員果欺寡人！"役反，使人賜子胥屬鏤劍以自殺。子胥大笑曰："我令而父霸，我又立若，若初欲分吳國半予我，我不受，已，今若反以讒誅我。嗟乎，嗟乎，一人固不能獨立！"報使者曰："必取吾眼置吳東門，以觀越兵入也！"於是吳任嚭政。

【注疏】

艾陵：地名，故地在今山東泰安縣東南。高、國：當時齊國兩個大世族。忍人：殘忍之人。其父兄不顧：言伍子胥只顧自己活命，不管父兄死活，其父伍奢、其兄伍尚均為楚平王殺害。聞其托子于鮑氏：伍子胥感到吳國不安全，就乘出使齊國時，把兒子交給齊國大夫鮑牧撫養，改姓為王孫氏。故吳王視為通敵。屬鏤（zhú lú）：劍名。我令而父霸：伍子胥自楚到吳後，幫助闔廬刺死吳王僚，奪得王位。又謀劃西敗楚國，北逼齊國，東南征服越國，成為中原霸主。我又立若：闔廬數子爭立太子，伍子胥向闔廬力爭，夫差才得以繼承王位。若：你。眼置吳東門：據《國語·吳語》載：子胥"遂自殺。將死，曰：'以懸吾目於東門，以見越之入，吳國之亡也。'王慍曰：'孤不使大夫得有見也。'乃使取申胥之屍，盛以鴟（皮袋），而投之于江。"

居三年，句踐召范蠡曰："吳已殺子胥，導諛者眾，可乎？"對曰："未可。"至明年春，吳王北會諸侯於黃池，吳國精兵從王，惟獨老弱與太子留守。句踐復問範蠡，蠡曰："可矣"。乃發習流二千人，教士四萬人，君子六千人，諸禦千人，伐吳。吳師敗，遂殺吳太子。吳告急於王，王方會諸侯於黃池，懼天下聞之，乃秘之。吳王已盟黃池，乃使人厚禮以請成越。越自度亦未能滅吳，乃與吳平。

其後四年，越復伐吳。吳士民罷弊，輕銳盡死于齊、晉。而越大破吳，因而留圍之三年，吳師敗，越遂復棲吳王於姑蘇之山。吳王使公孫雄肉袒膝行而前，請成越王曰："孤臣夫差敢布腹心，異日嘗得罪於會稽，夫差不敢逆命，得與君王成以歸。今君王舉玉趾而誅孤臣，孤臣惟命是聽，意者亦欲如會稽之赦孤臣之罪乎？"句踐不忍，欲許之。范蠡曰："會稽之事，天以越賜吳，吳不取。今天以吳賜越，越其可逆天乎？且夫君王蚤朝晏罷，非為吳邪？謀之二十二年，一旦而棄之，可乎？且夫天與弗取，反受其咎。'伐柯者其則不遠'，君忘會稽之厄乎？"句踐曰："吾欲聽子言，吾不忍其使者。"范蠡乃鼓進兵，曰："王已屬政於執事，使者去，不者且得罪。"吳使者泣而去。句踐憐之，乃使人謂吳王曰："吾置王甬東，君百家。"吳王謝曰："吾老矣，不能事君王！"遂自殺。乃蔽其面，曰："吾無面以見子胥也！"越王乃葬吳王而誅太宰嚭。

【注疏】

吳王北會諸侯于黃池：指西元前482年吳王夫差在黃池大會諸侯，與晉國爭霸。黃池：地名，故地在今河南封丘縣西南。習流：指熟悉水戰的士兵。教士：指訓練有素的士兵。君子：此指國君的禁衛士兵。諸禦：指擔任各種職務的軍官。平：講和。

罷：通"疲"。姑蘇之山：山名，在今江蘇蘇州西南。布：陳述。蚤朝晏罷：意謂越王操勞國事，奮發圖強。蚤：通"早"。晏，晚。伐柯者其則不遠：語出《詩經·豳風·伐柯》："伐柯伐柯，其則不遠。"意謂用斧頭去砍伐樹枝作斧柄，它的法則不要遠求。此言不應失去良機滅吳，其理易知。柯，斧柄。則，法則、道理。執事：辦事之人，此為範蠡自稱。甬東：地名，故地在今浙江舟山島。君：統治。

　　句踐已平吳，乃以兵北渡淮，與齊、晉諸侯會於徐州，致貢於周。周元王使人賜句踐胙，命為伯。句踐已去，渡淮南，以淮上地與楚，歸吳所侵宋地于宋，與魯泗東方百里。當是時，越兵橫行于江、淮東，諸侯畢賀，號稱霸王。

　　范蠡遂去，自齊遺大夫種書曰："蜚鳥盡，良弓藏；狡兔死，走狗烹。越王為人長頸鳥喙，可與共患難，不可與共樂。子何不去？"種見書，稱病不朝。人或讒種且作亂，越王乃賜種劍曰："子教寡人伐吳七術，寡人用其三而敗吳，其四在子，子為我從先王試之。"種遂自殺……

　　句踐卒，子王鼫與立。王鼫與卒，子王不壽立。王不壽卒，子王翁立。王翁卒，子王翳立。王翳卒，子王之侯立。王之侯卒，子王無強立。

【注疏】

胙：祭祀用的肉。分胙，表示同享幸福。致貢于周：周王室於春秋末年已衰微，諸侯很少納貢；越王句踐勢力已達中原時，首先向周王室進貢，表示擁戴王室，並藉以提高自己的威望，謀取霸權地位。蜚：通"飛"。

　　王無強時，越興師北伐齊，西伐楚，與中國爭強。當楚威王之時，越北伐齊，齊威王使人說越王曰："……願大王之轉攻楚也。"於是越遂釋齊而伐楚。楚威王興兵而伐之，大敗越，殺王無強，盡取故吳地至浙江，北破齊於徐州。而越以此散，諸族子爭立，或為王，或為君，濱於江南海上，服朝于楚。

　　後七世，至閩君搖，佐諸侯平秦。漢高帝復以搖為越王，以奉越後。東越、閩君，皆其後也。

【注疏】

楚威王：戰國時楚國國君，名熊商。齊威王：戰國時齊國國君。閩君搖：殘存于秦漢之際的越國君主。

　　范蠡事越王句踐，既苦身戮力，與句踐深謀二十餘年，竟滅吳，報會稽之恥，北渡兵於淮以臨齊、晉，號令中國，以尊周室，句踐以霸，而范蠡稱上將軍。還反國，范蠡以為大名之下，難以久居，且句踐為人可與同患，難與處安，為書辭句踐曰：“臣聞主憂臣勞，主辱臣死。昔者君王辱于會稽，所以不死，為此事也。今既以雪恥，臣請從會稽之誅。”句踐曰：“孤將與子分國而有之。不然，將加誅於子。”范蠡曰：“君行令，臣行意。”乃裝其輕寶珠玉，自與其私徒屬乘舟浮海以行，終不反。於是句踐表會稽山以為范蠡奉邑。

范蠡浮海出齊，變姓名，自謂鴟夷子皮，耕於海畔，苦身戮力，父子治產。居無幾何，致產數十萬。齊人聞其賢，以為相。范蠡喟然歎曰：“居家則致千金，居官則至卿相，此布衣之極也。久受尊名，不祥。”乃歸相印，盡散其財，以分與知友鄉黨，而懷其重寶，間行以去，止於陶，以為此天下之中，交易有無之路通，為生可以致富矣。於是自謂陶朱公。復約要父子耕畜，廢居，候時轉物，逐什一之利。居無何，則致貲累巨萬。天下稱陶朱公。

【注疏】

戮力：並力，盡力。臨：靠近，進逼。號令：發號施令。上將軍：因軍功卓著而封之軍爵。辭：辭別，辭職。表：立標誌。奉邑：供給俸祿的封邑。《國語》記此段史實載環會稽三百里以為範蠡地，不言奉邑。

鴟夷子皮：子胥自殺，吳王用鴟夷裝了他的屍體，投之于江。範蠡自以為罪同子胥，故用“鴟夷子皮”自謂。鄉黨：泛指鄉里。間行：潛行，從小路走。陶：在今山東定陶縣西北。約要：約束，約定。廢居：此謂將貨物價賤買進，價貴賣出，以求厚利。廢：指出賣。居：此謂囤積。貲：通“資”。稱：稱道，稱讚。

朱公居陶，生少子。少子及壯，而朱公中男殺人，囚於楚。朱公曰：“殺人而死，職也。然吾聞千金之子不死於市。”告其少子往視之。乃裝黃金千溢，置褐器中，載以一牛車。且遣其少子，朱公長男固請欲行，朱公不聽。長男曰：“家有長子曰家督，今弟有罪，大人不遣，乃遣少弟，是吾不肖。”欲自殺。其母為言曰：“今遣少子，未必能生中子也，而先空亡長男，奈何？”朱公不得已而遣長子，為一封書遺故所善莊生。曰：“至則進千金於莊生所，聽其所為，慎無與爭事。”長男既行，亦自私齎數百金。

至楚，莊生家負郭，披藜藋到門，居甚貧。然長男發書進千金，如其父言。莊生曰：“可疾去矣，慎毋留！即弟出，勿問所以然。”長男既去，不過莊生而私留，以其私齎獻遺楚國貴人用事者。莊生雖居窮閻，然以廉直聞於國，自楚王以下皆師尊之。及朱公進金，非有意受也，欲以成事後復歸之以為信耳。故金至，謂其婦曰："此朱公之金。有如病不宿誡，後復歸，勿動。"而朱公長男不知其意，以為殊無短長也。

莊生間時入見楚王，言"某星宿某，此則害于楚"。楚王素信莊生，曰："今為奈何？"莊生曰："獨以德為可以除之。"楚王曰："生休矣，寡人將行之。"王乃使使者封三錢之府。楚貴人驚告朱公長男曰："王且赦。"曰："何以也？"曰："每王且赦，常封三錢之府。昨暮王使使封之。"朱公長男以為赦，弟固當出也，重千金虛棄莊生，無所為也，乃復見莊生。莊生驚曰："若不去邪？"長男曰："固未也。初為事弟，弟今議自赦，故辭生去。"莊生知其意欲復得其金，曰："若自入室取金。"長男即自入室取金持去，獨自歡幸。

莊生羞為兒子所賣，乃入見楚王曰："臣前言某星事，王言欲以修德報之。今臣出，道路皆言陶之富人朱公之子殺人囚楚，其家多持金錢賂王左右，故王非能恤楚國而赦，乃以朱公子故也。"楚王大怒曰："寡人雖不德耳，奈何以朱公之子故而施惠乎！"令論殺朱公子，明日遂下赦令。朱公長男竟持其弟喪歸。至，其母及邑人盡哀之，唯朱公獨笑，曰："吾固知必殺其弟也！彼非不愛其弟，顧有所不能忍者也。是少與我俱，見苦，為生難，故重棄財。至如少弟者，生而見我富，乘堅驅良逐狡兔，豈知財所從來，故輕棄之，非所惜吝。前日吾所為欲遣少子，固為其能棄財故也。而長者不能，故卒以殺其弟，事之理也，無足悲者。吾日夜固以望其喪之來也。"故范蠡三徙，成名於天下，非苟去而已，所止必成名。卒老死于陶，故世傳曰陶朱公。

【注疏】

中男：次子。職：常，常理。市：鬧市之中。黃金：此指銅錢。溢：通"鎰"，古代重量單位。二十兩為一鎰，或謂二十四兩為一鎰。家督：指長子，古代宗法制度規定長子管理家事，故稱。遺（wèi）：贈與。齎（jī）：攜帶。

負郭：靠近城郭。蓲（diào）：一種野草。過：訪，探望。獻遺：贈送。用事者：執政者，當權者。閒：巷門，巷。信：講信用。病不宿誡：自己何日生病不預先告知別人。殊：很。短長：過或不及，意謂效果無法預料。

間時：適當時機。某星宿某：天上某星的位置移到了某處。封三錢之府：封閉儲存錢幣（金、銀、銅）的倉庫。事弟：為了弟弟的案件。三徙：指范蠡由楚入越，佐句踐稱霸；離越赴齊；最後由齊至陶定居。

太史公曰：禹之功大矣，漸九川，定九州，至於今諸夏艾安。及苗裔句踐，苦身焦思，終滅強吳，北觀兵中國，以尊周室，號稱霸王。句踐可不謂賢哉！蓋有禹之遺烈焉。范蠡三遷皆有榮名，名垂後世。臣主若此，欲毋顯，得乎！

（正文據中華書局 1959 年版《史記》卷 41）

【注疏】

漸：疏導。九川：指弱、黑、河、沈、江、渭、淮、渭、洛九水。九州：常指冀、豫、雍、揚、兗、徐、梁、青、荆。艾安：同"乂安"，社會安定。艾：通"乂"，治理。

二、孫子吳起列傳

【叙題】

本篇可謂我國古代三位著名軍事家的合傳，着重記述孫武"吳宮教戰"，孫臏以兵法"圍魏救趙"、馬陵道與龐涓智鬥，以及吳起在魏、楚兩國一展軍事才能，使之富國強兵的事蹟。全篇以兵法作骨貫穿始末，把不同時代、不同經歷、不同國度的三位軍事家同其他眾多人物、紛繁復雜的軍事事件，通過"兵法"連綴一起，戲劇性地刻畫了歷史人物的性格，諸如孫武執法如山、不苟言笑，吳起求將殺妻、"齧臂而盟"，龐涓妒嫉等等，形象鮮明，栩栩如生，又各具特徵。

孫子武者，齊人也。以兵法見於吳王闔廬。闔廬曰："子之十三篇，吾盡觀之矣，可以小試勒兵乎？"對曰："可。"闔廬曰："可試以婦人乎？"曰："可。"於是許之。出宮中美女，得百八十人。孫子分為二隊，以王之寵姬二人各為隊長，皆令持戟。令人曰："汝知而心與左右手、背乎？"婦人曰："知之"。孫子曰："前，則視心；左，視左手；右，視右手；後，即視背。"婦人曰："諾。"約束既布，乃設鈇鉞，即三令五申之。於是鼓之右，婦人復大笑。孫子曰："約束不明，申令不熟，將之罪也。"復三令五申而鼓之左，婦人復大笑。孫子曰"約束不明，申令不熟，將之罪也；既已明而不如法者，吏士之罪也。"乃欲斬左右隊長。吳王從臺上觀，見且斬愛姬，大駭。趣使使下令曰："寡人已知將軍能用兵矣。寡人非此二姬，食不甘味，願勿斬也。"孫子曰："臣既已受命為將，將在軍，君命有所不受。"遂斬隊長二人以徇。用其次為隊長，於是復鼓之。婦人左右前後跪起皆中規矩繩墨，無敢出聲。於是孫子使使報王曰："兵既整齊，王可試下觀之，唯王所欲用之，雖赴水火猶可也。"吳王曰："將軍甘休就舍，寡人不願下觀。"孫子曰："王徒好其言，不能用其實。"於是闔廬知孫子能用兵，卒以為將。西破強楚，入郢，北威齊晉，顯名諸侯，孫子與有力焉。

【注疏】

十三篇：指孫武撰寫的《孫子兵法》，亦稱《孫子》，是我國最早的偉大兵書。現存《孫子》十三篇是《始計》《作戰》《謀攻》《軍形》《兵勢》《虛實》《軍爭》《九變》《行軍》《地形》《九地》《火攻》《用間》。小試：以小規模操演作試驗。勒兵：用兵法統率指揮軍隊。勒：約束、統率。姬：侍妾。戟：古代青銅制兵器，具有戈和矛的特徵，能直刺，又能橫擊。而：你的，你們的。約束：號令、規定。鈇：鍘刀，用作腰斬的刑具。鉞：亦指刑戮之具。三令五申：謂多次重復申明紀律。鼓：擊鼓發令。不如法：不按照號令去做。吏士：指兩個隊長。趣：通"促"，催促。使使：派遣使者。甘味：感覺到味道的甜美。徇：示眾。中：符合。規矩：校正圓形和方形的器具，此謂軍令、紀律。繩墨：木工用以正曲直的墨線。就舍：回到賓館。徒：只。與：參與。

孫武既死，後百余歲有孫臏。臏生阿鄄之間，臏亦孫武之後世子孫也。孫臏嘗與龐涓俱學兵法。龐涓既事魏，得為惠王將軍，而自以為能不及孫臏，乃陰使召孫臏。臏至，龐涓恐其賢於己，疾之，則以法刑斷其兩足而黥之，欲隱勿見。

齊使者如梁，孫臏以刑徒陰見，說齊使。齊使以為奇，竊載與之齊。齊將田忌善而客待之。忌數與齊諸公子馳逐重射。孫子見其馬足不甚相遠，馬有上、中、下輩。於是孫子謂田忌曰："君弟重射，臣能令君勝。"田忌信然之，與王及諸公子逐射千金。及臨質，孫子曰："今以君之下駟與彼上駟，取君上駟與彼中駟，取君中駟與彼下駟。"既馳三輩畢，而田忌一不勝而再勝，卒得王千金。於是忌進孫子於威王。威王問兵法，遂以為師。

【注疏】

能：才能，本領。陰：暗中，秘密地。疾：妒忌，忌恨。法刑：假借罪名處刑。黥：墨刑，用刀刺刻犯人面額後塗以墨。見：同"現"，顯現。

如：往。刑徒：受過刑的犯人。說：遊說。奇：難得的人才。竊：秘密地。善：賞識。客待之：像對待賓客一樣對待他。諸公子：貴族子弟。馳逐：指賽馬。重射：押重金賭輸贏。馬足：馬的腳力，速度。弟：但，只管，又寫作"第"。臨質：臨場比賽。質：對，評斷。再勝：兩次獲勝。以為師：把孫臏當作老師。

其後魏伐趙，趙急，請救于齊。齊威王欲將孫臏，臏辭謝曰："刑餘之人不可。"於是乃以田忌為將軍，而孫子為師，居輜車中，坐為計謀。田忌欲引兵之趙，孫子曰："夫解雜亂紛糾者不控卷，救鬥者不搏撠，批亢搗虛，形格勢禁，則自為解耳。今梁趙相攻，輕兵銳卒必竭於外，老弱罷於內。君不若引兵疾走大梁，據其街路，衝其方虛，彼必釋趙而自救。是我一舉解趙之圍而收弊于魏也。"田忌從之。魏果去邯鄲，與齊戰于桂陵，大破梁軍。

【注疏】

刑餘之人：受過肉刑、身體不完整的人。輜車：帶有帷蓋的車子。雜亂紛糾：此謂事情糾纏，沒有頭緒。控卷（quán）：不能緊握拳頭，此謂控制、操縱，卷：通"拳"。搗：刺。批亢搗虛：撇開敵人充實之地，衝擊敵人空虛之地。批：排除、撇開。亢：充滿。形格勢禁：指敵人的局勢發生了被阻遏的變化，對原來的進攻計畫必然有所顧忌。格：被阻遏。禁：顧忌。竭：精疲力盡。罷：通"疲"，疲乏。疾：趕快。方虛：正當空虛處。收弊于魏：坐收魏軍自行挫敗的效果。

後十三歲，魏與趙攻韓，韓告急於齊。齊使田忌將而往，直走大梁。魏將龐涓聞之，去韓而歸，齊軍既已過而西矣。孫臏謂田忌曰："彼三晉之兵，素悍勇而輕齊，齊號為怯，善戰者因其勢而利導之。兵法，百里而趣利者蹶上將，五十里而趣利者軍半至。使齊軍入魏地為十萬灶，明日為五萬灶，又明日為三萬灶。"龐涓行三日，大喜，曰："我固知齊軍怯，入吾地三日，士卒亡者過半矣。"乃棄其步軍，與其輕銳倍日並行逐之。孫臏度其行，暮當至馬陵。馬陵道狹，而旁多阻隘，可伏兵，乃斫大樹白而書之曰："龐涓死於此樹之下"。於是令齊軍善射者萬弩，夾道而伏，期曰"暮見火舉而俱發"。龐涓果夜至斫木下，見白書，乃鑽火燭之。讀其書未畢，齊軍萬弩俱發，魏軍大亂相失。龐涓自知智窮兵敗，乃自剄，曰："遂成豎子之名！"齊因乘勝盡破其軍，虜魏太子申以歸。孫臏以此名顯天下，世傳其兵法。

【注疏】

既已過：已經越過齊國國境線。三晉之兵：此指魏國的士兵，春秋末年，三家分晉，成為戰國時的韓、趙、魏三國，史稱三晉。素：一向，向來。因其勢而利導之：順應魏兵認為齊兵膽怯的思想，讓齊兵偽裝膽怯逃亡，誘導魏軍深入。百里而趣利：用急行軍走百里去爭利的，就會和後續部隊脫節，可能犧牲上將；用急行軍走五十裏去爭利的，因為前後不能接應，部隊只有一半能夠趕到。語出《孫子·軍爭》："百里而爭利，則擒之將軍；勁者先，疲者後，其法十一而至；五十裏而爭利，則蹶上將軍，其法半至。"趣：同"趨"。蹶：受挫折。亡：逃跑。倍日並行：兩天的路程一天走到。度（duó）：估計，揣測。白：刮去樹皮使白木露出。書：寫。期：約定。鑽：古時取火方法。燭：照，照亮。書：字。相失：因潰散，彼此不相照應。豎子：小子，對人的蔑稱。

吳起者，衛人也，好用兵。嘗學於曾子，事魯君。齊人攻魯，魯欲將吳起，吳起取齊女為妻，而魯疑之。吳起於是欲就名，逐殺其妻，以明不與齊也。魯卒以為將。將而攻齊，大破之。

魯人或惡吳起曰："起之為人，猜忍人也。其少時，家累千金，遊仕不遂。遂破其家。鄉黨笑之，吳起殺其謗己者三十餘人，而東出衛郭門。與其母訣，齧臂而盟曰：'起不為卿相，不復入衛。'遂事曾子。居頃之，其母死，起終不歸。曾子薄之，而與起絕。起乃之魯，學兵法以事魯君。魯君疑之，起殺妻以求將。夫魯小國，而有戰勝之名，則諸侯圖魯矣。且魯衛，兄弟之國也，而君用起，則是棄衛。"魯君疑之，謝吳起。

【注疏】

嘗：曾經。取：同"娶"。於是：在當時。就名：成就名聲。就：完成。不與齊：不親附齊國。與：親附。

或：有的人。惡：詆毀。猜忍：猜疑而殘忍。遊仕：外出謀求做官。遂：遂心、如願。鄉黨：鄉里，《周禮》載古時二十五家為閭，四閭為族，五族為黨，五黨為州，五州為鄉。郭門：古代外城城門。訣：決絕、長別。齧（niè）臂而盟：咬胳膊發誓。薄：輕視。絕：斷絕關係。圖：算計，謀取。兄弟之國：指魯衛兩國皆出姬姓，故稱兄弟。謝：疏遠而不信任。

吳起於是聞魏文侯賢，欲事之。文侯問李克曰："吳起何如人哉？"李克曰："起貪而好色，然用兵司馬穰苴不能過也。"於是魏文侯以為將，擊秦，拔五城。起之為將，與士卒最下者同衣食。臥不設席，行不騎乘，親裹贏糧，與士卒分勞苦。卒有病疽者，起為吮之。卒母聞而哭之。人曰："子，卒也，而將軍自吮其疽，何哭為？"母曰："非然也。往年吳公吮其父，其父戰不旋踵，遂死於敵。吳公今又吮其子，妾不知其死所矣。是以哭之。"

文侯以吳起善用兵，廉平，盡能得士心，乃以為西河守，以拒秦、韓。魏文侯既卒，起事其子武侯。武侯浮西河而下，中流，顧而謂吳起曰："美哉乎山河之固，此魏國之寶也！"起對曰："在德不在險。昔三苗氏左洞庭，右彭蠡，德義不修，禹滅之。夏桀之居，左河濟，右泰華，伊闕在其南，羊腸在其北，修政不仁，湯放之。殷紂之國，左孟門，右太行，常山在其北，大河經其南，修政不德，武王殺之。由此觀之，在德不在險。若君不修德，舟中之人盡為敵國也。"武侯曰："善。"

【注疏】

貪：貪戀，此指貪求成就名聲。拔：攻克，奪取。贏糧：剩餘的軍糧。病疽：患毒瘡病。非然也：不是這樣，意謂不是為其子受吳起之愛護而哭。旋踵：形容時間短。旋：旋轉。踵：腳跟。

廉平：廉潔不貪，待人公平。浮：泛舟。中流：水流的中央。在德：此謂國家政權穩固在於施德於民，而不在於地理形勢的險要。德義不修：不施德政，不講信義。放：放逐。

吳起為西河守，甚有聲名。魏置相，相田文。吳起不悅，謂田文曰："請與子論功，可乎？"田文曰："可。"起曰："將三軍，使士卒樂死，敵國不敢謀，子孰與起？"文曰："不如子。"起曰："治百官，親萬民，實府庫，子孰與起？"文曰：不如子。"起曰："守西河而秦兵不敢東鄉，韓趙賓從，子孰與起？"文曰："不如子。"起曰："此三者，子皆出吾下，而位加吾上，何也？"文曰："主少國疑，大臣未附，百姓不信，方是之時，屬之於子乎？屬之於我乎？"起默然良久，曰："屬之子矣。"文曰："此乃吾所以居子之上也。"吳起乃自知弗如田文。

田文既死，公叔為相，尚魏公主，而害吳起。公叔之僕曰："起易去也。"公叔曰："奈何？"其僕曰："吳起為人節廉而自喜名也。君因先與武侯言曰：'夫吳起賢人也，而侯之國小，又與強秦壤界，臣竊恐起之無留心也。'武侯即曰：'奈何？'群因謂武侯曰：'試延以公主，起有留心則必受之，無留心則必辭矣。以此卜之。'君因召吳起而與歸，即令公主怒而輕君。吳起見公主之賤君也，則必辭。"於是吳起見公主之賤魏相，果辭魏武侯。武侯疑子而弗信也。吳起懼得罪，遂去，即之楚。

【注疏】

子孰與起：您跟我比，哪一個更好。孰與：相比較而言哪個好。不敢東鄉：不敢向東侵犯。鄉：同"向"。面對。賓從：服從、歸順，此謂結成同盟。加：任，居其位。主少國疑：國君年輕，故國人疑慮。屬：同"囑"，委託、託付。

尚：匹配，古代臣娶君之女謂尚。害：畏忌。喜名：好名譽聲望。壤界：國土相連。延：聘請，邀請。卜：判斷、推斷。輕：鄙薄，輕視。賤：蔑視。弗信：不信任。

楚悼王素聞吳起賢，至則相楚。明法審令，捐不急之官，廢公族疏遠者，以撫養戰鬥之士。要在強兵，破馳說之言縱橫者。於是南平百越；北並陳蔡，卻三晉；西伐秦。諸侯患楚之強。

故楚之貴戚盡欲害吳起。及悼王死，宗室大臣作亂而攻吳起，吳起走之王屍而伏之。擊起之徒因射刺吳起，並中悼王。悼王既葬，太子立，乃使令尹盡誅射吳起而並中王屍者。坐射起而夷宗者七十餘家。

【注疏】

明法：使法規明確，依法辦事。審令：令出必行。審：察。捐不急之官：淘汰裁減無關緊要的冗員。捐：棄置。廢公族疏遠者：停止對疏遠的王族成員的按例供給。要：致力於。破：揭穿，剖析。馳說：往來奔走遊說。縱橫：齊、楚、趙、韓、魏、燕六國形成南北關係的縱線聯合以抗秦國，叫合縱；六國分別與秦國形成東西關係的聯盟，稱連橫。卻：打退。

故楚之貴戚：指以往被吳起停止供給的疏遠貴族。宗室：同一祖宗的貴族。走之王屍而伏之：跑過去俯伏在悼王的屍體上。中：擊中目標。坐：因事犯罪。夷宗：滅族。夷：滅盡，殺絕。

太史公曰：世俗所稱師旅，皆道《孫子》十三篇，吳起《兵法》，世多有，故弗論，論其行事所施設者。語曰："能行之者未必能言，能言之者未必能行。"孫子籌策龐涓明矣，然不能蚤救患於被刑。吳起說武侯以形勢不如德，然行之於楚，以刻暴少恩亡其軀。悲夫！

（正文據中華書局 1959 年版《史記》卷 65）

【注疏】

稱：稱道，稱譽。師旅：軍隊通稱，古代軍制以二千五百人為師，五百人為旅。施設：設施、安排。語曰：常言道。籌策：謀劃。蚤：通"早"。被刑：遭受酷刑。刻：刻薄。少恩：少施恩惠。亡：喪送。

第二章　漢書［班固］

一、蘇武傳

【叙题】

班固（32～92），字孟堅，扶風安陵（今咸陽市東）人，東漢著名史學家。《後漢書·班固傳》稱他"年九歲，能屬文，誦詩賦。及長，遂博貫載籍，九流百家之言，無不窮究。所學無常師，不為章句，舉大義而已"。著有《兩都賦》《答賓戲》《幽通賦》等。《詠史詩》最早。在史學界，他與司馬遷一起被稱為"班馬"或"馬班"；在文學界，他又與揚雄、張衡一起被稱為"班揚""班張"，也有人將他與馬融並稱"班馬"。

其父班彪時任，曾續司馬遷《史記》作《史記後傳》，未成而故。班固《漢書》即在《後傳》的基礎上撰成。後因有人向漢明帝誣告他篡改國史，被捕入獄。其弟班超上書辯解，獲釋後任蘭台令史，二十餘年完成《漢書》初稿。漢和帝永元初年，班固隨從車騎將軍竇憲出擊匈奴，參預謀議。不久竇憲因謀反案被誅，班固受牽連被捕，四年後死於獄中。其妹班昭及同郡馬續補作《天文志》和八表。班昭是"二十四史"中絕無僅有的女作者。

《漢書》是我國第一部紀傳體斷代史，共百篇，120卷，分十二紀、八表、十志、七十傳，記載自高祖劉邦至王莽二百餘年間的歷史。歷來《漢書》與《史記》並稱。范曄謂"遷文直而事核，固文贍而事詳。"（《後漢書·班彪列傳》）史學家劉知幾謂《漢書》特色"言皆精煉，事甚該密。"（《史通·六家》）《漢書·河間獻王德傳》載漢景帝劉啟之子河間獻王（卒後諡獻）劉德"修學好古，實事求是。從民得善書，必為好寫與之，留其真，加金帛賜以招之。"鑒別古籍文本真偽，腳踏實地，刻苦鑽研，士人中傳為美名。顏師古注曰"務得事實，每求真是也"。班固正是如此，做到了"實事求是"。

班固曾批評司馬遷"論是非頗謬於聖人"，認為他沒有完全以孔子思想作為判斷歷史是非的標準，反映了兩个人史學觀之分歧，可見東漢時期儒家思想已在史學領域確立封建正統思想。另外，《漢書》喜用古字古詞，比較難讀。

本篇選自《漢書·李廣蘇建傳》，李廣與其孫李陵、蘇建及其子蘇武四人，都是漢朝對匈奴戰爭中的重要人物，故班固將其傳記合而為一。本篇敘寫了民族英雄蘇武出使匈奴被扣留 19 年歷盡艱辛、持節不屈的事蹟，熱烈頌揚了他在敵人面前富貴不能淫、貧賤不能移、威武不能屈、饑寒壓不倒、私情無所動的浩然正氣，充分肯定了他堅毅忠貞、大義凜然、視死如歸的民族氣節。

武字子卿，少以父任，兄弟並為郎，稍遷至栘中廄監。時漢連伐胡，數通使相窺觀，匈奴留漢使郭吉、路充國等，前後十餘輩。匈奴使來，漢亦留之以相當。

天漢元年，且鞮侯單于初立，恐漢襲之，乃曰：“漢天子我丈人行也。”盡歸漢使路充國等。武帝嘉其義，乃遣武以中郎將使持節送匈奴使留在漢者，因厚賂單于，答其善意。

武與副中郎將張勝及假吏常惠等募士斥候百餘人俱。既至匈奴，置幣遺單于。單于益驕，非漢所望也。

【注疏】

武：蘇武。以父任：因為父親職位的關係而任官。漢制，官俸二千石以上官員，任滿三年，其子弟可保任郎官。蘇武之父蘇建，以軍功封平陵侯，任代郡太守，故其子三人都被保任為郎官。兄弟：指蘇嘉、蘇武、蘇賢三兄弟。郎：官名，皇帝近侍。栘（yí）中廄（jiù）監：漢宮栘園中掌管鞍馬鷹犬等射獵工具的官。數（shuò）：屢次。窺觀：窺探、觀察。輩：批。且（jū）鞮（dī）侯單（chán）于：匈奴王，前 100 年繼位。且鞮侯：單于之封號。丈人行：父輩，長輩。中郎將：官名。節：即旄節，使臣所持信物，以竹為杆，柄長八尺，其上綴犛牛尾，共三層。假吏：臨時充任的官。斥候：偵察人員。俱：一同出發。置幣：準備財物。遺（wèi）：贈送。

方欲發使送武等，會緱王與長水虞常等謀反匈奴中。緱王者，昆邪王姊子也，與昆邪王俱降漢，後隨浞野侯没胡中。及衛律所將降者，陰相與謀劫單于母閼氏歸漢。會武等至匈奴，虞常在漢時素與副張勝相知，私候勝曰：“聞漢天子甚怨衛律，常能為漢伏弩射殺之。吾母與弟在漢，幸蒙其賞賜。”張勝許之，以貨物與常。後月餘，單于出獵，獨閼氏子弟在。虞常等七十餘人欲發，其一人夜亡，告之。單于子弟發兵與戰。緱王等皆死，虞常生得。

【注疏】

會：適逢。緱王：匈奴的一個貴族。長水：水名，在今陝西藍田，此謂長水校尉。昆（hún）邪王：匈奴貴族，于武帝元狩二年（前 121 年）降漢。浞（zhuó）野侯：漢將趙破奴的封號，曾出兵匈奴，全軍皆被匈奴包圍俘獲。衛律：其父為長水胡人，律生長于漢，任漢使，後投降匈奴，被封為丁零王。閼氏（yān zhī）：匈奴王后的稱號。候：拜訪。幸蒙：希望受到。其：指漢朝廷。

單于使衛律治其事。張勝聞之，恐前語發，以狀語武。武曰：“事如此，此必及我。見犯乃死，重負國。”欲自殺，勝、惠共止之。虞常果引張勝。單于怒，召諸貴人議，欲殺漢使者。左伊秩訾曰：“即謀單于，何以復加？宜皆降之。”單于使衛律召武受辭，武謂惠等：“屈節辱命，雖生，何面目以歸漢！”引佩刀自刺。衛律驚，自抱持武，馳召醫。鑿地為坎，置熅火，覆武其上，蹈其背以出血。武氣絕，半日復息。惠等哭，輿歸營。單于壯其節，朝夕遣人候問武，而收系張勝。

【注疏】

治：審理。發：洩露。狀：情況，作動詞用，意謂告訴。見犯：被（匈奴）侮辱。引：牽引，牽扯。左伊秩訾（zǐ）：匈奴王號。匈奴王號有左、右之分。受辭：受審，取口供。醫：古“醫”字。坎：坑穴。熅（yūn）火：微弱無焰的火。蹈（tāo）：通“掐”，叩，輕敲。輿：車、轎，作動詞用，意謂載送。

武益愈。單于使使曉武，會論虞常，欲因此時降武。劍斬虞常已，律曰：“漢使張勝謀殺單于近臣，當死，單于募降者赦罪。”舉劍欲擊之，勝請降。律謂武曰：“副有罪，當相坐。”武曰：“本無謀，又非親屬，何謂相坐？”復舉劍擬之，武不動。律曰：“蘇君，律前負漢歸匈奴，幸蒙大恩，賜號稱王，擁眾數萬，馬畜彌山，富貴如此。蘇君今日降，明日復然。空以身膏草野，誰復知之！”武不應。律曰：“君因我降，與君為兄弟，今不聽吾計，後雖欲復見我，尚可得乎？”武罵律曰：“女為人臣子，不顧恩義，畔主背親，為降虜於蠻夷，何以女為見？且單于信女，使決人死生，不平心持正，反欲鬥兩主，觀禍敗。南越殺漢使者，屠為九郡；宛王殺漢使者，頭縣北闕；朝鮮殺漢使者，即時誅滅。獨匈奴未耳。若知我不降明，欲令兩國相攻，匈奴之禍從我始矣。”

【注疏】

使使：派遣使者。曉：通知。會：共同。論：判定罪名。募：招求。相坐：指犯法之人的親屬也要連同治罪。擬：比畫。膏：此謂用作肥料。女：通“汝”。畔：通“叛”，背叛。南越：漢代國名，在今廣東廣西一帶，武帝時，南越王相呂嘉殺死南越王、王太后及漢使者，遭漢武帝遣將討伐，次年南越降，呂嘉被殺，遂以南越之地，設置儋耳、南海、蒼梧等九郡。宛王殺漢使者：太初元年（前104），漢武帝遣使者往大宛（今吉爾吉斯斯坦境內）求良馬，大宛殺漢使，武帝大怒，派大將李廣利率軍討伐圍攻大宛，次年國王被殺。縣：通“懸”。朝鮮殺漢使者，即時誅滅：元封二年（西元前109），朝鮮發兵殺漢使涉何，漢武帝遣將攻朝鮮，次年朝鮮王右渠被部下所殺，降漢。若：你。

律知武終不可脅，白單于。單于愈益欲降之，乃幽武置大窖中，絕不飲食。天雨雪，武臥齧雪與旃毛並咽之，數日不死，匈奴以為神。乃徙武北海上無人處，使牧羝，羝乳乃得歸。別其官屬常惠等，各置他所。

武既至海上，廩食不至，掘野鼠去實而食之。杖漢節牧羊，臥起操持，節旄盡落。積五六年，單于弟於靬王弋射海上。武能網紡繳，檠弓弩，於靬王愛之，給其衣食。三歲餘，王病，賜武馬畜服匿穹廬。王死後，人眾徙去。其冬，丁令盜武牛羊，武復窮厄。

【注疏】

白：陳述。幽：囚禁。窖（jiào）：儲存糧食的地穴。飲食：喝水、吃飯。雨：動詞。齧（niè）：咬。旃（zhān）：通“氈”，毯子。北海：當時匈奴的北界，即今俄羅斯的貝加爾湖。羝（dī）：公羊。乳：生育。

廩（lǐn）食：官方供給的糧食。去（jǔ），通“弆”，收藏。於（wū）靬（jiān）王：且鞮侯單于的弟弟。弋（yì）射：射獵。網：編織狩獵所用的網。繳（zhuó）：箭的尾部所系的絲繩。檠（qíng）：矯正弓弩的器具，指以檠矯正弓弩。服匿：盛酒酪的器皿，小口，大腹，方底。穹廬：大型的圓頂帳篷。丁令：即丁零，匈奴族的別支，當時衛律為丁零王，丁零盜蘇武牛羊，應是衛律主使。

初，武與李陵俱為侍中，武使匈奴明年，陵降，不敢求武。久之，單于使陵至海上，為武置酒設樂，因謂武曰：“單於聞陵與子卿素厚，故使陵來說足下，虛心欲相待。終不得歸漢，空自苦亡人之地，信義安所見乎？前長君為奉車，從至雍棫陽宮，扶輦下除，觸柱折轅，劾大不敬，伏劍自刎，賜錢二百萬以葬。孺卿從祠河東後土，宦騎與黃門駙馬爭船，推墮駙馬河中溺死，宦騎亡，詔使孺卿逐捕不得，惶恐飲藥而死。來時，大夫人已不幸，陵送葬至陽陵。子卿婦年少，聞已更嫁矣。獨有女弟二人，兩女一男，今復十餘年，存亡不可知。人生如朝露，何久自苦如此！陵始降時，忽忽如狂，自痛負漢，加以老母系保宮，子卿不欲降，何以過陵且陛下春秋高，法令亡常，大臣亡罪夷滅者數十家，安危不可知，子卿尚復誰為乎？願聽陵計，勿復有云。”

【注疏】

李陵：李廣孫，字少卿，其事蹟附於《漢書·李廣傳》後。武帝天漢二年（西元前99）以騎都尉統兵五千出擊匈奴，殺傷匈奴兵甚多，因無接應，力竭而降。侍中：官名，漢時為加官（即由他官兼任者），侍從皇帝左右，掌管乘輿服物。說（shuì）：勸說。足下：同輩相稱的敬辭。亡：通“無”。長君：指蘇武兄蘇嘉。奉車：即奉車都尉，官名，掌管皇帝出行時的車駕。雍：地名，在今陝西鳳翔。棫（yù）陽宮：秦宮名。輦（niǎn）：皇帝乘坐的車。除：臺階，又說為門與屏風之間。伏：通“服”，使用。孺卿：蘇武的弟弟蘇賢。祠：作動詞用，祭祀。河東：郡名，秦置，今山西境內黃河以東之地。後土：土地神。宦騎（jì）：充當騎從的宦官。黃門駙馬：皇帝的騎侍。駙馬：官名，掌管帝王隨從車輛馬匹。大夫人：指蘇武母親。陽陵：地名，在今陝西咸陽東。女弟：妹妹。忽忽：恍惚，失意貌。保宮：獄名，囚禁罪臣及家屬之所。春秋：年齡。

武曰：“武父子亡功德，皆為陛下所成就，位列將，爵通侯，兄弟親近，常願肝腦塗地。今得殺身自效，雖蒙斧鉞湯鑊，誠甘樂之。臣事君，猶子事父也，子為父死亡所恨。願勿復再言。"陵與武飲數日，復曰："子卿壹聽陵言。"武曰："自分已死久矣！王必欲降武，請畢今日之歡，效死於前！"陵見其至誠，喟然歎曰："嗟乎，義士！陵與衛律之罪上通於天。"因泣下沾衿，與武決去。

陵惡自賜武，使其妻賜武牛羊數十頭。後陵復至北海上，語武："區脫捕得雲中生口，言太守以下吏民皆白服，曰上崩。"武聞之，南鄉號哭，歐血，且夕臨。

【注疏】

位列將：指蘇武父親蘇建曾為右將軍，武為中郎將，兄嘉為奉車都尉，弟賢為騎都尉。爵通侯：指蘇建封平陵侯。斧鉞（yuè）湯鑊（huò）：古時兩種殘酷的極刑。鉞：大斧。鑊：大鍋。壹：一定。分（fèn）：料定。王：指李陵，匈奴封李陵為右校王。

惡（wù）：羞愧。區（ōu）脫：邊地，此指匈奴與漢交界地區。雲中：漢雲中郡，在今內蒙古自治區。生口：俘虜。崩：帝王死。鄉：通"向"，面向。歐：同"嘔"。臨：哭吊。

數月，昭帝即位。數年，匈奴與漢和親。漢求武等，匈奴詭言武死。後漢使復至匈奴，常惠請其守者與俱，得夜見漢使，具自陳道。教使者謂單于，言天子射上林中，得雁，足有系帛書，言武等在某澤中。使者大喜，如惠語以讓單于。單于視左右而驚，謝漢使曰："武等實在。"於是李陵置酒賀武曰："今足下還歸，揚名於匈奴，功顯於漢室，雖古竹帛所載，丹青所畫，何以過子卿！陵雖駑怯，令漢且貰陵罪，全其老母，使得奮大辱之積志，庶幾乎曹柯之盟，此陵宿昔之所不忘也。收族陵家，為世大戮，陵尚復何顧乎？已矣！令子卿知吾心耳。異域之人，壹別長絕！"陵起舞，歌曰："徑萬里兮度沙幕，為君將兮奮匈奴。路窮絕兮矢刃摧，士眾滅兮名已隤。老母已死，雖欲報恩將安歸！"陵泣下數行，因與武決。單于召會武官屬，前以降及物故，凡隨武還者九人。

【注疏】

昭帝：漢武帝子劉弗陵，前87年繼位。上林：漢苑名，在今陝西長安、周至、鄠縣一帶。讓：責備。竹帛：竹簡、白絹。丹青：繪畫用的顏料，這裏指圖畫。令：假使。貰（shì）：赦免、寬恕。曹柯之盟：指曹沫劫齊桓公之事。曹沫，春秋時魯人，為魯莊公將。齊軍伐魯，曹沫三戰皆敗，莊公遂獻地以求和，與齊盟于柯地。曹沫于盟時持匕首劫持齊桓公，迫使桓公歸還所侵之地。此處，李陵以曹沫自喻，說明想立功贖罪。宿昔：以前。族：滅族。壹：一旦。徑：作動詞用，行經。沙幕（mò）：同"沙漠"。隤（tuí）：墜，敗壞。決：通"訣"，永別。物故：死亡。

武以始元六年春至京師。詔武奉一太牢謁武帝園廟，拜為典屬國，秩中二千石，賜錢二百萬，公田二頃，宅一區。常惠、徐聖、趙終根皆拜為中郎，賜帛各二百匹。其餘六人老歸家，賜錢人十萬，復終身。常惠後至右將軍，封列侯，自有傳。武留匈奴凡十九歲，始以強壯出，及還，鬚髮盡白。……

（正文據中華書局 1962 年版《漢書》卷 54《漢書·李廣蘇建傳》

【注疏】

始元：漢昭帝年號。太牢：以一牛、一豬、一羊三牲為祭品的祭祀稱太牢。園：陵寢，帝后的葬所。廟：古代供祀祖先的處所。典屬國：官名，掌管歸附的少數民族事務。秩：官秩。漢代官吏，按照俸祿大小，分為中二千石、二千石、比二千石等不同的等級。區（qū）：建築物的量詞，相當於"一所"。復：免除徭役。

二、張騫傳

【叙題】

本傳敘述我國古代對外交流史上傳奇式英雄人物張騫的事蹟。漢武帝時期，國力強盛，改變以往的對外和親政策，開始對匈奴發起攻勢。為了聯絡西域各國，相約共擊匈奴，張騫奉命兩次出使西域。第一次於建元二年（前 139）出使月氏，途中在匈奴被扣留十餘年，後西逃經大宛、康居，到達大月氏和大夏，返歸時又遭匈奴扣留。前後歷盡 13 年艱險，行程數萬里，最後回到漢朝。第二次為元狩四年（前 119），他率領龐大的使團，攜帶價值數千萬的財物，跋涉萬里，抵達位於伊犁河流域的烏孫，然後又派出副使前往大宛、康居、月氏、大夏等國。張騫兩次出使，加強了中原與西域各族的聯繫，發展了漢朝與中亞各國人民的友好關係，促進了我國與西域的經濟文化交流，可謂我國歷史上一位著名的外交家。

本篇選自《張騫李廣利列傳》。李廣利即武帝寵姬李夫人之兄，於太初元年（前 104）奉命率兵至大宛貳師城索取汗血馬，故號貳師將軍。《史記》記載張騫事蹟非常簡略，附於《衛青傳》中，而於《大宛傳》記載張騫、李廣利事蹟卻較為詳細。《漢書》重新編排史料，將張騫、李廣利合為一傳，材料翔實，始末完整，充分顯示了漢武帝時代的國力和精神，對中西交流記下了濃重的筆墨。

張騫，漢中人也，建元中為郎。時，匈奴降者言匈奴破月氏王，以其頭為飲器，月氏遁而怨匈奴，無與共擊之。漢方欲事滅胡，聞此言，欲通使，道必更匈奴中，乃募能使者。騫以郎應募，使月氏，與堂邑氏奴甘父俱出隴西。徑匈奴，匈奴得之，傳詣單于。單于曰："月氏在吾北，漢何以得往使？吾欲使越，漢肯聽我乎？"留騫十餘歲，予妻，有子，然騫持漢節不失。

居匈奴西，騫因與其屬亡鄉月氏，西走數十日，至大宛。大宛聞漢之饒財，欲通不得，見騫，喜，問欲何之。騫曰："為漢使月氏而為匈奴所閉道，今亡，唯王使人道送我。誠得至，反漢，漢之賂遺王財物不可勝言。"大宛以為然，遣騫，為發道譯，抵康居。康居傳致大月氏。大月氏王已為胡所殺，立其夫人為王。既臣大夏而君之，地肥饒，少寇，志安樂。又自以遠遠漢，殊無報胡之心。

騫從月氏至大夏，竟不能得月氏要領。留歲餘，還，並南山，欲從羌中歸，復為匈奴所得。留歲餘，單于死，國內亂，騫與胡妻及堂邑父俱亡歸漢。拜騫太中大夫，堂邑父為奉使君。

騫為人強力，寬大信人，蠻夷愛之。堂邑父胡人，善射，窮急射禽獸給食。初，騫行時百餘人，去十三歲，唯二人得還。

【注疏】

漢中：今陝西漢中東。建元：漢武帝年號（前140～前135）。月氏（ròu zhī）：我國古代西北部的一個民族。秦漢之際居敦煌與祁連間，漢文帝時被匈奴擊敗，大部分人西遷至今新疆伊犁河上游，稱大月氏；少數沒有西遷的人進入祁連山，稱小月氏。胡：古代對西方和北方各少數民族的泛稱，此指匈奴。更：經過。堂邑：漢人之姓。徑：取道，路過。詣（yì）：到，到達。

亡：逃亡。鄉：通"向"，方向。大宛（yuān）：古西域國名，西南與大月氏為鄰，以盛產汗血馬著稱。道：通"導"，引導。遺（wèi）：贈送，給予。譯：譯員。康居：古西域國名，東鄰烏孫，西達奄蔡，南接大月氏，東南與大宛交界。臣：使動用法。大夏：中亞古國名，在今阿富汗北，後為大月氏所兼併。自以遠遠漢：前"遠"字為形容詞，意謂遙遠；後"遠"字為動詞，意謂疏遠。

要（yāo）領：比喻事物的重點或關鍵。顏師古注曰："要，衣要也。領，衣領也。凡持衣者則執要與領。言騫不能得月氏意趣，無以持歸於漢，故以要領為喻。"並（bàng）：靠近。南山：即今新疆南部喀喇崑崙山脈。羌：古族名，在今甘肅、青海等部分地區。堂邑父：即堂邑氏奴甘父。亡歸漢：時在元朔三年（前126）。太中大夫：官名，掌管議論。奉使君：堂邑父的封號。

強力：性格堅強而又有毅力。蠻夷：此謂西域各國各族。給：供給。

騫身所至者，大宛、大月氏、大夏、康居，而傳聞其旁大國五六，具為天子言其地形所有，語皆在《西域傳》。騫曰："臣在大夏時，見邛竹杖、蜀布，問：'安得此？'大夏國人曰：'吾賈人往市之身毒國。身毒國在大夏東南可數千里。其俗土著，與大夏同，而卑濕暑熱。其民乘象以戰。其國臨大水焉。'以騫度之，大夏去漢萬二千里，居西南。今身毒又居大夏東南數千里，有蜀物，此其去蜀不遠矣。今使大夏，從羌中，險，羌人惡之；少北，則為匈奴所得；從蜀，宜徑，又無寇。"

天子既聞大宛及大夏、安息之屬皆大國，多奇物，土著，頗與中國同俗，而兵弱，貴漢財物；其北則大月氏、康居之屬，兵強，可以賂遺設利朝也。誠得而以義屬之，則廣地萬里，重九譯，致殊俗，威德遍于四海。天子欣欣以騫言為然。乃令因蜀犍為發間使，四道並出：出駹，出莋，出徙、邛，出僰，皆各行一二千里。其北方閉氐、莋，南方閉巂、昆明。昆明之屬無君長，善寇盜，輒殺略漢使，終莫得通。然聞其西可千餘里，有乘象國，名滇越，而蜀賈間出物者或至焉，於是漢以求大夏道始通滇國。初，漢欲通西南夷，費多，罷之。及騫言可以通大夏，乃復事西南夷。

【注疏】

所有：所生之物產。邛（qióng）：漢代西南少數民族國名。一說即邛崍山，在成都平原西。賈人（gǔ）：商人。市：交易。身（yān）毒：古印度的音譯。土著：有城郭定居，不隨水草遷徙。度（duó）：忖度，推測。宜：當。徑：直。

安息：亞洲西部古國名，地處伊朗高原。設利朝：施利以誘令入朝。以義屬之：以道義使之臣屬。因：由，經。犍為：郡名，在今四川宜賓市西南。間使：求間隙而行的使者。駹（máng）、莋（zuò）、徙、邛、僰（bó）：我國古代西南少數民族名。閉：指漢使被閉塞。氐：古民族名，秦漢時分佈於今四川、陝西、甘肅等地區。巂（xī）、昆明：我國西南古族名。滇越：古部族名，分佈於今雲南騰沖一帶。間出物：指以物往私市。

騫以校尉從大將軍擊匈奴，知水草處，軍得以不乏，乃封騫為博望侯。是歲，元朔六年也。後二年，騫為衛尉，與李廣俱出右北平擊匈奴。匈奴圍李將軍，軍失亡多，而騫後期當斬，贖為庶人。是歲，驃騎將軍破匈奴西邊，殺數萬人，至祁連山。其秋，渾邪王率眾降漢，而金城、河西並南山至鹽澤，空無匈奴。匈奴時有候者到，而希矣。後二年，漢擊走單于於幕北。

天子數問騫大夏之屬。騫既失侯，因曰："臣居匈奴中，聞烏孫王號昆莫。昆莫父難兜靡本與大月氏俱在祁連、敦煌間，小國也。大月氏攻殺難兜靡，奪其地，人民亡走匈奴。子昆莫新生，傅父布就翕侯抱亡置草中，為求食，還，見狼乳之，又烏銜肉翔其旁，以為神，遂持歸匈奴，單于愛養之。及壯，以其父民眾與昆莫，使將兵，數有功。時，月氏已為匈奴所破，西擊塞王。塞王南走遠徙，月氏居其地。昆莫既健，自請單于報父怨，遂西攻破大月氏。大月氏復西走，徙大夏地。昆莫略其眾，因留居，兵稍強，會單于死，不肯復朝事匈奴。匈奴遣兵擊之，不勝，益以為神而遠之。今單于新困於漢，而昆莫地空。蠻夷戀故地，又貪漢物，誠以此時厚賂烏孫，招以東居故地，漢遣公主為夫人，結昆弟，其勢宜聽，則是斷匈奴右臂也。既連烏孫，自其西大夏之屬皆可招來而為外臣。"天子以為然，拜騫為中郎將，將三百人，馬各二匹，牛、羊以萬數，齎金幣帛直數千巨萬，多持節副使，道可便遣之旁國。

　　騫既至烏孫，致賜諭指，未能得其決。語在《西域傳》。騫即分遣副使使大宛、康居、月氏、大夏。烏孫發道譯送騫，與烏孫使數十人，馬數十匹。報謝，因令窺漢，知其廣大。騫還，拜為大行。歲餘，騫卒。後歲餘，其所遣副使通大夏之屬者皆頗與其人俱來，於是西北國始通於漢矣。然騫鑿空，諸後使往者皆稱博望侯，以為質於外國，外國由是信之。其後烏孫竟與漢結婚。……

（正文據中華書局 1962 年版《漢書》卷 61《張騫李廣利傳》）

【注疏】

　　大將軍：指衛青。衛尉：官名，掌管宮門警衛。右北平：郡名，在今河北東北部。驃騎將軍：指霍去病。渾邪王：匈奴之王號。金城：古縣名，在今甘肅蘭州西北。河西：古地區名，即河西走廊與湟水流域。南山：在今甘肅古浪西南。鹽澤：即莆昌海，在今新疆羅布泊地區。幕：通“漢”，沙漠。

　　烏孫：古族名。布就：翎侯中的別號。翎侯：烏孫大臣官名。塞：古族名。健：壯大。略：通“掠”，掠奪，強取。昆弟：兄弟。中郎將：官名。齎（jī）：帶著。

　　諭指：曉諭帝旨。諭：曉告。指：通“旨”，意旨。大行：官名，即大行令，漢武帝大初元年改名大鴻臚，掌接待賓客等事。鑿空：指開關交通。質：誠信。

第三章　後漢書［范曄］

一、朱浮傳

【叙題】

范曄（398～445），字蔚宗，南朝宋順陽（今河南淅川縣）人，晉豫章太守范甯之孫，宋侍中范泰之子。劉裕代晉稱帝后，入補兵部員外郎，出為荆州別駕從事史。後曾為征南大將軍檀道濟司馬，領新蔡太守，遷尚書吏部郎。又左遷宣城太守等；後因事牽累得罪處死。

范曄出身世族，少承家學，博學多才。"少好學，博涉經史，善為文章，能隸書，曉音律……性精微有思致，觸類多善，衣裳器服，莫不增損制度，世人皆法學之。"（《宋書·范曄傳》）無意于文名，"常恥作文士"。所著《後漢書》90卷體大思精，其中包括十紀、十志（未成）、八十列傳，起于光武帝劉秀起兵推翻王莽，終於漢獻帝劉協禪位於曹丕，是繼《漢書》後記載東漢歷史的重要史書。其《列女傳》《文苑列傳》《逸民傳》《黨錮傳》《宦者傳》等，或填補舊史空闕，或反映一代風尚，足稱良史。由於范曄生前未完成全書，後蕭梁時，劉昭為之作注，又取西晉司馬彪《續漢書》之八志補入，成今本120卷。

本篇選自《後漢書·朱馮虞鄭周列傳》，記載了東漢初期歷史人物朱浮的智慧和文采，特別是寫給政敵彭寵的書信，後世廣為流傳。他的《為幽州牧致彭寵書》，言詞犀利，膾炙人口。其中"凡舉事無為親厚者所痛，而為見仇者所快"一句，頗為後人傳誦。

朱浮字叔元，沛國蕭人也。初從光武為大司馬主簿，遷偏將軍，從破邯鄲。光武遣吳漢誅更始幽州牧苗曾，乃拜浮為大將軍幽州牧，守薊城，遂討定北邊。建武二年，封舞陽侯，食三縣。

浮年少有才能，頗欲厲風跡，收士心，辟召州中名宿涿郡王岑之屬，以為從事，及王莽時故吏二千石，皆引置幕府，乃多發諸郡倉穀，稟贍其妻子。漁陽太守彭寵以為天下未定，師旅方起，不宜多置官屬，以損軍實，不從其實。浮性矜急自多，頗有不平，因以峻文詆，寵亦很強，歉負其功，嫌怨轉積。浮密奏寵遣吏迎妻而不迎其母，又受貨賄，殺害友人，多聚兵穀，意計難量。寵既積怨，聞之，遂大怒，而舉兵攻浮。浮以書質責之曰：

【注疏】

軍實：指甲兵糧儲。矜急自多：矜誇自傲。峻：嚴切。詆：誣。質責：嚴正斥責。

"蓋聞知者順時而謀，愚者逆理而動，常竊悲京城太叔以不知足而無賢輔，卒自棄於鄭也。伯通以名字典郡，有佐命之功，臨人親職，愛惜倉庫，而浮秉征伐之任，欲權時救急，二者皆為國耳。即疑浮相譖，何不詣闕自陳，而為族滅之計乎？朝廷之於伯通，恩亦厚矣，委以大郡，任以威武，事有柱石之寄，情同子孫之親。匹夫媵母尚能致命一餐，豈有身帶三綬，職典大邦，而不顧恩義，生心外畔者乎！伯通與吏人語，何以為顏？行步拜起，何以為容？坐臥念之，何以為心？引鏡窺影，何施眉目？舉措建功，何以為人？惜乎棄休令之嘉名，造梟鴟之逆謀，捐傳世之慶祚，招破敗之重災，高論堯、舜之道，不忍桀、紂之性，生為世笑，死為愚鬼，不亦哀乎！

【注疏】

京城太叔：《左傳》載鄭莊公之弟共叔段，居於京，故稱京城太叔，後襲鄭，兵敗出奔共。伯通：彭寵字。以名字：憑藉顯著名聲。有佐命之功：指曾發步兵三千人增援光武帝之事。任以威武：指光武第賜彭寵號大將軍。柱石：喻棟樑之才。身帶三綬：指彭寵任漁陽太守、建忠侯、大將軍。梟鴟：傳說為不孝之鳥，其子長大後，反而食其母鳥。

"伯通與耿俠游俱起佐命，同被國恩。俠游廉讓，屢有降挹之言；而伯通自伐，以為功高天下。往時遼東有豕，生子白頭，異而獻之，行至河東，見群豕皆白，懷慚而還。若以子之功論於朝廷，則為遼東豕也。今乃愚妄，自比六國。六國之時，其勢各盛，廓土數千里，勝兵將百萬，故能據國相持，多歷年世。今天下幾里，列郡幾城，奈何以區區漁陽而結怨天子？此猶河濱之人捧土以塞孟津，多見其不知量也！

"方今天下適定，海內願安，士無賢不肖，皆樂立名於世。而伯通獨中風狂走，自捐盛時，內聽驕婦之失計，外信讒邪之諛言，長為群後惡法，永為功臣鑒戒，豈不誤哉！定海內者無私仇，勿以前事自誤，願留意顧老母幼弟。凡舉事無為親厚者所痛，而為見仇者所快。"

寵得書愈怒，攻浮轉急。明年，涿郡太守張豐亦舉兵反……後豐、寵並自敗。

【注疏】

侠游：耿况字。耿况曾與彭寵結謀共歸光武帝。挹：損。

七年，轉太僕。浮又以國學既興，宜廣博士之選，乃上書曰："夫太學者，禮義之官，教化所由興也。陛下尊敬先聖，垂意古典，官室未飾，干戈未休，而先建太學，進立橫舍，比日車駕親臨觀饗，將以弘時雍之化，顯勉進之功也。尋博士之官，為天下宗師，使孔聖之言傳而不絕。舊事，策試博士，必廣求詳選，爰自畿夏，延及四方，是以博舉明經，惟賢是登，學者精勵，遠近同慕，伏聞詔書更試五人，惟取見在洛陽城者。臣恐自今以往，將有所失。求之密邇，容或未盡，而四方之學，無所勸樂。凡策試之本，貴得其真，非有期會，不及遠方也。又諸所征試，皆私自發遣，非有傷費煩擾於事也。語曰：'中國失禮，求之於野。'臣浮幸得與講圖讖，故敢越職。"帝然之……

【注疏】

七年：指光武帝七年。博士：秦漢時官職，武帝初置五經博士。橫舍：橫，學也。或作"黌"，義亦同。雍：和。畿夏：京都以及中原地區。明經：漢代以明經射策取士。圖讖：方士杜撰的預言，多附有圖，故稱。

論曰：吳起與田文論功，文不及者三，朱買臣難公孫弘十策，弘不得其一，終之田文相魏，公孫宰漢，誠知宰相自有體也。故曾子曰："君子所貴乎道者三，籩豆之事則有司存。"而光武、明帝躬好吏事，亦以課核三公，其人或失而其禮稍薄，至有誅斥詰辱之累。任職責過，一至於此，追感賈生之論，不亦篤乎！朱浮譏諷苛察欲速之弊，然矣，焉得長者之言哉！

（正文據中華書局 1965 年版《後漢書》卷 33《朱馮虞鄭周列傳》）

【注疏】

吳起與田文論功：事見《孫子吳起列傳》載：吳起為西河守，甚有聲名。魏置相，相田文。吳起不悅，謂田文曰："請與子論功，可乎？"田文曰："可。"起曰："將三軍，使士卒樂死，敵國不敢謀，子孰與起？"文曰："不如子。"起曰："治百官，親萬民，實府庫，子孰與起？"文曰："不如子。"起曰："守西河而秦兵不敢東鄉，韓趙賓從，子孰與起？"文曰："不如子。"起曰："此三者，子皆出吾下，而位加吾上，何也？"文曰："主少國疑，大臣未附，百姓不信，方是之時，屬之於子乎？屬之於我乎？"起默然良久，曰："屬之子矣。"文曰："此乃吾所以居子之上也。"吳起乃自知弗如田文。

朱買臣難公孫弘：指武帝築城朔方，公孫弘進諫，以為罷弊中國。武帝使朱買臣向公孫弘發難十策，公孫弘不能對答。三：指《論語》所言君子應"動容貌，正顏色，出辭氣。"籩豆：禮器，指小細之務，非人君之事。課：考核得失。賈生之論：指賈誼曾感歎周勃被人誣告謀反之事："廉恥禮節以繩君子，故有賜死而無戮辱，是以黥劓之罪不及大夫，以其離主上不遠也。"欲速：指《論語》載孔子語："無欲速，無見小利。欲速則不達，見小利則大事不成。"

二、梁鴻傳

【叙題】

梁鴻是我國歷史上著名高士。本傳選自《後漢書·逸民列傳》，敘寫了名士梁鴻不肯出仕與世同流而淡泊退隱的感人事蹟，深為時人與後世景仰。

梁鴻字伯鸞，扶風平陵人也。父讓，王莽時為城門校尉，封修遠伯，使奉少昊後，寓於北地而卒。鴻時尚幼，以遭亂世，因卷席而葬。

後受業太學，家貧而尚節介，博覽無不通，而不為章句。學畢，乃牧豕于上林苑中。曾誤遺火延及它舍，鴻乃尋訪燒者，問所去失，悉以豕償之。其主猶以為少。鴻曰："無它財，願以身居作。"主人許之。因為執勤，不懈朝夕。鄰家耆老見鴻非恒人，乃共責讓主人，而稱鴻長者。於是始敬異焉，悉還其豕。鴻不受而去，歸鄉里。

【注疏】

扶風平陵：在今陝西咸陽西北。城門校尉：掌管京師城門屯兵。少昊：金天氏之號，次黃帝者。寓：寄居，居住。北地：郡名，在今甘肅東北及寧夏東南，治朔方（在今內蒙古烏拉特前旗）。

受業：跟從老師學習。太學：古代設於京城傳授儒家經典的最高學府，武帝始立。尚：崇尚，景仰。節介：氣節，操守。章句：剖章析句，經學家解說經義的一種方式，泛指書籍注釋。豕（shǐ）：豬。上林苑：秦漢宮苑名，故址在今西安市西及周至、戶縣界。誤：謂非為故意。遺火：遺落的火種，失火。延：蔓延。去失：丢失。去：亡。其主：被燒的房主。居作：本刑法名，罰令囚犯服勞役，這裏指做傭工。因為：由於為房主做事。執勤：勞作勤快。耆（qí）老：老年人。恒人：常人，普通人。恒：常也。讓：責也。長者：德高望重的人。敬異：敬重。異：通"翼"，恭敬。

勢家慕其高節，多欲女之，鴻並絕不娶。同縣孟氏有女，狀肥醜而黑，力舉石臼，擇對不嫁，至年三十。父母問其故。女曰："欲得賢如梁伯鸞者。"鴻聞而娉之。女求作布衣、麻屨，織作筐緝績之具。及嫁，始以裝飾入門。七日而鴻不答。妻乃跪床下請曰："竊聞夫子高義，簡斥數婦，妾亦偃蹇數夫矣。今而見擇，敢不請罪。"鴻曰："吾欲裘褐之人，可與俱隱深山者爾。今乃衣綺縞，傅粉墨，豈鴻所願哉？"妻曰："以觀夫子之志耳。妾自有隱居之服。"乃更為椎髻，著布衣，操作而前。鴻大喜曰："此真梁鴻妻也。能奉我矣！"字之曰德曜，名孟光。

【注疏】

勢家：有權勢的人家。高節：高尚的節操。女（nù）：以女妻人。狀：形貌。石臼（jiù）：用石鑿成的舂米榖等物的器具。擇對：選擇婚姻物件。娉（pìn）：古代婚禮"六禮"之一，即男方請媒人問女方名字和出生年月日。屨（jù）：用麻、葛等製成的單底鞋。織作：指紡織操作。緝績：猶紡織。裝飾：打扮，修飾。答：答理，理睬。請：問。夫子：舊時妻稱夫。高義：行為高尚合于正義。簡斥：拒斥。簡：怠慢，倨傲。斥：遠也。偃蹇（yǎn jiǎn）：驕橫，傲慢。裘褐（hè）：粗陋衣服。裘：生皮衣。褐：粗布或粗布衣服。綺縞（qǐ gǎo）：精美而有花紋的絲織品。縞：為未經染色之絹。傅粉墨：白粉塗敷、黛墨描畫，指過分修飾而失去本真。傅：塗。粉墨：婦女化妝用的白粉與黛墨。志：意。自有：另有。椎髻（chuí jì）：亦作"椎結"，盤在頭頂上的椎形高髻。能：如此，這樣。字：取表字。曜：同"耀"。

居有頃，妻曰："常聞夫子欲隱居避患，今何為默默？無乃欲低頭就之乎？"鴻曰："諾。"乃共入霸陵山中，以耕織為業，詠《詩》、《書》，彈琴以自娛。仰慕前世高士，而為四皓以來二十四人作頌。因東出關，過京師，作《五噫之歌》曰："陟彼北芒兮，噫！顧覽帝京兮，噫！宮室崔嵬兮，噫！人之劬勞兮，噫！遼遼未央兮，噫！"肅宗聞而非之，求鴻不得。乃易姓運期，名耀，字侯光，與妻子居齊魯之間。

有頃，又去適吳。將行，作詩曰："逝舊邦兮遐征，將遙集兮東南。心惙怛兮傷悴，志菲菲兮升降。欲乘策兮縱邁，疾吾俗兮作讒。競舉枉兮措直，咸先佞兮唲唲。聊固靡慚兮獨建，冀異州兮尚賢。聊逍搖兮遨嬉，纘仲尼兮周流。儻云睹兮我悅，遂舍車兮即浮。過季札兮延陵，求魯連兮海隅。雖不察兮光貌，幸神靈兮與休。惟季春兮華阜，麥含含兮方秀。哀茂時兮逾邁，潛芳香兮日臭。悼吾心兮不獲，長委結兮焉究！口囂囂兮餘訕，嗟恇恇兮誰留？"

【注疏】

避患：避害。默默：緘口無聲。霸陵：漢文帝陵名，亦為縣名。高士：品行高尚的人，隱士。陟（zhì）：升，登。北芒：亦作"北邙"，即邙山，在洛陽之北，故名；東漢王侯公卿多葬於此。宮室：宮殿。崔嵬：大而高聳貌。遼遼：遠貌。未央：未盡。適：到，去。惙怛（chuò dá）：憂傷，傷悴（cuì）：悲傷，憂傷。舉枉兮措直：語出《論語·為政》："舉枉錯諸直，則民不服。"先佞：為佞人所搶先。唲唲：讒言急切貌。聊：且。逍搖：同"逍遙"。遨嬉：遊玩，戲耍。纘（zuǎn）：繼承。周流：周遊（六國）。過：尋訪。延陵：春秋吳邑，公子季札因讓國避居（一說受封）於此，故址在今江蘇常州市。魯連：魯仲連，義士。海隅：海邊。季春：春季最後一個月，農曆三月。阜（fù）：盛，多。含含：麥盛貌。秀：榖物抽穗揚花。悼：懼。委結：懷恨。究：窮。此詩後人題為《適吳詩》。

遂至吳，依大家皋伯通，居廡下，為人賃舂。每歸，妻為具食，不敢於鴻前仰視，舉案齊眉。伯通察而異之，曰："彼傭能使其妻敬之如此，非凡人也。"乃方舍之於家。鴻潛閉著書十餘篇。疾且困，告主人曰："昔延陵季子葬子於嬴博之間，不歸鄉里，慎勿令我子持喪歸去。"及卒，伯通等為求葬地于吳要離塚傍。咸曰："要離烈士，而伯鸞清高，可令相近。"葬畢，妻子歸扶風。

初，鴻友人京兆高恢，少好《老子》，隱于華陰山中。及鴻東遊思恢，作詩曰："鳥嚶嚶兮友之期，念高子兮僕懷思，想念恢兮爰集茲。"二人遂不復相見。恢亦高抗，終身不仕。

（據中華書局 1965 年版《後漢書》卷 83《逸民列傳》）

【注疏】

依：托身。大家：地方大家族。廡（wǔ）下：堂下大屋。具食：準備好食物。舉案齊眉：把盛食物的託盤舉到和眉毛一樣齊。方：等。潛閉：隱居不出。困：病情危險。持喪：護喪，指護送靈柩歸葬。要離：刺吳王僚子慶忌者，塚在今蘇州吳縣西。烈士：品格剛直之人。清高：清白高潔。可令相近：安排伯鸞墓在要離塚北。

華陰山：華山。嚶嚶：鳥和鳴聲，喻朋友間同氣相求。爰（yuán）：發語詞。茲：此。高抗：剛正不屈。

第四章　三國志 ［陳壽］

一、魏書·郭嘉傳

【叙題】

《三國志》陳壽（233～297），字承祚，西晉巴西安漢（今四川南充）人，師事同郡學者譙周，在蜀漢時任觀閣令史。入晉後，歷任著作郎等職。西晉滅東吳，統一中國，結束了分裂局面，陳壽開始撰寫《三國志》。陳壽還著有《益部耆舊傳》、《古國志》等書，整理編輯過《諸葛亮集》，後皆亡佚。

《三國志》主要記載魏、蜀、吳三國60年鼎立時期的紀傳體國別史，實際上所記史事可上溯東漢末期，共65卷，分為《魏書》30卷，《蜀書》15卷，《吳書》20卷。時因陳壽撰史時身為晉朝朝臣，晉承魏而得天下，故《三國志》尊魏為正統，《魏書》為曹操、曹丕、曹睿撰武帝紀、文帝紀、明帝紀，而《蜀書》記劉備、劉禪則為先主傳、後主傳，《吳書》記孫權稱吳主傳，記孫亮、孫休、孫皓為三嗣主傳，均只有傳而無紀。

《三國志》取材精審，剪裁得當，行文簡明乾淨，成書後就受到時人推重，譽之"善敘事，有良史之才"，史傳與陳壽同時的夏侯湛撰寫《魏書》，看到《三國志》後，認為沒有另寫新史的必要，就毀棄了自己的著作。因此其他各家的三國史書相繼泯滅無聞，唯有《三國志》流傳至今，與《史記》《漢書》《後漢書》並稱"前四史"。元末明初羅貫中綜合民間傳說和戲曲、話本，結合陳壽《三國志》和裴松之注的史料，創作了《三國志通俗演義》。

本篇選自《三國志·魏書·程郭董劉蔣劉列傳》。郭嘉是東漢末年傑出的謀士。他先在實力較強的袁紹軍中出謀劃策，後發現袁紹難成大業，遂轉投曹操，善於分析和利用矛盾，籌畫軍機準確精當，預測結局料事如神，並且憑藉著自己深刻而獨到的十敗十勝論得到了曹操喜愛和重用，稱為自己的"奇佐"，為曹操統一中國北方立下了功勳，史書稱他"才策謀略，世之奇士"。毛澤東曾讚賞他"多謀善斷"（見張貽玖《毛澤東讀史》）。

郭嘉字奉孝，潁川陽翟人也。初，北見袁紹，謂紹謀臣辛評、郭圖曰："夫智者審於量主，故百舉百全而功名可立也。袁公徒欲效周公之下士，而未知用人之機。多端寡要，好謀無決，欲與共濟天下大難，定霸王之業，難矣！"於是遂去之。先是時，潁川戲志才，籌畫士也，太祖甚器之。早卒。太祖與荀彧曰："自志才亡後，莫可與計事者。汝、潁固多奇士，誰可以繼之？"薦嘉。召見，論天下事。太祖曰："使孤成大業者，必此人也。"嘉出，亦喜曰："真吾主也。"表為司空軍祭酒。

【注疏】

陽翟：在今河南禹縣。多端寡要：頭緒太多，不得要領。太祖：指曹操，曹丕黃初四年定曹操廟號為太祖。戲志才：人名。籌畫士：善於籌畫的人士。汝：地名，即汝南。司空軍祭酒：參謀軍事的官職。

征呂布，三戰破之，布退固守。時士卒疲倦，太祖欲引軍還，嘉說太祖急攻之，遂禽布。語在《荀攸傳》。孫策轉鬥千里，盡有江東，聞太祖與袁紹相持於官渡，將渡江北襲許。眾聞皆懼，嘉料之曰："策新並江東，所誅皆英豪雄傑能得人死力者也。然策輕而無備，雖有百萬之眾，無異於獨行中原也。若刺客伏起，一人之敵耳。以吾觀之，必死於匹夫之手。"策臨江未濟，果為許貢客所殺。

從破袁紹，紹死，又從討譚、尚於黎陽，連戰數克。諸將欲乘勝遂攻之，嘉曰："袁紹愛此二子，莫適立也。有郭圖、逢紀為之謀臣，必交鬥其間，還相離也。急之則相持，緩之而後爭心生。不如南向荊州若征劉表者，以待其變；變成而後擊之，可一舉定也。"太祖曰："善。"乃南征。軍至西平，譚、尚果爭冀州。譚為尚軍所敗，走保平原，遣辛毗乞降。太祖還救之，遂從定鄴。又從攻譚於南皮，冀州平。封嘉洧陽亭侯。

【注疏】

說：說服。官渡：在今河南中牟。許：縣名，後魏文帝時改稱許昌。
黎陽：在今河南濬縣一帶。適立：確立

太祖將征袁尚及三郡烏丸，諸下多懼劉表使劉備襲許以討太祖，嘉曰："公雖威震天下，胡恃其遠，必不設備。因其無備，卒然擊之，可破滅也。且袁紹有恩於民夷，而尚兄弟生存。今四州之民，徒以威附，德施未加，舍而南征，尚因烏丸之資，招其死主之臣，胡人一動，民夷俱應，以生蹋頓之心，成覬覦之計，恐青、冀非己之有也。表，坐談客耳，自知才不足以禦備，重任之則恐不能制，輕任之則備不為用，雖虛國遠征，公無憂矣。"太祖遂行。至易，嘉言曰："兵貴神速。今千里襲人，輜重多，難以趣利，且彼聞之，必為備；不如留輜重，輕兵兼道以出，掩其不意。"太祖乃密出盧龍塞，直指單于庭。虜卒聞太祖至，惶怖合戰。大破之，斬蹋頓及名王已下。尚及兄熙走遼東。

　　嘉深通有算略，達於事情。太祖曰："唯奉孝為能知孤意。"年三十八，自柳城還，疾篤，太祖問疾者交錯。及薨，臨其喪，哀甚，謂荀攸等曰："諸君年皆孤輩也，唯奉孝最少。天下事竟，欲以後事屬之，而中年夭折，命也夫！"乃表曰："軍祭酒郭嘉，自從征伐，十有一年。每有大議，臨敵制變。臣策未決，嘉輒成之。平定天下，謀功為高。不幸短命，事業未終。追思嘉勳，實不可忘。可增邑八百戶，並前千戶。"諡曰貞侯。子奕嗣。

　　後太祖征荊州還，於巴丘遇疾疫，燒船，歎曰："郭奉孝在，不使孤至此。"初，陳群非嘉不治行檢，數廷訴嘉，嘉意自若。太祖愈益重之，然以群能持正，亦悅焉。奕為太子文學，早薨。子深嗣。深薨，子獵嗣。

　　　　　　　　（正文據中華書局 1959 年版《三國志》卷 14《魏志》卷 14）

【注疏】

烏丸：亦作烏桓，東胡部落的一支。東胡居匈奴之東，漢代時為匈奴冒頓單于所敗，退居烏桓山的一支稱烏桓，退居鮮卑山的一支稱鮮卑。蹋頓：烏桓首領的名字。覬覦（jì yú）：非分的希望或企圖。至易：到達易縣。

巴丘：山名，在湖南岳陽。非：非議，指責。不治行檢：行為不夠檢點。太子文學：官職。

二、蜀書·諸葛亮傳

【叙题】

　　本篇記述諸葛亮一生輔佐劉備打天下諸史事，對後世的社會生活以及文學創作影響深遠。篇末於史評稱讚諸葛亮可謂治國理民之良才，堪與管仲、蕭何一類傑出政治家相媲美。而同時感歎他連年用兵，卻未能最終獲得成功，大概是因為隨機應變的軍事謀略並非他的長處。亦可見陳壽對歷史人物的思考。

　　諸葛亮字孔明，琅邪陽都人也。漢司隸校尉諸葛豐後也。父珪，字君貢，漢末為太山郡丞。亮早孤，從父玄為袁術所署豫章太守，玄將亮及亮弟均之官。會漢朝更選朱皓代玄。玄素與荊州牧劉表有舊，往依之。玄卒，亮躬耕隴畝，好為《梁父吟》。身長八尺，每自比於管仲、樂毅，時人莫之許也。惟博陵崔州平、潁川徐庶元直與亮友善，謂為信然。

　　時先主屯新野。徐庶見先主，先主器之，謂先主曰："諸葛孔明者，臥龍也，將軍豈願見之乎？"先主曰："君與俱來。"庶曰："此人可就見，不可屈致也。將軍宜枉駕顧之。"由是先主遂詣亮，凡三往，乃見。因屏人曰："漢室傾頹，奸臣竊命，主上蒙塵。孤不度德量力，欲信大義於天下，而智術淺短，遂用猖獗，至於今日。然志猶未已，君謂計將安出？"亮答曰："自董卓已來，豪傑並起，跨州連郡者不可勝數。曹操比於袁紹，則名微而眾寡，然操遂能克紹，以弱為強者，非惟天時，抑亦人謀也。今操已擁百萬之眾，挾天子而令諸侯，此誠不可與爭鋒。孫權據有江東，已歷三世，國險而民附，賢能為之用，此可以為援而不可圖也。荊州北據漢、沔，利盡南海，東連吳會，西通巴、蜀，此用武之國，而其主不能守，此殆天所以資將軍，將軍豈有意乎？益州險塞，沃野千里，天府之土，高祖因之以成帝業。劉璋暗弱，張魯在北，民殷國富而不知存恤，智能之士思得明君。將軍既帝室之胄，信義著於四海，總攬英雄，思賢如渴，若跨有荊、益，保其岩阻，西和諸戎，南撫夷越，外結好孫權，內修政理；天下有變，則命一上將將荊州之軍以向宛、洛，將軍身率益州之眾以出於秦川，百姓孰敢不簞食壺漿以迎將軍者乎？誠如是，則霸業可成，漢室可興矣。"先主曰："善！"於是與亮情好日密。關羽、張飛等不悅，先主解之曰："孤之有孔明，猶魚之有水也。願諸君勿復言。"羽、飛乃止……

【注疏】

《梁父吟》：古代歌謠，梁父本是泰山下的山名，或作梁甫。先主：指劉備，此為史書追述的稱呼。信大義：伸張大義。頹：衰亡；衰敗。

建興元年，封亮武鄉侯，開府治事。頃之，又領益州牧。政事無巨細，咸決於亮。南中諸郡，並皆叛亂，亮以新遭大喪，故未便加兵，且遣使聘吳，因結和親，遂為與國。三年春，亮率眾南征，其秋悉平。軍資所出，國以富饒，乃治戎講武，以俟大舉。五年，率諸軍北駐漢中，臨發，上疏曰：

"先帝創業未半而中道崩殂，今天下三分，益州疲弊，此誠危急存亡之秋也。然侍衛之臣不懈於內，忠志之士忘身於外者，蓋追先帝之殊遇，欲報之於陛下也。誠宜開張聖聽，以光先帝遺德，恢弘志士之氣，不宜妄自菲薄，引喻失義，以塞忠諫之路也。宮中府中，俱為一體，陟罰臧否，不宜異同。若有作奸犯科及為忠善者，宜付有司論其刑賞，以昭陛下平明之理，不宜偏私，使內外異法也。

"侍中、侍郎郭攸之、費禕、董允等，此皆良實，志慮忠純，是以先帝簡拔以遺陛下。愚以為宮中之事，事無大小，悉以諮之，然後施行，必能裨補闕漏，有所廣益。將軍向寵，性行淑均，曉暢軍事，試用於昔日，先帝稱之曰能，是以眾議舉寵為督。愚以為營中之事，悉以諮之，必能使行陣和睦，優劣得所。親賢臣，遠小人，此先漢所以興隆也；親小人，遠賢臣，此後漢所以傾頹也。先帝在時，每與臣論此事，未嘗不歎息痛恨於桓、靈也。侍中、尚書、長史、參軍，此悉貞亮死節之臣，願陛下親之信之，則漢室之隆，可計日而待也。臣本布衣，躬耕於南陽，苟全性命於亂世，不求聞達於諸侯。先帝不以臣卑鄙，猥自枉屈，三顧臣於草廬之中，諮臣以當世之事，由是感激，遂許先帝以驅馳。後值傾覆，受任於敗軍之際，奉命於危難之間，爾來二十有一年矣。先帝知臣謹慎，故臨崩寄臣以大事也。受命以來，夙夜憂歎，恐託付不效，以傷先帝之明，故五月渡瀘，深入不毛。今南方已定，兵甲已足，當獎率三軍，北定中原，庶竭駑鈍，攘除奸凶，興復漢室，還於舊都。此臣所以報先帝而忠陛下之職分也。至於斟酌損益，進盡忠言，則攸之、允之任也。願陛下托臣以討賊興復之效；不效，則治臣之罪，以告先帝之靈。若無興德之言，則責攸之、允等之慢，以彰其咎。陛下亦宜自謀，以諮諏善道，察納雅言，深追先帝遺詔。臣不勝受恩感激，今當遠離，臨表涕零，不知所言。"遂行，屯于沔陽……

【注疏】

先帝：指蜀昭烈帝劉備。崩殂（cú）：古時指皇帝死亡。益州：治所在成都。疲弊：困苦窮乏。誠：確實是。秋：時候，日子。恢弘：發揚使之擴大。妄自菲薄：毫無理由地輕視自己。失義：失當，不合大義。宮中：指宮庭內朝中的親近侍臣，如文中的侍中、侍郎之類。府中：指丞相府中的官吏，如長史、參軍等。陟（zhì）罰臧否（zāng pǐ）：賞罰褒貶。犯科：觸犯法律科條。有司：有關官署或官吏。侍中、侍郎：皇帝左右的親近侍臣。

淑均：善良公平。行陣：指部隊。先漢：前漢，西漢。後漢：指東漢。桓：東漢桓帝劉志。靈：東漢靈帝劉宏。貞亮：堅貞誠實。亮：忠誠坦白。聞達：有名聲。卑鄙：地位低下，少見識。猥（wěi）：謙詞。枉屈：屈尊。驅馳：喻為人效勞。值：遇上。傾覆：指建安十三年（208）曹操南侵荊州時，劉備在當陽長阪被擊破一事。瀘：瀘水，即今金沙江。駑鈍：指才能平庸。奸凶：指曹魏。舊都：指漢朝曾建都的長安和洛陽。慢：失職。諮諏（zōu）：商酌；謀劃。

評曰：諸葛亮之為相國也，撫百姓，示儀軌，約官職，從權制，開誠心，布公道；盡忠益時者雖讎必賞，犯法怠慢者雖親必罰，服罪輸情者雖重必釋，遊辭巧飾者雖輕必戮；善無微而不賞，惡無纖而不貶；庶事精練，物理其本，循名責實，虛偽不齒；終於邦域之內，咸畏而愛之，刑政雖峻而無怨者，以其用心平而勸戒明也。可謂識治之良才，管、蕭之亞匹矣。然連年動眾，未能成功，蓋應變將略，非其所長歟！

（正文據中華書局 1959 年版《三國志》卷 35《蜀志》卷 5）

【注疏】

　　循名責實：按其名而求其實，要求名實相符。管、蕭：指管仲（輔佐齊桓公稱霸）和蕭何（創制漢初律令）。

附

一、知識答問

1. "經史子集"分類是如何形成的？

答："經、史、子、集"是中國古籍按内容區分的四大部類。中華文化源遠流長，對古籍的分類整理也很早就開始。第一次大規模的古籍整理為西漢成帝時期，由劉向、劉歆父子先後主持，對典籍進行搜輯、校勘、分類、編目等，最終編成中國最早的國家圖書館目録《七略》，將當時搜輯整理的典籍分為六藝、諸子、兵書、數術、方技、詩賦六大類，加上概論性質的輯略，總題《七略》。該書早已亡佚，但其基本内容均保存在班固《漢書·藝文志》中，故《漢書·藝文志》亦可謂今存最早的古籍分類目録。

漢代以後，各種官修和私撰的古籍分類目録不斷湧現，分類方法也不斷改進。西晉荀勖《晉中經簿》將六略改為四部，即甲部録經書（相當於六藝），乙部録子書（包括諸子、兵書、數術、方技），丙部録史書，丁部為詩賦等，奠定了經、史、子、集四部分類的基礎。因四分法能適中地解決繁復的古籍分類問題，因而得到後世學人普遍認同。唐初名臣魏征所編《隋書·經籍志》，正式標注經、史、子集四部的名稱，又細分為 40 個類目，標誌著四部體制的最終確立。從此，四部分類法為大多數史志、書目所沿用，古代大型古籍叢書往往以此命名，如《四庫全書》《四部叢刊》《四部備要》等。經、史、子、集四部分類法，是中國傳統文化的產物，適用於傳統文化典籍，仍是當今我們研習國學古籍的一把鑰匙。

2. "經史子集"各包括哪些古籍？

答：經部收録儒家經典"十三經"及相關著作，包括易類、書類、詩類、禮類、春秋類、孝經類、五經總義類、四書類、樂類、小學類等 10 個大類；其中禮類又分周禮、儀禮、禮記、三禮總義、通禮、雜禮書 6 屬，小學類又分訓詁、字書、韻書 3 屬。

史部收録史書，包括正史類、編年類、紀事本末類、雜史類、別史類、詔令奏議類、傳記類、史鈔類、載記類、時令類、地理類、職官類、政書類、目録類、史評類等 15 個大類，各大類之下又分列細目。

子部收録諸子百家著作和類書，包括儒家類、兵家類、法家類、農家類、醫家類、天文演算法類、術數類、藝術類、譜録類、雜家類、類書類、小說家類、釋家類、道家類等 14 大類。其中術數類又分數學、占候、相宅相墓、占卜、命書相書、陰陽五行、雜技術 7 屬，藝術類又分書畫、琴譜、篆刻、雜技 4 屬，雜家類又分雜學、雜考、雜說、雜品、雜纂、雜編 6 屬，小說家類又分雜事、異聞、瑣語 3 屬。

集部收録詩文詞總集和專集等，包括楚辭、別集、總集、詩文評、詞曲等 5 個大類，其中詞曲類又分詞集、詞選、詞話、詞譜詞韻、南北曲 5 屬。唯惜未收章回小說、戲劇著作。

3.《永樂大典》是怎樣一部書？

答：是我國歷史上最大的一部類書，保存了我國先秦至明初的各種典籍 8 千餘種，共 22877 卷，為明成祖朱棣命翰林院學士解縉等學者收集經、史、子、集、天文、地理、戲劇、農藝等明代以前各類著作，編修而成，歷時 5 年，於永樂五年定稿，前後編撰者達 3 千餘人。《永樂大典》成書後，只抄有正本一部，嘉靖、隆慶間重抄副本一部，原稿存放于南京文淵閣，明代中期毀於火災。副本在八國聯軍入侵北京時遭劫，現存世只有 810 卷，散落世界各地。

4. 何謂《四庫全書》？

答：是清朝編纂的我國歷史上最大的一部保存古代文獻典籍的叢書。"四庫"之名源於初唐。初唐朝廷藏書分為經、史、子、集四個書庫，稱"四部庫書"或"四庫之書"。乾隆三十八年，設"四庫全書館"，組織數百學人進行編纂，至乾隆四十七年全書完成，依傳統圖書分類法，分為經、史、子、集四部，部下分類，類分子目，共收録書籍 3450 種，79072 卷，36000 餘冊。撰寫七部，分別藏于北京紫禁城文淵閣、圓明園文淵閣、瀋陽文溯閣、熱河文津閣、揚州文匯閣、鎮江文宗閣、杭州文瀾閣。現存有文津閣本、文溯閣本、文淵閣本、文瀾閣本。後又修成《四庫全書書總目》200 卷，對各書作者、內容均有介紹，各部類之首還有總敘，是目録學史上空前的巨著。

5. 所謂二十六史是如何形成的？

答：三國時已有"三史"之稱，指《史記》《漢書》和東漢劉珍等所著《東觀漢記》。《後漢書》問世後，取代《東觀漢記》，列為"三史"之一。又加上《三國志》，稱為"前四史"。到了宋代，在之前所謂"十史""十三史"的基礎上，加入《南史》《北史》《新唐書》《新五代史》，形成"十七史"。明代又增以

《宋史》《遼史》《金史》《元史》，合稱"二十一史"。清朝逐步增以《明史》
《舊唐書》《舊五代史》，經乾隆皇帝欽定，合稱"二十四史"，並刊"武英殿
本"。上起傳說中的三皇五帝，下止明朝崇禎皇帝，統一用紀傳體的本紀、列傳、
表、志體例編撰。除第一部《史記》是通史之外，其餘皆為斷代史。二十四史被
稱為"正史"。"正史"之稱首見於《隋書·經籍志》："世有著述，皆擬班、馬，
以為正史。"民國北洋政府總統徐世昌下令以柯劭忞《新元史》列入正史，原來
所謂官修"二十四史"就成了"二十五史"。後又列入趙爾巽等撰《清史稿》，
最終形成"廿六史"。有學者祇列入《清史稿》稱為"二十五史"。具體書目及
編著或主編者如下（縱觀）：

《史記》西漢　司馬遷；　　　　　《南史》唐　李延壽；

《漢書》東漢　班固；　　　　　　《北史》唐　李延壽；

《後漢書》南朝宋　范曄；　　　　《舊唐書》五代後晉　劉昫；

《三國志》西晉　陳壽；　　　　　《新唐書》宋　歐陽修；

《晉書》唐　房玄齡；　　　　　　《舊五代史》宋　薛居正；

《宋書》南朝梁　沈約；　　　　　《新五代史》宋　歐陽修；

《南齊書》南朝梁　蕭子顯；　　　《宋史》元　脫脫；

《梁書》唐　姚思廉；　　　　　　《遼史》元　脫脫；

《陳書》唐　姚思廉；　　　　　　《金史》元　脫脫；

《魏書》北朝北齊　魏收；　　　　《元史》明　宋濂；

《北齊書》唐　李百藥；　　　　　《明史》清　張廷玉。

《周書》唐　令狐德棻；　　　　　《新元史》清　柯劭忞；

《隋書》唐　魏徵；　　　　　　　《清史稿》民國　趙爾巽。

6. 二十六史各部的編撰情況是怎樣的？

答：

（1）《史記》

是偉大史學家司馬遷所著中國第一部紀傳體通史。最初稱"太史公書"或
"太史公記"，亦省稱"太史公"。"史記"本來是古代史書的通稱，從三國開始
由通稱逐漸成為"太史公書"的專名。《史記》有本紀12篇，表10篇，書8篇，
世家30篇，列傳70篇，共130篇。班固《漢書·司馬遷傳》說《史記》"十篇
缺，有録無書"。三國魏張晏指出即《景帝本紀》《武帝本紀》《禮書》《樂書》
《律書》《漢興以來將相年表》《日者列傳》《三王世家》《龜策列傳》《傅靳列
傳》10篇。後人雖多不同意張晏之說，但《史記》有殘缺乃為事實。今本《史
記》亦130篇，但有少數篇章顯然非司馬遷之手筆，如標明"褚先生曰"之篇
章，乃漢元帝、成帝時博士褚少孫所補寫。

(2)《漢書》

是班固所著我國第一部紀傳體斷代史。包括本紀 12 篇，表 8 篇，志 10 篇，列傳 70 篇，共 100 篇，後人編為 120 卷。記事始于漢高帝劉邦元年，終於王莽地皇四年。《漢書》把《史記》的"本紀"省稱"紀"，"列傳"省稱"傳"，"書"改曰"志"，取消了"世家"，漢代勳臣世家一律編入傳，為後來史書體例所沿襲。所記載的內容代與《史記》有交叉，漢武帝中期以前的西漢歷史，兩書都有記述，《漢書》常常移用《史記》，但因材料取捨標準不盡相同，移用時也有增刪改易。《漢書》新增加了《刑法志》《五行志》《地理志》《藝文志》《刑法志》第一次系統地敘述了法律制度的沿革和一些具體的律令規定。《地理志》記錄了當時的郡國行政區劃、歷史沿革和户口數字，有關各地物產、經濟發展狀況、民情風俗的記載更加引人注目。《藝文志》考證了各種學術別派的源流，記錄了存世的書籍，它是我國現存最早的圖書目錄。《食貨志》是由《平准書》演變來的，但內容更加豐富，上卷談"食"，即農業經濟狀況；下卷論"貨"，即商業和貨幣的情況，可謂當時的經濟學專著。《漢書》八表中有《百官公卿表》，受到後人的推崇。因其精煉地記載了秦漢分官設職的情況，各種官職的許可權和俸祿的數量，記錄漢代公卿大臣的升降遷免。

(3)《後漢書》

為記載東漢 195 年歷史的紀傳體斷代史，共 120 卷，編撰者為南朝宋范曄，其祖父范甯曾任晉豫章太守，著《穀梁集解》，為後來《十三經注疏》中的《穀梁傳注疏》奠定基礎。《後漢書》以《東觀漢記》為基本史料依據，參考已問世的多種有關東漢歷史的著作，刪繁補缺，整齊故事，後來居上。元嘉二十二年，寫成本紀、列傳，並同謝儼共同撰成《禮樂志》《輿服志》《五行志》《天文志》《州郡志》。但被人告發參與篡位陰謀，下獄而死。謝儼怕受牽連，毀掉手中的志稿，故《後漢書》只有紀、傳，而無表、志。到唐代，范曄《後漢書》取代《東觀漢記》，與《史記》《漢書》並稱"三史"，盛行于世，成為後人研究東漢歷史的重要史料。除袁宏《後漢紀》外，諸家後漢史書都相繼散亡。

(4)《三國志》

記述三國時期近百年史事和人物的紀傳體斷代史，分為《魏書》30 卷，《蜀書》15 卷，《吳書》20 卷，共 65 卷。作者陳壽，字承祚，曾為官蜀漢。蜀漢政權滅亡，入晉後曾任著作郎。《三國志》主要取材於已問世的有關魏、吳的史作，如王沈的《魏書》、魚豢的《魏略》和韋昭的《吳書》等。《三國志》只有紀傳，沒有表、志，缺少典章制度方面的內容，故後人瞭解三國時代的典章制度，要借助於《晉書》。蜀漢政權沒有設置史官，陳壽著述時代靠近三國，又屬私人著述，沒有條件獲得大量的文獻檔案，並且記事取材精審慎重，過於簡略，不夠豐富。

裴松之的《三國志注》彌補了《三國志》記事簡略的缺點。裴松之（372~451），字世期，南朝宋河東聞喜（今山西聞喜）人。其《三國志注》博引群書近200種，注文多出本文數倍，補益了大量史實，人稱《三國志》功臣，亦為史書注釋開闢了新的廣闊道路。清代的《四庫全書總目》歸納他作注的體例有六：“一曰引諸家之論，以辯是非。一曰參諸家之說，以核同異。一曰傳所有之事，詳其委曲。一曰傳所無之事，補其闕佚。一曰傳所有之人，詳其生平。一曰傳所無之人，附以同類。”在北宋以前，《三國志》魏、蜀、吳三書各自獨立成書，北宋雕版刻書，始合三書為一種。

（5）《晉書》

紀史從司馬懿時期到晉恭帝元熙二年，包括西晉和東晉，並用“載記”的體例兼述十六國割據政權的興亡。共130卷，包括帝紀10卷，志20卷，列傳70卷，載記30卷。唐太宗非常重視史書撰修工作，貞觀二十年下詔命房玄齡、褚遂良、許敬宗任監修，組織編寫《晉書》。因人力物力以及史料齊備，僅歷時數年而成書。《晉書》在取材方面，不注重史料的甄別取捨，時取小說筆記所記奇聞軼事，如採用《搜神錄》、《幽明錄》中一些傳說故事，有損於其史料價值。又因執筆人多擅長詩賦，撰寫中有時追求詞藻華麗，即後人所謂“競為綺豔，不求篤實”。

（6）《宋書》

南朝梁時沈約所撰劉宋一代的紀傳體斷代史，記述自劉裕登極後60年的史實，共100卷，紀10卷，志30卷，列傳60卷，以資料繁富而著稱於史林。作者沈約是南朝著名史學家、文學家、聲律學家，字休文，吳興武康人。少年時代，橫遭父亡家難，潛竄流寓，家境孤貧。但篤志好學，讀書晝夜不倦，遂博通群籍，善屬詩文。諡曰“隱”，後世亦稱“隱侯”。《宋書》各志內容詳備而繁多，篇幅幾占全書之半。“八志”概述先秦兩漢以來的某些典章制度及其變化，補充了《三國志》無“志”的缺陷，但卻無“食貨”“藝文”等志。志前有《志序》，詳述前代修志情況，並上溯各志所記制度源流，可為考補前史缺志之助。《州郡志》記三國以來地理沿革並及東晉以來僑州郡縣情況。《樂志》記敘漢魏及兩晉樂府情況，對樂府詩章進行分類，並保存有漢魏以來大量古辭、樂府詩篇及樂舞文辭，是研究樂府及詩史的重要文獻。紀傳敘事詳密，載錄大量詔令、奏疏、書劄及文章，雖冗長，卻具有多方面的史料價值。《宋書》於北宋時已有散失，後人取李延壽的《南史》等補入。

（7）《齊書》

亦名《南齊書》，為南朝梁時蕭子顯所撰之紀傳體斷代史，記述南朝蕭齊王朝始末23年史事，是現存關於南齊最早的紀傳體斷代史。蕭子顯，字景陽，南朝歷史學家、文學家。出身皇族，博學多識，擅長著述，又是自齊入梁的貴族人物，熟悉南齊史事，加之梁朝取代南齊，未經重大戰亂，圖書文籍未有散佚，為蕭子顯撰著史書提供了便利條件。《齊書》共60卷，今本佚《序錄》一卷。有志無表，志亦缺"食貨""刑法""藝文"等。《南齊書》行文簡潔，文筆流暢，敘事完備。撰寫列傳，繼承班固《漢書》的類敘法，又借鑒沈約《宋書》的代敘法，能於一傳中列述較多人物，力避人各一傳不勝其煩的弊病。又於各志及類傳，大都寫有序文，以概括全篇內容，彰顯撰寫主旨。原名《齊書》，至宋代為區別於李百藥所著《北齊書》，改稱為《南齊書》。

(8)《梁書》

記載自梁武帝蕭衍建國後共56年間的歷史，作者為姚察及其子姚思廉。姚察，字伯審，吳興武康人，南朝歷史學家，歷經梁、陳、隋三朝，在陳朝任秘書監、領大著作、吏部尚書等職，入隋朝任秘書丞，於文帝開皇九年受命編撰梁、陳兩代歷史，未竟而卒。臨終囑其子姚思廉繼續撰史。姚思廉，字簡之，陳亡後，遷家關中，自貞觀三年繼父撰史，充分利用其父已完成的史著舊稿，歷時七年撰成《梁書》與《陳書》。姚氏二人雖為史學家，但文學素養深厚，繼承司馬遷及班固的文風與筆法，行文簡潔樸素，力戒炫耀辭藻的華麗，為南朝諸史中所鮮有。

(9)《陳書》

記述南朝陳歷史的紀傳體斷代史著作，記載自陳武帝陳霸先即位至陳後主陳叔寶被隋文帝滅國首尾33年間史事，由姚察及其子姚思廉兩代人撰寫。《陳書》帝紀6卷，列傳30卷，共36卷，無表志。或因陳朝僅存數十年，在政治、經濟和文化方面無特別建樹，《陳書》記述內容不及《梁書》充實，本紀和列傳過於簡略。

(10)《魏書》

為北齊魏收所撰的紀傳體北魏史，記載了鮮卑拓跋部早期至550年東魏被北齊取代這一時期的歷史。共124卷，其中本紀12卷，列傳92卷，志20卷。因有些紀、列傳和志篇幅過長，又分為上、下或上、中、下三卷，實共130卷。十志中有《釋老志》，為考證宗教源流的重要資料。《官氏志》敘述門閥豪族勢力，《食貨志》敘述北魏的經濟制度，皆具史料價值。作者魏收，北齊鉅鹿人，字伯起，小字佛助，聰穎善文，與溫子升、邢子才號稱三才子。撰寫《魏書》，三易其稿，方成定本。

鮮卑族源于我國古代東北大興安嶺東麓。1世紀末，隨著匈奴帝國的解體，鮮卑族向西遷徙，逐漸強大。3世紀初，鮮卑拓跋部首領猗盧在塞北建立代國，後解散其原有的部落組織，定居農耕，遷都平城，於398年改稱魏，史稱北魏。由於吸收先進的漢族文化，北魏國力日益強盛，終於在439年統一中國北方，結束了十六國時期的動盪局面。493 年，孝文帝拓跋宏遷都洛陽，改姓元氏，推行一系列漢化改革措施，逐步達到鼎盛，進窺巴蜀，覬覦梁朝。後分為東魏和西魏兩個對峙政權。

（11）《北齊書》

唐代李百藥所撰北齊的斷代史書。共 50 卷，其中本紀 8 卷，列傳 42 卷。李百藥（565～648），字重規，定州安平人，博覽經史著作，隋初曾任太子舍人，襲父爵為安平公。貞觀二十二年卒，享年 84 歲。

北魏末年，北方六鎮反叛，出身於懷朔鎮低級武官的高歡獲得了對 20 萬鮮卑人的領導權，控制了北魏朝政。後高歡所立的孝武帝元修被逼西奔長安，高歡另立孝靜帝元善見，遷都鄴城，史稱東魏。550 年，高歡之子高洋廢孝靜帝自立，建立北齊。東魏、北齊統治區域南至長江，與梁、陳兩朝先後對峙，西邊在今山西、河南、湖北，與西魏、北周分界。於 577 年為北周所滅。《北齊書》本名《齊書》，宋代始用今名。它雖以記載北齊數十年歷史為主，但實際上記述了從高歡起兵到北齊滅亡前後約 80 年的歷史，集中反映了東魏、北齊王朝的盛衰興亡。

（12）《周書》

唐代令狐德棻主編的北周斷代史，共 53 卷，其中本紀 8 卷，列傳 42 卷。北魏末年，社會動盪，戰亂不斷。北魏北方六鎮中武川鎮的宇文泰，率領一批以武川鎮人為主的鮮卑族軍隊，聯合關隴地區的漢人豪族武裝，建立了西魏政權。後宇文泰的第三子宇文覺在 557 年代魏建周，史稱北周。西魏、北周這兩個前後相續的政權，統治區域大致包括今天陝西、寧夏、甘肅和四川的大部，山西西南部、湖北西部及河南西部。與東邊的東魏、北齊和江南的梁、陳成鼎足之勢。577 年，北周滅北齊，統一中國北方。581 年，楊堅代周，建立隋朝。

《周書》雖以“周”題名，但實際上記述了從 534 年東、西魏分裂到楊堅代周為止 48 年的西魏、北周歷史，反映了宇文政權的建立以及建立後三個封建政權之間的戰爭，是後世研究西魏、北周歷史最基本的一部史書。

（13）《南史》

是合南朝宋、齊、梁、陳四代歷史為一編的紀傳體史著，起自南朝宋武帝劉裕永初元年（420），止於陳後主陳叔寶禎明三年（589），記述南朝四代 170 年的歷史。《南史》與《北史》為姊妹篇，是由李大師及其子李延壽兩代人編撰完成。李大師（570～628），相州（今河南安陽）人，南朝末期由隋入唐的史學家。他認為南北朝時期各朝的斷代史，彼此孤立，記事重復，又缺乏聯繫，遂撰寫《南史》與《北史》，以統編南朝與北國各代歷史，後卒於唐太宗貞觀二年（628），未能成書，而由李延壽繼續撰成，合稱為《南北史》。

《南史》以《宋書》《南齊書》《梁書》及《陳書》為本，刪繁就簡，重新編纂，成為新著，成書於唐高宗顯慶四年（659），有本紀 10 卷，列傳 70 卷，共 80 卷。本紀有《宋本紀》3 卷，《齊本紀》2 卷，《梁本紀》3 卷，《陳本紀》2 卷，而無表、志。文字簡明，事增文省，在史學上獨具特色。其缺陷在於突出門閥士族地位，過多採用家傳形式。例如將不同朝代的一族一姓人物不分年代，集中於一篇敘述，幾成大族族譜。《南史》與《北史》某些傳文亦有重復現象。

(14)《北史》

記述北朝魏、齊（包括東魏）、周（包括西魏）以及隋四個封建政權共 233 年的歷史。共 100 卷，其中本紀 12 卷，列傳 88 卷。作者李延壽，唐初相州（今河南安陽）人，曾任史官，參與修撰《隋書》《晉書》，並另外著有《南史》。《北史》主要在《魏書》《齊書》《周書》《隋書》的基礎上刪訂改編而成，同時參考各種稗官雜史，增補史料。雖述史時有蕪雜之弊，但體例完整、材料豐贍、行文簡練，後代頗為重視，以致魏、齊、週三書唐以後皆殘缺不完，後人又多取《北史》加以補足，作為研究北朝歷史的重要資料。

(15)《隋書》

記述隋朝的斷代史，共 85 卷，其中帝紀 5 卷，列傳 50 卷，志 30 卷。由多人共同編撰，從草創到全部完稿共歷時 35 年。唐武德四年（621），令狐德棻始倡修梁、陳、北齊、北周、隋等五朝史的建議，而後數年擱置。貞觀三年（629），由魏徵主持重修五朝史，並主編《隋書》。因作者皆為著名文史之士，故《隋書》可謂《二十五史》中修史水準較高的史籍之一。首先，具有以史為鑒的明確指導思想。其次，弘揚秉筆直書的優良史學傳統，品評人物較少阿附隱諱。主編人魏徵剛正不阿，撰述較少曲筆，不為尊者諱。如記隋文帝之"刻薄"專斷、"不悅詩書""暗于大道"，記隋煬帝"鋤誅骨肉、屠剿忠良"等，皆不加隱諱。另外，《隋書》保存了大量政治、經濟和科技文化資料，如十志記載梁、陳、北齊、北周和隋五朝的典章制度，有些史料甚至追溯到漢魏。

(16)《舊唐書》

唐代（618～907）可謂中國封建社會鼎盛時期，五代後晉時官修的《舊唐書》，是現存最早的記錄唐代歷史的史籍，作者劉昫（887～946），字耀遠，五代時涿州歸義（今屬河北）人，後唐莊宗時任太常博士、翰林學士。後晉時，官至司空、平章事，奉詔撰《唐書》，實為趙瑩諸人所作。《舊唐書》共 200 卷，包括本紀 20 卷，志 30 卷，列傳 150 卷。原名《唐書》，宋代歐陽修、宋祁等編寫的《新唐書》問世後，遂改稱《舊唐書》。後晉高祖天福六年（941），石敬瑭命修唐史，由當時的宰相趙瑩負責監修。《舊唐書》的作者去唐不遠，有條件接觸到大量的唐代史料全書修成，歷時僅四年多。但由於肅宗以後的國史尚未編出，宣宗以後的實錄也未修成，晚唐的史料也相當缺乏，故《舊唐書》對於唐代晚期史事的記述，仍顯得粗糙，在材料的佔有與剪裁、體例的完整、文字的簡潔等方面，皆顯不足。

《新唐書》行世後，《舊唐書》長期幾乎被人們廢棄，等到明朝嘉靖十七年（1538）聞人詮等重新刊印後，才又廣泛流傳開來。可見《舊唐書》亦獨具特色，非《新唐書》所能全部取而代之。

（17）《新唐書》

共 225 卷，包括本紀 10 卷，志 50 卷，表 15 卷，列傳 150 卷。宋仁宗認為《唐書》淺陋，下詔重修。前後參預其事的有歐陽修、宋祁、范鎮、呂夏卿、王疇、宋敏求、劉羲叟等人。其中列傳由宋祁負責，本紀、志、表由歐陽修負責，故《新唐書》署“歐陽修、宋祁撰”。宋祁有文名，曾任知制誥、翰林學士等職，歷時十餘年先完成列傳。歐陽修是北宋著名的文學家，擅長古文，他因參加推行“慶曆新政”的活動，被貶為地方官，後入朝任翰林學士，主持編撰本紀、志、表。列傳與本紀、志、表合在一起時，缺少嚴格的整齊劃一。《新唐書》比起《舊唐書》確有特點和優點。如重視志的編寫，增補新資料，優於《舊唐書》，並增加了以前各史所沒有的《儀衛志》和《兵志》。

（18）《舊五代史》

由宋太祖詔令編纂、薛居正監修的五代史書，原名《五代史》，又稱《梁唐晉漢周書》，後人為區別於歐陽修的《新五代史》，便習稱《舊五代史》。唐朝和宋朝之間為我國最後一次的大規模分裂割據時期，從 907 年朱溫代唐稱帝到 960 年北宋王朝建立的 53 年間，中原地區相繼出現後樑、後唐、後晉、後漢、後周等五代王朝，中原以外存在過吳、南唐、吳越、楚、閩、南漢、前蜀、後蜀、南平、北漢等十個小國，周邊地區還有契丹、吐蕃、渤海、党項、南詔、於闐、東丹等少數民族建立的政權，習慣上稱之為“五代十國”。《舊五代史》記載的就是這段歷史，共 150 卷，紀 61，志 12，傳 77，按五代次序分為梁書、唐書、晉書、漢書、周書。因宋太祖重視，撰修人員文史才茂，眾人同修，前後只用了一年半左右時間迅速成書，當然也由於去古未遠，五代各朝均有實錄，可資參考的史料相當齊備。原書已佚，現行本是清乾隆四十年（1775）時的輯本。

（19）《新五代史》

原名《五代史記》，可謂唐代設館修史以後唯一的私修正史。撰者為史學家歐陽修，字永叔，號醉翁、六一居士，是北宋古文運動的領袖，唐宋八大家之一，曾奉命和宋祁領銜編撰《新唐書》。歐陽修崇儒復古，稟承孔子《春秋》筆法、“褒貶”義例，對《舊五代史》私下改編重修，前後達 18 年編成此書，共 74 卷，包括本紀 12 卷、列傳 45 卷、考 3 卷、世家及世家年譜 11 卷、四夷附錄 4 卷。在編排體例上，推翻《舊五代史》一朝一史的基本格局，取法《南史》《北史》，打破朝代界線，把五朝的人事按時間順序排列，綜合統編在一起。又列傳部分頗有特色，採用類傳的形式，設立《家人傳》《臣傳》《死節傳》《死事傳》《一行傳》《唐六臣傳》《義兒傳》《伶官傳》《宦者傳》《雜傳》等名目。每類傳目，內寓特定涵義，用以貫徹作者的"褒貶"義例。如對於將相大臣，凡專事一朝的在《臣傳》，歷事幾朝的則列《雜傳》。又如根據死者忠的不同程度，分為兩等，頭等的進《死節傳》，次等的入《死事傳》。

歐陽修認為五代是名分綱常顛倒的亂世，其典章制度一無可取，故將《舊五代史》的"志"刪除，改稱作"考"，撰《司天考》《職方考》，相當於舊志的《天文志》和《郡縣誌》。所撰世家及世家年譜，大致相當於《舊五代史》的《世襲列傳》和《僭偽列傳》，明確將中原以外的割據政權分為吳、南唐、前蜀、後蜀、南漢、楚、吳越、閩、南平、東漢等十國，分別編排，條理清晰，首尾完具，顯然勝於舊史。《四夷附錄》相當於舊史的《外國列傳》。

歐陽修在刪繁就簡時，將不少具體史料也一同削去，對舊"志"部分進行砍削，人為造成史料空白，故《新五代史》的史料價值略遜於《舊五代史》，但《新五代史》後出，採用了實錄以外的筆記、小說等多種材料，在刪削的同時對十國部分也新增了不少史料。在編撰上結構嚴謹，文字凝煉，思想上不像舊史那樣著重渲染"天命"而注重人事；創《職方考》，獨樹一幟，提綱挈領，頗受世人稱道。由於《舊五代史》已非原帙，殘缺不全，《新五代史》具有其特有的價值，與《舊五代史》各有短長，可互為補充。

（20）《宋史》

撰修於元朝末年，有本紀47卷，志162卷，表32卷，列傳255卷，共計496卷，約500萬字，是二十五史中篇幅最浩繁的一部官修史書。早在元初，元世祖忽必烈就曾詔修宋史，因體例未定而未能成書。元朝末年，丞相脫脫主張分別撰修宋、遼、金三史，各獨自成書。元順帝於至正三年（1343）下詔開史局，《遼》《金》《宋》三史同時分別撰修，兩年後即成書。《宋史》在原宋朝《國史》的基礎上刪削而成。宋朝史官設置完備，雕版印刷術廣泛應用，書籍流傳和保存都較為便利，史料齊備，為元修《宋史》提供了良好的基礎。但是由於《宋史》修撰者匆匆急就，在史料的裁剪、史實的考訂、文字的修飾、全書體例等方面存在不少缺點，如一人兩傳、無傳而說有傳、一事數見、有目無文以及各篇章之間互相抵牾等，故於二十五史之中有繁蕪雜亂之稱。但是它卷帙浩繁，僅《列傳》所記達二千多人，比《舊唐書》列傳多出一倍；敘事詳盡，具有詳勝於略之史料價值。同時《宋史》還系統地保存了宋代官方和私家史料。

（21）《遼史》

撰成於元代，共116卷，包括本紀30卷，志32卷，表8卷，列傳45卷，國語解 1 卷。遼太祖耶律阿保機建國之初，依仿漢人制度，設立監修國史官。金朝建立後，亦總結前朝興衰得失，重視修撰《遼史》，前後由耶律固主持修纂撰成兩部。元修《遼史》以脫脫為總裁，由元至正三年（1343）開始修撰，翌年成書，記載我國古代契丹族建立的遼朝二百多年的歷史，並兼載遼立國以前契丹的狀況，以及遼滅亡後耶律大石所建西遼的概況，雖失之簡略，亦為後人研究遼和契丹、西遼的重要史籍。

（22）《金史》

《金史》是元修三史之一，右丞相脫脫為總領主編，其中歐陽玄制訂《金史》撰修的發凡舉例，主筆書中的論、贊、表、奏，於多位作者中貢獻最為突出。全書 135 卷，其中本紀 19 卷，志 39 卷，表 4 卷，列傳 73 卷，是反映女真族所建金朝的興衰始末的重要史籍。

（23）《元史》

記載元朝興亡過程紀傳體史書，成書於明朝初年。明太祖洪武元年（1368），元朝滅亡，朱元璋下令編修《元史》，實出於政治需要，意圖以此說明元朝滅亡和明朝興起都出於“天命”。洪武二年，以宋濂、王為裁、汪克寬等 16 人為纂修，開史局於南京天界寺，進行編寫，歷時不足一年而成書，共 210 卷，包括本紀 47 卷，志 58 卷，表 8 卷，列傳 97 卷。《元史》問世後，很多學者不滿，清代著名學者錢大昕說：“古今史成之速，未有如《元史》者；而文之陋劣，亦無如《元史》者。”主要認為其編纂工作比較草率，融合貫通未精，基本上都是利用已有的文獻資料略加刪削修改而成。但是，《元史》仍不失為後人研究元代歷史的重要文獻。

（24）《明史》

記載自朱元璋洪武元年（1368）至朱由檢崇禎十七年（1644）二百多年的明代紀傳體史書，共 332 卷，包括本紀 24 卷，志 75 卷，列傳 220 卷，表 13 卷。清順治二年（1645）設立明史館，纂修明史，因國家初創，百廢待興，未能全面開展。康熙四年（1665），重開明史館，又因纂修《清世祖實錄》而停止。康熙十八年（1679），以徐元文為監修，開始纂修明史，編撰過程中，萬斯年曾審定全部書稿，最終於乾隆四年（1739）完成，張廷玉署名總裁奏進。此史從首次開館至最後定稿刊刻，前後經過 90 多年，是官修史書歷時最長的一部。同時以編纂得體、材料翔實、敘事穩妥、行文簡潔為史家所稱道，反映出編者對史料的考訂、運用、貫通以及述史語言都達到很高水準，雖然其篇幅在二十四史中僅次於《宋史》，但讀者並不感冗長。

（25）《新元史》

為清末民初著名史學家柯劭忞所撰，柯劭忞（1850～1933）字鳳蓀、鳳笙，號蓼園，山東膠州人。因明代《元史》編纂過於草率，錯誤百出，後代學者皆呼籲重修元史。柯劭忞以《元史》為底本，參考《元經世大典》殘本、《元典章》，又吸收法國《多桑蒙古史》、波斯《蒙古全史》等史料，參考《四庫全書》未收錄之秘笈及元碑拓本等，以30年之功撰成，共257卷，包括本紀26卷，表7卷，志70卷，列傳154卷。體例上仿《金史》本紀之前《世紀》，亦於本紀前增加一篇《序紀》，記述成吉思汗以前的史事。

《新元史》集明、清學者研究元史之大成，以一人之力成此巨著，功不可没。在中外學術界贏得很高聲譽，如日本東京帝國大學因此書授予柯劭忞名譽文學博士學位。有人稱："中國元史學之有柯劭忞，正如集百川之歸流以成大海，集眾土之積累以成高峰"（李思純《元史學》）。《新元史》成書於1920年，次年，北洋政府總統徐世昌下令列入正史，1922年刊行於世，原來官方所謂官修史書"二十四史"就成了"二十五史"。也有人祇加入《清史稿》稱為"二十五史"，若將兩部同時加入，則形成"二十六史"。《新元史》最大缺點是無《藝文志》，而且所引新資料無注明出處，書首無《敘例》，又未述馬可·波羅等人在元朝的活動，《釋老傳》亦未述及回教傳和耶教傳等。

（26）《清史稿》

署名近人趙爾巽主編的清代斷代史，先後參加編寫的有柯劭忞等百餘人。1914年設立清史館，趙爾巽任館長，繆荃孫為總纂，歷時14年修成。體例一如歷代正史，分為本紀、志、表、列傳四部分，共529卷。記史上起努爾哈赤稱帝，下至宣統三年清朝滅亡，基本依據《清實錄》、《宣統政紀》、《清會典》、《國史列傳》和一些檔案資料纂成。而有些志和清末人物的列傳，並非取材於常見史料，當另有所本。其中一些傳記還涉及辛亥革命以後的張勳復辟、溥儀離宮後出走天津、王國維投北京昆明湖自盡等事件，故具有較高史料價值。本書的編寫刊行雖在辛亥革命以後，但由於編寫者大多為清室遺臣遺民，站在清王朝的立場來寫清朝史，又因編撰者先後達百人，彼此照應不夠，完稿後又未經精細核對改，刊行時又校對未精，故體例不一，繁簡失當，以致時見有關年月、事實、人名和地名之誤。趙爾巽在《發刊綴言》亦稱本書乃"作為史稿披露"之"急就之章"，"並非視為成書"。

二、參考文獻

（一）史學原典部分

司馬遷：《史記》，中華書局1975年版。

班　固：《漢書》，中華書局1983年版。

范　晔：《後漢書》，中華書局 1965 年版。

陳　壽：《三國志》，中華書局 1982 年版。

王先謙：《後漢書集解》，商務印書館 1959 年版。

盧　弼：《三國志集解》，中華書局 1982 年版。

周予同：《中國歷史文選》，上海古籍出版社 1979 年版。

闕勳吾：《中國歷史文選》，高等教育出版社 1993 年版。

張衍田：《中國歷史文選》，北京大學出版社 1996 年版。

劉乃和：《中國歷史文選》，北京圖書館出版社 1999 年版。

（二）史學史論部分

王鳴盛：《十七史商榷》，中國書店 1987 年版。

浦起龍：《史通通釋》，上海古籍出版社 1978 年版。

趙　翼：《廿二史劄記》，中國書店 1987 年版。

永　瑢：《四庫全書總目》，中華書局 1983 年版。

范文瀾：《中國通史》，人民出版社 1978 年版。

翦伯贊：《先秦史》，北京大學出版社 1999 年版。

吕思勉：《秦漢史》，上海古籍出版社 2005 年版。

岑仲勉：《隋唐史》，高等教育出版社 1957 年版。

張舜徽：《漢書藝文志通釋》，湖北教育出版社 1990 年版。

張舜徽：《中國歷史要籍介紹》，湖北人民出版社 1955 年版。

張舜徽：《中國史學名著解題》，中國青年出版社 1984 年版。

張舜徽：《四庫提要敘講疏》，雲南人民出版社 1984 年版。

陳國慶：《漢書·藝文志注釋彙編》，中華書局 1983 年版。

王樹民：《史部要籍解題》，中華書局 1981 年版。

金毓黻：《中國史學史》，商務印書館 1957 年版。

吳樹平：《二十四史簡介》，中華書局 1979 年版。

李宗鄴：《中國歷史要籍介紹》，上海古籍出版社 1982 年版。

高振鐸：《中國要籍介紹及選讀》，黑龍江人民出版社 1982 年版。

劉重來：《中國要籍介紹及選讀》，西南師範大學出版社 1991 年版。

楊緒敏：《中國歷史要籍研究資料輯要》，河南大學出版社 1991 年版。

瞿林東：《中國史學史綱》，北京出版社 1999 年版。

第四编

04

诸子典籍

诸子典籍述疏

概　述

　　諸子是後世對先秦學術思想人物和派別的總稱。指春秋戰國至漢代初年老子、孔子、莊子、墨子、孟子和荀子等文化思想大師，亦指他們本人和後學的思想學術以及其著述。

　　春秋（前770～前475）和戰國（前475～前221）時期，王權衰落，諸侯爭霸，學術逐步走向民間。學者們周遊列國，各持方略，儒家、道家、墨家、名家、法家等學術思想流派紛紛湧現，爭芳鬥艷，“諸子百家”便應運而生，到戰國時代形成了“百家爭鳴”的局面。“百家”一詞泛指各理論學派，始見於《莊子·天下》：“百家之學，時或稱而道之。”又《荀子·解蔽》：“諸侯异政，百家异说。”司馬遷《史記·屈原賈生列傳》：“賈生年少，頗通諸子百家之书。文帝召以爲博士。”由於春秋戰國時期的未統一局面，各學派在形成過程中有一定的地域性，如鄒魯是儒、墨的發祥地；三晉是法家的溫床；南方是道家的搖籃；而燕、齊是陰陽家的誕生地。

　　關於對諸子百家的派別歸類，西漢司馬談《論六家之要指》把先秦以來的學派歸納爲六家：陰陽家、儒家、墨家、名家、法家和道德家。之後劉歆《七略》又在司馬談劃分的基礎上，增縱橫、雜、農、小說四家總爲十家。東漢班固《漢書·藝文志·諸子略》承劉歆觀點亦將先秦以來的學派歸納爲十家：儒家、道家、陰陽家、法家、名家、墨家、縱橫家、雜家、農家和小說家。若去小說家，則稱九家爲“九流”，此即所謂“九流十家”。今人吕思勉《先秦學術概論》再增兵、醫二家：“故論先秦學術，實可分爲陰陽、儒、墨、名、法、道、縱橫、雜、農、小說、兵、醫十二家也。”

　　從政治思想的方面，諸子各家提出各自統一天下的治國政治方略。儒家主張以德化民；道家主張無爲而治；法家主張信賞必罰；墨家主張兼愛尚同；名家主張去尊偃兵。漢代以後，墨家和名家漸衰，陰陽家嬗變為神秘方術。對後來大一統王朝政治產生影響的只有儒、道、法，尤其儒家思想因繼承三代中原文化正統而地位顯著，逐漸成為中華傳統文化的主流和核心內容，對中華民族文化精神的形成產生了深遠影響。

在文化思想層面上，諸子百家在後世影響非常深刻。奠定了整個封建時代文化的基礎。如儒家的"仁政""己所不欲，勿施於人"的"恕道"；孟子的古代民本思想；道家的辯證法；墨家的科學思想；法家的唯物思想；兵家的軍事思想等，在今天依然閃爍光芒。便是那"詭辯"的名家，也開創了中國哲學史上的邏輯學領域。

諸子學說中的許多命題包含着後代文化發展的萌芽形態，成為後代思想家的資料寶藏和理論源頭，奠定了以後兩千多年中國文化發展的基礎及其方向，至今尚有重要價值，正如方立天在華東師範大學和中國國家圖書館編纂出版《子藏》首批成果發佈會上所講："它的社會價值，我認為對當前人類社會面臨的三個矛盾，就是我剛才提到的，人與自我的矛盾、人與社會的矛盾、人與自然的矛盾，提供了緩解或者是解決的方法，提供了一種思想資源，因為第一它能夠為建設我們共同的精神家園提供資源，第二它為推動社會和諧提供了思想支撐，第三它為人與自然的協調及社會、經濟可持續發展也提供了借鑒。"

第一章 諸子總論

一、論六家之要指 ［司馬談］

【叙題】

司馬談（？～前110），西漢時期史學家、思想家。夏陽（今陝西韓城）人。父司馬喜，在漢初為五大夫。西漢建元至元封年間（前140～前110年），司馬談為太史令，掌管天文、曆法，深深影響其子司馬遷。司馬談一直想效法孔子作《春秋》的精神，寫一部體系完整的史書，曾根據《國語》《世本》《戰國策》《楚漢春秋》等書，撰寫史籍。漢武帝元封元年（前110），東巡泰山舉行"封禪"大典，祭祀天地，司馬談當時因病留在洛陽，未能從行，臨終前托付司馬遷完成自己編撰通史的理想事業，經過司馬遷十年努力，終於著成《史記》。

所著《論六家之要指》，把先秦諸子明確地分為陰陽、儒、墨、名、法、道德等六家，總結各派學說，分析精闢透徹，指陳得失，有若案斷，雖歷百世而無可比擬。而推崇黃老之學，認為道家最能綜合各派所長，"立俗施事，無所不宜"，並提出"形神離則死，死者不可復生，離者不可復反"的論點，充分而深刻地反映了司馬父子的學術思想。

太史公學天官於唐都，受《易》於楊何，習道論於黃子。太史公仕於建元、元封之間，愍學者之不達其意而師悖，乃論六家之要指曰：

《易·大傳》："天下一致而百慮，同歸而殊塗。"夫陰陽、儒、墨、名、法、道德，此務為治者也，直所從言之異路，有省不省耳。嘗竊觀陰陽之術，大祥而眾忌諱，使人拘而多所畏；然其序四時之大順，不可失也。儒者博而寡要，勞而少功，是以其事難盡從；然其序君臣父子之禮，列夫婦長幼之別，不可易也。墨者儉而難遵，是以其事不可徧循；然其彊本節用，不可廢也。法家嚴而少恩；然其正君臣上下之分，不可改矣。名家使人儉而善失真；然其正名實，不可不察也。道家使人精神專一，動合無形，贍足萬物。其為術也，因陰陽之大順，采儒墨之善，撮名法之要，與時遷移，應物變化，立俗施事，無所不宜，指約而易操，事少而功多。儒者則不然。以為人主天下之儀表也，主倡而臣和，主先而臣隨。如此則主勞而臣逸。至於大道之要，去健羨，絀聰明，釋此而任術。夫神大用則竭，形大勞則敝。形神騷動，欲與天地長久，非所聞也。

【注疏】

太史公：指父親司馬談。天官：指天文，天文學。道論：道家的理論。建元：漢武帝第一個年號（前140～前135）。元封：漢武帝第六個年號（前110～前105）。愍：憂慮。其意：各家學說的要義。師悖：師從謬誤的學問。悖，惑，謬誤。六家：指陰陽、儒、墨、名、法、道德六個學派。要指：同"要旨"，指主要的思想。

《易·大傳》：指《易·繫辭下》。塗：同"途"。務：致力，從事。直：僅，只是。省：察驗。明白，顯明。大祥：以祥為大，即重視吉凶的預兆。眾忌諱：講究的忌諱多。四時之大順：指四時運行的順序。儉：通檢，約束，檢點。贍：充足。因：依照，根據。撮：提取，摘錄。去健羨：捨棄剛強與貪欲。絀聰明：去掉聰明智慧，道家主張絕聖棄智。絀：通"黜"，廢。

夫陰陽四時、八位、十二度、二十四節各有教令，順之者昌，逆之者不死則亡，未必然也，故曰"使人拘而多畏"。夫春生夏長，秋收冬藏，此天道之大經也，弗順則無以為天下綱紀，故曰"四時之大順，不可失也"。

夫儒者以《六藝》為法。《六藝》經傳以千萬數，累世不能通其學，當年不能究其禮，故曰"博而寡要，勞而少功"。若夫列君臣父子之禮，序夫婦長幼之別，雖百家弗能易也。

【注疏】

八位：指八卦的方位，即震卦東，離卦南，兌卦西，坎卦北，乾卦西北，坤卦西南，巽卦東南，艮卦東北。十二度：指十二星次，即古代把黃道分成十二部分，以量度星辰所在位置。教令：指各種規定。經：常道，常規。

《六藝》：即《六經》，包括《禮》《樂》《詩》《書》《易》《春秋》。經：指六經本文。傳：注釋或講解經義的文字。當年：有生之年。

墨者亦尚堯舜道，言其德行曰："堂高三尺，土階三等，茅茨不翦，采椽不刮。食土簋，啜土刑，糲粱之食，藜霍之羹。夏日葛衣，冬日鹿裘。"其送死，桐棺三寸，舉音不盡其哀。教喪禮，必以此為萬民之率。使天下法若此，則尊卑無別也。夫世異時移，事業不必同，故曰"儉而難遵"。要曰彊本節用，則人給家足之道也。此墨子之所長，雖百長弗能廢也。

【注疏】

等：臺階的層級。此段引文不見於今本《墨子》，或謂見於《韓非子》，但有所不同。茅茨：茅茨覆屋。翦：同"剪"。簋：古時盛食物的圓形器具。刑：通"鉶"，盛羹的器皿。糲：粗米。粱：[日] 瀧川資言《史記會注考證》謂"粱當作粢，粢與糲皆食之粗者。"藜：一種野草，初生時可食。

藿：豆葉。率：標準，規格。使：假使。給：足，豐足。

　　法家不別親疏，不殊貴賤，一斷於法，則親親尊尊之恩絕矣。可以行一時之計，而不可長用也，故曰"嚴而少恩"。若尊主卑臣，明分職不得相逾越，雖百家弗能改也。

　　名家苛察繳繞，使人不得反其意，專決於名而失人情，故曰"使人儉而善失真"。若夫控名責實，參伍不失，此不可不察也。

【注疏】

　　殊：不同。親親尊尊：親愛自己的親屬，尊敬長輩。分職：即名分和職分。苛察：苛刻煩瑣，顯示精明。繳繞：纏繞，糾纏不清。控名責實：由名以求實，使名實相符。控：規制。責：求。名：概念。實：實際。參伍：錯綜比較，以為驗證。參：同"三"。

　　道家無為，又曰無不為，其實易行，其辭難知。其術以虛無為本，以因循為用。無成勢，無常形，故能究萬物之情。不為物先，不為物後，故能為萬物主。有法無法，因時為業；有度無度，因物與合。故曰"聖人不朽，時變是守。虛者道之常也，因者君之綱"也。群臣並至，使各自明也。其實中其聲者謂之端，實不中其聲者謂之窾。窾言不聽，奸乃不生，賢不肖自分，白黑乃形。在所欲用耳，何事不成。乃合大道，混混冥冥。光耀天下，復反無名。凡人所生者神也，所託者形也。神大用則竭，形大勞則敝，形神離則死。死者不可復生，離者不可復反，故聖人重之。由是觀之，神者生之本也，形者生之具也。不先定其神，而曰"我有以治天下"，何由哉？

（正文據中華書局1959年版《史記》卷130《太史公自序》）

【注疏】

　　道家無為：道家"無為"意即順應自然，則"萬物將自化"，故"無為而無不為"。見《老子》第三十七章："道常無為而無不為"。第四十八章："為學日益，為道日損，損之又損，以至於無為，無為而無不為。"《正義》："無為者，守清淨也。無不為者，生育萬物也。"因循：順應自然。成勢：既成不變之勢。不為物先：此二句言不為物所牽制。主：主宰。有法無法：此二句意為道家有法而不以法為法，要順應時勢以成其業。有度無度：此二句意為道家有度但不恃度以為度，要根據萬物之形以與之相合。常：規律，準則。因：因循。中：符合。端：正。窾：空。燿：同"耀"。反：同"返"。

二、藝文志·諸子略 [班固]

【叙题】

《藝文志》為《漢書》十志之一，本篇著録西漢時國家所收藏的各類圖書，是了解上古到西漢末年學術文化發展變化的重要參考資料。

西漢成帝時期，大學者劉向受命主持校書，奉詔領校秘書，整理群籍，著有我國第一部圖書目録《别録》。後劉歆繼承父業，並在《别録》基礎上著成《七略》，即以圖書六分法把所著録的書籍分為六略，即六藝略、諸子略、詩賦略、兵書略、術數略、方技略，而於篇首加上一篇總論性質的“輯略”，可謂較早的綜合性圖書分類目録，奠定了目録學基礎。班固根據劉向、劉歆父子《别録》和《七略》，加以增補刪削，撰成《漢書·藝文志》。由於《别録》、《七略》在唐末佚失，但其概貌基本保存在《漢書·藝文志》裏，故《漢書·藝文志》便成為現存最早的系統性圖書目録學文獻目録，對後代整理研究古籍者影響極大。其中《諸子略》是根據劉歆《輯略》中有關諸子部分及其《諸子略》而寫成，條分縷析先秦至西漢各種文化學術流派之源流與演變，整體敘述各種哲學思想的興衰分合，具體而細微地評述了各種學術文化著作的優劣真偽是非，可謂一部先秦至西漢的思想文化史。

兹僅選其論述部分，而未選其所著録的具體書目。

儒家者流，蓋出於司徒之官，助人君順陰陽、明教化者也。游文於六經之中，留意於仁義之際，祖述堯舜，憲章文武，宗師仲尼，以重其言，於道最為高。孔子曰：“如有所譽，其有所試。”唐虞之隆，殷周之盛，仲尼之業，已試之效者也。然惑者既失精微，而辟者又隨時抑揚，違離道本，苟以嘩眾取寵。後進循之，是以五經乖析，儒學寖衰。此辟儒之患。

【注疏】

略：概要。儒家者流：儒家之流。流：流派。司徒：秦以前掌管教化人民之事。陰陽：指儒家所謂天地人自然之道。游文：學習研究文化典籍。六經：詩、書、禮、樂、易、春秋。祖述：延循，奉行。憲章：動詞，指效法。宗師：動詞，尊敬。重：指增加重要性。如有所譽：見《論語·衛靈公》：“如有所譽者，其有所試矣。”唐虞：即堯舜，堯又稱唐堯，舜又稱虞舜。殷周：商代和周代。惑者：拘泥小理之人，指儒家學派中没有掌握儒家學說精妙思想之人。辟者：邪僻不正之人，指儒家學派中曲解學說、為己所用之人。違離道本：違背遠離儒家之道的根本宗旨。苟：苟且，隨隨便便。乖：背戾，相反。析：分離，離散，支離破碎。寖衰：通“浸”。漸漸衰亡。

道家者流，蓋出於史官。歷記成敗、存亡、禍福、古今之道，然後知秉要執本。清虚以自守，卑弱以自持，此君人南面之術也。合與堯之克攘，《易》之嗛嗛，一謙而四益。此其所長也。及放者為之，則欲絕去禮學，兼棄仁義；曰：獨任清虚，可以為治。

【注疏】

史官：記史事的官員。歷：此謂"歷歷"，清楚分明貌。秉要執本：秉持重要的原則，執掌根本的法度。君人：動賓結構，意謂做人民的君主，統治人民。克：能够。攘：通"讓"，謙虚禮讓。嗛嗛：通"謙謙"，謙而又謙，極謙退貌，語出《周易·謙卦》："謙謙君子。"一謙而四益：語意見《周易·謙卦》"天道虧盈而益謙，地道變盈而流謙，鬼神害盈而福謙，人道惡盈而好謙。"放者：放任之人，指道家學派中過分強調無為而治之人。

陰陽家者流，蓋出於羲和之官，敬順昊天，歷象日月星辰，敬授民時，此其所長也。及拘者為之，則牽於禁忌，泥於小數；舍人事而任鬼神。

【注疏】

陰陽家：探究陰陽律曆的學派。羲和之官：指上古執掌天文曆法的官員"羲氏"、"和氏"。歷：通"曆"。歷象日月星辰：動賓結構，意謂推算曆法，觀測天象。敬授民時：謹慎小心地告訴人民農業時令。拘者：陰陽家學派中拘泥邪說、固執不通的人。牽於禁忌：受有關凶吉禁忌的牽制。泥於小數：拘泥于擇日選時辰算命等小術數。舍人事而任鬼神：不談人事努力，聽憑鬼神安排。任：聽憑，任憑。

法家者流，蓋出於理官，信賞必罰，以輔禮制。《易》曰："先王以明罰飭法"，此其所長也。及刻者為之，則無教化，去仁愛，專任刑法而欲以致治，至於殘害至親，傷恩薄厚。

【注疏】

理官：審理獄訟的官。信賞必罰：並列動賓結構，意謂对賞必定兑現，对罰必定施行。明罰飭法：闡明懲罰的條例，整飭法規法令。刻者：刻薄寡恩的人，指法家學派中不主張施仁政的人。致治：達到天下大治。傷恩薄厚：動賓結構並列，使恩惠德澤減少，使仁厚變為刻薄。

名家者流，蓋出於禮官。古者名位不同，禮亦異數。孔子曰："必也，正名乎！名不正則言不順，言不順則事不成。"此其所長也。及警者為之，則苟鉤鈲析亂而已。

【注疏】

名家：闡明名理的學派，類似今之邏輯學家。喜用比較嚴密的推理方法辯論問題，時有詭辯傾向。禮官：古代執掌禮儀的官員。禮亦異數：禮節等級有差別。數：有差別的等級。警者：愛挑剔找岔的人，指名家學派中愛鑽牛角尖的人。鉤鈲析亂：動補結構並列，鉤取詭怪的道理而破壞名實，分析得貌似嚴密而實際上支離破碎。即認為名家看似邏輯嚴密，實際是混淆名實，危言聳聽，蠱惑人心。鈲：破。

墨家者流，蓋出於清廟之守。茅屋采椽，是以貴儉；養三老五更，是以兼愛；選士大射，是以上賢；宗祀嚴父，是以右鬼；順四時而行，是以非命；以孝視天下，是以上同：此其所長也。及蔽者為之，見儉之利，因以非禮，推兼愛之意，而不知別親疏。

【注疏】

清廟之官：管理宗廟的官員。宗廟肅然清淨，故稱"清廟"。采：木名，即櫟木，此指樸實耐用而沒有裝飾。三老五更：古代天子以父兄之禮養三老、五更各一人。錢大昕謂"更"當作"叟"。選士大射：周代選士制，用射禮選拔人才。大射：古射禮之一。上：通"尚"。宗祀：宗廟祭祀。嚴：恭敬。嚴父：尊敬父親。右鬼：意動用法，即以鬼為右，尊尚鬼神。非命：反對天命。視：通"示"，頒示。上同：崇尚在上者和在下者一致，此謂墨子主張百姓同于鄉長、國君、天子，最後同於天。蔽者：目光短淺、見解片面的人，指墨家學派中片面強調"兼愛"的人。非禮：反對必要的禮儀制度。

縱橫家者流，蓋出於行人之官。孔子曰："誦詩三百，使於四方，不能專對，雖多亦奚以為?"又曰："使乎，使乎!"言其當權事制宜，受命而不受辭，此其所長也。及邪人為之，則上詐諼而棄其信。

【注疏】

從橫家：策辯之士，如蘇秦、張儀合從連橫，以雄辯的語言遊說諸侯。行人之官：掌管朝覲聘問、外交事務的官員。專對：獨自應對。使乎：孔子讚美使者的話，見《論語·憲問》。權事制宜：權衡事實利弊制定適宜對策。邪人：邪僻不正的人，指縱橫家學派中搞欺世騙謀私人之人。上：通"尚"。諼：詐騙，謊言。

雜家者流，蓋出於議官。兼儒、墨，合名、法，知國體之有此，見王治之無不貫，此其所長也。及蕩者為之，則漫羨而無所歸心。

【注疏】

雜家：糅合諸家之說的學派，以《呂氏春秋》《淮南子》所體現的思想為代表。議官：諫議官員。國體：治國之法。見王治而無不貫：洞見王者政治，而對各家學會所無不貫通。盪：通"蕩"。蕩者：學識浮泛的人，指雜家學派中貌似知識全面而浮華不實的人。漫羨：漫衍，涉廣而无中心。無所歸心：使人心没有歸宿。

農家者流，蓋出於農稷之官，播百穀，勸耕桑，以足衣食，故八政一曰食，二曰貨。孔子曰："所重民食"，此其所長也。及鄙者為之，以為無所事聖王，欲使君臣並耕，悖上下之序。

【注疏】

農稷之官：管理農業的官員。相傳周始祖棄在堯時做稷官，號曰后稷。一曰食：第一條是教民勤于農耕，滿足食物需要。貨：愛惜貨物。民食：並列結構，指人民和糧食。鄙者：鄙野的人，指農家學派中主張統治者親自參加農業勞動而自耕自食的人。無所事聖王：沒有必要奉侍聖明的君主。君臣並耕：君臣一起耕作。悖：擾亂。

小說家者流，蓋出於稗官。街談巷語，道聽塗說者之所造也。孔子曰：“雖小道，必有可觀者焉，致遠恐泥，是以君子弗為也。”然亦弗滅也。閭里小知者之所及，亦使綴而不忘。如或一言可采，此亦芻蕘狂夫之議也。

【注疏】

小說：記錄下來的街談巷語。稗官：負責記述閭巷風俗的官。致遠恐泥：若想達到遠大的目標，就恐怕窒凝不通。小道：微小道理。綴而不忘：連綴成句，不使遺忘。芻蕘狂夫：以割草打柴為業的人，泛指一般平民。

凡諸子百八十九家，四千三百二十四篇。諸子十家，其可觀者九家而已，皆起於王道既微，諸侯力政，時君世主，好惡殊方。是以九家之說，蜂出而並作，各引一端，崇其所善，以此馳說，取合諸侯。其言雖殊，辟猶水火，相滅亦相生也；仁之與義，敬之與和，相反而相成也。《易》曰：“天下同歸而殊塗，一致而百慮。”今異家者，各推所長，窮知究慮，以明其指，雖有蔽短，合其要歸，亦六經之支與流裔。使其人遭明王聖主，得其所折中，皆股肱之材已。仲尼有言：“禮失而求諸野。”方今去聖久遠，道術缺廢，無所更索，彼九家者不猶瘉於野乎？若能修六藝之術，而觀此九家之言，舍短取長，則可以通萬方之略矣。

(正文據中華書局 1962 年版《漢書》卷 30)

【注疏】

政：通“征”，武力征伐。辟：通“譬”。一致而百慮：目標一致，只是考慮不同。野：此指民間。瘉：通“愈”。

三、文心雕龍·諸子 [劉勰]

【叙題】

劉勰（約 465～520），字彥和，南北朝時期著名文學理論家。祖籍山東莒縣，曾任縣令、步兵校尉、宮中通事舍人，頗有清名（見《梁書·劉勰傳》），早年家境貧寒，篤志好學，終生未娶。後請出家，梁武帝不許，乃燒髮以明志，遂准為僧，法號慧地。曾寄居江蘇鎮江，在鐘山南定林寺研讀佛書及儒家經典，32 歲時開始撰《文心雕龍》，五年後成書，分 10 卷 50 篇，論述文學的審美本質及其創作、鑒賞等藝術規律，為中國文化史上第一部有嚴密體系的、“體大而慮周”（章學誠《文史通義·詩話篇》）的文學理論專著，對後世影響頗大，同唐朝劉知幾

《史通》、清朝章學誠《文史通義》並稱中國文史批評三大名著。

　　《文心雕龍》不僅是一部文學理論著作，在經學、諸子方面亦有精闢論述。《諸子》篇敘述子書的性質、起源以及子書與經書的區別，從學術內容和寫作風格兩方面總結先秦諸子特色，兼及漢魏以後的發展變化情況。因其以駢賦文體寫成，辭藻華美，讀者可得了解先秦諸子思想與辭藻之美兩個功效。

　　諸子者，入道見志之書。太上立德，其次立言。百姓之群居，苦紛雜而莫顯；君子之處世，疾名德之不章。唯英才特達，則炳曜垂文，騰其姓氏，懸諸日月焉。昔風后、力牧、伊尹，咸其流也。篇述者，蓋上古遺語，而戰代所記者也。至鬻熊知道，而文王諮詢，餘文遺事，錄為鬻子。子目肇始，莫先於茲。及伯陽識禮，而仲尼訪問，爰序道德，以冠百氏。然則鬻惟文友，李實孔師，聖賢並世，而經子異流矣。

【注疏】

立德、立言：《左傳·襄公二十四年》載："太上有立德，其次有立功，其次有立言。"太上：最上等。君子：有道德、智慧的人物。特：不同尋常。達：顯名。風後、力牧：傳說中黃帝的臣子。伊尹：商朝開國功臣。咸：都、皆。鬻熊：周文王時人，楚國君主的祖先。伯陽：指老子，傳說字伯陽。道德：指《道德經》。百氏：諸子百家。

　　逮及七國力政，俊乂蜂起。孟軻膺儒以磬折，莊周述道以翱翔；墨翟執儉確之教，尹文課名實之符；野老治國於地利，騶子養政於天文；申商刀鋸以制理，鬼谷脣吻以策勳；尸佼兼總於雜術，青史曲綴以街談。承流而枝附者，不可勝算，並飛辯以馳術，饜禄而餘榮矣。暨于暴秦烈火，勢炎崑岡，而煙燎之毒，不及諸子。

　　逮漢成留思，子政讎校，於是《七略》芬菲，九流鱗萃，殺青所編，百有八十餘家矣。迄至魏晉，作者間出，讕言兼存，瑣語必錄，類聚而求，亦充箱照軫矣。

【注疏】

俊乂（yì）：俊傑。莊周：即莊子。翱翔：飛翔，指莊子追求逍遙境界。尹文：即尹文子，戰國時期名家代表，主張名和實符合。課：核對。名實：名稱和實際。騶（zōu）子：陰陽家騶衍，戰國時期齊國人。養：治，教。申：申不害，戰國韓昭侯之相，法家。商：商鞅，戰國秦孝公之相，法家。刀鋸：刑具。鬼谷：鬼谷子，縱橫家，相傳是縱橫家蘇秦、張儀的老師。脣吻：嘴脣，指縱橫家的口才。青史：相傳是春秋時晉國史官董狐的後代。曲綴：詳記。勝：盡。饜（yàn）：滿足。勢炎崑岡：此謂玉石俱焚。炎：焚燒。崑：崑崙山，盛產玉。岡：山脊。

漢成：西漢成帝，曾派陳農到各地搜求書籍。留思：關心。《七略》：劉向父子的圖書目錄著作，含《輯略》《六藝略》《諸子略》《詩賦略》《術數略》《兵書略》和《方技略》。芬菲：花草茂盛，指優秀作品。九流：九家，即儒、道、陰陽、法、名、墨、縱橫、雜、農。萃：聚集。百有八十餘家：

依據《七略》寫的《漢書·藝文志》說"凡諸子百八十九家"，實際是一百九十家。譖言：虛妄的話。

　　然繁辭雖積，而本體易總，述道言治，枝條五經。其純粹者入矩，踳駮者出規。《禮記·月令》，取乎呂氏之紀；三年問喪，寫乎荀子之書：此純粹之類也。若乃湯之問棘，云蚊睫有雷霆之聲；惠施對梁王，云蝸角有伏屍之戰；列子有移山跨海之談，淮南有傾天折地之說：此踳駮之類也。是以世疾諸混洞虛誕。按《歸藏》之經，大明迂怪，乃稱羿斃十日，嫦娥奔月。殷湯如茲，況諸子乎？至如商韓，六虱五蠹，棄孝廢仁，轘藥之禍，非虛至也。公孫之白馬孤犢，辭巧理拙，魏牟比之鴞鳥，非妄貶也。昔東平求諸子史記，而漢朝不與；蓋以史記多兵謀，而諸子雜詭術也。然洽聞之士，宜撮綱要，覽華而食實，棄邪而采正，極睇參差，亦學家之壯觀也。

【注疏】

踳（chuǎn）駮：錯亂。踳：錯亂。駮：色雜。湯之問棘：語見《列子·湯問篇》載殷湯問夏革遠古是否生物，夏革回答說小蟲焦螟住在蚊子的眼睫毛上，耳朵最靈的師曠夜晚也聽不見它們的聲音，只有黄帝和容成子在崆峒山上齋戒三月後，才看見其形狀如嵩山，聽見其聲音如雷鳴。棘：傳說殷湯時賢人，亦名夏革。跨海：指《列子》所言"龍伯國巨人跨海"的寓言。混：雜。洞：空、虛：不實。誕：怪誕。《歸藏》：傳說殷商時的《易經》。羿斃十日：傳說神射手羿曾射下十個太陽。商韓：指戰國商鞅的《商君書》和韓非的《韓非子》，爲《漢書·藝文志》列入法家。轘（huàn）：車裂之刑。藥：毒死，指韓非被囚禁後，李斯賜給毒藥，逼他自殺而死。公孫：公孫龍，戰國時趙國詭辯家，相傳其詭辯的命題有"白馬非馬""孤犢未嘗有母"等。東平：漢宣帝第四子東平王劉宇，曾向漢成帝求諸子及《史記》等書而未获。睇（dì）：注視。參差：指諸子中觀點各不相同。

　　研夫孟、荀所述，理懿而辭雅；管、晏屬篇，事核而言練；列禦寇之書，氣偉而采奇；鄒子之說，心奢而辭壯；墨翟、隨巢，意顯而語質；尸佼、尉繚，術通而文鈍；鶡冠綿綿，亟發深言；鬼谷眇眇，每環奧義；情辨以澤，文子擅其能；辭約而精，尹文得其要；慎到析密理之巧，韓非著博喻之富；呂氏鑒遠而體周，淮南子泛採而文麗：斯則得百氏之華采，而辭氣之大略也。

【注疏】

懿：美。列禦寇之書：指《列子》。心：作者内心的思考情志，指内容。尸：指《藝文志》所載《尸子》，列雜家。尉繚：戰國時尉氏人，有《尉繚子》。鶡（hé）冠：周代楚人，愛戴鶡鳥羽毛做的冠帽，著《鶡冠子》，屬道家。綿綿：遙遠。亟（qì）：屢次。環：圍繞。文子：相傳為老子的學生，有《文子》。慎到：戰國時趙國人，法家，著《慎子》。淮南子：泛採：採集廣泛，此謂《淮南子》爲雜家。

　　若夫陸賈《新語》，賈誼《新書》，揚雄《法言》，劉向《說苑》，王符《潛夫》，崔寔《政論》，仲長《昌言》，杜夷《幽求》，咸敘經典，或明政術，雖標論名，歸乎諸子。何者？博明萬事為子，適辨一理為論，彼皆蔓延雜說，故入諸子之流。夫自六國以前，去聖未遠，故能越世高談，自開戶牖。兩漢以後，體勢浸弱，雖明乎坦途，而類多依採：此遠近之漸變也。嗟夫！身與時舛，志共道申，標心於萬古之上，而送懷於千載之下，金石靡矣，聲其銷乎！

　　贊曰：丈夫處世，懷寶挺秀。辨雕萬物，智周宇宙。立德何隱，含道必授。條流殊述，若有區囿。

（正文據人民文學出版社 1958 年版范文瀾校注《文心雕龍注》）

【注疏】

　　賈誼：西漢初期人，其《新書》论秦漢政治，也崇仁義。劉向：西漢時期學者，著有《說苑》、《新序》，記錄可為借鑒的遺聞故事。崔寔：東漢末期學者，著《政論》評論當時政治的著作。杜夷：東晉初期學者，崇尚道家，其《幽求子》講道家學說。適：当作"述"。去聖未遠：儒家認為戰國時代離聖人堯、舜、禹、湯、周文王、周武王、周公、孔子的時代不遠。牖：窗。浸：漸漸。舛（chuǎn）：違反，不合。靡：消滅。

　　辨：通"辯"，本指辯論口才，此兼指寫作才能。述：当作"術"。術：道路。區囿（yòu）：區分。囿：園林。

第二章　道家

一、老子 ［老聃］

【叙题】

老子（約前571～前471），又稱老聃、李耳，春秋末期楚國人，《史記·老子韓非列傳》載："老子者，楚苦縣屬鄉曲仁里人也。姓李氏，名耳，字聃，周守藏室之史也。孔子適周，將問禮於老子。"道家學派創始人，在後來道教中亦被尊為道祖。據載老子在出函谷關前著有五千言《老子》，後世傳本又稱《道德經》。分為上下兩部分，共81章，前37章為上篇道經，第38章以下為下篇德經。其思想精華是貫以樸素辯證法，以"道"解釋宇宙萬物的演變；社會政治上主張"無為"而治，以無為而無不為；人生觀上主張"清虛自守，卑弱自持。"

據統計典出《道德經》的成語有57個，哲學範疇有64對，字字珠璣，句句格言，承載中華傳統文化的深邃思想理念和智慧。後魏晉玄學以《老子》《莊子》《周易》合稱"三玄"，援引道家學說解釋儒家經典，促成儒、道融合。佛教傳入中國後，又有學者以老莊理論詮釋佛典，又有釋道合流之勢。《道德經》、《易經》和《論語》被認為是對中國人影響最深遠的三部思想巨著。老子的哲學思想以及其創立的道家學派，對古代我國乃至世界思想文化的發展產生了深遠的影響，作出重要貢獻，至今仍發揮巨大作用。

迄今《老子》的校訂本達3千多種，現存最早的版本為1993年出土的郭店楚簡《老子》，學者推算其成書年代至少在戰國中前期。而世傳通行的版本為王弼編注。目前學術界較為重視1973年出土的長沙馬王堆出土的帛書道德經，寫于漢初，早於王弼本400餘年，但有千字左右缺脫。帛書本是《德篇》在前，《道篇》在後，或許符合老子明德歸道、以德養道之本意。

據唐初釋道宣《集古今佛道論衡》《舊唐書》等記載，玄奘法師就將《老子》譯成梵文，傳到印度等國。但季羨林不置可否。《道德經》自16世紀始相繼被譯成拉丁文、法文、德文、英文、日文等。至今可查檢的各種外文譯本已有一千多種，是被翻譯語言最多的中國書籍，又據聯合國教科文組織統計，世界上被譯成外國文字發行量最多的文化名著，除《聖經》外就是《道德經》。正如德國哲學家黑格爾《歷史哲學》所言："老子的《道德經》，最受世人崇仰。"

兹选前 20 章如下。

1. 道可道，非恒道。名可名，非恒名。無名天地之始，有名萬物之母。故恒無欲以觀其妙，恒有欲以觀其徼。此兩者同出而異名，同謂之玄。玄之又玄，眾妙之門。

【注疏】

道可道：第一個"道"為名詞，指宇宙的本原和實質，引申為原理、真理、規律等。第二個"道"為動詞，意謂解說、表述。恒：普通，常規。世傳本作"常"，因避漢文帝諱，此處參馬王堆漢墓帛書《老子》校正。名可名：第一個"名"為名詞，指"道"的形態。第二個"名"為動詞，意謂表述。無名：指無形。有名：指有形。母：母體，本源。恒：經常。妙：微妙。徼（jiào）：邊際、邊界；意謂端倪。謂：稱謂，指稱。玄：深黑色，玄妙深遠。門：指一切奧妙變化的關鍵門徑，宇宙萬物的唯一來源。

2. 天下皆知美之為美，斯惡矣；皆知善之為善，斯不善已。故有無相生，難易相成，長短相形，高下相傾，音聲相和，前後相隨。是以聖人處無為之事，行不言之教。萬物作焉而不始。生而不有，為而不恃，功成而弗居。夫唯弗居，是以不去。

【注疏】

斯：這。相：互相。刑：通"形"，比較、對照。音聲：合奏樂音謂"音"，單一音響謂"聲"。聖人：古人所推崇的最高境界的典範人物。居：擔當、擔任。無為：進行順應自然的社會發展。作：興起、發生、創造。

3. 不上賢，使民不爭。不貴難得之貨，使民不為盜。不見可欲，使民心不亂。是以聖人之治，虛其心，實其腹，弱其志，強其骨；常使民無知、無欲，使夫智者不敢為也。為無為，則無不治。

【注疏】

上：同"尚"，崇尚，尊崇。賢：有德行、有才能之人。貴：重視，珍貴。貨：財物。盜：竊取財物。見（xiàn）：通"現"，出現，顯露，意謂炫耀。虛：虛，空虛。心：指思欲，思想。弱其志：使他們減弱志氣和競爭的意圖。敢：進取。治：治理，天下太平。

4. 道沖而用之，或不盈。淵兮似萬物之宗。銼其銳，解其紛，和其光，同其塵，湛兮似或存。吾不知誰之子，象帝之先。

【注疏】

沖：虛空，空虛。盈：滿，此謂盡。淵：深遠。宗：祖宗，祖先。銼其銳：消磨掉它的銳氣。解其紛：消解掉它的糾紛。和其光：調和隱蔽它的光芒。同其塵：混同於塵俗。以上四"其"字，皆言道本身之屬性。湛（zhàn）：沉沒，此謂隱約，言"道"隱沒於冥暗之中，不見形跡。古代"沉"多寫作"湛"，二字古音相同。似或存：似乎存在。象：似。

5. 天地不仁，以萬物為芻狗。聖人不仁，以百姓為芻狗。天地之間，其猶橐籥乎？虛而不屈，動而愈出。多言數窮，不如守中。

【注疏】

芻（chú）狗：用草紮成的狗。專用於古代祭祀之中，祭祀完畢，就被扔掉或燒掉。此言輕賤無用之物。橐籥：袋囊和送風管，指古代冶煉時為爐火鼓風用的助燃器具。屈：竭盡，窮盡。愈：更加。聞：見聞，知識。數：通"速"，加快。窮：困窮，窮盡到頭，無路可行。守於中：中，通"沖"，指內心的虛靜。守於中，守住虛靜。

6. 谷神不死是謂玄牝。玄牝之門是謂天地根。綿綿若存，用之不勤。

【注疏】

谷神：生養之神，道之別名。或言谷即山谷，形容"道"虛空博大。神：形容"道"變化無窮而神奇。玄牝（pìn）：玄妙的母性。指孕育和生養出天地萬物的母體。玄：深黑色，意謂深遠、神秘、微妙難測。牝：本義是雌性，借喻具有無限造物能力的"道"。門：指產門。以喻造化天地、生育萬物的根源。綿綿：連綿不絕的樣子。若存：若，如此，這樣。若存：意謂實際存在卻無法看到。勤：盡。

7. 天長地久。天地所以能長且久者，以其不自生，故能長生。是以聖人後其身而身先，外其身而身存。非以其無私邪？故能成其私。

【注疏】

以其不自生也：因為它不為自己生存。以：因為。身：自身，自己。先：居先，佔據前位，高居人上。外其身：置之度外。邪（yé）：同"耶"，助詞，表示疑問。

8. 上善若水。水善利萬物而不爭，處眾人之所惡，故幾於道。居善地，心善淵，與善仁，言善信，正善治，事善能，動善時。夫唯不爭，故無尤。

【注疏】

上善若水：最高的善德有類於水。處眾人之所惡：居處於眾人所不願去的地方。幾於道：接近於道。淵：沉靜、深沉。與：與別人相交相接。善仁：有修養之人。正善治：為政善於治理國家，取得政績。動善時：行為動作善於把握有利的時機。尤：怨咎、過失、罪過。

9. 持而盈之不如其已；揣而銳之不可長保；金玉滿堂，莫之能守；富貴而驕，自遺其咎。功成身退，天之道。

【注疏】

持而盈之：持執盈滿，自滿自驕。不如其已：不如適可而止。已：止。揣而銳之：把鐵器磨得尖利。揣：捶擊。長保：長久保存。咎：過失、災禍。功成身退：功成名就之後，不再居功貪位。天之道：指自然規律。

10. 載營魄抱一，能無離乎？專氣致柔，能如嬰兒乎？滌除玄鑒，能無疵乎？愛國治民，能無知乎？天門開闔，能為雌乎？明白四達，能無爲乎？生之畜之，生而不有，為而不恃，長而不宰，是謂玄德。

【注疏】

載：助詞。營魄：魂魄。抱一：合一。一：指道。抱一：意為魂魄合而為一，二者合一即合於道。或謂身體與精神合一。專：結聚之意。專氣：集氣。能如嬰兒乎：能像嬰兒一樣嗎？滌：掃除、清除。玄：奧妙深遠。鑒：鏡子。玄鑒：指人心靈深處明澈如鏡、深遠靈妙。開闔：即動靜、變化和運動。雌：雌，即寧靜。知：通"智"，心智、心機。無為：無為而治。天門：一說指耳目口鼻等人的感官；一說指興衰治亂之根源；一說是指自然之理；一說是指人的心神出入。畜：養育、繁殖。玄德：玄秘而深遠的天德。

11. 三十輻共一轂，當其無，有車之用。埏埴以為器，當其無，有器之用。鑿戶牖以為室，當其無，有室之用。故有之以為利，無之以為用。

【注疏】

輻：車輪中連接軸心和輪圈的木條，古時代的車輪由三十根輻條所構成。此數取法於每月三十日的歷次。轂（gǔ）：是車輪中心的木制圓圈，中有圓孔，即插軸的地方。當其無，有車之用：有了車轂中空的地方，才有車的作用。埏：搗碎黏土製作陶器的工序。埴：土。戶牖：門窗。有之以為利，無之以為用："有"給人便利，"無"發揮決定作用。

12. 五色令人目盲，五音令人耳聾，五味令人口爽，馳騁畋獵令人心發狂，難得之貨令人行妨。是以聖人為腹不為目，故去彼取此。

【注疏】

五色：指青、黃、赤、白、黑，此指色彩多樣。目盲：喻眼花繚亂。五音：宮、商、角、徵、羽，指多種多樣的音樂聲。耳聾：意謂聽覺不靈敏，分不清五音。五味：酸、苦、甘、辛、鹹，指多種多樣的美味。口爽：味覺失靈，口部生病傷。馳騁：縱橫奔走，喻縱情放蕩。畋（tián）獵：打獵。心發狂：心旌放蕩而不可制止。行妨：操行傷害。妨：妨害、傷害。為腹不為目：只求溫飽安寧，而不為縱情聲色之娛。腹：此謂簡樸寧靜的生活方式。目：此喻巧偽多欲的生活方式。去彼取此：摒棄物欲的誘惑，而保持安定知足的生活。

13. 寵辱若驚，貴大患若身。何謂寵辱若驚？寵為下。得之若驚，失之若驚，是謂寵辱若驚。何謂貴大患若身？吾所以有大患者，為吾有身，及吾無身，吾有何患？故貴以身為天下，若可寄天下。愛以身為天下，若可託天下。

【注疏】

寵辱：榮寵和侮辱。貴大患若身：重視大患就像珍貴自己的身體一樣。寵為下：受到寵愛是卑下的。及吾無身，吾有何患：意為如果我沒有身體，有什麼大患可言呢？託：託付。

14. 視之不見名曰夷。聽之不聞名曰希。搏之不得名曰微。此三者不可致詰，故混而為一。其上不皦，其下不昧，繩繩不可名，復歸於無物。

是謂無狀之狀，無物之象，是謂惚恍。迎之不見其首，隨之不見其後。執古之道以御今之有。能知古始，是謂道紀。

【注疏】

夷：無色。希：無聲。微：無形。以上夷、希、微三者皆謂幽而不顯的"道"。致詰：追究、反問、思議。一：指"道"。皦：清白、清晰、光明。昧：陰暗。繩繩：不清楚、紛紜不絕。無物：無形狀的物，即"道"。惚恍：若有若無，閃爍不定。有：指具體事物。古始：宇宙的原始，即"道"的肇始。道紀："道"的綱紀和規律。

15. 古之善為士者，微妙玄通，深不可識。夫唯不可識，故強為之容。豫兮若冬涉川；猶兮若畏四鄰；儼兮其若客；渙兮若冰之將釋；敦兮其若樸；曠兮其若谷；混兮其若濁。孰能濁以止，靜之徐清。孰能安以久，動之徐生。保此道者不欲盈。夫唯不盈，故能蔽而新成。

【注疏】

善為士者：指得"道"之人。容：形容、描述。豫兮：遲疑慎重。涉川：形容戰戰兢兢、如臨深淵。猶：警覺、戒備貌。若畏四鄰：形容不敢妄動。儼兮：端謹、莊嚴、恭敬貌。渙兮：流動貌。敦兮：敦厚老實貌。曠兮：指心胸開闊、曠達。混兮：渾厚淳樸貌。濁：動盪浩大。安：靜態。不欲盈：不求自滿。蔽：隱蔽。蔽而新成：去故更新。

16. 致虛極，守靜篤。萬物並作，吾以觀復。夫物芸芸，各復歸其根。歸根曰靜，是謂覆命；覆命曰常，知常曰明。不知常，妄作凶。知常容，容乃公，公乃全，全乃天，天乃道，道乃久，歿身不殆。

【注疏】

致虛極，守靜篤：意謂人的心境空明寧靜。極、篤：意為極度、頂點。作：生長、發展。復：循環往復。芸芸：茂盛、紛雜、繁多。歸其根：即復歸於道。覆命：復歸本性，重新孕育新的生命。常：指萬物運動變化守常永恆的規律。明：明白、瞭解。容：寬容、包容。全：周到、周遍。天：指自然，自然界。

17. 太上，不知有之。其次親而譽之。其次畏之。其次侮之。信不足焉，有不信焉。悠兮其貴言，功成事遂，百姓皆謂：我自然。

【注疏】

太上：至上、最好，指最好的統治者。不知有之：人民不知有統治者的存在。悠兮：悠閒自在貌。貴言：指不輕易發號施令。自然：自己本來就如此。

18. 大道廢，有仁義；慧智出，有大偽；六親不和，有孝慈；國家昏亂，有忠臣。

【注疏】

大道：指社會政治制度和秩序。智慧：聰明、智巧。六親：指父子、兄弟、夫婦。

19. 絕聖棄智，民利百倍；絕仁棄義，民復孝慈；絕巧棄利，盜賊無有；此三者，以為文不足。故令有所屬：見素抱樸，少私寡欲。

【注疏】

絕聖棄智：此處指拋棄聰明智巧。此三者：指前言拋棄聖智、仁義、巧利三項原則。文：條文、法則。屬：歸屬、適從。見素抱樸：保持原有的自然本色。素：沒有染色的絲；樸：沒有雕琢的木。

20. 絕學無憂，唯之與阿，相去幾何？善之與惡，相去若何？人之所畏，不可不畏。荒兮其未央哉！眾人熙熙，如享太牢、如春登臺。我獨泊兮，其未兆，如嬰兒之未孩；儽儽兮，若無所歸。眾人皆有餘，而我獨若遺。我愚人之心也哉！沌沌兮。俗人昭昭，我獨昏昏；俗人察察，我獨悶悶。澹兮，其若海；飂兮，若無止。眾人皆有以，而我獨頑似鄙。我獨異於人，而貴食母。……

（正文據上海古籍出版社 1982 年版任繼愈《老子新譯》）

【注疏】

絕學無憂：棄絕仁義聖智之學。唯之與阿：指尊貴與卑賤的差別。唯：恭敬地應答。阿：怠慢地答應。畏：懼怕、畏懼。荒兮：廣漠、遙遠貌。未央：未盡、未完。熙熙：縱情奔欲、無憂無慮貌。享太牢：指參加豐盛的宴席。太牢：古時以牛、羊、豬三牲祭祀。如春登臺：好似在春天裏登臺眺望。泊：澹泊、恬靜。未兆：沒有徵兆、沒有預感和跡象，意謂無動於衷、不炫耀自己。孩：嬰兒嬉笑，同"咳"。儽儽：疲倦貌。

有餘：有豐盛的財貨。遺：不足。愚人：淳樸、直率的狀態。沌沌兮：混沌，不清楚。昭昭：智巧光耀貌。昏昏：愚鈍暗昧。察察：嚴厲苛刻。悶悶：淳樸誠實。澹兮：遼遠廣闊。飂兮：急風。有以：有用、有為，有本領。頑似鄙：愚陋、笨拙。貴食母：意為以守道為貴。食：汲取，得到。母：用以喻"道"，道是生育天地萬物之母。

二、列子 [列禦寇]

（一）湯问篇

【叙题】

列子，名寇，又作禦寇、圄寇、圉寇。《漢書·藝文志》載："名圄寇，先莊子，莊子稱之"。為戰國前期的道家思想代表人物，據載隱居鄭國，不求名利，清靜修道。《莊子》中有許多關於他的傳說，如描繪成神仙，說："列子御風而行，泠然善也，旬有五日而後反"（《莊子·逍遙遊》）。《呂氏春秋·不二》載："子列子貴虛。"即主張清靜無為，任化自守，無為而治，順應自然。

相傳著有《列子》一書，有舊本20篇，西漢劉向、劉歆父子整理為8篇，而後佚失。今本《列子》錄有《天瑞》《仲尼》《湯問》《楊朱》《說符》《黃帝》《周穆王》《力命》等8篇，其內容多為民間故事、寓言和神話傳說，意旨大致歸同于老、莊。後世學者考證，從思想內容和語言使用上來看，並非先秦古籍，應為魏晉人根據有關古籍編纂而成。但畢竟採錄了許多先秦古籍中關於列子的記載，並非杜撰。其中"愚公移山"等寓言故事，古樸無華，不見於漢魏諸書，可知今本《列子》中也保存了不少古本《列子》的斷句殘篇，對於研究列子及其思想仍有重要參考價值。《列子》中各篇都自成系統，各有主題，反映睿智和哲理，有的章节可與古希臘《伊索寓言》相媲美。

本篇以寓言故事形式虛構多個詭譎海外奇談，並以問答方式表述，其宗旨在於展示大千世界的恢弘，不乏樸素辯證法思想、做人處世之道以及有關科學幻想的敘述，對於人們認識自然規律，突破成見，開拓視野，不無積極意義。

禹之治水土也，迷而失塗，謬之一國。濱北海之北，不知距齊州幾千萬里，其國名曰終北，不知際畔之所齊限。無風雨霜露，不生鳥獸、蟲魚、草木之類。四方悉平，周以喬陟。當國之中有山，山名壺領，狀若甔甀。頂有口，狀若員環，名曰滋穴。有水湧出，名曰神，臭過蘭椒，味過醪醴。一源分為四埒，注於山下。經營一國，亡不悉遍。

土氣和，亡札厲。人性婉而從物，不競不爭；柔心而弱骨，不驕不忌；長幼儕居，不君不臣；男女雜遊，不媒不聘；緣水而居，不耕不稼；土氣溫適，不織不衣；百年而死，不夭不病。其民孳阜亡數，有喜樂，亡衰老哀苦。其俗好聲，相攜而迭謠，終日不輟音。饑惓則飲神，力志和平。過則醉，經旬乃醒。沐浴神，膚色脂澤，香氣經旬乃歇。

【注疏】

塗：同"途"，道路。齊限：極限。周：環繞。喬：高大。陟（zhì）：層疊的山。甔甀（dān zhuì）：小口的水甕。員：通"圓"。臭（xiù）：氣味。醪醴（láo lǐ）：香甜美酒。經營：指流水迴圈盤繞。古人以南北為"經"，以東西而為"營"。儕（chái）居：同輩共居。迭謠：輪流唱歌。

周穆王北遊過其國，三年忘歸。既反周室，慕其國，悵然自失。不進酒肉，不召嬪御者，數月乃復。

管仲勉齊桓公因遊遼口，俱之其國。幾尅舉，隰朋諫曰："君舍齊國之廣，人民之眾，山川之觀，殖物之阜，禮義之盛，章服之美，妖靡盈庭，忠良滿朝。肆吒則徒卒百萬，視則諸侯從命，亦奚羨於彼而棄齊國之社稷，從戎夷之國乎？此仲父之耄，奈何從之？"桓公乃止，以隰朋之言告管仲。仲曰："此固非朋之所及也。臣恐彼國之不可知之也。齊國之富奚戀？隰朋之言奚顧？"……

薛譚學謳于秦青，未窮青之技，自謂盡之，遂辭歸。秦青弗止。餞於郊衢，撫節悲歌，聲振林木，響遏行雲。薛譚乃謝求反，終身不敢言歸。

秦青顧謂其友曰："昔韓娥東之齊，匱糧，過雍門，鬻歌假食。既去而餘音繞梁，三日不絕，左右以其人弗去。"

"過逆旅，逆旅人辱之。韓娥因曼聲哀哭，一里老幼悲愁，垂淚相對，三日不食。遽而追之。娥還，復為曼聲長歌，一里老幼善躍抃舞，弗能自禁，忘向之悲也。乃厚賂發之。故雍門之人至今善歌哭，放娥之遺聲。"

伯牙善鼓琴，鍾子期善聽。伯牙鼓琴，志在登高山。鍾子期曰："善哉！峨峨兮若泰山！"志在流水，鍾子期曰："善哉！洋洋兮若江河！"伯牙所念，鍾子期必得之。

伯牙遊於泰山之陰，卒逢暴雨，止於岩下；心悲，乃援琴而鼓之。初為霖雨之操，更造崩山之音。曲每奏，鍾子期輒窮其趣。伯牙乃舍琴而歎曰："善哉！善哉！子之聽夫！志想像猶吾心也。吾於何逃聲哉？"……

甘蠅，古之善射者，彀弓而獸伏鳥下。弟子名飛衛，學射於甘蠅，而巧過其師。

紀昌者，又學射于飛衛。飛衛曰："爾先學不瞬，而後可言射矣。"紀昌歸，偃臥其妻之機下，以目承牽挺。二年之後，雖錐末倒眥，而不瞬也。以告飛衛。飛衛曰："未也，必學視而後可。視小如大，視微如著，而後告我。"昌以氂懸蝨於牖，南面而望之。旬日之間，浸大也；三年之後，如車輪焉。以睹餘物，皆丘山也。乃以燕角之弧、朔蓬之簳射之，貫虱之心，而懸不絕。以告飛衛。飛衛高蹈拊膺曰："汝得之矣！"

　　紀昌既盡衛之術，計天下之敵己者，一人而已，乃謀殺飛衛。相遇於野，二人交射，中路矢鋒相觸，墜於地，而塵不揚。飛衛之矢先窮，紀昌遺一矢。既發，飛衛以棘刺之端扞之，而無差焉。於是二子泣而投弓，相拜于塗，請為父子。尅臂以誓，不得告術於人。

【注疏】

　　甘蠅：古代傳說中善於射箭的人。彀（gòu）弓：拉滿弓弦。飛衛：古代傳說中的善射者。

　　紀昌：古代傳說中的善射者。偃臥：仰臥。機：指織布機。牽挺：織機上的踏板機關，因其上下運動，故可練目不瞬。錐末：錐尖。眥（zì）：眼角。氂（máo）：牛尾毛。燕角之弧：用燕國出產的牛角做成的弓。朔蓬之簳（gǎn）：用楚國蓬梗做成的箭。朔：當為"荆"，指楚國，出產良竹。蓬：蓬草，杆可做箭。簳：箭杆。膺（yīng）：胸膛。

　　棘刺：荆棘的尖刺。扞：同"捍"，防衛。尅臂：在臂上刻劃下記印。尅：通"刻"。

　　造父之師曰泰豆氏。造父之始從習御也，執禮甚卑，泰豆三年不告。造父執禮愈謹，乃告之曰："古詩言：'良弓之子，必先為箕；良冶之子，必先為裘。'汝先觀吾趣。趣如吾，然後六轡可持，六馬可御。"造父曰："唯命所從。"泰豆乃立木為塗，僅可容足；計步而置，履之而行。趣走往還，無跌失也。

　　造父學之，三日盡其巧。泰豆歎曰："子何其敏也？得之捷乎！凡所御者，亦如此也。曩汝之行，得之於足，應之於心。推於御也，齊輯乎轡銜之際，而急緩乎脣吻之和；正度乎胸臆之中，而執節乎掌握之間。內得於中，而外合於馬志，是故能進退履繩而旋曲中規矩，取道致遠而氣力有餘，誠得其術也。得之於銜，應之於轡；得之於轡，應之於手；得之於手，應之於心。則不以目視，不以策驅；心閒體正，六轡不亂，而二十四蹄所投無差；迴旋進退，莫不中節。然後輿輪之外可使無餘轍，馬蹄之外可使無餘地；未嘗覺山谷之險，原隰之夷，視之一也。吾術窮矣，汝其識之！"

（正文據中華書局 1979 年版楊伯峻《列子集釋》）

【注疏】

　　泰豆氏：古代傳說中善於駕馭馬車的人。良冶：善於鑄造金屬器具的人。趣：趨，疾走。六轡（pèi）：古代一般是一車四馬，共有八轡，但外側兩驂馬的內轡是拴在車身上的，所以御者手中持有六根轡。轡，韁繩。六馬：古代天子大駕以六馬馭車。

　　齊：協調。輯：原指車輿。這裹指駕車的馬匹。銜：橫在馬口中備策勒的鐵片。殷、周時代用青銅製作。履繩：意謂循著準繩。繩，直，正。旋曲中規矩：指車馬回曲盤旋合乎法度。規矩，即規則、法度。二十四蹄：造父習御以天子六馭為準，故謂二十四蹄。中節：合於節度。夷：平坦。

（二）說符篇

【叙題】

本篇中心思想乃闡述"心合於道"，即人的主觀意志要符合自然界的客觀規律。認為在紛紜的諸事萬象中做到見微知著，知其變化之由，明善惡之歸宿，察禍福之所倚。同時也探討"心合於道"與"智巧"的關係，主張用智必須符合規律、把握機會。

子列子學於壺丘子林。壺丘子林曰："子知持後，則可言持身矣。"列子曰："願聞持後。"曰："顧若影，則知之。"列子顧而觀影：形枉則影曲，形直則影正。然則枉直隨形而不在影，屈申任物而不在我，此之謂持後而處先。

關尹謂子列子曰："言美則響美，言惡則響惡；身長則影長，身短則影短。名也者，響也；身也者，影也。故曰：慎爾言，將有和之；慎爾行，將有隨之。是故聖人見出以知人，觀往以知來，此其所以先知之理也。度在身，稽在人。人愛我，我必愛之；人惡我，我必惡之。湯、武愛天下，故王；桀、紂惡天下，故亡，此所稽也。稽度皆明而不道也，譬之出不由門，行不從徑也。以是求利，不亦難乎？嘗觀之神農、有炎之德，稽之虞、夏、商、周之書，度諸法士賢人之言，所以存亡廢興而非由此道者，未之有也。"

【注疏】

持後：保持謙退，不與人爭先。枉：彎曲。

身：指報應。即行為所造成的與之對應的結果。度：禮度、法度或度量標準。神農：古代傳說農業和醫藥的發明者。有炎：炎帝，傳說中上古姜姓部族首領。度（duó）：推測，估量。法士：推崇法治的人士。

嚴恢曰："所為問道者為富，今得珠亦富矣，安用道？"子列子曰："桀、紂唯重利而輕道，是以亡。幸哉餘未汝語也！人而無義，唯食而已，是雞狗也。強食靡角，勝者為制，是禽獸也。為雞狗禽獸矣，而欲人之尊己，不可得也。人不尊己，則危辱及之矣。"

列子學射中矣，請於關尹子。尹子曰："子知子之所以中者乎？"對曰："弗知也。"關尹子曰："未可。"退而習之。三年，又以報關尹子。尹子曰："子知子之所以中乎？"列子曰："知之矣。"關尹子曰："可矣；守而勿失也。非獨射也，為國與身亦皆如之。"故聖人不察存亡而察其所以然。

【注疏】

嚴恢：人名。問：通"聞"。強（qiǎng）食靡角：為爭食而相互角鬥。強：使用強力。靡：不要。角：角鬥。

中：指射箭已能射中箭靶。請：告訴。

列子曰："色盛者驕，力盛者奮，未可以語道也。故不班白語道，失，而況行之乎？故自奮則人莫之告。人莫之告，則孤而無輔矣。賢者任人，故年老而不衰，智盡而不亂。故治國之難在於知賢而不在自賢"……

【注疏】

色：指氣色、血氣。奮：此處謂恃力強幹。班白：即"斑白"，指老年頭髮花白。班：通"斑"。自賢：自以為賢，恃仗一己之的聰明。

魯施氏有二子，其一好學，其一好兵。好學者以術干齊侯；齊侯納之，以為諸公子之傅。好兵者之楚，以法干楚王；王悅之，以為軍正。祿富其家，爵榮其親。

施氏之鄰人孟氏，同有二子，所業亦同，而窘於貧。羨施氏之有，因從請進趨之方。二子以實告孟氏。孟氏之一子之秦，以術干秦王。秦王曰："當今諸侯力爭，所務兵食而已。若用仁義治吾國，是滅亡之道。"遂宮而放之。

其一子之衛，以法干衛侯。衛侯曰："吾弱國也，而攝乎大國之間。大國吾事之，小國吾撫之，是求安之道。若賴兵權。滅亡可待矣。若全而歸之，適於他國，為吾之患不輕矣。"遂刖之，而還諸魯。

既反，孟氏之父子叩胸而讓施氏。施氏曰："凡得時者昌，失時者亡。子道與吾同，而功與吾異，失時者也，非行之謬也。且天下理無常是，事無常非。先日所用，今或棄之；今之所棄，後或用之。此用與不用，無定是非也。投隙抵時，應事無方，屬乎智。智苟不足，使若博如孔丘，術如呂尚，焉往而不窮哉？"孟氏父子舍然無慍容，曰："吾知之矣，子勿重言！"

【注疏】

干：求取。傅：指老師。法：指兵法。軍正：軍隊的官長。宮：官刑，腐刑。攝：迫近，夾迫。兵權：用兵的權謀，策略。刖（yuè）：斷足，古代酷刑。叩胸：此謂惱恨。讓：責備。投隙抵時：迎合機會，行動及時。抵：到達。時：適時。呂尚：姜太公，周代齊國始祖，傳說他智勇雙全，精通兵法，輔助周武王滅商有功。慍（yùn）容：含怒、怨恨的表情。

晉文公出會，欲伐衛，公子鉏仰天而笑。公問何笑。曰："臣笑鄰之人有送其妻適私家者，道見桑婦，悅而與言。然顧視其妻，亦有招之者矣。臣竊笑此也。"公寤其言，乃止。引師而還，未至，而有伐其北鄙者矣。

晉國苦盜，有郤雍者，能視盜之貌，察其眉睫之間，而得其情。晉侯使視盜，千百無遺一焉。晉侯大喜，告趙文子曰："吾得一人，而一國盜為盡矣，奚用多為？"文子曰："吾君恃伺察而得盜，盜不盡矣，且郤雍必不得其死焉。"俄而群盜謀曰："吾所窮者郤雍也。"遂共盜而殘之。

晉侯聞而大駭，立召文子而告之曰："果如子言，郤雍死矣！然取盜何方？"文子曰："周諺有言：察見淵魚者不祥，智料隱匿者有殃。且君欲無盜，莫若舉賢而任之；使教明於上，化行於下，民有恥心，則何盜之為？"於是用隨會知政，而群盜奔秦焉。

（正文據中華書局 1979 年版楊伯峻《列子集釋》）

【注疏】

晉文公：春秋時晉國君，名重耳。私家：娘家，或謂姊妹夫家。寤：醒悟。

郤（xì）雍：人名。殘：殺害。智料：以智慧來料算。隨會：人名。知政：主持政事。

三、莊子［莊周］

（一）養生主

【叙題】

莊子（約前 369～前 286），名周，《漢書》為避漢明帝劉莊之諱而亦稱為嚴周，又有典籍載字子休，戰國中期宋國蒙人，史載"嘗為蒙漆園吏"，是道家學派的代表人物，老子哲學思想的繼承者和發展者，後世將他與老子並稱"老莊"，《史記·老莊申韓列傳》載："其學無所不窺，然其要本歸於老子之言。故其著書十餘萬言，大抵率寓言也。作《漁父》《盜跖》《胠篋》，以詆訿孔子之徒，以明老子之術。"但莊子亦有別，不言老子思想中講權術的一面，正如章太炎《論諸子學》所言："其術似與老子相同，其心乃於老子絕異。故《天下篇》歷敘諸家，己與關尹、老聃裂分為二。其褒之以'至極'，尊之以'博大真人'者，以其自然之說，為己所取法也。其裂分為二者，不欲以老子之權術自汙也。"所著《莊子》在魏晉時期產生過重大影響，和《周易》《老子》一起並稱"三玄"。唐玄宗天寶元年封"南華真人"。詔稱《莊子》為《南華真經》。宋徽宗時封"微妙元通真君"。

他的思想包含着樸素辩證法因素，主張"無為"，認為一切事物都是相對的，否定一切事物的本質區別，追求所謂"天地與我並生，萬物與我為一"的逍遙境界，後世或亦謂乃是他憤世嫉俗的表現，而清代胡文英《莊子獨見》說："人只知三閭之哀怨，而不知漆園之哀怨有甚於三閭也。蓋三閭之哀怨在一國，而漆園之哀在天下；三閭之哀怨在一時，而漆園之哀怨在萬世。"

《莊子》一書想象豐富，文筆變化多端，並採用寓言故事形式，"意出塵外，怪生筆端"（劉熙載《藝概·文概》）。"其文汪洋辟闔，儀態萬方，晚周諸子之作，莫能先也"（魯迅《漢文學史綱要》），對後世文化藝術有極大影響。自宋玉、賈誼、司馬遷以來，歷代文學家幾乎無一不受到其薰陶。阮籍、陶淵明、李白、蘇軾在思想和藝術上都從《莊子》吸取許多思想和藝術營養。

所謂"養生主"，即"養生之宗旨"。本篇通過三則寓言故事來闡明養生宗旨，主張循乎天理，依乎自然，處於至虛，遊於無有，養性全生。最後以"薪盡火傳"之喻總結前文。當然，這些寓言其本身所體現出來的客觀意義，在後世往往超過了作者的創作原意，使讀者誦讀之後，產生多種對於"道"（即內在規律）的思想領悟。

吾生也有涯，而知也無涯。以有涯隨無涯，殆已！已而為知者，殆而已矣！為善無近名，為惡無近刑；緣督以為經，可以保身，可以全生，可以養親，可以盡年。

【注疏】

生：生命。涯：水的邊際，此謂有限。知：思慮，情識。隨：追逐。殆：危險。已：通"矣"。已：即指上文"殆已"。為：追逐。緣：循，順應。督：人的脊脈，骨節空虛處。經：常。保身：不使形軀遭受刑戮。全生：謂保全自然本性。養親：謂不殘生傷性以辱雙親。盡年：享盡天年。

庖丁為文惠君解牛，手之所觸，肩之所倚，足之所履，膝之所踦，砉然響然，奏刀騞然，莫不中音，合於《桑林》之舞，乃中《經首》之會。

文惠君曰："嘻，善哉！技蓋至此乎？"庖丁釋刀對曰："臣之所好者道也，進乎技矣。始臣之解牛之時，所見無非牛者；三年之後，未嘗見全牛也。方今之時，臣以神遇而不以目視，官知止而神欲行。依乎天理，批大郤，導大窾，因其固然，技經肯綮之未嘗，而況大軱乎！良庖歲更刀，割也；族庖月更刀，折也。今臣之刀十九年矣，所解數千牛矣，而刀刃若新發於硎。彼節者有間，而刀刃者無厚，以無厚入有間，恢恢乎其于遊刃必有餘地矣。是以十九年而刀刃若新發於硎。雖然，每至於族，吾見其難為，怵然為戒，視為止，行為遲，動刀甚微。謋然已解，如土委地。提刀而立，為之四顧，為之躊躇滿志，善刀而藏之。"文惠君曰："善哉！吾聞庖丁之言，得養生焉。"……

【注疏】

庖（páo）丁：名叫丁的廚師。庖：廚師。文惠君：即梁惠王。倚：靠近。履：踩。踦（yǐ）：一足，此謂屈一足之膝抵住牛。砉（huā）然：皮骨相離的聲音。嚮然：指皮骨相離之聲隨刀而回應。奏刀：進刀。騞（huō）：謂進刀解物的聲音。中（zhòng）音：合乎音樂節奏。桑林：殷湯樂名。經首：堯樂《咸池》中樂章名。會：節奏。

嘻：驚歎聲。蓋：通"盍"，何不。釋：放下。進：超過。遇：接觸。天理：天然的肌理。批：擊。郤（xì）：通"隙"，指筋骨連接處的空隙。導：引刀深入。窾（kuǎn）：骨節間空穴。因：順著。固然：本來的樣子。技經肯綮（qìng）：技，當作"枝"，謂枝脈。經：經脈。肯：骨側筋腱。綮：筋肉相結處。軱（gū）：堅硬的大骨。歲：一年。更：換。族庖：指技術一般的庖人。發：起。硎（xíng）：磨刀石。節：骨節。間：間隙。無厚：沒有厚度。恢恢：寬綽貌。族：筋骨交錯盤結之處。怵（chù）然：警惕貌。止：集中，專注。微：輕。謋（huò）然：筋骨解散貌。委：堆積。躊躇滿志：從容自得貌。善刀：拭刀。養生：指養生之道。

老聃死，秦失弔之，三號而出。弟子曰："非夫子之友邪？"曰："然。""然則弔焉若此可乎？"曰："然。始也吾以為其人也，而今非也。向吾入而弔焉，有老者哭之如哭其子，少者哭之如哭其母。彼其所以會之，必有不蘄言而言，不蘄哭而哭者。是遁天倍情，忘其所受，古者謂之遁天之刑。適來，夫子時也；適去，夫子順也。安時而處順，哀樂不能入也，古者謂是帝之縣解。"

指窮於為薪，火傳也，不知其盡也。

（正文據中華書局 1985 年版陳鼓應《莊子今注今譯》）

【注疏】

老聃：即李耳，字聃，楚國人，曾任周守藏室之史官。秦失（yì）：又作秦佚，《莊子》中虛構的人物。弟子：指秦失門人。夫子：指秦失。其：指老子。人：世俗之人。向：剛才。彼：指弔唁的眾人。遁：逃避。倍：通"背"，背棄。所受：謂稟受于自然的天倫關係。適：正當。是：代词，這。帝：天帝。縣：通"懸"，倒懸，困縛。

指：此謂抽象的觀念、觀念。此謂行滅而神存。此段世人解說不一。或疑下有脫文。

（二）秋水

【叙題】

本篇設河伯、海若問答，喻細大精粗之理，明道物功趣之觀，即"無以人滅天，無以故滅命，無以得殉名。謹守而勿失，是謂反其真。"無貴無賤，成敗得失，時適然耳。正如王夫之《莊子解·秋水》所言："此篇因《逍遙遊》、《齊物論》而衍之，推言天地萬物初無定質，無定情；擴其識量而會通之，則皆無可據，而不足以攖吾心之寧矣"。

秋水時至，百川灌河，涇流之大，兩涘渚崖之間，不辯牛馬。於是焉河伯欣然自喜，以天下之美為盡在己；順流而東行，至於北海，東面而視，不見水端。於是焉河伯始旋其面目，望洋向若而歎曰："野語有之，曰'聞道百，以為莫己若'者，我之謂也。且夫我嘗聞少仲尼之聞而輕伯夷之義者，始吾弗信；今我睹子之難窮也，吾非至於子之門，則殆矣，吾長見笑於大方之家。"

【注疏】

時：按時，及時。河：黃河。涇（jīng）流：直湧的水流。兩涘（sì）：兩岸。渚（zhǔ）崖：小洲的邊沿。渚：水中的小塊陸地。不辯牛馬：形容河面闊大，兩岸景物模糊不清。辯：通"辨"。河伯：黃河之神。端：邊際。旋：改變。望洋：連綿詞，遠視貌。若：海神，即下文的"北海若"。野語：俗語。莫己若：即莫若己。嘗聞：曾聽說。少：輕視，貶低。仲尼：即孔子，字仲尼。伯夷：商朝末年節義之人，反對商紂，又不食周粟，餓死在首陽山。子：您，指北海若，亦指大海。窮：盡。殆：危險。長：長久地。見：被。大方之家：得大道的人。方：道理，規律。

北海若曰："井鼃不可以語於海者，拘於虛也；夏蟲不可以語於冰者，篤于時也；曲士不可以語於道者，束於教也。今爾出於崖涘，觀於大海，乃知爾醜，爾將可與語大理矣。天下之水，莫大於海，萬川歸之，不知何時止而不盈；尾閭泄之，不知何時已而不虛；春秋不變，水旱不知。此其過江河之流，不可為量數。而吾未嘗以此自多者，自以比形於天地，而受氣於陰陽，吾在天地之間，猶小石、小木之在大山也。方存乎見少，又奚以自多！計四海之在天地之間也，不似礨空之在大澤乎？計中國之在海內，不似稊米之在大倉乎？號物之數謂之萬，人處一焉；人卒九州，穀食之所生，舟車之所通，人處一焉，此其比萬物也，不似豪末之在於馬體乎？五帝之所連，三王之所爭，仁人之所憂，任士之所勞，盡此矣。伯夷辭之以為名，仲尼語之以為博，此其自多也，不似爾向之自多於水乎？"

【注疏】

鼃（wā）：同"蛙"。拘：拘限。虛：通"墟"，指所居之處。夏蟲：夏生夏死的昆蟲。篤（dǔ）：專守，拘限。曲士：見識淺陋的鄉曲之士。教：指不合大道的世俗之學。崖涘：代指黃河。醜：指思想境界的淺陋。大理：大道。盈：滿。尾閭（lú）：指大海的排水處。已：止。虛：指水盡。過：超過。自多：感到自滿。自以：自己認識到。比：借為"庇"，寄託。方：正。礨（lěi）空：石塊的小孔穴。稊（tí）：一種形似稗的草，果實像小米。大倉：大穀倉。大：通"太"。卒：此同"萃"，聚集。所生：生長之處。所通：通行之處。豪末：毫毛的末梢，形容其微不足道。豪：通"毫"。五帝：指黃帝、顓頊、帝嚳、唐堯、虞舜。所連：指五帝所連續禪讓的天下。三王：指夏、商、周三代帝王。

任士：以救世為己任的賢能之士。向：剛才。

河伯曰："然則吾大天地而小毫末，可乎？"北海若曰："否。夫物量無窮，時無止，分無常，終始無故。是故大知觀於遠近，故小而不寡，大而不多，知量無窮；證向今故，故遙而不悶，掇而不跂，知時無止；察乎盈虛，故得而不喜，失而不憂，知分之無常也；明乎坦塗，故生而不說，死而不禍，知終始之不可故也。計人之所知，不若其所不知；其生之時，不若未生之時；以其至小，求窮其至大之域，是故迷亂而不能自得也。由此觀之，又何以知毫末之足以定至細之倪？又何以知天地之足以窮至大之域？"……

【注疏】

大：意動用法，重視，認爲偉大。物量：事物的體積。分：指得失之分。故：通"固"，固定。知：通"智"。寡：少。量：物量。向：察明。故：同"古"。悶：厭倦。掇（duō）：拾取。跂（qì）：求。察：看清楚。塗：通"途"。說：通"悅"，欣悅。終始：指死生。故：通"固"，固定。所知：所知道的事。窮：盡。倪：尺度、標準。

莊子釣於濮水，楚王使大夫二人往先焉，曰："願以境內累矣！"莊子持竿不顧，曰："吾聞楚有神龜，死已三千歲矣，王巾笥而藏之廟堂之上。此龜者，寧其死為留骨而貴乎，寧其生而曳尾于塗中乎？"二大夫曰："寧生而曳尾塗中。"莊子曰："往矣！吾將曳尾于塗中。"

惠子相梁，莊子往見之。或謂惠子曰："莊子來，欲代子相。"於是惠子恐，搜於國中三日三夜。莊子往見之，曰："南方有鳥，其名為鵷鶵，子知之乎？夫鵷鶵發於南海而飛於北海，非梧桐不止，非練實不食，非醴泉不飲。於是鴟得腐鼠，鵷鶵過之，仰而視之曰：'嚇！'今子欲以子之梁國而嚇我邪？"

莊子與惠子遊於濠梁之上。莊子曰："儵魚出游從容，是魚之樂也。"惠子曰："子非魚，安知魚之樂？"莊子曰："子非我，安知我不知魚之樂？"惠子曰："我非子，固不知子矣；子固非魚也，子之不知魚之樂，全矣。"莊子曰："請循其本。子曰'汝安知魚樂'云者，既已知吾知之而問我，我知之濠上也。"

（正文據中華書局1985年版陳鼓應《莊子今注今譯》）

【注疏】

濮水：水名，在今安徽。楚王：楚威王，名熊商，懷王之父。先：謂先以非正式的方式，宣明楚王的意圖。巾：用來覆蓋貴重器物的巾幂。笥（sì）：盛裝衣物的方形竹箱。寧：連詞，表示選擇语氣。塗：泥。

惠子：即惠施，莊子的好友。或：有人。搜：搜捕。鵷鶵（yuān chú）：傳說中與鸞鳳同類的鳥。止：棲息。練實：竹實。醴（lǐ）泉：甘美如醴的泉水。醴：甜酒。鴟（chī）：貓頭鷹。嚇：怒聲。

濠（háo）梁：濠水上的橋樑。濠水：在今安徽鳳陽。儵（tiáo）：通“鰷”，白條魚。固：本來。循：順，追溯。本：始，指原來的問話。

第三章　儒家

一、論語

（一）先進篇

【叙題】

孔子（前551～前479），子姓，名丘，字仲尼，魯國陬邑（今山東曲阜）人，春秋末期的思想家和教育家，儒家創始人。先世為宋國貴族，曾祖孔防叔避禍遷魯。父叔梁紇為武士。少"貧且賤"（《史記·孔子世家》，後歷任管理倉庫的"委吏"和管理牲畜的"乘田"。深好學問，相傳曾問禮於老子，學琴於師襄。51歲時任中都宰，又曾任大司寇。因政治主張與執政的"三桓"不合，遂離開魯國，帶領弟子周遊衛、陳、曹、宋、鄭、蔡等國，終不見用。68歲回魯，整理研究古籍文獻，據傳曾修《詩》《書》，訂《禮》《樂》，序《周易》，刪《春秋》。相傳弟子三千，賢者七十。後世尊為聖人、至聖先師、萬世師表。孔子及其儒家思想對朝鮮半島、日本、越南等地區有深遠的影響，形成了東亞儒家文化圈。

《論語》是儒家學派經典著作之一，由孔子的弟子及其再傳弟子編撰而成。班固《漢書·藝文志》說："《論語》者，孔子應答弟子，時人及弟子相與言而接聞於夫子之語也。當時弟子各有所記，夫子既卒，門人相與輯而論纂，故謂之《論語》。"意謂將"接聞于夫子之語"進行"論纂"。後人認為《論語》的著筆當始於春秋末，而成書則在戰國初期。

《論語》以語録體和對話文體為主，記録了孔子及其弟子言行，集中體現了孔子的政治主張、倫理思想、道德觀念及教育原則等，多半涉及人類社會生活問題，內容廣泛，語言簡潔精煉，含義深刻，許多言論至今仍被世人視為至理，對中華民族的心理素質及道德行為具有重大影響。宋代社會流傳語："天不生仲尼，萬古如長夜。"（朱熹《朱子語類》卷93）趙普曾說"半部《論語》治天下"。孫中山曾謂真正的民生主義，就是孔子所希望之大同世界。錢穆說："《論語》自西漢以來，為中國識字人一部人人必讀書。"（《論語新解》）1988年，75位諾貝爾獎獲得者在巴黎集會，發表聯合宣言，呼籲全世界"人類如果要在21世紀生存下去，就必須回首2500年前，去孔子那裡汲取智慧。"自2004年11月全球首家孔子學院在韓國成立以來，至今已有近百個國家建立了近千所孔子學院和孔子課堂，成為傳播中國文化的國際平臺。

《論語》流傳到漢朝時有三種版本：魯人口授《魯論語》20 篇，齊人口授《齊論語》22 篇，以及景帝時魯恭王劉餘從孔子舊宅壁中發現的《古論語》21 篇。西漢末年，漢成帝師傅安昌侯張禹根據《魯論語》，參照《齊論語》，融合為一，稱為《張侯論》，為當時儒生所尊奉，後漢靈帝時刻入《熹平石經》。後漢末年，鄭玄以《張侯論》為依據，參考《齊論語》《古論語》，作《論語注》，是為今本《論語》，而《齊論語》《古論語》遂漸亡佚。現存《論語》共 20 篇、492 章。西漢時，朝廷定《論語》為專門之學，設博士專門研究、傳授。宋時，朱熹將《論語》《孟子》與《禮記》中的《大學》《中庸》合編為《四書》，遂為讀書人必讀之書。明、清官方將朱注作為科舉考試的標準，影響極大。著錄歷代研究《論語》的著述達三千種之多，影響較大的有：三國魏何晏《論語集解》，宋邢昺《論語注疏》以及朱熹《論語集注》（即《四書集注》本）。

本篇列為《論語》第十一篇，共 26 章，內容豐富，包括孔子“過猶不及”的中庸思想，對待鬼神、生死問題的態度等，反映出孔子政治思想上的傾向。

1. 子曰：“先進于禮樂，野人也；後進于禮樂，君子也。如用之，則吾從先進。”

2. 子曰：“從我於陳、蔡者，皆不及門也。”

3. 德行：顏淵、閔子騫、冉伯牛、仲弓。言語：宰我、子貢。政事：冉有、季路。文學：子游、子夏。

4. 子曰：“回也，非助我者也，於吾言無所不說。”

5. 子曰：“孝哉，閔子騫！人不間于其父母昆弟之言。”

【注疏】

先進于禮樂：指先學習禮樂而後再做官的人。野人：指無官無爵的人或鄉野平民。

不及門：意謂不在跟前受教，指孔子感傷子路、子貢、顏淵等人已不在自己面前。

德行：指能實行孝悌、忠恕等道德。言語：指善於辭令，能辦理外交。政事：指能從事政治事務。文學：指通曉《詩》《書》《禮》、樂等典籍和制度。此章所列“德行”“言語”“政事”“文學”四者，後世稱為“孔門四科”。唐時將這一章中提到的十位弟子稱為“孔門十哲”。

助：益，增益。間：非難、批評、挑剔。昆：兄長。

6. 南容三復白圭，孔子以其兄之子妻之。

7. 季康子問：“弟子孰為好學？”孔子對曰：“有顏回者好學，不幸短命死矣，今也則亡。”

8. 顏淵死，顏路請子之車以為之椁。子曰：“才不才，亦各言其子也。鯉也死，有棺而無椁。吾不徒行以為之椁，以吾從大夫之後，不可徒行也。"

9. 顏淵死。子曰："噫! 天喪予! 天喪予!"

10. 顏淵死，子哭之慟。從者曰："子慟矣!"曰："有慟乎? 非夫人之為慟而誰為?"

【注疏】

南容：即《公冶長第五》中之南宮适。復：反復，此謂反復誦讀。白圭：指《詩經·大雅·抑之》的詩句："白圭之玷，尚可磨也，斯蘭之玷，不可為也。"意謂人們要謹慎自己的言語。

顏路：顏無繇，字路，顏淵之父，也是孔子的學生。槨：古人棺材，內為棺，外為槨。才不才：無論有才或者無才之意。鯉：孔子之子，字伯魚，死時 50 歲，孔子 70 歲。徒行：無車而步行。從大夫之後：跟隨在大夫們的後面，意即當過大夫。孔子在魯國曾任司寇，是大夫級別的官員。

慟：哀傷過度。

11. 顏淵死，門人欲厚葬之，子曰："不可。"門人厚葬之。子曰："回也視予猶父也，予不得視猶子也。非我也，夫二三子也!"

12. 季路問事鬼神。子曰："未能事人，焉能事鬼?"曰："敢問死。"曰："未知生，焉知死?"

13. 閔子侍側，誾誾如也；子路，行行如也；冉有、子貢，侃侃如也。子樂。"若由也，不得其死然。"

【注疏】

厚葬：隆重地安葬。予不得視猶子也：我不能把他視為親生兒子。意為顏回尚有父在，其父欲厚葬，孔子無法阻止。非我：非我之緣故。

侍側：侍奉於孔子之側。誾誾：和顏悅色之貌。行行：剛強貌。侃侃：說話理直氣壯。不得其死：不以壽終。

14. 魯人為長府。閔子騫曰："仍舊貫，如之何? 何必改作?"子曰："夫人不言，言必有中。"

15. 子曰："由之瑟奚為於丘之門?"門人不敬子路。子曰："由也升堂矣，未入於室也。"

【注疏】

魯人：這裏指魯國的當政者。為：改作，改建之意。府：藏財貨、兵器等的倉庫。長府是魯國的國庫名。仍舊貫：貫，事，例。沿襲老樣子。夫人：這個人。言必有中：言必能切於事理。

瑟：一種古樂器。奚為於丘之門：奚，為什麼。為，彈。為什麼在我這裏彈呢? 升堂、入室：堂是正廳，室是內室，用以比喻學問之進階。

16. 子貢問："師與商也孰賢?"子曰："師也過，商也不及。"曰："然則師愈與?"子曰："過猶不及。"

17. 季氏富於周公，而求也為之聚斂而附益之。子曰："非吾徒也。小子鳴鼓而攻之可也。"

【注疏】

師與商：師，顓孫師，即子張。商，卜商，即子夏。愈：勝過，強些。

季氏富於周公：季氏比周朝的公侯還要富有。求：冉求。附益：增益。聚斂：積聚和收集錢財，即搜刮。吾徒：猶言我之同道，非謂門徒。鳴鼓：擊鼓。古者攻伐必擊鼓以助聲威、節進退。攻：攻擊，引申為責讓。

18. 柴也愚，參也魯，師也辟，由也喭。

19. 子曰："回也其庶乎，屢空。賜不受命，而貨殖焉，億則屢中。"

【注疏】

柴：高柴，字子羔，孔子學生，比孔子小 30 歲。愚：耿直。魯：遲鈍。辟：偏，偏激，邪。喭：魯莽，粗魯，剛猛。

庶：庶幾，相近。此指顏淵的學問道德接近於完善。屢：每，經常。空：貧困、匱乏。貨殖：居貨財以生利。貨：財貨。殖：積長。億：同"臆"，猜測，估計。

20. 子張問善人之道，子曰："不踐跡，亦不入於室。"

21. 子曰："論篤是與，君子者乎？色莊者乎？"

【注疏】

善人之道：成為善人之道。踐跡：謂循他人之舊跡。跡，腳印。入於室：比喻學問和修養達於深邃。

論篤是與：論，言論。篤，誠懇。與，贊許。此句文法為倒置，意謂對說話篤實誠懇的人表示贊許。色莊者：容色莊重者。

22. 子路問："聞斯行諸？"子曰："有父兄在，如之何其聞斯行之？"冉有問："聞斯行諸？"子曰："聞斯行之。"公西華曰："由也問聞斯行諸，子曰，'有父兄在'；求也問聞斯行諸，子曰，'聞斯行之'。赤也惑，敢問。"子曰："求也退，故進之；由也兼人，故退之。"

23. 子畏於匡，顏淵後。子曰："吾以女為死矣。"曰："子在，回何敢死？"

【注疏】

諸："之乎"二字的合音。退：謙退，退讓。進：鼓勵。

兼人：好勇過人。退：抑制。後：落在後面。

24. 季子然問："仲由、冉求可謂大臣與？"子曰："吾以子為異之問，曾由與求之問。所謂大臣者，以道事君，不可則止。今由與求也，可謂具臣矣。"曰："然則從之者與？"子曰："弒父與君，亦不從也。"

25. 子路使子羔為費宰。子曰：“賊夫人之子。”子路曰：“有民人焉，有社稷焉，何必讀書，然後為學？”子曰：“是故惡夫佞者。”

【注疏】

　　季子然：魯國季氏的同族人。異之問：異人之問，即問他人之意。曾：乃，竟然。具臣：備臣屬之位，普通的臣子。從之：謂從君，從君之所為。之：代詞，指季氏，當時冉求和子路都是季氏的家臣。

　　賊：害。夫人之子：指子羔。孔子認為他沒有經過很好的學習就去從政，會害他自己。民人：百姓。社稷：社，土地神。稷，穀神。這裏“社稷”指祭祀土地神和穀神的地方，為國君政權的象徵。為學：稱得上是學。惡：憎。

26. 子路、曾皙、冉有、公西華侍坐。子曰：“以吾一日長乎爾，毋吾以也。居則曰：‘不吾知也！’如或知爾，則何以哉？”

　　子路率爾而對曰：“千乘之國，攝乎大國之間，加之以師旅，因之以饑饉，由也為之，比及三年，可使有勇，且知方也。”夫子哂之。

　　“求，爾何如？”對曰：“方六七十，如五六十，求也為之，比及三年，可使足民。如其禮樂，以俟君子。”

　　“赤，爾何如？”對曰：“非曰能之，願學焉。宗廟之事，如會同，端章甫，願為小相焉。”

　　“點，爾何如？”鼓瑟希，鏗爾，舍瑟而作，對曰：“異乎三子者之撰。”子曰：“何傷乎？亦各言其志也。”曰：“莫春者，春服既成，冠者五六人，童子六七人，浴乎沂，風乎舞雩，詠而歸。”夫子喟然歎曰：“吾與點也！”

　　三子者出，曾皙後。曾皙曰：“夫三子者之言何如？”子曰：“亦各言其志也已矣。”曰：“夫子何哂由也？”曰：“為國以禮。其言不讓，是故哂之。”唯求則非邦也與？”“安見方六七十如五六十而非邦也者？”“唯赤則非邦也與？”“宗廟會同，非諸侯而何？赤也為之小，孰能為之大？”

（正文據中華書局 1980 年版楊伯峻《論語譯注》）

【注疏】

　　曾皙：名點，字子皙，曾參之父，也是孔子的學生。以吾一日長乎爾，毋吾以也：雖然我比你們的年齡稍長一些，而不敢說話。居：平日。何以：即何以為用。率爾：輕率、急切。攝：迫於、促迫。因：仍。饑：穀不豐。饉：菜蔬不成熟。比及：等到。方：方向。哂：微笑。方六七十：縱橫各六七十里。如：至於。俟：等待，有待於。

　　宗廟之事：指祭祀之事。如：與。會同：諸侯會見。端：古代禮服的名稱。章甫：古代禮帽的名稱。相：贊禮人，司儀。希：同“稀”，指彈瑟節奏逐漸稀疏。作：站起來。撰：具也，為政之具。何傷：不妨，無妨之意。莫：同“暮”。冠者：成年人。古人 20 歲時行冠禮，表示已成年。沂：沂水。風：歌。舞雩：求雨之儀式曰雩，有樂舞，故稱舞雩。

（二）季氏篇

【叙題】

本篇包括 14 章，闡明孔子及其學生的社會活動、與人相處和結交時注意的原則，論及君子的三戒、三畏和九思等，相關不少語句流傳人口。

1. 季氏將伐顓臾。冉有、季路見於孔子曰：“季氏將有事於顓臾。”

孔子曰：“求！無乃爾是過與？夫顓臾，昔者先王以為東蒙主，且在城邦之中矣，是社稷之臣也。何以伐為？”冉有曰：“夫子欲之，吾二臣者皆不欲也。”

孔子曰：“求！周任有言曰：‘陳力就列，不能者止。’危而不持，顛而不扶，則將焉用彼相矣？且爾言過矣，虎兕出於柙，龜玉毀於櫝中，是誰之過與？”冉有曰：“今夫顓臾，固而近於費。今不取，後世必為子孫憂。”

孔子曰：“求！君子疾夫舍曰欲之而必為之辭。丘也聞有國有家者，不患寡而患不均，不患貧而患不安。蓋均無貧，和無寡，安無傾。夫如是，故遠人不服，則修文德以來之。既來之，則安之。今由與求也，相夫子，遠人不服而不能來也，邦分崩離析而不能守也；而謀動干戈於邦內。吾恐季孫之憂，不在顓臾，而在蕭牆之內也。”

【注疏】

顓臾：魯國的附屬國，在今山東省費縣西。有事：指有軍事行動。東蒙：指蒙山。主：主持祭祀的人。夫子：指季氏。

周任：人名，周代史官。陳力就列：此謂按才力擔任適當的職務。相：輔助。兕（sì）：雌性犀牛。柙（xiá）：用以關押野獸的木籠。櫝（dú）：匣子。固：謂城池完堅。費：季氏的采邑。

舍曰：此謂諱言。辭：託辭。不患寡而患不均：此句“寡”與下句“不患貧”之“貧”當系傳寫互易而誤。貧指財利不足，寡指民人之多寡。修：治。文德：文治之德，即非征伐武事。來之：使之來。蕭牆：照壁屏風，此謂宮廷之內。蕭：肅，意謂肅敬之處。

2. 孔子曰：“天下有道，則禮樂征伐自天子出；天下無道，則禮樂征伐自諸侯出。自諸侯出，蓋十世希不失矣；自大夫出，五世希不失矣；陪臣執國命，三世希不失矣。天下有道，則政不在大夫。天下有道，則庶人不議。”

3. 孔子曰：“祿之去公室五世矣，政逮於大夫四世矣，故夫三桓之子孫微矣。"

【注疏】

希：少。失：謂失國亡家以至殞身。陪臣：諸侯大夫于天子為陪臣，諸侯大夫之家臣于諸侯亦為陪臣。五世：指魯國宣公、成公、襄公、昭公、定公五世。

逮：及。四世：指季孫氏文子、武子、平子、桓子四世。三桓：魯國仲孫、叔孫、季孫都出於魯桓公，故稱三桓。

4. 孔子曰："益者三友，損者三友。友直，友諒，友多聞，益矣。友便辟，友善柔，友便佞，損矣。"

5. 孔子曰："益者三樂，損者三樂。樂節禮樂，樂道人之善，樂多賢友，益矣。樂驕樂，樂佚游，樂晏樂，損矣。"

6. 孔子曰："侍於君子有三愆：言未及之而言謂之躁，言及之而不言謂之隱，未見顏色而言謂之瞽。"

7. 孔子曰："君子有三戒：少之時，血氣未定，戒之在色；及其壯也，血氣方剛，戒之在鬥；及其老也，血氣既衰，戒之在得。"

【注疏】

損：有害。諒：誠信。便辟：慣於走邪道。善柔：善於和顏悅色騙人。便佞：慣於花言巧語。

節禮樂：用禮樂來節制人。驕樂：驕縱不知節制的樂。佚：同"逸"。晏樂：沉溺於宴飲取樂。

愆：過失。隱：不盡實情。瞽（gǔ）：盲人。得：貪得。

8. 孔子曰："君子有三畏：畏天命，畏大人，畏聖人之言。小人不知天命而不畏也，狎大人，侮聖人之言。"

9. 孔子曰："生而知之者，上也；學而知之者，次也；困而學之，又其次也；困而不學，民斯為下矣。"

10. 孔子曰："君子有九思：視思明，聽思聰，色思溫，貌思恭，言思忠，事思敬，疑思問，忿思難，見得思義。"

11. 子曰："見善如不及，見不善如探湯。吾見其人矣，吾聞其語矣。隱居以求其志，行義以達其道。吾聞其語矣，未見其人也。"

12. 齊景公有馬千駟，死之日，民無德而稱焉。伯夷叔齊餓死于首陽之下，民到於今稱之。其斯之謂與？

【注疏】

大人：有二義，一以位言，在位者為大人，一以德言，有賢德者為大人，亦即聖人。狎：忽視、輕慢。侮：戲玩、輕慢。

困：《孔注》："困，謂有所不通。"

色：顏色，臉色。貌：此處"貌"與"色"對舉，意思宜有別，指動態的色貌。難：此指後患。

如不及：意謂急切。湯：熱水。駟：四馬。首陽：山名，歷來傳說為夷、齊隱居不食周粟之處，而其方位歷來學界觀點不一。

13. 陳亢問于伯魚曰："子亦有異聞乎?"對曰："未也。嘗獨立，鯉趨而過庭。曰：'學詩乎?'對曰：'未也'。'不學詩，無以言。'鯉退而學詩。他日又獨立，鯉趨而過庭。曰：'學禮乎?'對曰：'未也'。'不學禮，無以立。'鯉退而學禮。聞斯二者。"陳亢退而喜曰："問一得三。聞詩，聞禮，又聞君子之遠其子也。"

14. 邦君之妻，君稱之曰夫人，夫人自稱曰小童；邦人稱之曰君夫人，稱諸異邦曰寡小君；異邦人稱之亦曰君夫人。

（正文據中華書局 1980 年版楊伯峻《論語譯注》）

【注疏】

陳亢：即陳子禽。異聞：指不同于對其他學生所講的內容。獨立：獨自立於庭中。遠（yuàn）：不親近，不偏愛。謂其進見有時，接遇有禮，不朝夕相狎。

二、孟子

（一）梁惠王章句上

【叙題】

《孟子》是孟子及其學生記述孟子言行的一部儒家经典。孟子（約前 372 ～ 前 289），名軻，字子輿，魯國貴族孟孫氏的後代，戰國中期鄒國（今山東鄒縣東南）人，離孔子故鄉不遠。孟子的出生距孔子逝世（前 479）百年左右，其身世史載較少，《韓詩外傳》載有其母"斷織"等故事，《列女傳》載有其母"三遷"等故事。他自稱"予未得為孔子徒也，予私淑諸人也"（《孟子·離婁》），景仰並繼承弘揚孔子學說，成為儒家的又一大師，元朝至順元年（1330），孟子被加封為"亞聖公"，成為地位僅次於孔子的"亞聖"。據《列女傳》和趙岐《孟子題辭》說，孟子曾受教於孔子的孫子子思。從年代推算，似不可信。《史記·孟子荀卿列傳》說他"受業子思之門人"，應為可能。故荀子將子思和孟子列為一派，即所謂儒家思孟學派。

其生平行事亦類似孔子，率領眾多弟子遊歷魏、齊、宋、魯、滕、薛等國，遊說各國以德為王，言仁義而不言利，並一度擔任過齊宣王的客卿。時因各國都以力相爭，故孟子卻終不能被任用，"孟軻所如不合，退與萬章之徒序《詩》、《書》，述仲尼之意，作《孟子》七篇"（《史記·孟子荀卿列傳》）。其書編定者應為孟子弟子，成書約在戰國中期。今天所見《孟子》七篇，每篇分為上下，約三萬五千字，共 260 章。但《漢書．藝文志》著錄"孟子十一篇"，比現存《孟子》多出四篇。東漢末趙岐為《孟子》作注，並對此十一篇進行鑒別，認為七篇為真，另四篇為偽，於東漢後相繼亡佚。清代焦循集前人研究之大成，撰成《孟子正義》。

趙岐《孟子題辭》將《孟子》與《論語》相比，認為《孟子》乃"擬聖而作"。《漢書·藝文志》列《孟子》于"諸子略"中。漢文帝將《論語》《孝經》《孟子》《爾雅》各置博士，稱"傳記博士"。到五代時，後蜀主孟昶命列《孟子》入十一經刻石，即爲《孟子》列入"經書"之始。南宋孝宗時，朱熹列入《四書》，《孟子》地位更高。元、明以後成為科舉必考之內容，更是士人必讀之書。

與《論語》類似，《孟子》也是以記言為主的語錄體散文，但又有明顯發展。《論語》文字簡約、含蓄，而《孟子》卻長篇大論，氣勢磅礴，雄辯機智，對後世散文寫作產生了深刻影響。《孟子》和《論語》一樣，原無篇名，後人撮取每篇第一段首兩三字為篇名。《孟子》共七篇，趙岐將每篇皆分為上、下，後人從之。本篇為《孟子》首篇。

1. 孟子見梁惠王。王曰："叟！不遠千里而來，亦將有以利吾國乎？"

孟子對曰："王！何必曰利？亦有仁義而已矣。王曰'何以利吾國？'大夫曰'何以利吾家？'士庶人曰'何以利吾身？'上下交征利而國危矣。萬乘之國，弑其君者，必千乘之家；千乘之國，弑其君者，必百乘之家。萬取千焉，千取百焉，不為不多矣。苟為後義而先利，不奪不饜。未有仁而遺其親者也，未有義而後其君者也。王亦曰仁義而已矣，何必曰利？"

【注疏】

梁惠王：即戰國時魏惠王魏罃，諡號為"惠"，前 369～前 319 年在位，即魏惠王。大夫：先秦時代職官等級名，國君之下有卿、大夫、士三級。家：諸侯封賜給大夫的封邑，又稱埰地。乘：量詞，一車四馬為一乘。當時戰爭的形式主要為車戰，一輛兵車配四匹馬，車上有三名武裝戰士，後有若干步兵。古代常以兵車的乘數多少來衡量諸侯國或卿大夫封邑的大小或強弱。饜：滿足。

2. 孟子見梁惠王。王立于沼上，顧鴻雁麋鹿，曰："賢者亦樂此乎？"

孟子對曰："賢者而後樂此，不賢者雖有此，不樂也。《詩》云：'經始靈臺，經之營之，庶民攻之，不日成之。經始勿亟，庶民子來。王在靈囿，麀鹿攸伏，麀鹿濯濯，白鳥鶴鶴。王在靈沼，於牣魚躍。'文王以民力為臺為沼，而民歡樂之，謂其臺曰靈臺，謂其沼曰靈沼，樂其有麋鹿魚鱉。古之人與民偕樂，故能樂也。《湯誓》曰：'時日害喪，予及女偕亡。'民欲與之偕亡，雖有臺池鳥獸，豈能獨樂哉？"

【注疏】

沼：水池。靈臺：此詩句引自《詩·大雅·靈臺》，歌頌周文王德行。經始：指周文王規劃建築靈臺。攻：意謂民眾來修建。勿亟：不要著急，此謂文王對百姓不加督促。王：此指周文王姬昌。囿：花園。麀：母鹿。攸伏：意謂群鹿自在安適。濯濯：意謂鹿肥美光澤好。鶴鶴：意謂白鳥羽毛熠熠。牣：充滿。《湯誓》：《尚書》中的一篇，載有商湯討伐暴君夏王桀的誓詞，引用百姓詛咒夏桀的話。時：這。害：同"曷"，何時。女：同"汝"，你。偕：共同。

3. 梁惠王曰："寡人之於國也，盡心焉耳矣。河內凶，則移其民於河東，移其粟於河內。河東凶亦然。察鄰國之政，無如寡人之用心者。鄰國之民不加少，寡人之民不加多，何也？"

孟子對曰："王好戰，請以戰喻。填然鼓之，兵刃既接，棄甲曳兵而走。或百步而後止，或五十步而後止。以五十步笑百步，則何如？"曰："不可，直不百步耳，是亦走也。"

曰："王如知此，則無望民之多於鄰國也。不違農時，穀不可勝食也；數罟不入洿池，魚鱉不可勝食也；斧斤以時入山林，材木不可勝用也。穀與魚鱉不可勝食，材木不可勝用，是使民養生喪死無憾也。養生喪死無憾，王道之始也。五畝之宅，樹之以桑，五十者可以衣帛矣。雞豚狗彘之畜，無失其時，七十者可以食肉矣。百畝之田，勿奪其時，數口之家可以無飢矣。謹庠序之教，申之以孝悌之義，頒白者不負戴於道路矣。七十者衣帛食肉，黎民不飢不寒，然而不王者，未之有也。狗彘食人食而不知檢，途有餓莩而不知發；人死，則曰'非我也，歲也'，是何異於刺人而殺之，曰'非我也，兵也'。王無罪歲，斯天下之民至焉。"

【注疏】

河內：指黃河以北區域，屬魏國。河東：指黃河以東區域，也屬魏國。兵：兵器。數罟（gǔ）：密網。洿（wū）池：大池。庠序：古代地方學校。莩（piǎo）：餓死的人。發：發倉賑災。

4. 梁惠王曰："寡人願安承教。"孟子對曰："殺人以梃與刃，有以異乎？"曰："無以異也。""以刃與政，有以異乎？"曰："無以異也。"

曰："庖有肥肉，廄有肥馬，民有飢色，野有餓莩，此率獸而食人也。獸相食，且人惡之，為民父母，行政，不免於率獸而食人，惡在其為民父母也？仲尼曰：'始作俑者，其無後乎！'為其象人而用之也。如之何其使斯民飢而死也？"

【注疏】

俑：古代用以殉葬的木偶或陶偶。在奴隸社會，最初用活人殉葬，後來勞動力漸被重視，便改用俑來殉葬。孔子誤認為先有俑殉，後有人殉，故對俑殉深惡痛絕。

5. 梁惠王曰："晉國，天下莫強焉，叟之所知也。及寡人之身，東敗於齊，長子死焉；西喪地於秦七百里；南辱于楚。寡人恥之，願比死者一洒之，如之何則可？"

孟子對曰："地方百里而可以王。王如施仁政於民，省刑罰，薄稅斂，深耕易耨，壯者以暇日修其孝悌忠信，入以事其父兄，出以事其長上，可使制梃以撻秦楚之堅甲利兵矣。彼奪其民時，使不得耕耨以養其父母。父母凍餓，兄弟妻子離散。彼陷溺其民，王往而征之，夫誰與王敵？故曰：'仁者無敵。'王請勿疑！"

6. 孟子見梁襄王，出，語人曰："望之不似人君，就之而不見所畏焉。卒然問曰：'天下惡乎定？'吾對曰：'定於一。''孰能一之？'對曰：'不嗜殺人者能一之。''孰能與之？'對曰：'天下莫不與也。王知夫苗乎？七八月之間旱，則苗槁矣。天油然作雲，沛然下雨，則苗浡然興之矣。其如是，孰能禦之？今夫天下之人牧，未有不嗜殺人者也。如有不嗜殺人者，則天下之民皆引領而望之矣。誠如是也，民歸之，由水之就下，沛然誰能禦之？'"……

（正文據中華書局 1960 年版楊伯峻《孟子譯注》）

【注疏】

　　東敗於齊，長子死焉：指前 343 年的馬陵之戰，齊威王派田忌、孫臏率軍隊救韓伐魏，大敗魏軍于馬陵，魏將龐涓自殺，太子申被俘。比：全，都。洒：同"洗"，意謂雪恥。

　　梁襄王：惠王之子，前 318 年至前 296 年在位。引領：伸長脖子。由：同"猶"，如同。就：走向。

（二）滕文公章句上

【叙题】

　　本篇通过同滕文公等人的对话，阐述其理想社会的仁政思想和礼教观念，旁徵博引，说服力强。

1. 滕文公為世子，將之楚，過宋而見孟子。孟子道性善，言必稱堯舜。世子自楚反，復見孟子。孟子曰："世子疑吾言乎？夫道一而已矣。成覸謂齊景公曰：'彼，丈夫也；我，丈夫也，吾何畏彼哉？'顏淵曰：'舜，何人也？予，何人也？有為者亦若是。'公明儀曰：'文王，我師也；周公豈欺我哉？'今滕，絕長補短，將五十里也，猶可以為善國。《書》

曰：'若藥不瞑眩，厥疾不瘳。'"

【注疏】

　　成覸：齊國勇士。公明儀：曾參弟子。瘳：病癒。

　　2. 滕定公薨，世子謂然友曰："昔者孟子嘗與我言於宋，於心終不忘。今也不幸至於大故，吾欲使子問於孟子，然後行事。"然友之鄒問於孟子。

　　孟子曰："不亦善乎！親喪，固所自盡也。曾子曰：生，事之以禮；死，葬之以禮，祭之以禮，可謂孝矣。'諸侯之禮，吾未之學也；雖然，吾嘗聞之矣。三年之喪，齊疏之服，飦粥之食，自天子達於庶人，三代共之。"

　　然友反命，定為三年之喪。父兄百官皆不欲，曰："吾宗國魯先君莫之行，吾先君亦莫之行也，至於子之身而反之，不可。且《志》曰：'喪祭從先祖。'曰：'吾有所受之也。'"

　　謂然友曰："吾他日未嘗學問，好馳馬試劍。今也父兄百官不我足也，恐其不能盡於大事，子為我問孟子。"然友復之鄒問孟子。

　　孟子曰："然，不可以他求者也。孔子曰：'君薨，聽於冢宰，歠粥，面深墨，即位而哭，百官有司莫敢不哀，先之也。'上有好者，下必有甚焉者矣。'君子之德，風也；小人之德，草也。草尚之風，必偃。'是在世子。"然友反命。世子曰："然，是誠在我。"五月居廬，未有命戒。百官族人可，謂曰知。及之葬，四方來觀之。顏色之戚，哭泣之哀，弔者大悅。

【注疏】

　　滕定公：滕國國君。世子：指滕文公。然友：滕文公的老師。宗國：魯國的始封祖和滕國的始封祖同為姬姓兄弟，按宗法制度，滕國尊稱魯國為宗國。冢宰：官名，輔佐天子，百官之長，相當於後世的宰相。歠（chuò）：飲，喝。

　　3. 滕文公問為國。孟子曰："民事不可緩也。《詩》云：'晝爾于茅，宵爾索綯；亟其乘屋，其始播百穀。'民之為道也，有恆產者有恒心，無恆產者無恒心。苟無恒心，放辟邪侈，無不為已。及陷於罪，然後從而刑之，是罔民也。焉有仁人在位罔民而可為也？是故賢君必恭儉禮下，取於民有制。陽虎曰：'為富不仁矣，為仁不富矣。'

　　"夏后氏五十而貢，殷人七十而助，周人百畝而徹，其實皆什一也。徹者，徹也；助者，藉也。龍子曰：'治地莫善於助，莫不善於貢。'貢者，挍數歲之中以為常。樂歲，粒米狼戾，多取之而不為虐，則寡取之；

凶年，糞其田而不足，則必取盈焉。為民父母，使民盼盼然，將終歲勤動，不得以養其父母，又稱貸而益之，使老稚轉乎溝壑，惡在其為民父母也？夫世祿，滕固行之矣。《詩》云：'雨我公田，遂及我私。'惟助為有公田。由此觀之，雖周亦助也。

"設為庠、序、學、校以教之。庠者，養也；校者，教也；序者，射也。夏曰校，殷曰序，周曰庠，學則三代共之，皆所以明人倫也。人倫明於上，小民親於下。有王者起，必來取法，是為王者師也。《詩》云：'周雖舊邦，其命惟新。'文王之謂也。子力行之，亦以新子之國。"

使畢戰問井地。孟子曰："子之君將行仁政，選擇而使子，子必勉之！夫仁政，必自經界始。經界不正，井地不鈞，穀祿不平，是故暴君汙吏必慢其經界。經界既正，分田制祿可坐而定也。夫滕，壤地褊小，將為君子焉，將為野人焉。無君子，莫治野人；無野人，莫養君子。請野九一而助，國中什一使自賦。卿以下必有圭田，圭田五十畝，餘夫二十五畝。死徙無出鄉，鄉田同井，出入相友，守望相助，疾病相扶持，則百姓親睦。方里而井，井九百畝，其中為公田。八家皆私百畝，同養公田；公事畢，然後敢治私事，所以別野人也。此其大略也；若夫潤澤之，則在君與子矣。"……

（正文據中華書局 1960 年版楊伯峻《孟子譯注》）

【注疏】

　　畫爾于茅：此四句出自《詩經·豳風·七月》。陽虎：又作陽貨，春秋末魯國大夫季氏的家臣。徹：通，通行。藉：借，此謂借助民力來耕種公田。龍子：古代賢人。糞：掃除。雨我公田：此兩句出自《詩經·小雅·大田》。周雖舊邦：此兩句出自《詩經·大雅·文王》。畢戰：滕國的臣子。井地：井田，相傳為古代奴隸社會的一種土地制度，即以方九百畝為一個單位，劃成九區，其中為公田，八家均私田百畝，同養公田，因形如井字，故名。

三、荀子 ［荀況］

（一）勸學

【叙題】

荀子（前 313 ~ 前 238），名況，字卿。戰國末期趙國郇邑（今山西新絳）人，世稱"荀卿"。曾三次任齊國稷下（臨淄西門）學宮的祭酒，進行講學活動。後遊歷秦國，拜見秦昭王，晚年至楚國，任楚蘭陵（今山東棗莊）令，為韓非子和李斯之師。所著《荀子》，後西漢劉向編定為 32 篇，其中一類為荀子親手所著的 22 篇，一類是荀子弟子所記録的荀子言行共 5 篇，一類是荀子及弟子所引用的材料，共 5 篇。後世因避漢宣帝劉詢諱，遂題作《孫卿子》。

　　荀子是繼孔子、孟子之後的儒學大師，先秦儒家的集大成者。他將儒家學說融會貫通，認為自然界的存在，不以人的主觀意志為轉移，反對迷信天命鬼神。《荀子》提出"制天命而用之"的人定勝天的思想。在認識論方面，強調"行"對於"知"的必要性和後天學習的重要性。在政治上，不同于孔、孟效法先王的思想，提出"法後王"，主張應該適應當時的社會情況去施政，要選賢能，明賞罰，兼用"禮""法""術"實行統治，故其思想也為法家所汲取。在人性論上，他主張性惡論，認為後天教育環境可改善人的惡的本性，主張"明禮義而化之"。

　　《荀子》散文的特色，說理透徹，結構謹嚴，長於論辯，必發揮盡致、暢所欲言而後已。本篇為《荀子》首篇，主旨在勸勉世人努力學習。所論學習，乃以禮為歸，並非当今所指的一般性學習的概念，而是指為士、為君子、為聖人之學。文章強調學習之根本目的即積善成德，培養道德操守，涵育君子人格，故學習方法就是誦讀《詩》《書》《禮》《春秋》等儒家經典，並接近賢師益友。并且闡述後天努力和學習的重要性，指出學習貴在于鍥而不捨、用心專一。文章辭采繽紛，比喻層出繁多，是《荀子》書中最膾炙人口的篇章，後世影響很深遠。節選如下。

　　學惡乎始? 惡乎終? 曰：其數則始乎誦經，終乎讀禮；其義則始乎為士，終乎為聖人。真積力久則入。學至乎没而後止也。故學數有終，若其義則不可須臾舍也。為之人也，舍之禽獸也。故《書》者、政事之紀也；《詩》者、中聲之所止也；《禮》者、法之大分，類之綱紀也。故學至乎《禮》而止矣。夫是之謂道德之極。《禮》之敬文也，《樂》之中和也，《詩》、《書》之博也，《春秋》之微也，在天地之間者畢矣。

【注疏】

　　惡（wū）：何處，哪裏。數：數術，即方法、辦法。經：指儒家經典，即《詩》、《書》、《禮》、《樂》、《易》、《春秋》。義：意義。與上文的"數"相對為義。士：志道之士。荀子列人生境界為士、君子和聖人三等。没：通"殁"，死亡。中聲：意謂《詩》中所體現的音樂和歌詩之美為中和之聲。止：極。大分：大要，要領。綱紀：事物之綱要。敬文：重視禮儀文化。

　　君子之學也，入乎耳，箸乎心，布乎四體，形乎動静。端而言，蝡而動，一可以為法則。小人之學也，入乎耳，出乎口；口耳之間，則四寸耳，曷足以美七尺之軀哉！古之學者為己，今之學者為人。君子之學也，以美其身；小人之學也，以為禽犢。故不問而告謂之傲，問一而告二謂之賚。傲、非也，嚍、非也；君子如向矣。

學莫便乎近其人。《禮》《樂》法而不說，《詩》《書》故而不切，《春秋》約而不速。方其人之習君子之說，則尊以遍矣，周於世矣。故曰：學莫便乎近其人。

【注疏】

君子：有德有藝之人。箸（zhù）：刻，意謂心中領會明曉。蛻：微動。禽犢：用來贈獻的禮品。這裡比喻用學問賣弄或者取悅於人。傲：急躁。嚍：多言，語聲繁碎貌。向：通"響"，迴響。

其人：指通經之士，賢師。不說：沒有說明、解說。故：過去的典故、事情。不切：不切合于時世。約而不速：意謂文辭簡約，褒貶難明，不能速解。方：效仿。習：講習。尊以遍：養成崇高的品格，得到全面的知識。周：周知，通達。

學之經莫速乎好其人，隆禮次之。上不能好其人，下不能隆禮，安特將學雜識志，順《詩》《書》而已耳。則末世窮年，不免為陋儒而已。將原先王，本仁義，則禮正其經緯蹊徑也。若挈裘領，詘五指而頓之，順者不可勝數也。不道禮憲，以《詩》《書》為之，譬之猶以指測河也，以戈舂黍也，以錐餐壺也，不可以得之矣。故隆禮，雖未明，法士也；不隆禮，雖察辯，散儒也。

問楛者，勿告也；告楛者，勿問也；說楛者，勿聽也。有爭氣者，勿與辯也。故必由其道至，然後接之；非其道則避之。故禮恭，而後可與言道之方；辭順，而後可與言道之理；色從而後可與言道之致。故未可與言而言，謂之傲；可與言而不言，謂之隱；不觀氣色而言，謂瞽。故君子不傲、不隱、不瞽，謹順其身。《詩》曰："匪交匪舒，天子所予。"此之謂也。……

【注疏】

經：通"徑"，途徑。安：則。特：但。雜：指雜記之書、百家之說。識志：記憶。經緯蹊徑：縱橫道路。詘：同"屈"。頓：抖動而使整齊。道：由。禮憲：禮法。壺：古代儲飯的器皿。法士：守禮法之士。察辯：明察善辯。散儒：不守禮法的儒士。

楛（kǔ）：惡劣的事情。方：術，方法。瞽（gǔ）：盲人。匪交：引詩出自《詩經·小雅·采菽》，匪：非。交：急迫。舒：緩慢。

（據中華書局 1988 年版王先謙《荀子集解》）

（二）性惡

【叙题】

本篇旨在批判孟子的性善論，主要採用問答之方式闡明關於人性邪惡的社會觀。節選如下。

人之性惡，其善者偽也。今人之性，生而有好利焉，順是，故爭奪生而辭讓亡焉；生而有疾惡焉，順是，故殘賊生而忠信亡焉；生而有耳目之欲，有好聲色焉，順是，故淫亂生而禮義文理亡焉。然則從人之性，順人之情，必出於爭奪，合於犯分亂理，而歸於暴。故必將有師法之化，禮義之道，然後出於辭讓，合於文理，而歸於治。用此觀之，人之性惡明矣，其善者偽也。

【注疏】

性：本性。偽：人為的。疾：通“嫉”，嫉妒。從：通“縱”。道：同“導”。

故枸木必將待櫽栝、烝矯然後直；鈍金必將待礱厲然後利；今人之性惡，必將待師法然後正，得禮義然後治，今人無師法，則偏險而不正；無禮義，則悖亂而不治，古者聖王以人性惡，以為偏險而不正，悖亂而不治，是以為之起禮義，制法度，以矯飾人之情性而正之，以擾化人之情性而導之也，始皆出於治，合於道者也。今人之化師法，積文學，道禮義者為君子；縱性情，安恣睢，而違禮義者為小人。用此觀之，人之性惡明矣，其善者偽也。

【注疏】

枸：通“鉤”，彎曲。櫽栝：即隱括，竹木的整形工具。烝：同“蒸”，用蒸氣加熱，使木材柔軟以便矯正。金：金屬，指有鋒刃的武器或工具。礱：磨。厲：同“礪”，磨。飾：通“飭”，整治。

孟子曰：“人之學者，其性善。”曰：是不然。是不及知人之性，而不察乎人之性偽之分者也。凡性者，天之就也，不可學，不可事。禮義者，聖人之所生也，人之所學而能，所事而成者也。不可學，不可事，而在人者，謂之性；可學而能，可事而成之在人者，謂之偽。是性偽之分也。今人之性，目可以見，耳可以聽；夫可以見之明不離目，可以聽之聰不離耳，目明而耳聰，不可學明矣。孟子曰：“今人之性善，將皆失喪其性故也。”曰：若是則過矣。今人之性，生而離其朴，離其資，必失而喪之。用此觀之，然則人之性惡明矣。

　　所謂性善者，不離其朴而美之，不離其資而利之也。使夫資朴之於美，心意之於善，若夫可以見之明不離目，可以聽之聰不離耳，故曰目明而耳聰也。今人之性，飢而欲飽，寒而欲煖，勞而欲休，此人之情性也。今人見長而不敢先食者，將有所讓也；勞而不敢求息者，將有所代也。夫子之讓乎父，弟之讓乎兄，子之代乎父，弟之代乎兄，此二行者，皆反於性而悖於情也；然而孝子之道，禮義之文理也。故順情性則不辭讓矣，辭讓則悖於情性矣。用此觀之，人之性惡明矣，其善者偽也。……

　　　　　　　　　　（正文據中華書局 1988 年版王先謙《荀子集解》）

【注疏】

　　人之學者：此句引語不見於今本《孟子》。《孟子·告子上》："人無有不善。"旨意與此相似。及：達到，夠。事：從事，做，人為。將：此謂"必"，肯定。將皆失喪其性故也：一說"故"下當有"惡"字，一說上句"性善"當作"性惡"。

　　資：資質，指所謂天生的才能、性情。使：假使，連詞。

第四章　墨家与法家

一、墨子 ［墨翟］

（一）尚賢

【叙题】

墨翟生活時代約在孔子與孟子之間。《史記·孟子荀卿列傳》載："蓋墨翟，宋之大夫，善守禦，為節用。或曰並孔子時，或曰在其後。"或謂魯人，出身平民。《墨子》書中提到他曾被稱為"布衣之士""賤人"，又提及他能製作車轄，自稱"北方之鄙人"，可知是同情"農與工肆之人"的士人，為人"以繩墨自矯，而備世之急"。故有學者認為墨子代表了"農與工肆之人"的利益，以天下為己任，立志救民於水火，如孟子所讚："墨子兼愛，摩頂放踵利天下"（《孟子·盡心上》）。為宣揚自己的主張，墨子廣收生徒弟子數百人，形成聲勢浩大的墨家學派，行跡所至，東至齊，西遊鄭、衛，南至於楚、越。墨子"好學而博"（《莊子·天下》），擅長工巧和製作，曾製成"木鳶"，三日三夜飛翔不落。

據《淮南子·要略》載墨子早期曾"學儒者之業，受孔子之術"，後來創立了與儒學相對的墨家學派，但同時也把夏禹、商湯、文王列為古代聖王，與儒家並不對立。墨學在戰國時曾一度盛行，與儒學同為當代"顯學"。

《墨子》為墨翟及其各代弟子、後學逐漸增補所著，是墨家學派的著作總匯，內容廣博，包括了政治、軍事、哲學、倫理、邏輯、科技等方面，是研究墨子及其後學的重要史料。《漢書·藝文志》著錄有71篇，西晉魯勝、樂壹曾為《墨子》作注，但六朝以後逐漸散失。現所傳本53篇，可分兩大部分：一部分是記載墨子言行，闡述墨子思想，主要反映前期墨家的思想，其中個別篇章甚至摻雜有儒家理論，應是墨子早年習儒之論述。另一部分《經上》《經下》《經說上》《經說下》《大取》《小取》等6篇，又稱《墨經》或《墨辯》，闡述墨家的認識論和邏輯思想，被稱為後期墨家邏輯或墨辯邏輯（或謂與古希臘邏輯體系和佛教因明學同為古代世界三大邏輯體系），另有許多自然科學諸如天文學、幾何光學和靜力學等內容，反映了後期墨家思想。清代著名的注釋版本有畢沅《墨子注》與孫詒讓《墨子閒詁》等。

　　《墨子》中《尚賢》等篇，系統地提出"兼愛""非攻""尚賢""尚同""節用""節葬""非樂""天志""明鬼""非命"十大命題。主張"兼愛"，反對儒家宗法制度的親疏尊卑之分；提出"非攻"，反對各諸侯的掠奪戰爭；要求"節葬""節用"，反對諸侯君主窮奢極侈的享樂生活；鼓吹"尚同""尚賢"，反對任人唯親。他還相信"天志"和鬼神的存在。

　　墨子在中國兵學史上佔有重要地位，後世有關防禦原則和戰術的記述，多祖述《墨子》，以至於對一切防禦戰略戰術也被籠統稱為"墨守"。形成了較完備的防禦作戰理論體系，與《孫子兵法》以進攻為主的作戰理論形成互補，對傳統兵學發展具有積極意義。墨家思想對近代革命家和思想家也產生了顯著影響。革命先行者孫中山曾推重墨子，在《民報》創刊號中把墨子奉為"平等博愛"的宗師，刊登心目中的墨子畫像。梁啟超在《新民叢報》著文曾說："今欲救亡，厥惟學墨。"（《子墨子學說》）

　　《墨子》在先秦諸子散文中以質樸無文著稱。本篇闡述治理國家應尊崇賢能，任用賢能，繼承古代聖王治理國家"不義不富，不義不貴，不義不近"的原則，舉賢不避親，舉賢不避遠，舉賢不避疏，把德行和才能作為任用官員的標準。這些理念對於今天仍不無現實意義。

　　子墨子言曰：今者王公大人為政於國家者，皆欲國家之富，人民之眾，刑政之治。然而不得富而得貧，不得眾而得寡，不得治而得亂，則是本失其所欲，得其所惡。是其故何也？子墨子言曰：是以王公大人為政於國家者，不能以尚賢事能為政也。是故國有賢良之士眾，則國家之治厚；賢良之士寡，則國家之治薄。故大人之務，將在於眾賢而已。

【注疏】

　　今者：今天，現在。治：治理。本：根本，完全。尚：尊崇，注重。厚：強盛。薄：弱小。將：應當。

　　曰：然則眾賢之術將奈何哉？子墨子言曰：譬若欲眾其國之善射御之士者，必將富之、貴之、敬之、譽之，然後國之善射御之士，將可得而眾也。況又有賢良之士，厚乎德行，辯乎言談，博乎道術者乎！此固國家之珍而社稷之佐也，亦必且富之、貴之、敬之、譽之，然後國之良士，亦將可得而眾也。

【注疏】

　　眾賢：使賢才增多。射御：射箭駕車。厚：高尚。固：本來。

　　是故古者聖王之為政也，言曰："不義不富，不義不貴，不義不親，不義不近。"是以國之富貴人聞之，皆退而謀曰："始我所恃者，富貴也。

今上舉義不辟貧賤，然則我不可不為義。”親者聞之，亦退而謀曰：“始我所恃者，親也。今上舉義不辟疏，然則我不可不為義。”近者聞之，亦退而謀曰：“始我所恃者，近也。今上舉義不避遠，然則我不可不為義。”遠者聞之，亦退而謀曰：“我始以遠為無恃，今上舉義不避遠，然則我不可不為義。”逮至遠鄙郊外之臣、門庭庶子、國中之眾、四鄙之萌人聞之，皆競為義。是其故何也？曰：上之所以使下者，一物也；下之所以事上者，一術也。譬之富者，有高牆深宮，牆立既，謹上為鑿一門。有盜入，闔其自入而求之，盜其無自出。是其故何也？則上得要也……

（正文據中華書局 1986 年版［清］孫詒讓《墨子閒詁》）

【注疏】

　　謀：商量。恃：仗恃，憑藉。辟：通“避”，避開。疏：疏遠，陌生。逮至：直到，等到。遠鄙：偏遠之地。萌人：百姓。術：方法。牆立既：牆已經建完。闔：關閉。

（二）兼愛

【叙題】

　　本篇闡述兼愛學說，指出仁人的事業是“興天下之利，除天下之害”。要達到此目的，必須實行聖王之道，即“兼相愛”，反對“交相惡”。只有天下人普遍相愛，才會盜賊不興，社會安定，天下太平。

　　聖人以治天下為事者也，必知亂之所自起，焉能治之；不知亂之所自起，則不能治。譬之如醫之攻人之疾者然：必知疾之所自起，焉能攻之；不知疾之所自起，則弗能攻。治亂者何獨不然？必知亂之所自起，焉能治之；不知亂之所自起，則弗能治。

　　聖人以治天下為事者也，不可不察亂之所自起。當察亂何自起，起不相愛。臣子之不孝君父，所謂亂也。子自愛，不愛父，故虧父而自利；弟自愛，不愛兄，故虧兄而自利；臣自愛，不愛君，故虧君而自利，此所謂亂也。雖父之不慈子，兄之不慈弟，君之不慈臣，此亦天下之所謂亂也。父自愛也，不愛子，故虧子而自利；兄自愛也，不愛弟，故虧弟而自利；君自愛也，不愛臣，故虧臣而自利。是何也？皆起不相愛。

【注疏】

　　自：從。焉：才。攻：醫治。
　　當：嘗試。虧：損害。

　　雖至天下之為盜賊者亦然：盜愛其室，不愛異室，故竊異室以利其室。賊愛其身，不愛人，故賊人以利其身。此何也？皆起不相愛。雖至大夫之相亂家，諸侯之相攻國者亦然：大夫各愛其家，不愛異家，故亂異家以利其家。諸侯各愛其國，不愛異國，故攻異國以利其國。天下之亂物，具此而已矣。察此何自起？皆起不相愛。若使天下兼相愛，愛人若愛其身，猶有不孝者乎？視父兄與君若其身，惡施不孝？猶有不慈者乎？視弟子與臣若其身，惡施不慈？故不孝不慈亡有。猶有盜賊乎？視人之室若其室，誰竊？視人身若其身，誰賊？故盜賊亡有。猶有大夫之相亂家，諸侯之相攻國者乎？視人家若其家，誰亂？視人國若其國，誰攻？故大夫之相亂家，諸侯之相攻國者亡有。若使天下兼相愛，國與國不相攻，家與家不相亂，盜賊無有，君臣父子皆能孝慈，若此，則天下治。

故聖人以治天下為事者，惡得不禁惡而勸愛？故天下兼相愛則治，交相惡則亂。故子墨子曰"不可以不勸愛人"者，此也。

（正文據中華書局 1986 年版［清］孫詒讓《墨子閒詁》）

【注疏】

賊人：殘害別人。猶有：還有。亡：通"無"。

得：怎能。此也：道理就在此。

二、韓非子［韓非子］

（一）孤憤

【叙題】

韓非子（？～前 233），即韓非，戰國時期法家代表，韓國都城陽翟（今河南省禹州）人，原為韓國貴族，與李斯同師荀子。口訥而善於著述，博學多能，李斯自以為不如。繼承發展了荀子的法術思想，卻"喜刑名法術之學"。多次上書韓王變法圖強，不見用，乃發憤著書立說，以求聞達（《史記·老子韓非列傳》），作《孤憤》《五蠹》《內外儲》《說林》《說難》等十餘萬言的著作，系統地闡述其法治思想，抒發了憂憤孤直而不容於時的憤懣。其著作流傳到秦國，秦王政讀後大加讚賞："嗟乎！寡人得見此人與之遊，死不恨矣。"遂遣書韓王強邀其出使秦國而留之。後韓非上書勸秦王政先伐趙緩伐韓，遭到李斯等人的讒害，死於獄中。秦王政事後懊悔不及。

其著作《韓非子》比較各國變法得失，提出法、術、勢結合的理論，集法家思想大成，乃後學輯集而成，原題《韓子》，《漢書·藝文志》著錄《韓子》55

篇流傳至今。宋代以後，因尊稱唐代韓愈為"韓子"，為區別彼此，遂改稱為
《韓非子》。清代王先謙《韓非子集解》影響較大。《韓非子》記載了大量膾炙人
口的寓言故事，如"自相矛盾""守株待兔""諱疾忌醫""濫竽充數""老馬識
途"等，蘊含着深雋的哲理，給人們以智慧的啟迪，具有較高的文學價值。

　　本篇題意即孤獨與憤慨。節選如下。

　　智術之士，必遠見而明察，不明察，不能燭私；能法之士，必強毅而
勁直，不勁直，不能矯奸。人臣循令而從事，案法而治官，非謂重人也。
重人也者，無令而擅為，虧法以利私，耗國以便家，力能得其君，此所為
重人也。智術之士明察，聽用，且燭重人之陰情；能法之士勁直，聽用，
且矯重人之奸行。故智術能法之士用，則貴重之臣必在繩之外矣。是智法
之士與當塗之人，不可兩存之仇也。

【注疏】

燭：此謂照亮。案：同"按"，按照，《莊子·盜跖》："案劍瞋目，聲如乳虎。"

　　當塗之人擅事要，則外內為之用矣。是以諸侯不因，則事不應，故敵
國為之訟；百官不因，則業不進，故群臣為之用；郎中不因，則不得近
主，故左右為之匿；學士不因，則養祿薄禮卑，故學士為之談也。此四助
者，邪臣之所以自飾也。重人不能忠主而進其仇，人主不能越四助而燭察
其臣，故人主愈弊而大臣愈重。

【注疏】

訟：通"頌"，此謂歌頌。郎中：官名，戰國始置，為護衛陪從、顧問差遣等侍從之職。弊：通
"蔽"，此謂遮蓋、遮擋之意。

　　凡當塗者之於人主也，希不信愛也，又且習故。若夫即主心，同乎好
惡，固其所自進也。官爵貴重，朋黨又眾，而一國為之訟。則法術之士欲
幹上者，非有所信愛之親、習故之澤也，又將以法術之言矯人主阿辟之
心，是與人主相反也。處勢卑賤，無黨孤特。夫以疏遠與近愛信爭，其數
不勝也；以新旅與習故爭，其數不勝也；以反主意與同好爭，其數不勝
也；以輕賤與貴重爭，其數不勝也；以一口與一國爭，其數不勝也。法術
之士操五不勝之勢，以歲數而又不得見；當塗之人乘五勝之資，而且暮獨
說於前。故法術之士奚道得進，而人主奚時得悟乎？故資必不勝而勢不兩
存，法術之士焉得不危？其可以罪過誣者，公法而誅之；其不可被以罪過
者，以私劍而窮之。是明法術而逆主上者，不僇於吏誅，必死於私劍矣。
朋黨比周以弊主，言曲以便私者，必信於重人矣。故其可以功伐借者，以

官爵貴之；其不可藉以美名者，以外權重之。是以弊主上而趨於私門者，不顯於官爵，必重于外權矣。今人主不合參驗而行誅，不待見功而爵祿，故法術之士安能蒙死亡而進其說？奸邪之臣安肯乘利而退其身？故主上愈卑，私門益尊。……

（正文據中華書局1998年版王先謙《韓非子集解》）

【注疏】

習：近，狎，此謂親信。阿：曲從、迎合。辟：通"避"，此謂回避、躲避。僇：通"戮"，此謂殺戮。比周：此謂結黨營私。

（二）說難

【叙題】

遊說在戰國時期非常盛行，韓非曾多次遊說韓王而沒有成功。本篇論述戰國時期謀臣策士的遊說教訓和自己的切身體會。

　　凡說之難：非吾知之有以說之之難也，又非吾辯之能明吾意之難也，又非吾敢橫失而能盡之難也。凡說之難；在知所說之心，可以吾說當之。

【注疏】

說（shuì）：遊說、勸說。說難：遊說困難。知：同智。橫：此謂放縱。失：通"佚"，淫泆、放蕩、放縱之意。

　　所說出於為名高者也，而說之以厚利，則見下節而遇卑賤，必棄遠矣。所說出於厚利者也，而說之以名高，則見無心而遠事情，必不收矣。所說陰為厚利而顯為名高者也，而說之以名高，則陽收其身而實疏之；說之以厚利，則陰用其言顯棄其身矣。此不可不察也。

　　夫事以密成，語以泄敗。未必其身泄之也，而語及所匿之事，如此者身危。彼顯有所出事，而乃以成他故，說者不徒知所出而已矣，又知其所以為，如此者身危。規異事而當，知者揣之外而得之，事泄於外，必以為己也，如此者身危。周澤未渥也，而語極知，說行而有功，則德忘；說不行而有敗，則見疑，如此者身危。貴人有過端，而說者明言禮義以挑其惡，如此者身危。貴人或得計而欲自以為功，說者與知焉，如此者身危。強以其所不能為，止以其所不能已，如此者身危。故與之論大人，則以為間己矣；與之論細人，則以為賣重。論其所愛，則以為藉資；論其所憎，則以為嘗己也。徑省其說，則以為不智而拙之；米鹽博辯，則以為多而交之。略事陳意，則曰怯懦而不盡；慮事廣肆，則曰草野而倨侮。此說之難，不可不知也。

【注疏】

揣：猜想、推測、估量。周澤：恩澤、恩惠。渥：沾濡貌。德：恩惠、恩德、慶賞。已：此謂停止。間：挑拔、離間。嘗：試探。交：交錯、錯雜。肆：陳列，展現。倨侮：傲慢自大。

凡說之務，在知飾所說之所矜而滅其所恥。彼有私急也，必以公義示而強之。其意有下也，然而不能已，說者因為之飾其美而少其不為也。其心有高也，而實不能及，說者為之舉其過而見其惡，而多其不行也。有欲矜以智能，則為之舉異事之同類者，多為之地，使之資說於我，而佯不知也以資其智。欲內相存之言，則必以美名明之，而微見其合於私利也。欲陳危害之事，則顯其毀誹，而微見其合於私患也。譽異人與同行者，規異事與同計者。有與同汙者，則必以大飾其無傷也；有與同敗者，則必以明飾其無失也。彼自多其力，則毋以其難概之也；自勇之斷，則無以其謫怒之；自智其計，則毋以其敗窮之。大意無所拂悟，辭言無所擊摩，然後極騁智辯焉。此道所得，親近不疑而得盡辭也。……

（正文據中華書局 1998 年版王先謙《韓非子集解》）

【注疏】

矜：自誇、自恃。強：勸勉之意。概：古代量米粟時刮平斗斛（hú）用的木板，用以刮平、不使過量，此謂折服。謫（zhé）：指摘、責備。

第五章　縱橫家與兵家

一、鬼谷子 ［鬼谷子］

【叙题】

　　鬼谷子，為戰國時期諸子百家中縱橫家之鼻祖，深明軍事、謀略，為遊說理論的奠基者和傳播者。亦有古籍記載，姓王名詡，因隱居清溪之鬼谷，故自稱"鬼谷先生"，蘇秦與張儀為其著名弟子。《史記·蘇秦列傳》載："蘇秦者，東周雒陽人也。東事師於齊，而習之於鬼谷先生。"或謂孫臏與龐涓亦為其弟子。所著《鬼谷子》，《漢書·藝文志》未著録，《隋書·經籍志》始見著録。今世傳本《鬼谷子》注本為南朝陶弘景所注。

　　《鬼谷子》是一部颇具特色的研究社會政治鬥爭謀略權術的经典著作，曾對縱橫捭闔的戰國時期縱橫家的理論起過重要的指導作用。因其崇尚權謀策略及言談辯論之技巧，其主旨與儒家之仁義道德大相徑庭，故歷來士人對《鬼谷子》多有微詞。其實外交戰術之得益與否，談判與競爭之策略得當是否，言談遊說技巧得體與否，皆關係國家事業之安危興衰。潛謀於無形，常勝於不爭不費。此正為曠世奇書《鬼谷子》精髓之所在。《孫子兵法》側重於總體戰略，而《鬼谷子》則專於具體技巧，兩者可謂相輔相成。

　　劉勰《文心雕龍·諸子》將鬼谷子和孟子、莊子等先秦諸子相提並論，贊道："鬼谷渺渺，每環奧義"。其《文心雕龍·論說》赞誉縱橫家以及《鬼谷子》中《轉丸》《飛鉗》篇章："暨戰國争雄，辯士雲湧，縱橫參謀，長短角勢。《轉丸》騁其巧辭，《飛鉗》伏其精術。一人之辯，重於九鼎之寶，三寸之舌，強於百萬雄師。六印磊落以佩，五都隱賑而封。"唐代詩人陳子昂《感遇》（十一）寫道："吾愛鬼谷子，青溪無垢氛。囊括經世道，遺身在白雲。七雄方龍鬥，天下亂無君。浮雲不足貴，遵養晦時文。舒之彌宇宙，卷之不盈分。豈圖山不壽，空與麋鹿群。"清代學者孫德謙《諸子通考》中說："縱橫家者，古之掌交也。《鬼谷子》一書所以明交郊之道，而使於四方者，果能扼山川之險要，察士卒之強弱，識人民之多寡，辨君相之賢愚，沈機觀變，以銷禍患於無形，則張儀、蘇秦，其各安中國至於十餘年之久者，不難繼其功烈矣……蓋今之天下，一縱橫之天下也。嘗謂為使臣者，果能於口舌之間，隱消禍亂，俾國家受無形之福，則其功為重大，故特表而出之，以告世之有交鄰之責者。"充分肯定其對於外交戰略的意義，可使國家獲得福祉而免於戰亂。清朝阮元《鬼谷子跋》說："竊謂，書苟為隋唐志所著錄而今僅存者，無不精校傳世。況是篇為縱橫家獨存之子書，陶氏注又世所久佚，誠網羅古籍者所樂睹也！"指出《鬼谷子》在學術史上重要性，肯定其為先秦諸子之一。

《鬼谷子》內容豐富，涉及政治、軍事、外交等領域，崇尚謀略權術、言談辯論的技巧、察明人心的策略，又因其涉及許多軍事策略問題，故亦被視為兵書，在世界範圍內受到西方現當代戰略家、謀略家的推崇和重視。另外，生意談判與競爭之策略是否得當，亦關係到經營之成敗得失。故現當代日本不少學者、企業家將《鬼谷子》的謀略智慧運用到經營管理活動中。可知此書對人們從政經商、為人處世之得體與否亦不無借鑒意義。

（一）捭闔

【叙題】

所謂捭闔，可謂一種談判術或辞令技巧，指通過挑動別人打開心扉，說出實情；或使對方沉默，顯露真情；或遊說者自己或捭或闔以達到目的。正所謂"一言興邦，一言喪邦"。可見縱橫家重視語言交流在人類社會活動中的重大作用，主張不輕易用兵、不公開用兵，力求動武之前就以縱橫捭闔之術達到軍事目的，近似孫子的"不戰而屈人之兵"和"上兵伐謀、其次伐交、再次伐兵、其下攻城"的原則。鬼谷子主張謀之於陰，成之於陽，即不知不覺已經以實力戰勝了對手，可謂一種軍事威懾力量的運用。

奧若稽古聖人之在天地間也，為眾生之先，觀陰陽之開闔以名命物；知存亡之門户，籌策萬類之終始，達人心之理，見變化之朕焉，而守司其門户。故聖人之在天下也，自古及今，其道一也。

變化無窮，各有所歸，或陰或陽，或柔或剛，或開或閉，或馳或張。是故聖人一守司其門户，審察其所先後，度權量能，校其伎巧短長。夫賢、不肖；智、愚；勇、怯；仁、義；有差。乃可捭，乃可闔，乃可進，乃可退，乃可賤，乃可貴；無為以牧之。

【注疏】

捭：分開，撥動。闔：本意為門扇，意謂合攏，閉藏。見《周易·繫辭》："一闔一閉謂之變。"捭闔：指縱橫馳騁，大開大合。奧若稽古：奧語首助詞；若：順。稽：考。先：先知先覺。命物：辨別事物。門户：此指做事的方法和關鍵。籌策：原為古代計算用具，此指計算、謀劃。萬類：萬物。朕：同兆，指徵兆，跡象。守司：看守和管理。其道一也：此謂聖人的"道"始終一樣。

歸：歸屬，歸宿。度權量能：測度權衡、比較才能。有差：指各有不同，有差別。牧：治理，統治，掌握。實：實情。

審定有無，與其虛實，隨其嗜欲以見其志意。微排其言而捭反之，以求其實，貴得其指。闔而捭之，以求其利。或開而示之，或闔而閉之。開而示之者，同其情也。闔而閉之者，異其誠也。可與不可，審明其計謀，以原其同異。離合有守，先從其志。

即欲捭之貴周，即欲闔之貴密。周密之貴微，而與道相追。捭之者，料其情也；闔之者，結其誠也。皆見其權衡輕重，乃為之度數，聖人因而為之慮。其不中權衡度數，聖人因而自為之慮。

【注疏】

嗜欲：喜歡，特殊的愛好。指：意同宗旨。闔而捭之：先封閉，然後再打開。求其利：檢討對方的善惡利害。或開而示之，或闔而閉之：有時開放使其顯現，有時封閉使之隱藏，以觀察其誠意。離：離開，不一致。合：閉合，合攏。守：遵守，信守。先從其志：先順從對方的心態以及意志。

周：不遺漏，周詳的考慮。與道相追：與規律相近的道理。料其情：檢查實情。結其誠：使其誠心堅定。權衡輕重：權衡、比較誰輕誰重。為之度數：測量重量與長度的數值。聖人因而為之慮：聖人因此而進行權衡謀劃。

故捭者，或捭而出之，或捭而內之；闔者，或闔而取之，或闔而去之。捭闔者，天地之道。捭闔者，以變動陰陽，四時開閉以化萬物。縱橫，反出、反復、反忤，必由此矣。

捭闔者，道之大化，說之變也；必豫審其變化，吉凶大命系焉。口者，心之門戶也，心者，神之主也。志意、喜欲、思慮、智謀，此皆由門戶出入，故關之以捭闔，制之以出入。捭之者，開也、言也、陽也；闔之者，閉也、默也、陰也。陰陽其和，終始其義。故言長生、安樂、富貴、尊榮、顯名、愛好、財利、得意、喜欲為陽，曰"始"。故言死亡、憂患、貧賤、苦辱、棄損、亡利、失意、有害、刑戮、誅罰為陰，曰"終"。諸言法陽之類者，皆曰"始"，言善以始其事；諸言法陰之類者，皆曰"終"，言惡以終其謀。

【注疏】

出之：指出去。內之：收容、接納。四時開閉以化萬物：如同春、夏、秋、冬的開始與結束，促使萬物發展變化。縱橫：自由自在的變化。反復：離開，反回。反忤：復歸，反抗。必由此：必須通過道裏。

道之大化，說之變：大道的變化規律，說辭的變化形態。豫審：預先考察。終始其義：指始終開閉有節，陰陽處理適當，善始善終。諸言：各種言論。

捭闔之道，以陰陽試之，故與陽言者依崇高，與陰言者依卑小。以下求小，以高求大。由此言之，無所不出，無所不入，無所不可。可以說人，可以說家，可以說國，可以說天下。

為小無內，為大無外。益損、去就、倍反，皆以陰陽禦其事。陽動而行，陰止而藏；陽動而出，陰隨而入。陽還終始，陰極反陽。以陽動者，德相生也；以陰靜者，形相成也。以陽求陰，苞以德也；以陰結陽，施以力也；陰陽相求，由捭闔也。此天地陰陽之道，而說人之法也，為萬事之先，是謂"圓方之門户"。

（正文據嶽麓書社 2005 年版陳蒲清注《鬼谷子詳解》）

【注疏】

捭闔之道，以陰陽試之：或開啟或閉藏，都以陰陽之道試行。以下求小，以高求大：辯論時掌握與情陽者言崇高，與情陰者言卑下，就是下與小相應、高與大相應的原則。無所不入，無所不可：意謂沒有不可以的地方，沒有不成功的事情。可以說天下：可以說服天下。

為小無內，為大無外：做小事不盡其小，做大事無限其大。倍反：背叛和復歸。陽還終始，陰極反陽：陰陽相生，它們之間是可以相互轉化的。苞：同包，包裹，包孕。圓方：此謂天地，所謂天圓地方。

（二）謀篇

【叙題】

本篇為謀略專篇，鬼谷子謀略可分為謀政、謀兵、謀交、謀人四方面，也可分為上謀、中謀、下謀。上謀是無形之謀略，使事情成功但不為人所知。中謀是有形之謀略，幫助成就事業卻留下痕跡。下謀乃迫不得已之下下之策，費力傷物，但也能扶危濟困。三種計謀，相輔相成，可成奇謀，進而所向披靡，自古而然。

為人凡謀有道，必得其所因，以求其情。審得其情，乃立三儀。三儀者曰上、曰中、曰下，參以立焉，以生奇。奇不知其所擁，始於古之所從。

故鄭人之取玉也，必載司南之車，為其不惑也。夫度材、量能、揣情者，亦事之司南也。故同情而俱相親者，其俱成者也。同欲而相疏者，其偏害者也；同惡而相親者，其俱害者也；同惡而相疏者，其偏害者也。故相益則親，相損則疏，其數行也；此所以察同異之分，其類一也。

故牆壞於其隙，木毀於其節，斯蓋其分也。故變生事，事生謀、謀生計、計生議、議生說、說生進、進生退、退生制，因以制於事。故百事一道，而百度一數也。

【注疏】

謀：策劃。這裏主要指謀劃說服人的策略。得其所因，以求其情：要調查對方的心理狀態，就要掌握這個人的本性。因，依靠，憑藉；情，實情，情形。三儀：指天、地、人，天在上，地在下，人居中。借用天、地、人三儀，指上智、中才，下愚。參以立焉，以生奇：三儀互相滲透，就可謀劃出卓越的策略。擁：此指壅蔽。始于古之所從：自古以來就人人遵行。

司南之車：中國古代發明的一種裝有磁石的車。常指南方，以此為基準作行軍時的嚮導。度材、量能、揣情：度量才幹、能力，揣測實情。同惡而相疏者，其偏害者也：假如二人有同樣惡習，而關係疏遠，只能是單方受害。相益：互相有利。相損：互相損害。數：法則，道理。以察同異之分：根據這個來判斷異同的原因。

進生退：進取產生於退卻。因以制於事：因而用來制約事物。數：數術。

夫仁人輕貨，不可誘以利，可使出費；勇士輕難，不可懼以患，可使據危；智者達于數、明於理，不可欺以誠，可示以道理，可使立功；是三才也。故愚者易蔽也，不肖者易懼也，貪者易誘也，是因事而裁之。故為強者，積於弱也；為直者，積于曲；有餘者，積於不足也；此其道術行也。

故外親而內疏者說內，內親而外疏者說外。故因其疑以變之，因其見以然之，因其說以要之，因其勢以成之，因其惡以權之，因其患以斥之。摩而恐之，高而動之，微而證之，符而應之，擁而塞之，亂而惑之，是謂計謀。

【注疏】

仁人輕貨：有德行的人不看財貨。貨：財物。難：災難。達于數，明於理：通達數術，明白事理。三才：指仁人、勇士、智者三種人才。易蔽：容易被蒙蔽。因事而裁之：根據具體情況作出判斷並予以巧妙裁奪。

內疏：內心疏遠。外疏：表面疏遠。因其疑以變之：根據對方的疑問來改變自己的遊說內容。因其見以然之：根據對方的表現來判斷其遊說活動是否得法。因其說以要之：根據對方的言辭來歸納其遊說要點。因其勢以成之：根據對方形勢予以成就。恐：受威脅的感受。微：削弱。符：驗證，應驗的意思。擁：通"壅"，就是用土堵，阻塞。

計謀之用，公不如私，私不如結；結而無隙者也。正不如奇，奇流而不止者也。故說人主者，必與之言奇；說人臣者，必與之言私。

其身內、其言外者疏；其身外、其言深者危。無以人之所不欲，而強之於人；無以人之所不知，而教之於人。人之有好也，學而順之；人之有惡也，避而諱之，故陰道而陽取之也。故去之者縱之，縱之者乘之。貌者不美，又不惡，故至情托焉。

【注疏】

公不如私：公，公開；私，私下，暗地裏。公開運用計謀，不如在暗地裏運用。私不如結：心的結合要比私下的解決要好得多。結：締聯。正不如奇：正攻法雖然是合理的，但是卻不如乘對方之不備使用奇攻法。人主：人君，帝王。人臣：臣下，大臣。

危：危險。陰道而陽取之：悄悄進行謀劃，公開進行奪取。去：除掉、去掉。縱：放縱，恣肆。乘：利用，趁機會。貌者不美：此謂不論對任何事物都不立刻把毀譽形於色的人，都是屬於冷靜而不偏激的人，這種人可以完全信賴他。

可知者，可用也；不可知者，謀者所不用也，故曰："事貴制人，而不貴見制於人。"制人者握權也，見制於人者制命也。故聖人之道陰，愚人之道陽。智者事易，而不智者事難。以此觀之，亡不可以為存，而危不可以為安，然而無為而貴智矣；智用於眾人之所不能知，用於眾人之所不能見。既用見可，擇事而為之，所以自為也；見不可，擇事而為之，所以為人也。故先王之道陰，言有之曰："天地之化，在高與深；聖人之道，在隱與匿。非獨忠、信、仁、義也，中正而已矣。"道理達於此義者，則可與語。由能得此，則可與轂遠近之義。

（正文據嶽麓書社 2005 年版陳蒲清注《鬼谷子詳解》）

【注疏】

可知者：可以瞭解透的人。見：表示被動，相當於"被"。聖人之道陰，愚人之道陽：聖人謀劃的事情，隱而不露；愚笨的人謀劃事情，張揚外露。亡不可以為存，而危不可以為安：指救亡圖存和轉危為安都是很難的事。所以自為：這是為自己去做。言有之：古語有這種說法。道理達於此：能認清此種道理。與轂：指教育，教養。

二、孫子兵法 ［孫武］

（一）計篇

【叙題】

孫武（約前 535～?），字長卿，春秋末期兵家代表人物，齊國樂安（今山東廣饒縣）人。對其故里的考證，當今學者亦有廣饒說、惠民說、博興說和臨淄說。後南下吳國，以《兵法》十三篇見吳王闔閭，與伍子胥率吳軍破楚，五戰五捷，以少勝多，攻入楚國郢都。"西破彊楚""北威齊晉"，南服越人，顯名諸侯。並著《孫子兵法》。孫武被後人尊稱其為孫子、孫武子、兵聖、百世兵家之師、東方兵學鼻祖。孫武被古今中外的軍事家一致尊崇為"兵家之祖"。

《史記·孫子吳起列傳》說《孫武兵書》13 篇，《漢書·藝文志》列於《兵書略·兵權謀》，並言："權謀者，以正受國，以奇用兵，先計而後戰，兼形勢，包陰陽，用技巧者也。"亦稱《孫子》《孫武兵法》《吳孫子兵法》。是現存最早的中國古代著名兵書，總結春秋時期戰爭的經驗，闡述古代戰爭之理論問題和客觀規律，提出"兵者，詭道"，"攻其無備，出其不意"，"兵無常勢"，"因敵而制勝"，"知己知彼者，百戰不殆"等著名觀點。又詳析戰爭中敵我、主客、眾寡、強弱、攻守、進退、奇正、虛實、動靜、勇怯、治亂、勝敗等諸種矛盾及其相互轉化，具有素樸唯物論和辯證法因素，全書五千字，各篇既能獨立成章，相互之間又有密切的聯繫，上下承啟，前後相銜，渾然一體，體現了孫武完整的軍事思想體系，在世界軍事科學史上佔有重要地位。曹操盛讚《孫子兵法》，為之作注。宋代，《孫子兵法》作為《武經七書》之首，成為科舉中武科考試的理論科目。又逐漸向越南、朝鮮、日本、以色列乃至英、德、俄等國流傳，被譯為英文、法文、德文、日文，成為國際間最著名的兵學典範之書，被尊為世界第一兵書、兵學聖典。

現代戰爭使用許多新式武器，與古代戰爭的條件大不相同，但《孫子兵法》所論述的戰爭的基本原理和原則都沒有因戰爭條件的改變而改變，所以仍然受到軍事家們的普遍推崇。毛澤東說："孫子的規律，知彼知己，百戰不殆，仍是科學的真理。"美國西點軍校將之列為必讀經典。英國著名軍事歷史學家和軍事理論家利德爾·哈特（Sir B. H. Liddell-Hart）曾深入研究《孫子兵法》，並在為Samuel Griffith 的《孫子兵法》英譯本作序時認為《孫子兵法》遠未過時，並感歎道："《孫子兵法》將我 20 多部著作所涉及的戰略和戰術原則幾乎包羅無遺。""2500 多年前中國這位古代兵法家的思想、對於研究核時代的戰爭是很有幫助的。"另外，日本不少企業家還把孫子的軍事謀略運用於企業管理，收到良好效果。孫子的"五德"（智信仁勇嚴）還被韓國不少家庭奉為"家訓"。

世傳重要版本為南宋刻《十一家注孫子》，含《計篇》《作戰篇》《謀攻篇》《形篇》《勢篇》《虛實篇》《軍爭篇》《九變篇》《行軍篇》《地形篇》《九地篇》《火攻篇》《用間篇》。經清代孫星衍校定考辯後，成了近世流傳最廣的讀本。另有 1972 年 4 月山東省臨沂縣銀雀山漢墓出土的竹書《孫子兵法》，惜有殘脫。

孫子曰：兵者，國之大事，死生之地，存亡之道，不可不察也。故經之以五事，校之以計而索其情：一曰道，二曰天，三曰地，四曰將，五曰法。道者，令民與上同意也，故可以與之死，可以與之生，而不畏危。天者，陰陽、寒暑、時制也。地者，遠近、險易、廣狹、死生也。將者，智、信、仁、勇、嚴也。法者，曲制、官道、主用也。凡此五者，將莫不聞。知之者勝，不知者不勝。故校之以計而索其情，曰：主孰有道？將孰有能？天地孰得？法令孰行？兵眾孰強？士卒孰練？賞罰孰明？吾以此知勝負矣。

【注疏】

計：預計，計算。此指戰前通過對敵我雙方客觀條件的分析，對戰爭的勝負作出預測和謀劃。兵：本義為兵械，此指戰爭。國之大事：國家的重大事務。察：考察、研究。經：度量、衡量。五事：指下文的"道、天、地、將、法"。校：衡量、比較。計：籌畫。索：探索。情：情勢，指敵我雙方的實情，戰爭勝負的情勢。道：道德，政治。將：將領。法：法制。令：使，讓。上：君主，國君。意：意願，意志。陰陽：指晝夜、晴雨等氣象變化。寒暑：指寒冷、炎熱等氣溫差異。時制：指春、夏、秋、冬四季時令更替。遠近：指作戰區域的距離遠近。險易：指地勢的險要或平坦。廣狹：指作戰地域的廣闊或狹窄。死生：指地形條件是否利於攻守進退。死：即死地，進退兩難的地域。生：即生地，易攻能守之地。曲制：有關軍隊的組織、編制、通信聯絡等具體制度。官道：指各級將吏的管理制度。主用：指各類軍需物資的後勤保障制度。主：掌理、主管。用：物資費用。聞：知道，曉解。知：深刻曉解、確實掌握。

將聽吾計，用之必勝，留之；將不聽吾計，用之必敗，去之。計利以聽，乃為之勢，以佐其外。勢者，因利而制權也。

兵者，詭道也。故能而示之不能，用而示之不用，近而示之遠，遠而示之近；利而誘之，亂而取之，實而備之，強而避之，怒而撓之，卑而驕之，佚而勞之，親而離之。攻其無備，出其不意。此兵家之勝，不可先傳也。夫未戰而廟算勝者，得算多也；未戰而廟算不勝者，得算少也。多算勝，少算不勝，而況於無算乎？吾以此觀之，勝負見矣。

（正文據中華書局 1999 年版楊丙安《十一家注孫子校理》）

【注疏】

將：助動詞，表示假設，或謂指將領。去：離開。計利：計謀有利。聽：聽從，採納。勢：態勢，指造成一種積極的軍事態勢。因：根據，憑依。制：決定、採取。權：權變，靈活處置。

兵：用兵打仗。詭道：詭詐之術。道：學說，以下即著名的"詭道十二法"，實為十二條作戰原則。能：有能力。示：偽裝顯示。用：此指用兵。利而誘之：第一個實詞指對方狀態，第二個實詞指我方對策，下列句式同。勝：取勝的奧妙。傳：傳授，規定。此句意即在戰爭中應根據具體情況作出決斷，不能事先作教條規定。廟算：廟堂裏商議謀劃，此指事先分析戰爭的利害得失，制定作戰方略。算：計數用的籌碼，引申為取得勝利的條件。見：同"現"，顯現。

（二）謀攻篇

【叙題】

本篇列今存《孫子兵法》十三篇中的第三篇，主要論述策劃進攻的戰略戰術原則，提出要"全"不要"破"的理念，推崇"不戰而屈人之兵"的用兵最高境界。篇末以"知彼知己"為要旨所歸。全篇邏輯嚴密，理論性強。

孙子曰：凡用兵之法，全國為上，破國次之；全軍為上，破軍次之；全旅為上，破旅次之；全卒為上，破卒次之；全伍為上，破伍次之。是故百戰百勝，非善之善者也；不戰而屈人之兵，善之善者也。

故上兵伐謀，其次伐交，其次伐兵，其下攻城。攻城之法，為不得已。修櫓轒，具器械，三月而後成，距堙，又三月而後已。將不勝其忿而蟻附之，殺士三分之一而城不拔者，此攻之災也。

【注疏】

全：完整。國：主要指都城，或包括外城及郊區。破：攻破，擊破。軍、旅、卒、伍：春秋時軍隊編制單位，史載 12500 人為軍，500 人為旅，100 人為卒，5 人為伍。非善之善者也：非最好。屈：屈服、降服。高明的。兵伐謀：上兵，上乘用兵之法。

伐謀：以謀略攻敵贏得勝利。伐交：即進行外交鬥爭以爭取主動。伐兵：通過軍隊間交鋒決勝負。法：方式。櫓：藤革等材料製成的大盾牌。轒：攻城用的四輪大車，外蒙牛皮，可容納兵士十余人。具：準備。距：通"具"，準備。堙（yīn）：土山，此指為攻城作準備而堆積的土山。已：完成、竣工。勝：克制、制服。忿：忿懣、惱怒。蟻附之：驅使士兵像螞蟻一般爬梯攻城。

故善用兵者，屈人之兵而非戰也，拔人之城而非攻也，毀人之國而非久也，必以全爭於天下，故兵不頓而利可全，此謀攻之法也。故用兵之法，十則圍之，五則攻之，倍則分之，敵則能戰之，少則能逃之，不若則能避之。故小敵之堅，大敵之擒也。

夫將者，國之輔也，輔周則國必強，輔隙則國必弱。故君之所以患於軍者三：不知軍之不可以進而謂之進，不知軍之不可以退而謂之退，是謂縻軍。不知三軍之事而同三軍之政者，則軍士惑矣。不知三軍之權而同三軍之任，則軍士疑矣。三軍既惑且疑，則諸侯之難至矣，是謂亂軍引勝。

故知勝有五：知可以戰與不可以戰者勝；識眾寡之用者勝；上下同欲者勝；以虞待不虞者勝；將能而君不御者勝。此五者，知勝之道也。故曰：知彼知己者，百戰不殆；不知彼而知己，一勝一負；不知彼，不知己，每戰必殆。

（正文據中華書局 1999 年版楊丙安《十一家注孫子校理》）

【注疏】

屈人之兵而非戰：不採用直接交戰的辦法而迫使敵人屈服。拔人之城而非攻也：奪取敵人的城池而不靠硬攻的辦法。非久：不要曠日持久。全：即上言"全國"、"全軍"、"全旅"、"全卒"、"全伍"之"全"。頓：同"鈍"，指疲憊、挫折。利：利益。全：保全、萬全。分：指設法分散敵人。敵：指兵力相等，勢均力敵。能：乃、則。小敵：此謂弱小的軍隊。堅：此謂固守硬拼。大敵：強大的敵軍。擒：制服。

輔周則國必強：輔助周密、相依無間，國家就強盛。患：危害。謂之進：命令軍隊前進。縻軍：

束縛軍隊。縻：束縛、羈縻。三軍：泛指軍隊，春秋時大諸侯國設三軍，或謂上、中、下，或謂左、中、右。同：此謂參與、干預。政：指軍隊的行政事務。權：權變，機動。任：指揮、統率。亂軍：擾亂軍隊。引：此謂失去。勝：戰爭勝機。

同欲：意願一致，齊心協力。虞：準備。御：駕御，此謂牽制、制約。道：規律、方法。殆：危險、失敗。一勝一負：即勝負各半，指沒有必勝的把握。

第六章　雜家

一、吕氏春秋 [吕不韋]

（一）孟夏紀·勸學

【叙题】

　　雜家是戰國末至漢初的哲學學派，以博采各家之說見長，"兼儒墨，合名法"（《漢書·藝文志》），以《吕氏春秋》、《淮南子》為代表。吕不韋，衛國濮陽（今河南濮陽西南）人，原為家累千金的陽翟大賈，在趙都邯鄲見入質于趙的秦公子子楚（即異人），認為"奇貨可居"，遂予重金資助，並遊說秦太子安國君的寵姬華陽夫人，立子楚為嫡嗣。後子楚與吕不韋歸秦國。安國君繼立為孝文王，子楚遂為太子。次年，子楚即位（即莊襄王），任吕不韋為丞相，封文信侯。莊襄王卒，年幼的太子政立為王，尊吕不韋為相國，號稱"仲父"。執政時曾攻取周、趙、衛的土地，對秦王政兼併六國有重大貢獻。秦王十年被免相國，後秦王政命其舉家遷蜀，吕不韋恐誅，乃飲鴆而死。

　　《吕氏春秋》又名《吕覽》，是吕不韋組織門客集體編撰的一部類百科全書的傳世巨著，有八覽、六論、十二紀，共20多萬言。以道家黄老思想為主，匯合先秦各派學說，故《漢書·藝文志》等將其列入雜家。結構完整，自成體系，其編撰之目的為總結歷史經驗教訓，為以後秦國統治提供長久的治國方略。同時保存了先秦各家不同學說，記載了不少其他古籍所不載的古史舊聞、古人遺語、古籍佚文及一些古代科學文化方面的歷史資料。司馬遷曾將《吕覽》與《周易》《春秋》《離騷》等並列同提，可見其對《吕氏春秋》的重視。東漢高誘為其作注，稱其"大出諸子之右"。《吕氏春秋》也是中國古代類書的起源，在編書的方法和體例方面，對後世《太平御覽》等類書的出現有重大影響。

　　本篇主要闡述尚學尊師之重要性，對今天探討教育問題不無啟發意義。

　　先王之教，莫榮於孝，莫顯於忠。忠孝，人君人親之所甚欲也。顯榮，人子人臣之所甚願也。然而人君人親不得其所欲，人子人臣不得其所願，此生於不知理義。不知理義，生於不學。學者師達而有材，吾未知其不為聖人。聖人之所在，則天下理焉。在右則右重，在左則左重，是故古之聖王未有不尊師者也。尊師則不論其貴賤貧富矣。若此則名號顯矣，德行彰矣。故師之教也，不爭輕重尊卑貧富，而爭於道。其人苟可，其事無不可，所求盡得，所欲盡成，此生於得聖人。聖人生於疾學。不疾學而能為魁士名人者，未之嘗有也。

疾學在於尊師，師尊則言信矣，道論矣。故往教者不化，召師者不化，自卑者不聽，卑師者不聽。師操不化不聽之術而以強教之，欲道之行、身之尊也，不亦遠乎？學者處不化不聽之勢，而以自行，欲名之顯、身之安也，是懷腐而欲香也，是入水而惡濡也。

【注疏】

勸學：勉勵勸學。人親：指父母。師達：老師博學而多藝。爭：計較。疾學：努力學習。疾：力。魁士：傑出的人才。

不化：不被感化。召師：召喚老師。

凡說者，兌之也，非說之也。今世之說者，多弗能兌，而反說之。夫弗能兌而反說，是拯溺而硾之以石也，是救病而飲之以堇也，使世益亂；不肖主重惑者，從此生矣。故為師之務，在於勝理，在於行義。理勝義立則位尊矣，王公大人弗敢驕也，上至於天子，朝之而不慚。凡遇合也，合不可必，遺理釋義以要不可必，而欲人之尊之也，不亦難乎？故師必勝理行義然後尊。

【注疏】

說：說教。兌：通"悅"，喜悅，使人喜歡。硾（zhuì）：使物下沉。堇（jǐn）：藥草名，有毒。重惑：非常迷惑。勝理：以理服人，有說服力。朝之：天子朝拜老師。不可必：不容易實現。

曾子曰："君子行於道路，其有父者可知也，其有師者可知也。夫無父而無師者，余若夫何哉！"此言事師之猶事父也，曾點使曾參，過期而不至，人皆見曾點曰："無乃畏邪？"曾點曰："彼雖畏，我存，夫安敢畏？"孔子畏於匡，顏淵後，孔子曰："吾以汝為死矣。"顏淵曰："子在，回何敢死？"顏回之於孔子也，猶曾參之事父也。古之賢者，與其尊師若此，故師盡智竭道以教。

（正文據上海古籍出版社 2009 年版陳奇猷《呂氏春秋新校釋》）

【注疏】

曾子：曾參。曾點：字皙，曾參之父，孔子的弟子。使：派遣。無乃：估計。畏：通"圍"。孔子畏於匡：孔子去衛適陳，經過匡地時，匡人誤認孔子為陽虎，圍困了孔子。顏淵：名回，字子淵。

（二）仲秋紀・決勝

【叙題】

本篇探討用兵謀略之道，應為汲取先秦兵家思想而作，故可作兵家、謀略之學視之。

夫兵有本幹：必義，必智，必勇。義則敵孤獨，敵孤獨則上下虛，民解落；孤獨則父兄怨，賢者誹，亂內作。智則知時化，知時化則知虛實盛衰之變，知先後、遠近縱舍之數。勇則能決斷，能決斷則能若雷電、飄風、暴雨，能若崩山、破潰，別辨、隕墜；若鷙鳥之擊也，搏攫則殪，中木則碎。此以智得也。

【注疏】

本幹：植物的根和幹，比喻事物的主體或關鍵。虛：心虛害怕。解落：瓦解。時化：時局變化。縱：發，放。舍：止，息。數：方法，策略。破潰：水衝破堤壩。別辨：異變。辨：通"變"。墜：指隕星墜落。搏：擊打。殪：死。

夫民無常勇，亦無常怯。有氣則實，實則勇；無氣則虛，虛則怯。怯勇虛實，其由甚微，不可不知。勇則戰，怯則北。戰而勝者，戰其勇者也；戰而北者，戰其怯者也。怯勇無常，倏忽往來，而莫知其方，惟聖人獨見其所由然。故商、周以興，桀、紂以亡。巧拙之所以相過，以益民氣與奪民氣，以能鬥眾與不能鬥眾。軍雖大，卒雖多，無益於勝。軍大卒多而不能鬥，眾不若其寡也。夫眾之為福也大，其為禍也亦大。譬之若漁深淵，其得魚也大，其為害也亦大。善用兵者，諸邊之內莫不與鬥，雖廝輿白徒，方數百里皆來會戰，勢使之然也。幸也者，審于戰期而有以羈誘之也。

【注疏】

常：永恆。由：緣由。北：敗北。戰其勇者也：憑自己的勇氣作戰。倏忽：行動迅速。方：道理。相過：指彼此截然不同。諸邊：四面八方。白徒：臨時徵集卻還沒有訓練的士兵。勢：情勢。

凡兵，貴其因也。因也者，因敵之險以為己固，因敵之謀以為己事。能審因而加，勝則不可窮矣。勝不可窮之謂神，神則能不可勝也。夫兵，貴不可勝。不可勝在己，可勝在彼。聖人必在己者，不必在彼者，故執不可勝之術以遇不勝之敵，若此，則兵無失矣。凡兵之勝，敵之失也。勝失之兵，必隱必微，必積必搏。隱則勝闡矣，微則勝顯矣，積則勝散矣，搏則勝離矣。諸搏攫柢噬之獸，其用齒角爪牙也，必托於卑微隱蔽，此所以成勝。

（正文據上海古籍出版社 2009 年版陳奇猷《呂氏春秋新校釋》）

【注疏】

　　因：憑藉。神：用兵神妙。不可勝在己：不被敵軍戰勝完全在於自己。可勝在彼：能夠戰勝敵人，在於敵人虛怯謀失。搏：同專，專心，專一。闡：說明。柢：用角頂撞。

二、淮南子［劉安］

（一）兵略訓

【叙題】

　　劉安（前 179～前 122），漢高祖劉邦之孫，淮南厲王劉長之子，歷文、景、武三代。文帝時，劉長被廢王位，於旅途中絕食而死，後劉安以長子身份襲封為淮南王，時年 16 歲。不喜弋獵狗馬馳騁，而好讀書鼓琴，潛心治國安邦，著書立說。禮賢下士，"博雅好古，招致天下俊偉之士"（王逸《招隱士·序》），淮南國都壽春成為文人薈萃的文化中心。他誦詩作賦，天文曆法，方術技藝，無不精通。相傳他發明豆腐。又嘗試以艾草燃燒，取熱氣使蛋殼浮升，可謂世界上最早嘗試熱氣球升空之人。《漢書·淮南王傳》載：曾奉漢武帝之命著《離騷傳》，"旦受詔，日食時上。"曾認為："《國風》好色而不淫，《小雅》怨誹而不亂，若《離騷》者可謂兼之。蟬蛻濁穢之中，浮游塵埃之外，皭然泥而不滓。推其志，雖與日月爭光可也。"（見班固《離騷序》引）是最早高度評價屈原及其《離騷》之人，最早對《楚辭》進行研究整理。東漢初期王逸《楚辭章句》即謂《楚辭》命名、定本成於劉安之手。

　　劉安"招致賓客方術之士數千人"，集體撰成《鴻烈》（後稱《淮南鴻烈》或《淮南子》）一書，高誘解釋"鴻"謂廣大，"烈"謂光明，即作者認為此書闡述廣大而光明的通理。全書內容龐雜，包羅萬象，具有史學和文學價值，涉及哲學、政治、經濟、軍事、天文、地理、農學、生物、音律、神話等方面，可謂古代一部百科全書式的著作。並將道、陰陽、墨、法和一部分儒家思想糅合起來，如後人所評："其書牢籠天地，博極古今，上自大公，下至商鞅。其錯綜經緯，自謂兼於數家，無遺力矣"（唐代劉知幾《史通》）；"淮南之奇，出於離騷；淮南之放，得于莊列；淮南之議論，錯于不韋之流"（宋代高似孫《子略》）。另外，在闡明哲理的同時，旁涉奇物異類、鬼神靈怪，保存了不少神話資料，如

"女媧補天""後羿射日""共工怒觸不周山"等古代神話，主要靠本書得以流傳。《淮南子》也並非雜而無統、散而無歸，其主要宗旨傾向於道，可謂戰國至漢初黃老之學理論體系的代表作。《漢書·藝文志》將之列入雜家。

本篇《兵略訓》繼承了《周易》《老子》中的辯證法因素，廣泛吸收先秦諸子的軍事思想，加以歸納、闡發，表達了對軍事理論問題的一些獨到闡述。正如本書後敘《要略》所言："《兵略》者，所以明戰勝攻取之數，形機之勢，詐譎之變，體因循之道，操持後之論也。所以知戰陣分爭之非道不行也，知攻取堅守之非德不強也。誠明其意，進退左右無所失擊危，乘勢以為資，清靜以為常，避實就虛，若驅群羊，此所以言兵者也。"

限於篇幅，茲節選部分段落如下。

夫兵之所以佐勝者眾，而所以必勝者寡。甲堅兵利，車固馬良，畜積給足，士卒殷軫，此軍之大資也，而勝亡焉。明於星辰日月之運，刑德奇賅之數，背鄉左右之便，此戰之助也，而全亡焉。良將之所以必勝者，恒有不原之智，不道之道，難以眾同也。

夫論除謹，動靜時，吏卒辨，兵甲治，正行伍，連什伯，明鼓旗，此尉之官也。前後知險易，見敵知難易，發斥不忘遺，此候之官也。隧路亟，行輜治，賦丈均，處軍輯，井灶通，此司空之官也。收藏於後，遷舍不離，無淫輿，無遺輜，此輿之官也。凡此五官之於將也，猶身之有股肱手足也，必擇其人，技能其才，使官勝其任，人能其事。告之以政，申之以令，使之若虎豹之有爪牙，飛鳥之有六翮，莫不為用。然皆佐勝之具也，非所以必勝也。

兵之勝敗，本在於政。政勝其民，下附其上，則兵強矣；民勝其政，下畔其上，則兵弱矣。故德義足以懷天下之民，事業足以當天下之急，選舉足以得賢士之心，謀慮足以知強弱之勢，此必勝之本也。……

（正文據中華書局 1989 年版劉文典《淮南鴻烈集解》）

【注疏】

佐勝：取勝的輔助條件。殷軫：很多。亡：不在於此。刑德：指陰陽在一年四季消長變化。夏至為陰氣之初，為刑；冬至為陽氣之初，為德。奇賅：指戰爭過程中變化多端的戰術。鄉：同向。全：保全。亡焉：與此無關。原：同源，來源。

論：通"掄"，選擇。兵甲治：王引之認為下脫"此司馬之官也"一句。亟：快速。行輜：指戰略物資。賦丈：分派士兵修築戰壕一類的差事。井灶：軍隊休整時使用的水井和火灶。處軍：安營紮寨。輯：安穩。收藏：斷後。淫：過量。輿：司運輸輜重之官。技能：檢驗。

畔：同背。

（二）人間訓

【叙題】

本篇重點論述禍與福的關係，其主旨如原書《要略》所說："觀禍福之變，察利害之反，鑽脈得失之跡，標舉終始之壇也。分別百事之微，敷陳存亡之機，使人知禍之為福，亡之為得，成之為敗，利之為害也。誠喻至意，則有以傾側偃仰世俗之間，而無傷乎讒賊螫毒者也。"以大量歷史事例和寓言，論述人世間各種對立關係，以禍福為中心，涉及得失、損益、利害、功罪、取捨、毀譽等諸多方面矛盾的辯證關係，強調矛盾雙方的互相轉化。

清淨恬愉，人之性也；儀表規矩，事之制也。知人之性，其自養不勃，知事之制，其舉錯不惑。發一端，散無竟，周八極，總一管，謂之心。見本而知末，觀指而睹歸，執一而應萬，握要而治詳，謂之術。居知所為，行知所之，事智所秉，動智所由，謂之道。道者，置之前而不輊，錯之後而不軒，內之尋常而不塞，布之天下而不窕。

是故使人高賢稱譽己者，心之力也；使人卑下誹謗己者，心之罪也。夫言出於口者，不可止於人；行發於邇者，不可禁於遠。事者，難成而易敗也；名者，難立而易廢也。千里之堤，以螻蟻之穴漏；百尋之屋，以突隙之煙焚。《堯戒》曰："戰戰慄慄，日謹一日。人莫躓於山，而躓於垤。"是故人皆輕小害，易微事，以多悔。患至而多後憂之，是猶病者已惓而索良醫也。雖有扁鵲、俞跗之巧，猶不能生也。

【注疏】

恬愉：安適愉快。制：原則、法度。勃：通"悖"，違背、荒謬、混亂。錯：通"措"，放下。八極：八方。管：事物的關鍵、中樞。指：指向、趨向。所秉：所持的依據，遵守的原則。輊：低。軒：高，翹起。內：通"納"。尋常：古代長度單位。八尺為一尋，兩尋為一常。窕：留下空隙。

邇：近處。突：煙囪。躓（tuí）：跌倒。垤：土堆。扁鵲：原姓秦，名越人，戰國時代名醫。俞跗：上古黃帝時的名醫，相傳擅長外科。

夫禍之來也，人自生之；福之來也，人自成之。禍與福同門，利與害為鄰，非神聖人，莫之能分。凡人之舉事，莫不先以其知規慮揣度，而後敢以定謀，其或利或害，此愚智之所以異也。曉然自以為知存亡之樞機、禍福之門戶，舉而用之，陷溺於難者，不可勝計也。使知所為是者，事必可行，則天下無不達之途矣。是故知慮者，禍福之門戶也；動靜者，利害之樞機也。百事之變化，國家之治亂，待而後成。是故不溺於難者成，是故不可不慎也。

（正文據中華書局 1989 年版劉文典《淮南鴻烈集解》）

【注疏】

曉然：此句原作“曉自然以為智，知存亡之樞機，禍福之門戶”。據王念孫說校改。是故不溺於難者成：楊樹達考證為衍文，當刪。

第七章　釋家

一、金剛般若波羅蜜經 ［鳩摩羅什　譯］

【叙題】

《金剛般若波羅蜜經》，印度大乘佛教般若系經典，後秦鳩摩羅什譯，為中國佛教重要經典。般若（bō rě）：梵語，意為智慧；波羅蜜：梵語，意為到彼岸。以金剛比喻智慧之銳利、頑強和堅固，能斷一切痛苦煩惱，故名。又簡稱《金剛經》，是如來世尊釋迦牟尼在世時與長老須菩提等眾弟子的對話紀錄，由弟子阿難所誦讀記載，為出家、在家佛教徒常所頌，主要講述大乘佛教的空性與慈悲精神。由於其精神與禪宗“直指人心，見性成佛”理念相契合，《金剛經》在禪宗五祖弘忍、六祖惠能以後的禪宗中成為所依據的重要經典，具有至高無上的地位，其影響源遠流長。《金剛經》傳入中國後，自東晉到唐朝共有六個譯本，鳩摩羅什譯本最為流行，唐玄奘所譯《能斷金剛般若波羅蜜經》亦為重要譯本。

唐玄宗推行三教並重政策，從三教之中各選一部典籍頒佈天下，佛教中即選《金剛經》，明成祖朱棣作《金剛經集注》，可知影響深遠，在中國佛教歷史中佔有重要地位。

如是我聞。一時佛在舍衛國祇樹給孤獨園，與大比丘眾千二百五十人俱。爾時世尊，食時著衣持缽，入舍衛大城乞食。於其城中次第乞已，還至本處，飯食訖，收衣缽，洗足已，敷座而坐。

【注疏】

如是我聞：如是，這樣。我聞：我聽說。時：那時。舍衛國：古代印度一小國，相傳其國王為釋迦牟尼之弟子。祇樹給孤獨園：地名。祇樹：本為太子名。給孤獨：相傳一位長者名，他們將花園奉獻給佛。大比丘：梵語，即男性僧侶，女性稱比丘尼。世尊：對佛的尊稱，佛為三界（欲界、色界、無色界）之尊。缽（bō）：僧人食具。敷座：整理好座位。

時長老須菩提，在大眾中，即從座起，偏袒右肩，右膝著地，合掌恭敬，而白佛言：“稀有世尊，如來善護念諸菩薩，善付囑諸菩薩。世尊，善男子、善女人，發阿耨多羅三藐三菩提心，云何應住，云何降伏其心？”佛言：“善哉善哉！須菩提，如汝所說，如來善護念諸菩薩，善付囑諸菩薩，汝今諦聽，當為汝說。善男子，善女人，發阿耨多羅三藐三菩提心，應如是住，如是降伏其心。""唯然，世尊。願樂欲聞。"

【注疏】

須菩提：佛的十大弟子之一，婆羅門種姓，深解佛法。白佛言：對佛說。稀有世尊：對佛的讚美，傳說佛誕生時說："天上地下，唯我獨尊。"如來：佛的一種名號，相傳佛共有十種名號，此指釋迦牟尼。護念：守護心念。菩薩：梵文音譯，"菩提薩"之簡稱。菩提：意謂智慧，覺悟。薩：意謂有情。阿耨（nòu）多羅：意謂至高無上。三：意謂高尚、上等。三藐：意謂平等。阿耨多羅三藐三菩提心：意為至高無上的智慧覺悟之心，即成佛。住：停住，守護，即後文所謂"降伏其心"。

佛告須菩提："諸菩薩摩訶薩，應如是降伏其心：所有一切眾生之類，若卵生，若胎生，若濕生，若化生，若有色，若無色，若有想，若無想，若非有想，非無想，我皆令入無餘涅槃而滅度之。如是滅度無量無數無邊眾生，實無眾生得滅度者。""何以故？""須菩提，若菩薩有我相、人相、眾生相、壽者相，即非菩薩。"

【注疏】

摩訶（hē）薩：對菩薩的另一種尊稱。摩訶：大。卵生：此處謂佛教認為眾生的各種形態和境界。涅槃：梵語，也譯作泥畔等，意為滅度、寂滅、解脫、圓寂等佛的境界。我相、人相、眾生相、壽者相：指還沒有悟道成佛的各種執著。

"復次，須菩提，菩薩于法應無所住，行於佈施。所謂不住色佈施，不住色、聲、香、味、觸、法佈施，須菩提，菩薩應如是佈施，不住於相。""何以故？""若菩薩不住，相佈施，其福德不可思量。須菩提，于意云何？東方虛空可思量不？""不也，世尊。""須菩提，南西北方，四維上下虛空，可思量不？""不也，世尊。""須菩提，菩薩無住相佈施，福得亦復如是不可思量。須菩提，菩薩但應如所教住。"……

【注疏】

復次：是連接前後文的關聯詞，意謂"接著說"。無所住：心不執著。色、聲、香、味、觸、法：佛教所謂"六塵""六識"，即人的主觀認識功能和作用的六個方面，由眼、耳、鼻、舌、身、意的"六根"產生。四維：四隅、四方，即指佛教所謂"十方虛空"。如所教住：照我說的去降伏己心而修行。

"須菩提，若有人以滿無量阿僧祇世界七寶，持用佈施；若有善男子、善女人，發菩提心者，持於此經，乃至四句偈等，受持讀誦，為人演說，其福勝彼。云何為人演說？不取於相，如如不動。""何以故？""一切有為法，如夢幻泡影。如露亦如電，應作如是觀。"佛說是經已，長老須菩提，及諸比丘、比丘尼、優婆塞、優婆夷，一切世間天人阿修羅，聞佛所說，皆大歡喜，信受奉行。

（正文據中華書局 2010 年版陳秋平等注譯《金剛經　心經　壇經》）

【注疏】

如如不動：佛教術語，指達到了覺悟的境界。有為：有所作為，就導致無法覺悟。有為法：指世俗世界的一切思想感情言語行為。如是觀：像這樣看。優婆塞、優婆夷：梵語音譯，指在家修行的居士，男稱優婆塞，女稱叫優婆夷。

二、六祖大師法寶壇經 ［法海　集錄］

【叙題】

《六祖壇經》，佛教禪宗典籍。亦稱《壇經》《六祖大師法寶壇經》，全稱《南宗頓教最上大乘摩訶般若波羅蜜經六祖惠能大師於韶州大梵寺施法壇經》。禪宗六祖惠能說，弟子法海集録。

慧能，俗姓盧氏，范陽人（今河北涿州），生於嶺南新州（廣東新興），佛教禪宗祖師，得黃梅五祖弘忍傳授衣鉢，繼承東山法門，為禪宗第六祖，世稱禪宗六祖，唐中宗追謚大鑒禪師，是中國歷史上有重大影響的佛教高僧之一。陳寅恪稱讚六祖："特提出直指人心、見性成佛之旨，一掃僧徒繁瑣章句之學，摧陷廓清，發聾振聵，固我國佛教史上一大事也！"有學者將慧能與孔子、老子並列稱為"東方三聖人"，作為東方思想代表。

《壇經》記載惠能一生得法傳宗的事蹟和啟導門徒的言教，內容豐富，文字通俗，是研究禪宗思想淵源的重要材料。其核心思想是"即心即佛""頓悟成佛"。"見性成佛"。性，乃指眾生本具之成佛可能性，即"菩提自性，本來清淨，但用此心，直了成佛"；"人雖有南北，佛性本無南北"。這一思想與《涅盤經》"一切眾生悉有佛性"之說一脈相承。而核心方法是"無念為宗，無相為體，無住為本"，無念即"於諸境上心不染"。惠能認為"不悟即佛是眾生，一念悟時眾生是佛"，"萬法盡在自心中，頓見真如本性"，是指佛與眾生的差異只在迷與悟之間，但同時強調："法即無頓漸，迷悟有遲疾"；"迷聞經累劫，悟在剎那間"，指出"法即一種，見有遲疾"，"法無頓漸，人有利鈍"，明確指出由迷轉悟有量變積累的過程，客觀地分析了頓悟與漸悟的關係。《壇經》的思想對禪宗的發展具有重要作用，中國佛教著作尊稱為"經"的，僅此一部。

大多學者認為《壇經》的基本內容代表了惠能思想，同時也有後人增益。注釋有丁福保《六祖壇經箋注》。本篇選自《行由品第一》。

時，大師至寶林，韶州韋刺史與官僚入山，請師出，於城中大梵寺講堂，為眾開緣說法。師升座次。刺史官僚三十餘人、儒宗學士二十餘人、僧尼道俗一千餘人，同時作禮，願聞法要。大師告眾曰："善知識！菩提自性，本來清淨，但用此心，直了成佛。善知識！且聽惠能行由得法事意。

【注疏】

大師：指禪宗六祖慧能大師。寶林：指韶州（今廣東韶關）寶林寺。韋刺史：此指韶州刺史韋璩。開緣說法：開導眾人而講述佛法。升座次：登堂就座。善知識：對在場聽眾的尊稱。菩提：梵文音譯，意為覺悟。自性：人先天具備的本性。直了：當下頓悟。

"惠能嚴父，本貫范陽，左降流於嶺南，作新州百姓。此身不幸，父又早亡，老母孤遺，移來南海。艱辛貧乏，於市賣柴。時，有一客買柴，使令送至客店，客收去，惠能得錢。卻出門外，見一客誦經。惠能一聞經語，心即開悟，遂問："客誦何經？"客曰："《金剛經》"。復問："從何所來，持此經典？"客云："我從蘄州黃梅縣東禪寺來。其寺是五祖忍大師在彼主化，門人一千有餘。我到彼中禮拜，聽受此經。大師常勸僧俗："但持《金剛經》，即自見性，直了成佛"。惠能聞說，宿昔有緣，乃蒙一客，取銀十兩與惠能，令充老母衣糧，教便往黃梅參禮五祖。惠能安置母畢，即便辭違，不經三十餘日，便至黃梅，禮拜五祖。

【注疏】

新州：今廣東新興。南海：今佛山一帶。蘄州黃梅縣：今湖北省黃梅縣。五祖忍大師：禪宗五祖弘忍大師，江西潯陽人。主化：主持教化。見性：即識心，對自我本性的覺悟。般若：梵語，意為智慧；波羅蜜：梵語，意為到彼岸。以金剛比喻智慧之銳利、頑強、堅固，能斷一切煩惱，故名。

"惠能安置母畢，既便辭違，不經三十餘日，便至黃梅，禮拜五祖。祖問曰："汝何方人，欲求何物"？惠能對曰："弟子是嶺南新州百姓，遠來禮師，惟求作佛，不求餘物"。祖言："汝是嶺南人，又是獦獠，若為堪作佛？"惠能曰："人雖有南北，佛性本無南北；獦獠身與和尚不同，佛性有何差別？"五祖更欲與語，且見徒眾總在左右，乃令隨眾作務。惠能曰："惠能啟和尚，弟子自心，常生智慧，不離自性，即是福田。未審和尚教作何務？"祖云："這獦獠根性大利，汝更勿言，著槽廠去。"惠能退至後院，有一行者，差惠能破柴踏碓。經八月餘。

【注疏】

作佛：成佛。獦獠：對嶺南地區居民的侮稱。作務：做事，勞作。槽廠：馬廄。碓：舂米器具。

"祖一日忽見惠能曰："吾思汝之見可用，恐有惡人害汝，遂不與汝言，汝知之否？"惠能曰："弟子亦知師意，不敢行至當堂前，令人不覺。"
祖一日喚諸門人總來："吾向汝說，世人生死事大，汝等終日只求福田，
不求出離生死苦海，自性若迷，福何可救？汝等各去自看智慧，取自本心
般若之性，各作一偈，來呈吾看。若悟大意，付汝衣法，為第六代祖。火
急速去，不得遲滯。思量即不中用，見性之人，言下須見，若如此者，輪
刀上陣，亦得見之。"眾得處分，退而遞相謂曰："我等眾人，不須澄心用
意作偈，將呈和尚，有何所益？神秀上座，現為教授師，必是他得。我輩
謾作偈頌，枉用心力。"諸人聞語，總皆息心，咸言："我等以後依止秀
師，何煩作偈？"神秀思惟："諸人不呈偈者，為我與他為教授師。我須作
偈，將呈和尚，若不呈偈，和尚如何知我心中見解深淺？我呈偈意，求法
即善，覓祖即惡，卻同凡心奪其聖位奚別？若不呈偈，終不得法。大難
大難！"

【注疏】

偈：梵文音譯，意譯為公誦唱詞，四句為一偈的有韻文辭，用來闡述對佛教教義的理解。

和尚：此指弘忍。神秀：五祖大弟子，開封尉氏人，禪宗北宗的創立者。教授師：掌管僧人行為
禮儀之職。依止：依賴，追隨。

　　五祖堂前，有步廊三間，擬請供奉盧珍，畫《楞伽經》變相，及《五
祖血脈圖》，流傳供養。神秀作偈成已，數度欲呈，行至堂前，心中恍惚，
遍體汗流，擬呈不得。前後經四日，一十三度呈偈不得。秀乃思惟："不
如向廊下書著，從他和尚看見。忽若道好，即出禮拜，云是秀作。若道不
堪，枉向山中數年，受人禮拜，更修何道！"是夜三更，不使人知，自執
燈，書偈於南廊壁間，呈心所見。偈曰："身是菩提樹，心如明鏡台，時
時勤拂拭，勿使惹塵埃。"秀書偈了，便卻歸房，人總不知。秀復思惟：
"五祖明日見偈歡喜，即我與法有緣。若言不堪，自是我迷，宿業障重，
不合得法。"聖意難測。房中思想，坐臥不安，直至五更。

【注疏】

供奉：官名。《楞伽經》：印度中期大乘佛教的重要經典之一，傳說由禪宗祖師達摩傳授于二祖慧
可。五祖弘忍大師始以《金剛經》為禪宗印心之經典，《金剛經》開始盛行，而《楞伽經》即從隋
末、初唐開始，漸漸失傳。"楞伽"：城名，位於楞伽山，在錫蘭島上，即今之斯里蘭卡（SRI LAN-
KA），其中"蘭卡"即為楞伽之今譯。因山城極高，有夜叉、鬼王，又有諸大菩薩居住其間，故名，
意謂"不可往""不可到""難入"。《五祖血脈圖》：五祖指禪宗五位祖師，即初祖達摩（自稱佛傳禪
宗第二十八祖），二祖慧可，三祖僧璨，四祖道信，五祖弘忍。血脈：指師承傳襲。宿業：過去的
業報。

　　祖已知神秀入門未得，不見自性。天明，祖喚盧供奉來，向南廊壁間繪畫圖相。忽見其偈，報言："供奉卻不用畫，勞爾遠來。經云："凡所有相，皆是虛妄。"但留此偈，與人誦持，依此偈修。免墮惡道，依此偈修，有大利益。"令門人炷香禮敬，盡誦此偈，即得見性。門人誦偈，皆歎善哉。祖三更喚秀入堂，問曰："偈是汝作否？"秀言："實是秀作，不敢妄求祖位，望和尚慈悲，看弟子有少智慧否？"

　　祖曰："汝作此偈，未見本性，只到門外，未入門內。如此見解，覓無上菩提，了不可得。無上菩提，須得言下識自本心，見自本性，不生不滅。於一切時中，念念自見，萬法無滯，一真一切真，萬境自如如。如如之心，既是真實。若如是見，即是無上菩提之自性也。汝且去，一兩日思惟，更作一偈，將來吾看。汝偈若入得門，付汝衣法。"神秀作禮而去。又經數日，作偈不成，心中恍惚，神思不安，猶如夢中，行坐不安。

【注疏】

無上菩提：至高無上的覺悟，明心見性。念念：刹那，極短時間。滯：遺漏。

　　復兩日，有一童於碓坊過，唱誦其偈。惠能一聞，便知此偈未見本性。雖未蒙教授，早識大意。遂問童子曰："誦者何偈？"書童答："爾這獦獠不知，大師言，世人生死事大，欲得傳付衣法，令門人作偈來看。若悟大意，即付衣法為第六祖。神秀上座於南廊壁上，書無相偈。大師令人皆誦，依此偈修，免墮惡道；依此偈修，有大利益。"惠能曰："我亦要誦此偈，結來生緣。上人！我此踏碓，八個餘月，未曾行到堂前，望上人引至偈前禮拜。"

　　童子引至偈前禮拜，惠能曰："惠能不識字，請上人為讀。"時有江州別駕，姓張名日用，便高聲讀。惠能聞已，遂言："亦有一偈，望別駕為書。"別駕言："汝亦作偈，其事稀有！"惠能向別駕言："欲學無上菩提，不得輕於初學。下下人有上上智，上上人有沒有意智。"欲學無上提，不可輕於初學，若輕人，既有無量無邊罪。別駕言："汝但誦偈，吾為汝書。汝若得法，先須度吾，勿忘此言。"惠能偈曰："菩提本無樹，明鏡亦非台，本來無一物，何處惹塵埃。"

　　書此偈已，徒眾總驚，無不嗟訝，各相謂言："奇哉！不得以貌取人，何得多時，使他肉身菩薩。"祖見眾人驚怪，恐人損害，遂將鞋擦了偈，曰："亦未見性。"眾以為然。

【注疏】

上人：對有智慧之人的尊稱。別駕：刺史的佐吏。肉身菩薩：指以父母所生之身體而修到菩薩階位的人。

次日，祖潛至碓坊，見能腰石舂米，語曰："求道之人，為法忘軀，當如是乎！"乃問曰："米熟也未？"惠能曰："米熟久矣，猶欠篩在。"祖以杖擊碓三下而去。惠能即會祖意，三鼓入室。祖以袈裟遮圍，不令人見，為說《金剛經》。至"應無所住而生其心"，惠能言下大悟，一切萬法，不離自性。遂啟祖言："何期自性，本自清淨；何期自性，本無生滅；何期自性，本自具足；何期自性，本無動搖；何期自性，能生萬法。"祖知悟本性，謂惠能曰："不識本心，學法無益；若識自本心，見自本性，即名丈夫、天人師、佛。"三更受法，人盡不知，便傳頓教及衣鉢。云："汝為第六代祖，善自護持，廣度有情，流布將來，無令斷絕。聽吾偈曰："有情來下種，因地果還生，無情亦無種，無性亦無生。"

【注疏】

腰石：腰系石頭，增加體重，以便踏碓。無所住：無任何迷戀執著。生其心：顯露本性。悟：開悟，指對佛法的徹悟。萬法：一切現象或佛法。何期：不料想。有情：指有情眾生。無情：指無情眾生，如草木、石頭一類。無生：此謂成佛。

祖復曰："昔達摩大師，初來此土，人未之信，故傳此衣，以為信體，代代相承。法則以心傳心，皆令自悟自解。自古佛佛惟傳本體，師師密付本心。衣為爭端，止汝勿傳。若傳此衣，命如懸絲。汝須速去，恐人害汝。"惠能啟曰："向甚處去？"祖云："逢懷則止，遇會則藏。"慧能三更領得衣鉢，云："能是南中人，素不知此山路，如何出得江口？"五祖言："汝不須憂，吾自送汝。"祖相送至九江驛。祖令上船，五祖把艣自搖。慧能言："請和尚坐，弟子會搖櫓。"祖云："合是吾渡汝。"慧能云："迷時師度，悟了自度，度名雖一，用處不同。慧能雖生在邊方，語音不正，蒙師傳法，今已得悟。只合自信自度。"祖云："如是，如是，以後佛法由汝大行。汝去三年，吾方逝世。汝今好去，努力向南。不宜速說，佛法難起。"

【注疏】

達摩：菩提達摩（Bodhidharma），意譯為覺法。生於南天竺（印度），婆羅門族，傳說是王子，出家後從般若多羅大師，自稱佛傳禪宗第二十八祖，為中國禪宗的始祖，稱為"東土第一代祖師""達摩祖師"。故禪宗又稱達摩宗。達摩于中國南朝梁武帝時期航海到廣州。梁武帝信佛。達摩至南朝都城建業會梁武帝，面談不契，遂一葦渡江，北上北魏都城洛陽，後卓錫嵩山少林寺，面壁九年，傳衣鉢於慧可。後出禹門遊化終身。通稱達摩，是中國禪宗的始祖。達摩在中國始傳禪宗，"直指人心，見性成佛，不立文字，教外別傳"。佛陀拈花微笑，迦葉會意，被認為是禪宗的開始。只要明心見性，瞭解自己的心性，就可以成佛。經二祖慧可，三祖僧璨、四祖道信、五祖弘忍、六祖慧能等大力弘揚，終於一花五葉，盛開秘苑，成為中國佛教最大宗門，後人便尊達摩為中國禪宗初祖，尊少林寺為中國禪宗祖庭。逢懷則止，遇會則藏：為讖語，懷：指廣東懷集。會：指廣東四會。此暗示慧能將在兩廣一帶活動。南中人：嶺南人。

惠能辭違祖已，發足南行。兩月半間，至大庾嶺。五祖歸，數日不上堂，眾疑詣問曰：和尚少病少惱否？曰：病即無，衣法已南矣。問：誰人傳授？曰：能者得之。眾乃知焉，逐後數百人來，欲奪衣鉢。一僧俗姓陳名惠明，先是四品將軍，性行粗糙。為眾人先，趁及惠能。

惠能擲下衣鉢于石上，曰："此衣表信，可力爭耶？"能隱草莽中。惠明至，提掇不動，乃喚云："行者，行者，我為法來，不為衣來。"惠能遂出，坐磐石上。惠明作禮云："望行者為我說法。"惠能云："汝既為法而來，可屏息諸緣，勿生一念，吾為汝說。"明坐良久。惠能曰："不思善，不思惡，正與麼時，那個是明上座本來面目？"惠明言下大悟。復問云："上來密語密意外，還更有密意否？"惠能云："與汝說者，即非密也；汝若返照，密在汝邊。"

明曰："惠明雖在黃梅，實未省自己面目。今蒙指示，如人飲水，冷暖自知，今行者即惠明師也。"惠能曰："汝若如是，吾與汝同師黃梅，善自護持。"明又問："惠明今後向甚處去？"惠能曰："逢袁則止，遇蒙則居。"明禮辭。

【注疏】

大庾嶺：嶺南、嶺北的分界處。密語密意：不直接說。逢袁則止，遇蒙則居：亦為讖語，言慧明將在江西袁州蒙山一帶活動。

明回至嶺下，謂趁眾曰："向陟崔嵬，竟無蹤跡，當別道尋之。"趁眾咸以為然。惠明後改道明，避師上字。惠能後至曹溪，又被惡人尋逐，乃於四會，避難獵人隊中，凡經一十五載，時與獵人宣說法。獵人常令守網，每見生命，盡放之。每吃飯時，以菜寄煮肉鍋。或問，則對曰："但吃肉邊菜。"一日思惟："時當弘法，不可終遁。"遂出至廣州法性寺，值印宗法師講《涅槃經》，時有風吹幡動，一僧曰："風動，"一僧曰："幡動，"議動不已。惠能進曰："不是風動，不是幡動，仁者心動。"一眾駭然。印宗延至上席，征詰奧義。見惠能言簡理當，不由文字。宗云："行者定非常人，久聞黃梅衣法南來，莫是行者否？"惠能曰："不敢。"宗於是作禮，告請傳來衣缽，出示大眾。宗復問曰："黃梅付囑，如何指授？"惠能曰："指授即無，惟論見性，不論禪定、解脫。"宗曰："何不論禪定、解脫？"惠能曰："為是二法，不是佛法，佛法是不二之法。"宗又問："如何是佛法不二之法？"

【注疏】

崔嵬：高山峻嶺。曹溪：在今廣東韶關。四會：廣東四會。《涅槃經》：佛教涅盤學派經典，又稱《大涅盤經》，北涼曇無讖譯，主張佛身常住不滅，涅盤常樂我淨；宣稱"一切眾生悉有佛性"，"一闡提人皆得成佛"等主張，所謂"孤明先發"，震聾發瞶，晉宋時對中國佛學界影響很大。《涅槃經》在印度本土不很流傳，傳入中國後，對禪宗思想影響甚大。幡：直條旗子。

惠能曰："法師講《涅槃經》，明佛性是佛法不二之法。如高貴德王菩薩白佛言，犯四重禁，作五逆罪，及一闡提，當斷善根佛性否？佛言：善根有二。一者常，二者無常。佛性非常非無常，是故不斷，名為不二。一者善，二者不善，佛性非善非不善，是名不二。蘊之與界，凡夫見二。智者了達，其性無二。無二之性，即是佛性。"印宗聞說，歡喜合掌，言："某甲講經，猶如瓦礫；仁者論義，猶如真金。"於是為惠能剃髮，願事為師。惠能遂於菩提樹下，開東山法門。惠能于東山得法，辛苦受盡，命似懸絲。今日得與使君官僚，僧尼道俗，同此一會，莫非累劫之緣，亦是過去生中，供養諸佛，同種善根，方始得聞如上頓教，得法之因。教是先聖所傳，不是惠能自智。願聞先聖教者，各令淨心，聞了各自除疑，如先世聖人無別。一眾聞法歡喜，作禮而退。

（正文據中華書局 1983 年版郭朋《壇經校釋》）

【注疏】

四重禁：指淫、殺、盜、妄語。五逆：指殺父母、殺阿羅漢、出佛身血、破和合僧。蘊：即五蘊，或譯為五聚或五陰，意謂五種聚合法遮蓋住眾生智慧。其中包括色蘊：即物質的積聚。色蘊包含內色與外色。內色為眼、耳、鼻、舌、身五根；外色為色、聲、香、味、觸五境。受蘊：即領取納受，對於順境與逆境的領納感受。分為身受和心受，身受由五根和五境所引起，它有苦、樂、舍（不苦不樂）三種感受；心受由意根所引起，有憂、喜。想蘊：即指看、聽、接觸外物時，心於所知境執取形象。行蘊：即驅使心造作諸業。識蘊：心、意、識總稱。界：即十八界，包括"六根"：眼界、耳界、鼻界、舌界、身界、意界。"六塵"：色界、聲界、香界、味界、觸界、法界。"六識"：眼識界、耳識界、鼻識界、舌識界、身識界、意識界。十八界是以人的認識為中心，對世界一切現象和事物所作的分類，一人一身即具此十八界。其中的六根為認識功能；六塵為認識物件；六識則為隨生的感受與觀念。佛教認為十八界是一切不善法的根本，是一切苦厄煩惱的原因。某甲：自稱語。

附

一、知識答問

1. 何謂儒家？

答：先秦儒家在後世影響巨大，漢武帝"罷黜百家，獨尊儒術"以後，儒家便從先秦諸子之一躍為在古代社會占統治地位的思想派別，但先秦時僅爲諸子之一，在地位上與其他諸子屬於並列關係。關於儒家的起源，《說文解字》："儒，柔也，術士之稱。"郭沫若考證"儒"本是鄙稱，並非孔子自家封號，而應爲墨家對孔子學派的稱呼。或謂儒者是指一種以宗教為生的職業，負責治喪、祭神等宗教儀式。章太炎《國故論衡·原儒》說："儒之名蓋出於需"，"籲嗟以求雨者謂之儒"。謂儒本求雨之師，衍化為術士之稱。莊子後學評論儒家："性服忠信，身行仁義，飾禮樂，選人倫，以上忠於世主，下以化於齊民。將以利天下。"（《莊子·漁父》）

儒家創始人孔子（前551~前479），名丘，字仲尼，春秋末期魯國陬邑（今山東曲阜）人，其思想集中見諸《論語》。孔子創立的儒家學說，在政治思想上主張以禮治國，以德服人，恢復周禮，崇尚禮樂和仁義，提倡忠恕理念，重視中庸之道。在道德倫理教育方面，主張"有教無類"，強調教育的功能。孔子之後，"儒分為八"（《韓非子》），戰國時，主要有孟子和荀子兩派。孟子主張"性善說"，主張"民貴君輕"。荀子認為"人定勝天"，提出"制天命而用之"的著名觀點；主張"性惡"論，認為經過後天的教育才能使人為善；在強調禮治的同時，又重視實行法治。

儒家本有六經：《詩經》《尚書》《儀禮》《樂經》《周易》《春秋》，後逐漸形成《十三經》。千百年來，儒家學說及思想不斷發展，形成儒家文化圈（包括中國、朝鮮半島、日本和越南），隨着新世紀中華民族復興，儒家思想必將顯示出其獨有和主流的價值，對世界文化將有其獨特貢獻。

2. 何謂道家?

答：是春秋戰國時期諸子百家中以老子關於"道"的學說為宗旨的思想學派，其代表爲老子和莊子。道家之名始見於西漢司馬談的《論六家之要旨》，初稱為"道德家"。《漢書·藝文志》始稱"道家"。創始人老子，又稱老聃，姓李名耳，其著作《老子》（又名《道德經》）包含着豐富的辯證法思想，老子提出"道"是宇宙的本源，也是統治宇宙中一切運動的法則。道家思想的核心是"道"，以"道"為本，自然無為。在人生觀上，主張"清虛自守，卑弱自持。"在政治上提出"無為而治"，以無為而無不為。老子以後，其後學有莊、庚桑楚、關尹、列禦寇、楊子等人。分化為不同派別，即所谓有四大派：莊子學派、楊朱學派、宋尹學派和黃老學派。

楊子，名朱，戰國時期魏國人，《列子·楊朱篇》載，楊朱是老子的弟子。他闡發了一種人生哲學，其核心觀念便是"為我"，如孟子所批駁："楊子取為我，拔一毛而利天下，不為也。"（《孟子·盡心上》）楊朱沒有著作傳世，《孟子》《韓非子》《莊子》《呂氏春秋》《列子》等書都曾有所記載，其中《列子·楊朱》篇最詳。

秦代之後，道家主要沿兩條路線繼續發展，一是盛行于戰國和西漢初期的黃老學派，主張"無為而治"，在漢文帝、漢景帝時期最爲盛行，也促成所謂"文景之治"。二是"任自然"的人生哲學，被後世用來宣導藝術精神的培養，以天地自然合一的超越精神，以汪洋恣肆、想象豐富的審美，來體悟世界，對中國的詩歌、繪畫、音樂等許多藝術領域产生深遠影響。

道家思想，在中國古代思想發展中扮演重要角色，與儒家和後來的佛家思想一起構成了中國傳統思想文化的内核。魏晉玄學、宋明理學都糅合了道家思想發展而成。佛教傳入中國後，也受到道家的影響，禪宗在諸多方面即受其啟發。道家思想以其獨特的对宇宙、社會和人生領悟，在文化思想上呈現出永恆的價值與生命力。

3. 何謂墨家?

答：先秦思想學派之一，創始人墨翟，世稱墨子，魯國人，相傳最初受業於儒家，"墨子學儒者之業，受孔子之術"（《淮南子·要略》），後因不滿儒家繁文縟節、尊尊親親等主張而創立墨家。墨子為宣傳自己主張，廣收門徒，據傳親信弟子達數百人之多。墨家又是紀律嚴明的民間團體，"墨子之門多勇士"（陸賈《新語·思務》）。墨家成員都自稱"墨者"，其領袖被稱為"鉅子"或"鉅子"，墨翟可能是第一代"鉅子"。墨者多來自社會下層，重視艱苦實踐，不避危險。"墨子服役者百八十人，皆可使赴火蹈刃，死不還（旋）踵"（《淮南子·泰族訓》）。"孔席不暖，墨突不黔"（班固《答賓戲》），以"興天下之利，除天下之害"為目的，"以裘褐為衣，以跂蹻（草鞋）為服，日夜不休，以自苦為極"，"摩頂放踵，利天下，為之"（《孟子·盡心上》）。墨者中從事談辯者，稱"墨辯"；從事武俠者，稱"墨俠"。

戰國末期，墨家後學將該派的著作彙編成《墨子》一書，又稱《墨經》或《墨辯》。尚賢、尚同是墨家的基本政治綱領。首先提出"兼愛"，主張愛不應有親疏、上下、貴賤、等級的分別，認為天下之所以大亂，皆由於人不相愛。主張"尚賢""尚同"，提倡選任賢才，使天下大治。主張"非攻"，反對一切侵略戰爭。提倡"任俠"，崇俠尚武。另外，反對奢侈生活，主張節儉，提出"節用"、"節葬""非樂"的思想。又提出"非命"，認為命運不能主宰人的富貴貧賤，強調只要通過後天努力就可以改變。為了求福避禍，又主張"尊天""事鬼"。

墨家在戰國時已成為與儒家相抗衡的"顯學"（《韓非·顯學篇》），所謂"不入於儒，即入於墨"（《孟子·盡心上》），同儒家分庭抗禮。墨翟之後，分為三派。至戰國後期，形成兩支：一支注重認識論、邏輯學、數學、幾何學、光學、力學等學科的研究，稱"墨家後學"（亦稱"後期墨家"），蔡元培認為"先秦唯墨子頗治科學"。可惜這一科學傳統在古代未得到重視而沒能結出碩果。另一支則轉化為秦漢社會的遊俠。因而墨家在漢武帝之後基本消失。

4. 何謂法家？

答：春秋戰國時代以君權為核心、以法制為手段的思想學派，並主張實行耕戰策略管治國家。法家反對保守的復古思想，主張銳意改革，認為一切制度都要隨歷史的發展而發展，不能因循守舊，宣傳"不法古、不循今"的主張，提出"時移而治不易者亂"，把守舊的儒家諷刺為守株待兔的愚蠢之人。經濟上主張廢井田、重農抑商、獎勵耕戰；政治上強調君主專制、以嚴刑峻法治國，主張廢分封、設郡縣；教育方面，主張禁斷他家學說，"以法為教"，"以吏為師"（《韓非子·五蠹》）。其學說為後來君主專制的大一統王朝的建立，提供了有效的理論根據和行動方略。

春秋時期，禮崩樂壞，管仲、子產可謂法家先驅。齊國名相管仲主張對人民"勸之以賞賜，糾之以刑罰"（《國語·齊語》），推行法制，以最初的法家理念輔助齊恒公成為春秋時第一個強大霸主。另外其後學所傳《管子》提到"四維不張，國乃滅亡"，即所謂"四維"（禮義廉恥），具有进步意義，至今依然有其獨特價值。子產鑄刑鼎，將刑法鑄在金屬鼎上使民知所守。

戰國以後，法家思想逐漸完善，主要盛行於韓、魏、趙三國，而代表人物亦來自這三國，如商鞅來自魏國、申不害來自韓國、慎到來自趙國等。魏相李悝首著《法經》，可謂中國歷史上第一部成文法典，奠定了法家基礎。以為王者之政莫急於盜賊，"故其律始於《盜》、《賊》。盜賊須劾捕，故著《網》《捕》二篇"

（《晉書·刑法志》）。而慎到注重君主之"勢"，即權威在法治中的作用，強調中央集權。申不害則注重"術"的運用，闡述君主馭臣之術。

商鞅（前390～前338），姓公孫，名鞅，為衛國庶出公子，故亦稱為衛鞅。入秦後，輔佐秦孝公變法改制，主張"各當時而立法，因事而制禮。禮法以時而定，制令各順其宜"（《商君書·更法》），全面推行法制，規定"自卿相將軍以至大夫庶人，有不從王命、犯國禁、亂上制者，罪死不赦"，"守法守職之吏有不行王法者，罪死不赦，刑及三族"（《商君書·賞刑》）。商鞅在秦國前後實行了兩次變法，廢除舊制，實行新制，重農抑商，使秦國成為戰國時期第一強國。秦孝公封之於商邑，故名商鞅，號為商君。著作有《商君書》。其後，商鞅遭到貴族保守派的誣陷，被處以車裂極刑。

至戰國末期，韓非在思想上，堅持歷史進步發展的觀點，強調人的主觀能動性，反对天命主宰，主張"性惡"論，認為人的本性趨利避害而自私，故以刑賞治國，否定德化和教育的作用，為其法治理論提供哲學依據。他綜合商鞅的"法"、慎到的"勢"和申不害的"術"，集法家思想學說之大成，強調法、勢、術三者相結合，主張中央集權，君主專制。主要代表《韓非子》等。

法家學說對中國哲學思想、政治法律思想及現實政治有重大影響。在從春秋爭霸到秦並六國的過程中，法家學說遠較其他各家的影響大。秦之李斯以及直到西漢景帝時的晁錯，仍然作爲法家思想的承续者在政治舞臺上施展其影響。武帝尊儒以後，法家的影響逐漸式微，作為原本意義上的法家就從政治舞臺上消失了。

5. 何謂名家？

答：是以提倡循名責實為學說的流派，提倡"正名實"，所謂"正彼此之是非，使名實相符"。先秦諸子著作多稱其為"辯者""察士"或"刑（形）名家"，漢代始稱"名家"。春秋末，與子產同時的鄭國大夫鄧析"操兩可之說，設無窮之辭"（劉向序《鄧析書》），成為名家先驅，著有《鄧析子》，已散佚，今傳者应為後世偽託。戰國期間，禮法名存實亡，名家逐漸形成，強調事物應"名乎其實"，藉以令天下事務步入理性與正軌。據記載，惠子曾提出"去尊"理念，同公孫龍還提到"偃兵"理念。名家多以邏輯原理來分析事物，如《莊子·天下篇》記載名家曾提出"雞三足""火不熱""白狗黑"等21個命題，以公孫龍"白馬非馬"論爲最著名。因其多為與政治實務無關的哲學問題，故世人往往視為"詭辯"、無用之學。荀子曾將鄧析與惠施並列進行批評，認為他們同是"甚察而不惠，辯而無用，多事而寡功"之徒。实际上，名家論述"名"（概念）和"實"（存在）的邏輯關係，對古代邏輯學的發展具有超過其他學派的重要貢獻。

代表人物惠施，爲戰國中期宋國著名學者，相傳曾爲梁惠王的相國，因其聯合齊、楚的活動遭到失敗，被張儀驅逐。"惠施多方，其書五車"（《莊子》），他學問淵博，才思敏捷，長於雄辯與邏輯推理，與莊子兩人既是好友又是論敵。曾與桓團、公孫龍等辯者掀起了名辯的高潮。著有《惠子》，为《漢書·藝文志》所著録，而後散失，現僅有隻字片語散見於《莊子》《荀子》《韓非子》《吕氏春秋》等書。

公孫龍，趙國人，或曰魏人，生平與莊子、惠施、孟子、鄒衍同時，善為同異之辯，其主要辯論有：白馬論、指物論、堅白論、名實論等，皆爲離開經驗的語言層面上的思辨，可謂現代語言哲學之先驱。有《公孫龍子》傳世，多散佚。另有尹文，著有《尹文子》，其序稱其在齊宣王時，於稷下與宋鈃、彭蒙、田駢等皆為公孫龍的學生。而《漢書·藝文志》卻說他"先公孫龍"。

6. 何謂陰陽家？

答：是戰國時主要學派之一。以提倡陰陽五行學說並用以解釋社會人事，故名陰陽家，又稱"陰陽五行家"或"五行家"。"五行"的概念最早見於《尚書》。"陰陽"的概念是古人對宇宙萬物對立統一思維法則的一種抽象，既《老子》所謂"萬物負陰而抱陽"，《易傳》所謂"一陰一陽之謂道"。到戰國時代，陰陽和五行思想漸漸合流，形成一種新的以"陰陽消息、五行轉移"為理論基礎學術流派。司馬談《論六家要旨》列"陰陽家"為六大學派之首。

在自然觀上，利用《周易》經傳的陰陽觀念，提出了宇宙演化論；又從《尚書·禹貢》的"九州"理念進而提出"大九州"說，認為中國為赤顯神州，內有小九州，外則為"大九州"之一。在歷史觀上，則把《尚書·洪範》的五行觀改造為"五德終始"說，認為歷代王朝的更替興衰均由五行所主運；以五行相克的迴圈變化決定歷史朝代的更替，如夏、商、周三代之變，就是金（商）克木（夏）、火（周）克金，秦漢統治者曾以此為自己統治的合理性根據，對後世特別是漢代有很大影響。在政治倫理上，亦"止乎仁義節儉，君臣上下六親之施"，贊成儒家仁義學說。同時強調"因陰陽之大順"，包含若干天文、曆法、氣象和地理學的知識有一定的科學價值。

主要代表人物有戰國末齊國的鄒衍（約前305～前240），因其學問迂大而宏辯，人稱為談天衍，又稱鄒子。曾遊學稷下學宫，以學問重於齊。到魏國受到魏惠王郊迎。到趙國，平原君待之以賓主之禮，还同在趙國的公孫龍長久辯論，最後公孫龍理屈詞窮。到燕國，燕昭王親自為他在前面掃塵，聽他講學，為他築竭石宫，執弟子禮。故有學者推測他可能死于長平之戰後。著作有《鄒子》等，據說有十餘萬言，俱佚失，現只有《吕氏春秋》《淮南子》《史記》的一些段落保留其一些资料。

漢初陰陽家還存在，武帝罷百家後，部分內容融入儒家思想體系、部分內容為原始道教所吸收，作為獨立學派的陰陽家便不復存在。而陰陽家思想將自然世界對人事影響的具體化，還可以在後世的皇曆或農書中看到。

7. 何謂縱橫家？

答：指戰國時以縱橫捭闔之策遊說諸侯、從事政治外交活動的謀士及其學說。合縱派的主要代表是蘇秦，連橫派的主要代表是張儀。六國結盟為南北向的聯合，故稱"合縱"，即"合眾弱以攻一強"（《韓非子》）的外交策略。六國分別與秦國結盟為東西向的聯合，故稱"連橫"，即"事一強以攻眾弱。"所謂"縱橫家"，指鼓吹"合縱"或"連橫"外交策略的人物，其實是一群戰國社會舞臺上傑出的謀士和辯士，並且舉足輕重，被形容為"翻手為雲，覆手變雨"，對於戰國時政治、軍事格局的變化有重要的影響。縱橫家的鼻祖可謂鬼谷子，有《鬼谷子》傳世。其他代表人物有蘇秦，張儀（蘇秦師弟）、甘茂、司馬錯、樂毅、范雎、蔡澤、鄒忌、毛遂、酈食其、蒯通等，事皆詳於《戰國策》，或謂《戰國策》亦屬縱橫家之著作。

東周洛陽人蘇秦，字季子。初至秦說惠王，不用。乃東至趙、燕、韓、魏、齊、楚，遊說六國合縱禦秦，身佩六國相印，歸居於趙，封為武安君。其後秦用計使魏伐趙，六國不能合作，合縱瓦解。他入燕轉入齊，為齊客卿，與齊大夫爭寵，被人殺死。一說他自燕入齊從事反間活動，使燕得以破齊，後反間活動暴露，被齊車裂而死。有《蘇子》，今佚。当代馬王堆漢墓出土帛書《戰國縱橫家書》，存有蘇秦書信和遊說辭 16 章，但與《史記·蘇秦列傳》所記有所不同。

張儀是魏國人，於魏惠王時入秦，為客卿，後為秦相。又史載後相繼在楚、魏為相。《漢書·藝文志》"縱橫家類"有《張子》10 篇，今已亡佚。

8. 何謂雜家？

答：戰國末至漢初兼采各家之學的綜合學派。戰國末期，經過激烈的社會變革，政治、思想趨向於統一，學術上也出現了把諸子各派融合為一的雜家，反映了戰國末學術文化融合的趨勢，可謂國家統一過程中思想文化融合的結果。雜家的特點是兼收並蓄，取各家所長，避各家所短，故亦自成一家，《漢書·藝文志》謂之"兼儒墨，合名法"，將其列為"九流"之一，并以《呂氏春秋》、《淮南子》爲雜家代表著作。或謂《淮南子》以道家為主，兼採眾家，應屬道家著作。又因雜家著作含有道家思想，故亦有學者認為雜家實為新道家學派。胡適《中國中古思想史長編》認為："雜家是道家的前身，道家是雜家的新名。漢以前的道家可叫做雜家，秦以後的雜家應叫做道家。研究先秦漢之間的思想史的人，不可不認清這一件重要事實。"

9. 何謂農家？

答：是先秦注重農業生產的思想學派。《漢書·藝文志·諸子略》稱："播百穀，勸耕桑，以足衣食，故八政一曰食，二曰貨。孔子曰'所重民食'，此其所長也。及鄙者為之，以為無所事聖王，欲使君臣並耕，悖上下之序。"呂思勉《先秦學術概論》把農家分為兩派：一為言種樹之事；二為關涉政治。農家主張與民同耕，進而論及君民並耕，所謂"賢者與民並耕而食，饗飧而治"，可謂自由平等之觀念，故不免引起重視"正名"的儒者之反對，認為這是棄君臣之義，徇耕稼之利而亂上下之序。農家對農業生產技術經驗之總結等思想，散見於《管子·地員》《呂氏春秋》《荀子》。

代表人物許行，楚國人，無著作流傳，生平事蹟多不可考，約與孟子同時代。據《孟子·滕文公》載，許行頗有影響，學生達幾十人，儒家門徒陳相、陳辛兄弟二人亦棄儒學農，投入許行門下。

10. 何謂小說家?

答：是指先秦與西漢雜記民間故事的學派，採集民間傳說議論，藉以考察民情風俗。《漢書·藝文志·諸子略》載："小說家者流，蓋出於稗官。街談巷語，道聽塗說者之所造也。孔子曰：'雖小道，必有可觀者焉，致遠恐泥，是以君子弗為也。'"其著錄小說家所著之書，今多已亡佚，故其學說，已難考查。據存目觀之，小說家著作體例為外史、別傳、筆記之類，理應能代表平民社會，反映四方風俗。

虞初為西漢河南洛陽人，其事蹟多不可考。據《史記》《漢志》所載，虞初為武帝時人，著有《虞初周說》，內容為其所輯小說之彙編，亡佚亦早。張衡《西京賦》說："小說九百，本自虞初。"可見虞初在整編小說上的重要地位。

11. 何謂兵家?

答：是對先秦戰略家與軍事家以及研究戰略與戰爭的學術派別的通稱，其研究的領域亦即當今國際上所謂戰爭哲學思想（The philosophy of war）。而《漢書·藝文志》未列于"諸子略"，而是列于"權謀略"，又細分為兵權謀家、兵形勢家、兵陰陽家和兵技巧家四類，指出："兵家者，蓋出古司馬之職，王官之武備也……孔子曰為國者'足食足兵'，'以不教民戰，是謂棄之'，明兵之重也。《易》曰'古者弦木為弧，剡木為矢，弧矢之利，以威天下'，其用上矣。後世耀金為刃，割革為甲，器械甚備。下及湯、武受命，以師克亂而濟百姓，動之以仁義，行之以禮讓，《司馬法》是其遺事也。自春秋至於戰國，出奇設伏，變詐之兵並作。漢興，張良、韓信序次兵法，凡百八十二家，刪取要用，定者三十五家。"

或謂兵家的鼻祖是呂尚，即姜子牙，周初做過太師，尊稱"師尚父"，因稱"呂尚"。相傳曾在渭水垂釣，而得文王訪賢，立為周之國師，策劃出許多兵家謀略和奇計，後人推為兵家始祖。兵家集大成者應為春秋時軍事家孫武所撰《孫子兵法》，為中國最傑出的兵書，亦稱《孫子》《孫武兵法》《吳孫子兵法》，又與

《吳起兵法》合稱《孫吳兵法》或《孫吳之書》，是現存最早的中國古代著名兵書。認為"兵者，詭道也。能而示之不能，用而示之不用"（《孫子兵法·計篇》）；"故兵無常勢，水無常形，能因敵變化而取勝者謂之神。"（同上《虛實篇》）闡發了豐富的軍事理論和戰略戰術，至今仍然受到世界各國軍事學家的重視。

孫武的後代孫臏是戰國時著名兵家，齊國阿鄄人，大致與商鞅、孟軻同時，曾與龐涓同學兵法，後龐涓作魏惠王將軍，忌其才能，把他騙到魏國，處以臏刑，故稱孫臏。後經齊國使者秘密載回，被齊威王任命為軍師，協助齊將田忌，設計大敗魏軍於桂陵、馬陵。他繼承和發展了孫武的軍事理論，論述以寡勝眾、以弱勝強之兵"道"，主張以進攻為主的戰略。著有《孫臏兵法》，失傳兩千多年。1972 年山東省臨沂銀雀山出土殘簡，有一萬一千餘字，世人得以見到原書。

兵家其他代表人物有：春秋時期的司馬穰苴，戰國時期的吳起、尉繚、兒良、魏無忌、趙奢、白起，漢初有張良、韓信等。今存兵家著作尚有《司馬法》《吳子》《六韜》《尉繚子》等。

12. 何謂醫家？

答：是對春秋至秦漢時期研究醫藥養生領域的人士以及其著述的總稱，今人呂思勉《先秦學術概論》概括為"醫家"。而《漢書·藝文志》無此概念，對醫學著述並非列於"諸子略"，而是與"諸子略"並列立"方技略"，下分為"醫經""經方""神仙""房中"四類。將先秦《黃帝內經》、《扁鵲內經》、《黃帝岐伯按摩》等有關養生和醫藥典籍，列於"方技略"，指出方技家之特點為"論病以及國，原診以知政"，即認為醫家乃由治身論及治國。所錄"方技三十六家，八百六十八卷"，今多亡佚，僅《黃帝內經》流傳下來，現分為《素問》、《靈樞》二書。

先秦醫學家代表人物應首列扁鵲，他也是歷史上第一位有正式傳記的醫學家。扁鵲並非其真名實姓，原姓秦氏，名越人，大約和孔子同時，世人比之於黃帝時的神醫扁鵲，故稱"扁鵲先生"。據傳為齊國盧邑人，故有"盧醫"之稱。或謂為渤海郡州人。他吸取民間醫療經驗，醫術神妙，行醫走遍齊、趙、衛、鄭、秦諸國，在民間享有很高聲望。據載後被忌妒他賢能的秦太醫令李謐派人在崤山設伏，刺殺而卒，終年 97 歲。《漢書·藝文志》著錄其《扁鵲內經》《外經》，今全佚。後世題名扁鵲所作《難經》，應為後人偽作。

二、参考文献

（一）諸子原典部分

任繼愈：《老子新譯》，上海古籍出版社 1979 年版。

樓宇烈：《老子道德經注》，中華書局 2008 年版。

朱謙之：《老子校釋》，中華書局 1984 年版。

高　明：《帛書老子校注》，中華書局 1996 年版。

王　弼：《老子道德經注》，中華書局 1978 年版。

郭慶藩：《莊子集釋》，中華書局 1961 年版。

成玄英：《南華真經注疏》，中華書局 1998 年版。

王先謙：《莊子集解》，中華書局 1987 年版。

陳鼓應：《莊子今注今譯》，中華書局 1983 年版。

楊伯峻：《列子集釋》，中華書局 1979 年版。

邢　昺：《論語注疏》，中華書局，《十三經注疏》本，1980 年版。

楊伯峻：《論語譯注》，中華書局 1980 年版。

劉寶楠：《論語正義》，中華書局 1978 年版。

程樹德：《論語集釋》，中華書局 1990 年版。

孫　奭：《孟子注疏》，中華書局，《十三經注疏》本，1980 年版。

焦　循：《孟子正義》，中華書局 1978 年版。

楊伯峻：《孟子譯注》，中華書局 1960 年版。

朱　熹：《四書章句集注》，中華書局 1983 年版。

王先謙：《荀子集解》，中華書局 1988 年版。

孫詒讓：《墨子閒詁》，中華書局 1986 年版。

譚戒甫：《墨辯發微》，中華書局 1964 年版。

陳奇猷：《韓非子集釋》，中華書局上海編輯所 1958 年版。

王先慎：《韓非子集解》，中華書局 1998 年版。

梁啟雄：《韓子淺解》，中華書局 1960 年版。

吳九龍：《孫子校釋》，軍事科學出版社 1990 年版。

楊丙安：《孫子十一家校理》，中華書局 1999 年版。

張震澤：《孫臏兵法校理》，中華書局 1978 年版。

楊　寬：《呂氏春秋集釋》，中華書局 1978 年版。

劉文典：《淮南鴻烈集解》，中華書局 1989 年版。

郭　朋：《壇經校釋》，中華書局 1983 年版。

陳秋平編：《金剛經 心經 壇經》，中華書局 2010 年版。

（二）諸子史論部分

郭沫若：《十批判書》，人民出版社 1954 年版。

錢　穆：《先秦諸子系年》，中華書局 1985 年版。

湯用彤：《漢魏兩晉南北朝佛教史》，中華書局 1983 年版。

湯用彤：《隋唐佛教史稿》，中華書局 1982 年版。

吕思勉：《先秦學術概論》，中國大百科全書出版社 1985 年版。

侯外廬：《中國思想通史》，人民出版社 1980 年版。

馮友蘭：《中國哲學史》，北京大學出版社 1996 年版。

任繼愈：《中國哲學史》，人民出版社 1997 年版。

任繼愈：《中國佛教史》，中國社會科學出版社 1988 年版。

李澤厚：《中國古代思想史論》，天津社會科學出版社 2003 年版。

李炳南：《佛學概要十四講表》，台中青蓮出版社 1999 年版。

吕　澂：《中國佛學源流略講》，中華書局 2002 年版。

陳　垣：《中國佛教籍概論》，上海書店 1999 年版。

第五编 05

文学典籍

文学典籍述疏

概　　述

　　“文學”一詞在古籍中早已有之，但其含義與現代專指語言藝術的“文學”概念不同，最初是涵蓋文章和博學的含義。如《論語・先進》：“德行：顏淵、閔子騫、冉伯牛、仲弓。言語：宰我、子貢。政事：冉有、季路。文學：子游、子夏”。此處“文學”即指文章和博學，即所謂“孔門四科”（德行、言語、政事和文學）之一。可知先秦時“文學”當然是指富於文采的語言作品，即當今意義上的文學；而同時也指人的淵博學識，即當今意義上的學識或學術。

　　從兩漢時起，人們開始把“文”與“學”“文章”與“文學”區別開來，稱有文采的、富於藝術性的作品為“文”或“文章”，而稱學術著作為“學”或“文學”。魏晉以來，“文學”含義逐漸排除了“博學”含義，而專指以富有語言文采的緣情性作品。南朝宋文帝建立“四學”，即“儒學”“玄學”“史學”和“文學”，標明“文學”開始從廣義文學觀念中分離出來，確立了自身特性，大致可相當於當今的“語言性藝術”的內涵了。唐、宋後，“文”（文學）與“學”（學術）的分界又漸彌合，“文以載道”或“文以明道”的思想通行開來，出現重道輕文的傾向，又不重視“文”與“學”的區別，又將“文章”與“博學”合為一談，“文學”一詞又偏重學術的含義。直到清代，這種學術意義上的“文學”概念一直沿用，而排除小說與戲劇，認為不登大雅之堂、無關乎政治道德。

　　隨著晚清以來西方學術分類觀念的傳入，“文學”這個概念才比較嚴格地排除了非藝術的含義，而成為藝術中一種樣式的名稱，即文學是“文采”和“緣情”的語言性藝術。文學的現代含義是：文學是一種語言性藝術，是運用富有文采的語言去表情達意的藝術樣式。以語言文字為媒介和手段來塑造藝術形象，反映現實生活，表現人們的精神世界，通過審美的方式發揮其多方面的社會作用。

文學本身又具有不同的體裁和種類。對於文學的分類，現代學術界公認"四分法"，即根據文學作品在形象塑造、體制結構、語言運用、表現手法等方面的不同，把文學作品分成詩歌、散文、小說、戲劇四大類。

古典詩歌：中國素稱"詩的國度"，詩歌傳統源遠流長，流派林立，作品眾多，在中國社會生活和文化發展中也佔有重要地位。古典詩詞風貌獨特，從《詩經》、楚辭到唐詩宋詞、元代戲曲，大量運用賦比興表現手法，反映社會生活，抒發思想感情，富於想象，語言精美，意境生動，韻律嚴謹，可包括古體詩、近體詩、詞、曲等。

古典散文："散文"概念古今有所不同，古代指與韻文、駢文相區別的散體文章，除了應用文之外，也包括學術論著（經、史、子），所謂文史哲不分。中國散文有悠久的歷史，殷墟甲骨文是中國最古的文字，也是書寫文學的萌芽。春秋戰國時代出現了大批歷史散文和諸子散文名著，具有濃厚的文學色彩。兩漢時期賦體繁榮。東漢以後，除子、史專著外，各體單篇散文創作受到重視，如書、記、碑、銘、論、序等，本來只是子、史著作表達工具的散文，逐漸取得獨立地位。魏晉南北朝時期駢文繁盛，散體文中衰，但同時也豐富了散文的修辭技巧和文采。唐宋八大家反對駢文，提倡"古文"，實為對文體、文風和文學語言的全面改革。自唐宋迄於明清，產生很多優秀的山水記、寓言、傳記、雜文等散文作品。清代姚鼐《古文辭類纂》是中國古代散文體分類的集大成之作，將文章分為13類：論辨、序跋、奏議、書說、贈序、詔令、傳狀、碑誌、雜記、箴銘、頌贊、辭賦、哀祭，比較全面地反映了中國古典散文文體的狀況。

古典小說："小說"一詞最早見於《莊子·外物》："飾小說以干縣令，其於大達亦遠矣。"乃指叢殘小語、瑣碎道理。班固《藝文志》載："小說家者流，蓋出於稗官，街談巷語，道聽塗說者之所造也。"皆與現代小說概念相差甚遠。國人近代作為文學創作意義上的小說一詞，實為外來語，為對應外語"Novel"或者"Fiction"的譯名。小說藝術的基本特徵即通過故事情節，描寫人物活動的環境，塑造人物形象，刻畫人物內心世界。中國古典小說起源於古代神話傳說，正如魯迅所言："這些口傳，今人謂之'傳說'。由此再演進，則正事歸為史；逸史即變為小說了。"（《中國小說的歷史變遷》）先秦兩漢史傳散文在敘述故事、描寫人物等方面的藝術成就，給古典小說的發展以深遠影響。從魏晉南北朝的"志怪"和"志人"小說到唐傳奇，故事情節逐漸完整而曲折復雜。宋元時期話本小說繁榮，明代又出現《三言》《二拍》等文人創作的擬話本，在明清時期達到高峰，產生了四大古典章回小說名著，後又有所謂"晚清四大譴責小說"，抨擊社會黑暗、諷刺時政世弊。

古典戲劇：戲劇是以語言、動作、舞蹈、音樂、木偶等形式達到敘事目的的舞臺表演藝術，是由演員扮演角色在舞臺上當眾表演故事情節的綜合性藝術。文學上的戲劇概念主要是指為戲劇表演所創作的腳本（即劇本）。對於中國古典戲劇的來源，當今學者或認為源自原始社會的音樂舞蹈，或認為源自宗教儀式，但很多學者認為文學是誘發古典戲劇發展的重要因素，宋代大型雜劇的產生即來源於講唱文學。中國古典戲曲在漫長的發展過程中，先後出現宋元南戲、元代雜劇、明清傳奇等戲劇文學高峰，湧現出許多優秀的文學劇本，成為中華民族文化藝術的重要組成部分，與古希臘悲喜劇、印度梵劇並稱為世界三大古劇。其中代表劇種之一昆曲（又稱昆劇、昆山腔），至今已有 600 多年的歷史，已被聯合國教科文組織命名為"人類口頭遺產和非物質遺產代表作"。

對於豐贍的文學作品，《四庫全書》於集部收錄詩文詞總集和專集，包括楚辭、別集、總集、詩文評、詞曲等 5 大類，而唯惜未收章回小說、戲劇著作。所列"小說"於子部，亦非現代意義之小說，而是為學術流派之"小說家言"。國學大師章太炎《國學講演錄》立《文學》一講，突破經史子集之觀念，獨立文學，與經學、史學、諸子並列，觀點先進，但只談文章（古文、駢賦等），不及唐詩宋詞和小說戲劇。又於《國故論衡·文學總略》認為："文學者，以有文字著於竹帛，故謂之文；論其法式，謂之文學"，即認為"文學"是討論"文"的規律和法則的，沿用文學概念中的文章和學術的內涵，而於文學只談及"風騷"，同樣不及唐詩宋詞，更不及明清小說和戲劇。又其《國學概論》中第四章"國學之派別（三）——文學之派別"說："文學可分為有韻無韻二種：有韻的今人稱為'詩'，無韻的稱為'文'。"認為文學只是分為"詩""文"二項，僅簡述從"風騷"到清末詩壇的詩史、從賈誼文章到清朝桐城派的散文史，亦不及詞、小說和戲劇。

我國豐富的文學寶庫，作品眾多，是國學系統的重要組成部分，理應得到繼承與發展。故本編暫時擱置章氏之觀念，突破四庫觀念之囿。仍依當今之文學觀念，按詩歌、散文、小說和戲劇四方面選取國學典籍中之文學經典，加以導讀。於詩歌、散文部分偏重唐宋前之篇章，小說、戲劇部分偏重唐宋後之作品。《世說新語》於國學傳統觀念中屬史學領域，目錄學列為史料筆記類，而當今多作為古典文學小說作品視之，為魏晉南北朝的"志怪"和"志人"小說之代表，為列于本章。

第一章 詩歌

一、離騷 [屈原]

【叙題】

屈原（前340~前278），芈姓屈氏，名平，字原，以字行，又自稱名正則，字靈均，戰國後期楚國丹陽（今湖北秭歸）人，中國最早的偉大詩人。屈氏家族屬於楚王宗室，另有昭氏和景氏，屈原曾任三閭大夫，即掌管昭、屈、景三氏事務。屈原精通歷史、文學，"博聞強志，明於治亂，嫻於辭令。入則與王圖議國事，以出號令；出則接遇賓客，應對諸侯。王甚任之"（《史記》），主張楚齊聯合，共同抗秦。但其改革精神和措施，卻招來楚國貴族大臣的嫉妒和反對，其代表即楚懷王的寵妃鄭袖、兒子子蘭和上官大夫靳尚。昏憒的楚懷王聽信讒言，疏遠屈原。後又逐出郢都，流落漢北。前278年，秦國太尉白起揮兵南下，攻破郢都，屈原絕望而悲憤，懷大石投汨羅江自沈。傳說當地百姓投下粽子喂魚以防屈原遺體被魚所食，後來漸成儀式，於每年農曆五月初五為端午節，吃粽子、賽龍舟，以紀念這位偉大愛國詩人。1953年於屈原逝世2230週年之際，世界和平理事會通過決議確定屈原為世界四位文化名人之一。

屈原創立了"楚辭"這種文體，糅賦、比、興為一體，開創了"香草美人"傳統。其作品辭采華麗，想象奇特，被譽為"衣被詞人，非一代也"（劉勰《文心雕龍·辨騷》）據劉向輯《楚辭》和王逸《楚辭章句》注本，其作品傳世25篇，即《離騷》1篇，《天問》1篇，《九歌》11篇，《九章》9篇，《遠遊》《卜居》《漁父》各1篇。《史記·屈原列傳》又著録《招魂》1篇。後世學者或謂《遠遊》以下諸篇及《九章》中若干篇章非出自屈原手筆。

《離騷》是屈原在流放中的代表作品，共373句、2490字，是中國詩歌史上最早的長篇抒情詩。詩人自敘身世、品德和理想，抒發自己遭讒被害的苦悶與憤懣，斥責了楚王昏庸和群小妒賢害能，堅持"美政"理想，表現不與邪惡勢力同流合污的鬥爭精神和至死不渝的愛國熱情。正如司馬遷《史記·屈原列傳》中引劉安《離騷傳》所說："屈平疾王聽之不聰也，讒諂之蔽明也，邪曲之害公也，方正之不容也，故憂愁幽思而作《離騷》。"又說："屈原正道直行，竭忠盡智以事其君，讒人間之，可謂窮矣。信而見疑，忠而被謗，能無怨乎？屈平之作《離騷》，蓋自怨生也。”在艺术表現上，通過綺麗絢爛的文采和“比興”藝術手法，大量利用神話傳說、歷史人物、日月風雲、山川流沙等意象，構成一幅異常雄奇壯麗的圖畫，把敘事、抒懷和幻想交織在一起，塑造了一位堅持理想、以身殉国的高大完美的抒情主人公形象，對後世文學藝術影响深远。

關於“離騷”命題之意，歷來觀點不一。司馬遷認為其意謂遭受憂患：“《離騷》者，猶離憂也”（《史記·屈原賈生列傳》），应是以“罹”训“离”；班固亦持此说：“離，猶遭也。騷，憂也。明已遭憂作辭也”（《離騷序》）。東漢王逸認爲意謂離別時的愁苦：“離，別也；騷，愁也”（《楚辭章句》）。今人游國恩認為離騷即楚地古樂曲名《勞商》的異寫。林庚認為離騷爲雙聲詞，相當於後世“牢騷”的古寫，意謂憂愁。

《離騷》的寫作時期，司馬遷、劉向、班固、王逸、應劭等人皆謂應為作於被楚懷王放逐時期，“屈原放逐，乃賦《離騷》”（《史記·太史公自序》）。詩中言：“及年歲之未晏兮，時亦猶其未央”，“老冉冉其將至兮”，“及余飾之方壯兮”，“不撫壯而棄穢兮”，可知他時在壯年。抑或認為作於屈原再放江南時的頃襄王時期，或謂初稿作於前期而完成於後期。

淮南王劉安是對《離騷》作很高評價的第一位文學理論家。劉安稱《離騷》兼有《國風》、《小雅》之長，“蟬蛻濁穢之中，浮游塵埃之外，皭然泥而不滓。推其志，雖與日月爭光可也”（見班固《離騷序》引）。其後司馬遷為屈原作傳，繼承了劉安的評論。還進一步把《離騷》和孔子刪定《春秋》相提並論。他盛稱屈原“其文約，其辭微，其志潔，其行廉；其稱文小而其指極大，舉類邇而見義遠。”魯迅《漢文學史綱要》：“較之於《詩》，則其言甚長，其思甚幻，其文甚麗，其旨甚明，憑心而言，不遵矩度，……其影響于後來之文章，乃甚或在三百篇以上。”《離騷》與《詩經·國風》並稱“風騷”，成為“文學”的代名詞。

　　帝高陽之苗裔兮，朕皇考曰伯庸。

　　攝提貞於孟陬兮，惟庚寅吾以降。

　　皇覽揆余初度兮，肇錫余以嘉名：

　　名余曰正則兮，字余曰靈均。

　　紛吾既有此内美兮，又重之以修能。

　　扈江離與辟芷兮，紉秋蘭以為佩。

　　汩余若將不及兮，恐年歲之不吾與。

　　朝搴阰之木蘭兮，夕攬洲之宿莽。

　　日月忽其不淹兮，春與秋其代序。

　　惟草木之零落兮，恐美人之遲暮。

不撫壯而棄穢兮，何不改乎此度？

乘騏驥以馳騁兮，來吾道夫先路！

【注疏】

　　高陽：古帝顓頊（zhuān xū）的號，傳說顓頊為高陽部落首領，因以為號。苗裔：遠末子孫。朕：我。先秦之人無論尊卑皆可稱朕，至秦始皇始定為帝王專用第一人稱代詞。皇考：太祖。攝提：攝提格的簡稱，古代"星歲紀年法"以太歲（木星）運行的所在位置來紀年。歲星繞日一周約十二年，天官分為十二等份，以十二地支來表示，太歲運行到寅宮之年，稱"攝提格"，即寅年。孟陬：夏曆正月，為寅月。庚寅：古人以干支紀日，指正月裏某寅日。皇：指皇考。覽：觀察，端相。揆：估量、測度。初度：初生之時。肇：通"兆"，謂古人以卜兆取名字。錫：同"賜"。則：公平法則，隱括屈原名"平"字之義。字：用作動詞，命名字。內美：先天具有的高貴品質。修能：指後天修養的德能。扈：披服。江離：香草名。辟：同"僻"，幽僻。紉：聯綴、編織。汩：水流迅速貌，比喻時間流失很快。與：等待。搴（qiān）：楚方言，拔取。阰：大土崗。宿莽：楚方言，香草名，經冬不死。日月：指時光。淹：久留。代序：代謝，更替輪換，序通"謝"。惟：思。美人：作者自喻。

昔三后之純粹兮，固眾芳之所在。

雜申椒與菌桂兮，豈維紉夫蕙茝！

彼堯、舜之耿介兮，既遵道而得路。

何桀紂之猖披兮，夫唯捷徑以窘步。

惟夫黨人之偷樂兮，路幽昧以險隘。

豈余身之憚殃兮，恐皇輿之敗績！

忽奔走以先後兮，及前王之踵武。

荃不察余之中情兮，反信讒以齌怒。

余固知謇謇之為患兮，忍而不能舍也。

指九天以為正兮，夫唯靈修之故也。

曰黃昏以為期兮，羌中道而改路！

初既與余成言兮，後悔遁而有他。

余既不難夫離別兮，傷靈修之數化。

【注疏】

　　三后：指楚國歷史上的三位賢王，或謂遠古三皇。固：本來、當然。雜：紛雜，眾多。茝（chǎi）：同"芷"。耿介：光明正大。道：正途，指治國正道。猖披：狂亂放蕩。夫：通"彼"，代指桀紂。黨人：結黨營私之人。憚：害怕。皇輿：帝王的乘車，比喻國家。及：追隨。荃（quán）：香草名，亦名"蓀"，喻指楚懷王。齌（jì）：用急火煮食物。謇謇（jiǎn）：直言貌。忍：忍受。舍：止。九天：古說天有九層。靈修：指楚懷王。成言：成約，約定。悔：反悔。遁：遷移。數化：屢次改變主意。

余既滋蘭之九畹兮，又樹蕙之百畝。

畦留夷與揭車兮，雜杜衡與芳芷。

冀枝葉之峻茂兮，願俟時乎吾將刈。

雖萎絕其亦何傷兮，哀眾芳之蕪穢。

眾皆競進以貪婪兮，憑不厭乎求索。

羌內恕己以量人兮，各興心而嫉妒。

忽馳騖以追逐兮，非余心之所急。

老冉冉其將至兮，恐修名之不立。

朝飲木蘭之墜露兮，夕餐秋菊之落英。

苟余情其信姱以練要兮，長顑頷亦何傷。

擥木根以結茝兮，貫薜荔之落蕊。

矯菌桂以紉蕙兮，索胡繩之纚纚。

謇吾法夫前修兮，非世俗之所服。

雖不周於今之人兮，原依彭咸之遺則。

【注疏】

滋：培植。畹（wǎn）：古代地積單位，為三十畝，或有別說。畦：五十畝，此謂種植。留夷、揭車：均為香草名。雜：間種。刈：割、收穫。萎絕：枯萎黃落，此謂所培養的人被摧殘。蕪穢：比喻所培養的人變節。眾：指群小，楚國的腐朽貴族。憑：滿，楚方言。羌：發語詞，楚方言。恕：寬恕。興心：生心。馳騖：狂奔亂跑。冉冉：漸漸。落英：初開的花。苟：假使、如果。信：確實。姱：美好。練要：精誠專一。顑頷：容貌因饑餓而瘦。貫：貫穿。索：編繩索。纚纚：下垂貌。前修：前代賢人。周：合。彭咸：相傳殷商賢臣，諫君不聽，即投水自盡。

長太息以掩涕兮，哀民生之多艱。

余雖好修姱以鞿羈兮，謇朝誶而夕替。

既替余以蕙纕兮，又申之以攬茝。

亦余心之所善兮，雖九死其猶未悔。

怨靈修之浩蕩兮，終不察夫民心。

眾女嫉余之蛾眉兮，謠諑謂余以善淫。

固時俗之工巧兮，偭規矩而改錯。

背繩墨以追曲兮，競周容以為度。

忳鬱邑餘侘傺兮，吾獨窮困乎此時也。

寧溘死以流亡兮，余不忍為此態也。

鷙鳥之不羣兮，自前世而固然。

何方圜之能周兮，夫孰異道而相安？

屈心而抑志兮，忍尤而攘詬。

伏清白以死直兮，固前聖之所厚。

【注疏】

太息：歎氣。民：人。民生：即人生，作者自謂。好：喜歡。鞿羈：馬韁繩，此謂受束縛。謑（suì）：諫。替：廢。蕙纕（xiāng）：以蕙草編綴的帶子。申：加上。浩蕩：此謂懷王驕橫放縱。民心：人心。蛾眉：喻指美好的品德。謠諑（zhuó）：楚方言，造謠誹謗。規矩：木匠使用的工具，此謂法度。規：用以定圓。矩：用以定方。偭：背棄。錯：措施。繩墨：工匠用以取直的工具，此謂法度。競：爭相。周容：苟合取容。度：法則。忳（tún）：憂愁、煩悶。佗傺：不得志貌。溘死：忽然死去。鷙鳥：鷹隼一類性情剛猛的鳥。圜：同"圓"。攘詬：遭到恥辱。伏：通"服"，保持。死直：為正直而死。

悔相道之不察兮，延佇乎吾將反。
回朕車以復路兮，及行迷之未遠。
步余馬於蘭皋兮，馳椒丘且焉止息。
進不入以離尤兮，退將復修吾初服。
制芰荷以為衣兮，集芙蓉以為裳。
不吾知其亦已兮，苟余情其信芳。
高余冠之岌岌兮，長余佩之陸離。
芳與澤其雜糅兮，唯昭質其猶未虧。
忽反顧以遊目兮，將往觀乎四荒。
佩繽紛其繁飾兮，芳菲菲其彌章。
民生各有所樂兮，余獨好修以為常。
雖體解吾猶未變兮，豈余心之可懲。

【注疏】

相：看；觀察。延佇：長久站立。皋：水邊之地。椒丘：長有椒樹的山丘。進：指仕進。初服：未入仕前的服飾，此謂自己本來志趣。芰（jì）：菱葉。集：聚集。芙蓉：荷花。已：罷了。信芳：真正芳潔。岌岌：高聳貌。陸離：長貌。昭質：光明純潔的品質。遊目：縱目眺望。四荒：四方極遠之地。繽紛：美好貌。彌章：更加顯著。章：同"彰"，顯著。體解：肢解，謂粉身碎骨。懲：悔戒。

女嬃之嬋媛兮，申申其罵予，曰：
"鯀婞直以亡身兮，終然殀乎羽之野。
汝何博謇而好修兮，紛獨有此姱節？
薋菉葹以盈室兮，判獨離而不服。"
眾不可戶說兮，孰云察余之中情？
世並舉而好朋兮，夫何煢獨而不予聽？

【注疏】

女嬃：屈原之姊，後世學者或謂侍妾。嬋媛：眷戀牽持貌。申申：反反復復。鯀（gǔn）：禹的父親。羽：羽山，傳說鯀治水失敗而被殺於此。博：廣博，多。姱節：美好節操。薋：同"茨"，積聚。判：分別。服：用，佩帶。戶：每家每戶，此謂每一位。餘：此指女嬃和屈原。並舉：互相吹捧。煢獨：孤獨的意思。

　　依前聖以節中兮，喟憑心而歷茲。
　　濟沅、湘以南征兮，就重華而陳詞：
　　啟《九辨》與《九歌》兮，夏康娛以自縱。
　　不顧難以圖後兮，五子用失乎家巷。
　　羿淫遊以佚畋兮，又好射夫封狐。
　　固亂流其鮮終兮，浞又貪夫厥家。
　　澆身被服強圉兮，縱欲而不忍。
　　日康娛而自忘兮，厥首用夫顛隕。
　　夏桀之常違兮，乃遂焉而逢殃。
　　后辛之菹醢兮，殷宗用而不長。
　　湯禹儼而祗敬兮，周論道而莫差。
　　舉賢而授能兮，循繩墨而不頗。
　　皇天無私阿兮，覽民德焉錯輔。
　　夫維聖哲以茂行兮，苟得用此下土。
　　瞻前而顧後兮，相觀民之計極。
　　夫孰非義而可用兮？孰非善而可服？
　　阽余身而危死兮，覽余初其猶未悔。
　　不量鑿而正枘兮，固前修以菹醢。
　　曾歔欷余鬱邑兮，哀朕時之不當。
　　攬茹蕙以掩涕兮，霑余襟之浪浪。

【注疏】

節中：適中，不偏不過。憑：憤懣。沅、湘：沅水、湘水，流入洞庭湖。重華：舜名，傳說死後葬在九疑山。夏：指啟，與上文為互文。不顧難：不顧後來的患難。失：通"佚"、"逸"。封狐：大狐狸。亂流：淫亂之流。澆：寒浞的兒子。用夫：因此。遂：通"墜"，墜失。湯禹：商湯、夏禹。頗：偏邪。錯輔：措置。錯：同"措"，輔：輔助。苟：乃，才。阽（diàn）：接近危險。茹：柔軟。

　　跪敷衽以陳辭兮，耿吾既得此中正。
　　駟玉虯以乘鷖兮，溘埃風余上征。
　　朝發軔於蒼梧兮，夕余至乎縣圃。

欲少留此靈瑣兮，日忽忽其將暮。

吾令羲和弭節兮，望崦嵫而勿迫。

路曼曼其修遠兮，吾將上下而求索。

飲余馬於咸池兮，總余轡乎扶桑。

折若木以拂日兮，聊逍遙以相羊。

前望舒使先驅兮，後飛廉使奔屬。

鸞皇為余先戒兮，雷師告余以未具。

吾令鳳鳥飛騰兮，繼之以日夜。

飄風屯其相離兮，帥雲霓而來御。

紛總總其離合兮，斑陸離其上下。

吾令帝閽開關兮，倚閶闔而望予。

時曖曖其將罷兮，結幽蘭而延佇。

世溷濁而不分兮，好蔽美而嫉妒。

【注疏】

袵：衣襟。中正：不偏邪之正道。埃風：卷著塵埃的大風。發軔：出發。軔：剎住車輪的橫木。縣圃：神話中山名，在崑崙山頂。縣：通"懸"。羲和：神話中為太陽駕車之神。崦嵫：神話中山名，日落之處。曼曼：同"漫漫"，遙遠綿長貌。咸池：神話中池名，太陽洗沐的地方。扶桑：神話中樹名，在湯谷上。若木：神話中樹名，在崑崙山西極，太陽所入之處。望舒：神話中月神的駕車神。奔屬：奔跑跟隨。先戒：先行警戒。飄風：旋風。帥：率領。斑：斑斕。閶闔：天宮之門。延佇：久立。

朝吾將濟於白水兮，登閬風而緤馬。

忽反顧以流涕兮，哀高丘之無女。

溘吾游此春宮兮，折瓊枝以繼佩。

及榮華之未落兮，相下女之可詒。

吾令豐隆乘雲兮，求宓妃之所在。

解佩纕以結言兮，吾令蹇修以為理。

紛總總其離合兮，忽緯繣其難遷。

夕歸次於窮石兮，朝濯髮乎洧盤。

保厥美以驕傲兮，日康娛以淫遊。

雖信美而無禮兮，來違棄而改求。

覽相觀於四極兮，周流乎天余乃下。

望瑤臺之偃蹇兮，見有娀之佚女。

吾令鴆為媒兮，鴆告余以不好。

雄鳩之鳴逝兮，余猶惡其佻巧。

心猶豫而狐疑兮，欲自適而不可。

鳳皇既受詒兮，恐高辛之先我。

欲遠集而無所止兮，聊浮游以逍遙。

及少康之未家兮，留有虞之二姚。

理弱而媒拙兮，恐導言之不固。

世溷濁而嫉賢兮，好蔽美而稱惡。

閨中既以邃遠兮，哲王又不寤。

懷朕情而不發兮，余焉能忍而與此終古？

【注疏】

白水：神話中水名，源於崑崙山，飲後可長生。閬風：神話中山名，在崑崙山上。瓊：美玉。榮華：花，草本花稱榮，木本稱華。下女：下界美女。詒：通"貽"，贈送。宓（fú）妃：相傳為伏羲氏之女，溺死于洛水，遂成為洛水女神。佩纕：佩囊。蹇修：正直賢善之人。緯繣（huà）：乖戾。窮石：神話中山名，相傳為後羿所居之處，此謂宓妃與後羿淫亂。洧（wěi）盤：神話中水名，源於崦嵫山。瑤臺：玉臺。有娀：傳說中部落名。鴆：鳥名，羽有毒，置於酒中，飲之致人死命。猶豫、狐疑：疑惑不決。自適：自往。高辛：帝嚳的別號。少康：夏代中興的國君。導言：指傳送的信劄。哲王：明智的君王，指楚懷王。

索瓊茅以筳篿兮，命靈氛為余占之。

曰："兩美其必合兮，孰信修而慕之？

思九州之博大兮，豈惟是其有女？"

曰："勉遠逝而無狐疑兮，孰求美而釋女？

何所獨無芳草兮，爾何懷乎故宇？"

世幽昧以眩曜兮，孰云察余之善惡？

民好惡其不同兮，惟此黨人其獨異！

戶服艾以盈要兮，謂幽蘭其不可佩。

覽察草木其猶未得兮，豈珵美之能當？

蘇糞壤以充幃兮，謂申椒其不芳。

【注疏】

葽（qióng）茅：一種可用於占卜的草。靈氛：傳說中的神巫。兩美：指明君賢臣。慕：愛。與上句"占"不押韻，聞一多《楚辭校補》認為是"莫念"二字的誤合寫。女：同"汝"。故宇：故居，此謂楚國。眩曜：眼光迷亂。民：人。戶：此謂眾群小。珵（chéng）：美玉。蘇：取。糞壤：糞土。充：塞滿。幃：香袋。

欲從靈氛之吉占兮，心猶豫而狐疑。

巫咸將夕降兮，懷椒糈而要之。

百神翳其備降兮，九疑繽其並迎。

皇剡剡其揚靈兮，告余以吉故。

曰："勉升降以上下兮，求矩矱之所同。

湯、禹儼而求合兮，摯、咎繇而能調。

苟中情其好修兮，又何必用夫行媒？

說操築於傅岩兮，武丁用而不疑。

呂望之鼓刀兮，遭周文而得舉。

甯戚之謳歌兮，齊桓聞以該輔。

及年歲之未晏兮，時亦猶其未央。

恐鵜鴂之先鳴兮，使夫百草為之不芳。"

何瓊佩之偃蹇兮，眾薆然而蔽之。

惟此黨人之不諒兮，恐嫉妒而折之。

時繽紛其變易兮，又何可以淹留？

蘭芷變而不芳兮，荃蕙化而為茅。

何昔日之芳草兮，今直為此蕭艾也？

豈其有他故兮，莫好修之害也！

余以蘭為可恃兮，羌無實而容長。

委厥美以從俗兮，苟得列乎眾芳。

椒專佞以慢慆兮，樧又欲充夫佩幃。

既干進而務入兮，又何芳之能祗？

固時俗之流從兮，又孰能無變化？

覽椒蘭其若茲兮，又況揭車與江離？

惟茲佩之可貴兮，委厥美而歷茲。

芳菲菲而難虧兮，芬至今猶未沫。

和調度以自娛兮，聊浮游而求女。

及余飾之方壯兮，周流觀乎上下。

【注疏】

巫咸：傳說中的神巫。糈（xǔ）：精米，此處椒、糈皆為享神的用物。翳（yì）：遮蔽。剡剡（yǎn）：閃閃發光貌。矱（huò）：量長度的工具。矩矱：喻指法度。求合：尋求志同道合的人。咎繇：即皋陶，禹之賢臣。武丁：殷高宗名，傳說在夢中得一賢臣，就畫像到處訪尋，後來在傅岩築牆的刑徒中找到了傅說，用為國相，國遂大治。鼓刀：鳴刀，據傳呂望未發跡時曾在朝歌做屠夫。甯戚：春秋衛國人，未遇時曾經商。晏：晚。鵜鴂：杜鵑鳥，每年於春事已過、百花凋零時節鳴叫。眾：指黨人。容長：外表好看。慢慆：傲慢。樧（shā）：惡木名。祗：敬，或謂振起。沫：泯滅。和：諧和。

調：行走時佩飾發出的鏗鏘聲。求女：此謂追求志同道合之人。

靈氛既告余以吉占兮，歷吉日乎吾將行。

折瓊枝以為羞兮，精瓊廳以為粻。

為余駕飛龍兮，雜瑤象以為車。

何離心之可同兮？吾將遠逝以自疏。

邅吾道夫崑崙兮，路修遠以周流。

揚雲霓之晻藹兮，鳴玉鸞之啾啾。

朝發軔於天津兮，夕餘至乎西極。

鳳皇翼其承旂兮，高翱翔之翼翼。

忽吾行此流沙兮，遵赤水而容與。

麾蛟龍使梁津兮，詔西皇使涉予。

路修遠以多艱兮，騰眾車使徑待。

路不周以左轉兮，指西海以為期。

屯余車其千乘兮，齊玉軑而並馳。

駕八龍之婉婉兮，載雲旗之委蛇。

抑志而弭節兮，神高馳之邈邈。

奏《九歌》而舞《韶》兮，聊假日以媮樂。

陟升皇之赫戲兮，忽臨睨夫舊鄉。

僕夫悲余馬懷兮，蜷局顧而不行。

亂曰：已矣哉！國無人莫我知兮，又何懷乎故都！

既莫足與為美政兮，吾將從彭咸之所居！

（正文據上海古籍出版社 1979 年版朱熹《楚辭集註》卷 1《離騷經》）

【注疏】

歷：選擇。羞：肉脯，此謂精美菜肴。瓊廳（mí）：玉屑。象：象牙。雲霓：以雲霓為旗，或謂畫有雲霓圖案的旗。玉鸞：玉鈴，形如鸞鳥。天津：天河的渡口。翼：展翼。翼翼：整齊貌。赤水：神話中水名，源出崑崙山。西皇：古帝王少暤氏。不周：指神話中的不周山。玉軑（dài）：車轂端的帽蓋。委蛇：迎風舒展貌。邈邈：遙遠貌。媮：同「愉」。臨：居高視下。蜷局：蜷曲不伸。亂：樂曲的卒章稱亂，尾聲。無人：指無賢人。故都：故國。美政：完美的政治理想和主張。從彭咸之所居：跟從彭咸於地下，意謂死亡。

二、答王十二寒夜獨酌有懷 ［李白］

【叙題】

李白（701～762），字太白，號青蓮居士，世稱"詩仙"。祖籍隴西成紀（今甘肅秦安），隋末其先人流寓碎葉（今吉爾吉斯斯坦托克馬克附近）。李白即誕生於此，五歲時隨父遷居綿州昌隆縣（今四川江油）青蓮鄉，後廣泛涉獵"百家之言"和"奇書異聞"，學習道教和縱橫之術，並喜行俠仗義，對他一生創作影響深遠。25歲起"辭親遠遊"，仗劍出蜀漫遊，南到洞庭、湘江，東至吳、越，寓居安陸（湖北安陸）。又北上太原、長安，東到齊、魯，詩名滿天下。天寶初年，由道士吳筠推薦，唐玄宗召他進京，命他供奉翰林。不久，因遭權貴讒毀，僅一年余即離開長安。天寶十四年（755）冬，安禄山叛亂，他這時正隱居廬山，適逢永王李璘的大軍東下，邀李白下山入幕府。後來李璘反叛肅宗，被消滅，李白受牽連，被判處流放夜郎（今屬貴州），中途遇赦放還，往來於潯陽（江西九江）、宣城（安徽宣城）等地，卒于安徽當塗（今馬鞍山）。李陽冰整理其遺稿，編為《草堂集》（已佚），後有《李太白集》30卷行世，詩約千首，各體文60餘篇。名作有《古風》《蜀道難》《夢遊天姥吟留別》《將進酒》《朝發白帝城》等。

李白生活在唐代極盛時期，具有"濟蒼生""安黎元"的進步理想，其人格和氣度，充分體現了盛唐士人的時代性格和精神風貌。其詩既反映了盛唐繁榮氣象，也揭露和批判統治集團的腐敗，蔑視權貴，追求自由和理想。在藝術上，其詩"筆落驚風雨，詩成泣鬼神"（杜甫《寄李十二白》）。想象新奇，感情強烈，意境奇偉，氣勢雄渾，風格豪邁，語言清新，達到我國詩歌藝術的高峰，成為屈原之後最傑出的詩人，與杜甫並稱"大李杜"，對後代產生了極為深遠的影響。《新唐書·李白傳》載："文宗時，詔以白歌詩、裴旻劍舞、張旭草書為'三絕'。"從中唐韓愈、孟郊、李賀，到宋代蘇軾、陸游、辛棄疾，到明清高啟、楊慎、龔自珍等著名詩人，都受其巨大影響，可謂"李杜文章在，光焰萬丈長"。（韓愈《調張籍》）

本篇傾訴懷抱，揭露當朝小人得志，賢才不得重用，反遭讒毀。明為王十二鳴不平，實亦言己之不平。如後人感歎："蓋歎乎有其時而無其位。嗚呼！以翰林之才名，遇玄宗之知見，而乃飄零如是。"（樂史《李翰林集序》）

昨夜吳中雪，子猷佳興發。
萬里浮雲卷碧山，青天中道流孤月。
孤月滄浪河漢清，北斗錯落長庚明。

懷余對酒夜霜白，玉牀金井冰崢嶸。

【注疏】

王十二：生平不詳。子猷：典故見《世說新語·任誕》："王子猷居山陰，夜大雪，眠覺，開室命酌酒，四望皎然，因起彷徨，詠左思《招隱》詩，忽憶戴安道。時戴在剡，即便夜乘小船就之。經宿方至，造門不前而返。人問其故，王曰：'吾本乘興而行'，興盡而返，何必見戴？"此以子猷代稱王十二。中道：中間。流孤月：指月亮在空中運行。蒼浪：即滄浪，即滄涼，寒冷清涼之意。河漢：銀河。長庚：星名，即太白金星。《詩·小雅·大東》："東有啟明，西有長庚"。玉牀：此指井上裝飾華麗的欄杆。

人生飄忽百年內，且須酣暢萬古情。
君不能狸膏金距學鬥雞，坐令鼻息吹虹霓。
君不能學哥舒，橫行青海夜帶刀，西屠石堡取紫袍。
吟詩作賦北窗裏，萬言不值一杯水。
世人聞此皆掉頭，有如東風射馬耳。

【注疏】

狸膏：指用狐狸油脂塗在雞頭上，鬥雞時，對方的雞聞到氣味就畏懼後退。金距：套在雞爪上的金屬品，使雞爪更鋒利。吹虹霓：言鬥雞者趾高气昂，見李白《古風·大車揚飛塵》："路逢鬥雞者，冠蓋何輝赫；鼻息幹虹霓，行人皆怵惕"。哥舒：即哥舒翰，唐朝大將，突厥族哥舒部人，曾任隴右、河西節度使。《太平廣記》卷495《雜錄》："天寶中，哥舒翰為安西節度使，控地數千里，甚著威令，故西鄙人歌之曰：'北斗七星高，哥舒夜帶刀。吐蕃總殺盡，更築兩重濠。'"西屠石堡：指天寶八載哥舒翰率大軍強攻吐蕃的石堡城。《舊唐書·哥舒翰傳》載："吐蕃保石堡城，路遠而險，久不拔。八載，以朔方、河東群牧十萬眾委翰總統攻石堡城。翰使麾下將高秀岩、張守瑜進攻，不旬日而拔之。上錄其功，拜特進，鴻臚員外卿，與一子五品官，賜物千匹，莊宅各一所，加攝御史大夫。"紫袍：唐朝三品以上大官所穿的服裝。直：通"值"。

魚目亦笑我，謂與明月同。
騄騮拳跼不能食，蹇驢得志鳴春風。
折楊黃華合流俗，晉君聽琴枉清角。
巴人誰肯和陽春，楚地猶來賤奇璞。
黃金散盡交不成，白首為儒身被輕。
一談一笑失顏色，蒼蠅貝錦喧謗聲。
曾參豈是殺人者？讒言三及慈母驚。
與君論心握君手，榮辱於余亦何有？

【注疏】

明月：一種名貴的珍珠，此以魚目混為明月珠而喻朝廷小人當道。騄騮：駿馬，此喻賢才。蹇驢：跛足之驢，此喻奸佞。折揚黃華：先秦古籍所載古時玩狎鄙野之俗中小曲。清角：曲調名，傳說有德之君才能聽，否則會引起災禍。據《韓非子·十過》載：春秋時晉平公強迫師曠爲他演奏《清角》，結果晉國大旱三年，平公也患病。巴人：即《下里巴人》，古代通俗曲調。陽春：即《陽春白雪》，古代高雅曲調。奇璞：典出《韓非子·和氏》："楚人和氏得玉璞楚山中，奉而獻之厲王。厲王使玉人相之。玉人曰：'石也。'王以爲誑而刖其左足。及厲王薨，武王即位，和又奉其璞而獻之武王。武王使玉人相之，又曰：'石也。'王又以爲誑而刖其右足。武王薨，文王即位，和乃抱其璞而哭于楚山之下，三日三夜，淚盡而繼之以血。王聞之，使人問其故曰：'天下之刖者多矣，子奚哭之悲也？'和曰：'吾非悲刖也，悲夫寶玉而題之以石，貞士而名之以誑，此吾所以悲也。'王乃使玉人理其璞，而得寶焉。遂名曰和氏之璧"。蒼蠅：比喻進讒言之小人，見《詩·小雅·青蠅》："營營青蠅，止于樊，豈弟君子，無信讒言。"貝錦：有花紋的貝殼，比喻讒言，語出《詩經·小雅·巷伯》："萋兮斐兮，成是貝錦。彼譖人者，亦已太甚。"曾參：春秋時魯國人，孔子的門徒。《戰國策·秦策二》載："曾子處費，費人有與曾子同名姓者而殺人。人告曾子母曰：'曾參殺人。'曾子之母曰：'吾子不殺人'。織自若。有頃焉，一人又曰：'曾參殺人'。其母尚織自若也。頃之，一人又告之曰：'曾參殺人'。其母懼，投杼，逾牆而走"。

　　　　孔聖猶聞傷鳳麟，董龍更是何雞狗！
　　　　一生傲岸苦不諧，恩疏媒勞志多乖。
　　　　嚴陵高揖漢天子，何必長劍拄頤事玉階。
　　　　達亦不足貴，窮亦不足悲。
　　　　韓信羞將絳灌比，禰衡恥逐屠沽兒。
　　　　君不見李北海，英風豪氣今何在！
　　　　君不見裴尚書，土墳三尺蒿棘居！
　　　　少年早欲五湖去，見此彌將鐘鼎疏。

（正文據中華書局 1977 年版王琦注《李太白全集》）

【注疏】

　　傷鳳麟：《論語·子罕》："子曰：'鳳鳥不至，河不出圖，吾已矣夫！'"《史記·孔子世家》載："魯哀公十四年春，叔孫氏車子鉏商獲獸，以爲不祥。仲尼視之曰：'麟也。'取之曰：'河不出圖，雒不出書，吾已矣夫！'顏淵死，孔子曰：'天喪予！'及西狩見麟，曰：'吾道窮矣。'"董龍：史載東晉佞臣董榮，小字叫龍，曾被大臣罵之"董龍是何雞狗？"見《資治通鑑·晉紀穆帝》。不諧：不能隨俗。恩疏：此謂君恩疏遠。媒勞：指引薦的人徒費苦心。乖：事與願違。嚴陵：即東漢隱士嚴光，字子陵，曾與光武帝劉秀同學。劉秀稱帝後，嚴光隱居，帝親訪之，嚴終不受命（見《後漢書·逸民傳》）。事玉階：此謂在皇宮的玉階下侍候皇帝。韓信：淮陰人，楚漢戰爭期間曾被封爲齊王，漢初改封楚王，後降爲淮陰侯。《史記·淮陰侯列傳》載：韓信降爲淮陰侯後，常稱病不朝，羞與絳侯周勃、潁陰侯灌嬰等並列。禰衡：漢末辭賦家，"少有才辯，而氣尚剛毅，矯時慢物。……是時許都新建，賢士大夫四方來集。或問衡曰：'盍從陳長文、司馬伯達乎？'對曰：'吾焉能從屠沽兒耶'"（《後漢書·禰衡傳》）！李北海：即李邕。裴尚書：即裴敦復，唐玄宗時任刑部尚書，李、裴皆當時才俊之士，同時被李林甫殺害。五湖：太湖及其周圍四湖，相傳春秋時越國大夫范蠡功成身退，隱居五湖。彌：更加。鐘鼎：指貴族人家鳴鐘列鼎而食，此代指富貴。

三、秋興八首 ［杜甫］

【叙題】

杜甫（712～770），字子美，原籍襄陽，遷居鞏縣（今河南鞏義），初唐詩人杜審言之孫。因後客游長安時期，居住城外的少陵、杜陵，故號少陵野老、杜陵野老、杜陵布衣。因其曾任左拾遺、檢校工部員外郎，故後世稱其杜拾遺、杜工部。又與李白合稱"大李杜"。

杜甫生活在唐帝國由盛而衰的急劇轉變時代，經歷了開元之治、天寶之亂和亂後的動盪時期。他信守"仁政愛民""匡時濟世"的儒家思想，"致君堯舜上，再使風俗淳"為其最高理想，"窮年憂黎元""濟時肯殺身"為其一貫精神。一生可分為四個時期：第一，讀書與壯遊時期（35歲之前）。第二，困守長安時期（35～44歲），杜甫科舉未中，獻賦自薦，任職朝中。第三，陷賊與為官時期（44～48歲），安史之亂爆發後，杜甫陷於叛軍之中，後隻身投奔行在，不久棄官入蜀。第四，漂泊西南時期（48～58歲），定居成都草堂，生活較為安定，後離蜀東去，最後病卒於湘江舟中。

杜詩以清醒的洞察力和入世精神反映社會現實生活，內容博大精深，舉凡民生疾苦、社會時事、自然景物、名勝古跡、個人生活、題詠贈答，以及描繪畫、音樂、建築、舞蹈等等，莫不攝之於詩，可謂一部中唐社會文化史，故世稱"詩史"。詩歌語言方面，自稱"為人性僻耽佳句，語不驚人死不休"（《江上值水如海勢聊短述》），又以"沉鬱頓挫"四字概括自己詩歌的語言特色："至於沉鬱頓挫，隨時敏捷，而揚雄、枚皋之徒，庶可跂及也"（《進鵰雕表》）。被後人譽為"詩聖""老杜"。有《杜工部集》傳世，詩作約1500首，代表作有《麗人行》《自京赴奉先縣詠懷五百字》《春望》《聞官軍收河南河北》《三吏》《三別》等。

杜甫在中國古典詩歌史上的影響非常深遠。杜詩兼備多種體制風格，元稹贊道："至於子美，蓋所謂上薄風騷，下該沈、宋，言奪蘇、李，氣吞曹、劉，掩顏、謝之孤高，雜徐、庾之流麗，盡得古今之體勢，而兼人人之所獨專矣。"（《唐故檢校工部員外郎杜君墓系銘並序》）到宋代，杜甫的聲名達到頂峰，被黃庭堅、陳師道等詩人尊為詩祖，形成"江西詩派"。王安石、陸游、文天祥等人也都受到杜詩影響。清初文學家金聖歎將杜詩與《離騷》《莊子》《史記》《水滸傳》和《西廂記》合稱"六才子書"。又或謂："老杜詩當是詩中《六經》，他人詩乃諸子之流也"（陳善《捫虱新語》卷7）。又或謂"杜詩者，詩中之《四子書》也"（蔣士銓《忠雅堂文集》卷1《杜詩詳注集成序》）。杜詩也揚名海外，在韓國於 1481 年被翻譯成韓文，稱《杜詩諺解》，對日本古代詩人松尾芭蕉影響尤深，也是現代美國作家雷克斯羅斯（Kenneth Rexroth）最喜歡的詩人。

　　組詩《秋興八首》作於詩人大曆元年（766）秋離開成都寓居夔州期間。當時安史之亂已基本平息，但國家局勢未安，内有藩鎮割據，戰亂不斷，外有吐蕃、回紇虎視眈眈，騷擾進犯，甚至偏遠的蜀地也暗藏戰亂的危機。詩人年邁多病、壯志難酬，於秋風蕭瑟中觸景生情，描寫夔州淒清的秋色，抒發其晚年生活的困苦和悲愁，表現關心國家命運的愛國情懷。情調悲涼，意境深遠。

　　其一

玉露凋傷楓樹林，巫山巫峽氣蕭森。

江間波浪兼天湧，塞上風雲接地陰。

叢菊兩開他日淚，孤舟一系故園心。

寒衣處處催刀尺，白帝城高急暮砧。

【注疏】

　　浦起龍《讀杜心解》說："首章，八詩之綱領也。明寫秋景，虛含興意；實拈夔府，暗提京華"。玉露：即露白如玉。凋傷：使草木衰敗零落。巫山巫峽：即指夔州（今奉節）一帶的長江和峽谷。氣蕭森：氣象蕭瑟陰森。塞上：邊關，指夔州一帶的山，因其險峻而稱塞上。接地陰：風雲蓋地。叢菊兩開：謂詩人離開成都，已有兩秋。開：雙關，謂菊花開，又言淚眼開。他日：往日。催刀尺：催人趕裁冬衣。白帝城：在今重慶奉節東白帝山上。急暮砧：黃昏時急促的搗衣聲。

　　其二

夔府孤城落日斜，每依北斗望京華。

聽猿實下三聲淚，奉使虛隨八月槎。

畫省香爐違伏枕，山樓粉堞隱悲笳。

請看石上藤蘿月，已映洲前蘆荻花。

【注疏】

　　夔府：夔州，治所在今重慶奉節。京華：京城長安。三聲淚：語出《水經注》記三峽歌謠曰："巴東三峽巫峽長，猿鳴三聲淚沾裳。"奉使：奉行朝廷使命。虛隨：劍南節度使嚴武推薦杜甫為檢校工部員外郎充節度府參謀，杜甫曾希望能隨之回到朝廷，但次年嚴武病逝，希望落空。槎：木筏，典出《博物志》：一位海邊人年年八月見有浮槎來去，便乘之，達天河而回。又《荆楚歲時記》記：張騫出使西域，尋黃河水源，曾乘槎達天河。畫省：指尚書省，因其壁有畫而稱之。香爐：漢制，尚書郎入侍皇帝，有女史二人執香爐跟從。畫省香爐：此謂自己時任工部員外郎，屬尚書省；又自己先前為左拾遺（屬門下省）。違伏枕：因病而事與心違，此謂不得入朝宿直。山樓：山城。粉堞：城上塗有白粉的齒狀短牆。隱悲笳：隱抑着悲傷的笳聲。藤蘿月：藤蘿上的月光，指夜深。

　　其三

千家山郭静朝暉，日日江樓坐翠微。

信宿漁人還泛泛，清秋燕子故飛飛。

匡衡抗疏功名薄，劉向傳經心事違。

同學少年多不賤，五陵裘馬自輕肥。

【注疏】

翠微：青的山。信宿：再宿。匡衡：漢元帝時人，因上疏論事遷光祿大夫、太子少傅，見《漢書·匡衡傳》。功名薄：此指自己雖同匡衡一樣上疏，但却遭貶，功名甚薄。劉向：漢朝經學家。劉向：漢宣帝時學者，曾受命傳授《穀梁傳》，在石渠閣講授五經，漢成帝時，詔領典校內府五經秘書，見《漢書·劉向傳》。心事違：指自己不能像劉向那樣傳經。杜甫遠祖杜預以治《左傳》聞名，杜甫此言意有難傳家學之意。五陵：長安附近五座漢帝陵墓，即長陵、安陵、陽陵、茂陵、平陵，漢時高官富人多居於此，後人以此代指豪門富人之地。輕肥：輕裘肥馬，指生活的富貴，見《論語·雍也》："赤之適齊也，乘肥馬，衣輕裘。"

其四

聞道長安似弈棋，百年世事不勝悲。

王侯第宅皆新主，文武衣冠異昔時。

直北關山金鼓震，征西車馬羽書馳。

魚龍寂寞秋江冷，故國平居有所思。

【注疏】

此首感歎長安時局多變以及邊境紛擾，組詩由此首開始，主題轉向回憶長安。此時期京城多戰亂，吐蕃、回紇入侵，曾一度佔領長安，代宗倉促幸陝。百年：一生。直北：正北，指與北邊回紇之間的戰事。金鼓震：指有戰事。征西：指與西邊吐蕃之間的戰事。羽書：軍事情報。魚龍：泛指水族。寂寞：指秋後水族潛於深淵，不在波面活動，所謂"魚龍以秋冬為夜"（《水經注》）。故國：指長安。平居：指平素之所居，此謂在夔州秋日思念舊日長安平居生活。

其五

蓬萊宮闕對南山，承露金莖霄漢間。

西望瑤池降王母，東來紫氣滿函關。

雲移雉尾開宮扇，日繞龍鱗識聖顏。

一臥滄江驚歲晚，幾回青瑣點朝班。

【注疏】

此首表現對京都長安宮闕的想望，通過回憶當年早朝的盛況與今日的滄江歲晚相對比，感歎今昔盛衰。蓬萊宮闕：指大明宮。南山：即終南山。承露金莖：指仙人承露盤下的銅柱，漢武帝在建章宮西建仙人承露盤，此乃以漢喻唐。瑤池：傳說中女神西王母的住地，在崑崙山。降王母：《穆天子傳》等書記載有周穆王登崑崙山會西王母的傳說，《漢武內傳》則說西王母曾於某年七月七日飛降漢宮。

東來紫氣：用老子自洛陽入函谷關事，《列仙傳》記載，老子西遊至函谷關，關尹喜登樓而望，見東極有紫氣西邁，知有聖人過函谷關，後來果然見老子乘青牛車經過。函關：即函谷關。此二句借用典故極寫都城長安城宮殿的宏偉氣象。

雲移：指官扇雲彩般地分開。雉尾：指雉尾扇，用雉尾編成，是帝王儀仗的一種。日繞龍鱗：形容皇帝袞袍上所繡的龍紋光彩奪目，如日光繚繞。聖顏：天子的容貌，此言自己曾親見過皇帝。一：一自，自從。臥滄江：指臥病夔州。歲晚：歲末，兼傷年華老大。幾回：言立朝時間之短。青瑣：漢未央宮門名，門飾以青色，鏤以連環花紋，此借指宮門。點朝班：指殿上依班次點名傳呼百官朝見天子。此二句慨歎自己晚年遠離朝廷，臥病夔州，虛有朝官（檢校工部員外郎）之名，卻久未參加朝列。

其六

瞿塘峽口曲江頭，萬里風煙接素秋。
花萼夾城通御气，芙蓉小苑入邊愁。
珠簾繡柱圍黃鵠，錦纜牙檣起白鷗。
回首可憐歌舞地，秦中自古帝王州。

【注疏】

本篇慨歎安史之亂以來，長安城滿目瘡痍，今昔盛衰对比，不勝感慨。瞿唐峽：三峽之一，在夔州東。曲江：在長安之南，名勝之地。萬里風煙：指夔州與長安相隔萬里之遥。素秋：秋尚白，故稱素秋。花萼：即花萼相輝樓，在長安南內興慶宮西南隅。夾城：據《長安志》記載，唐玄宗開元二十年（732），從大明宮依城修築復道，經通化門，達南內興慶宮，直至曲江芙蓉園。通御气：此復道因系方便天子游賞而修，故稱。芙蓉小苑：即芙蓉園，在曲江西南。入邊愁：傳來邊地戰亂的消息。

珠簾繡柱：形容曲江行宮別院的樓亭建築極其富麗華美。錦纜牙檣：指曲江中裝飾華美的遊船。此句說曲江上舟楫往來不息，水鳥時被驚飛。歌舞地：指曲江池苑，此時遭兵災而荒涼寂寞。秦中：指長安。帝王州：帝王建都之地。

其七

昆明池水漢時功，武帝旌旗在眼中。
織女機絲虛夜月，石鯨鱗甲動秋風。
波漂菰米沉雲黑，露冷蓮房墜粉紅。
關塞極天唯鳥道，江湖滿地一漁翁。

【注疏】

本篇寫長安城昆明池盛衰變化，自傷漂泊江湖。昆明池：漢武帝時在長安仿昆明滇池而鑿昆明池，以習水戰。武帝：漢武帝，亦代指唐玄宗，唐玄宗為攻打南詔，曾在昆明池演習水兵。旌旗：指樓船上的軍旗。織女：指漢代昆明池西岸的織女石像。機絲：織機及機上之絲。虛夜月：空對著明月。石鯨：指昆明池中的石刻鯨魚。

菰（gū）：即茭白，生淺水中，葉似蘆葦，根莖可食，秋天結實，稱菰米，又名雕胡米。蓮房：即蓮蓬。墜粉紅：指秋季蓮蓬成熟，花瓣片片墜落。關塞：此指夔州山川。極天：指極高。唯鳥道：形容道路高峻險要，只有飛鳥可通。江湖滿地：指漂泊江湖，苦無歸宿。漁翁：杜甫自比。

其八

昆吾御宿自逶迤，紫閣峰陰入渼陂。

香稻啄餘鸚鵡粒，碧梧棲老鳳凰枝。

佳人拾翠春相問，仙侶同舟晚更移。

彩筆昔曾干氣象，白頭吟望苦低垂。

（正文據中華書局1979年版仇兆鰲《杜少陵集詳注》）

【注疏】

此篇回想昔日在長安暢遊渼陂之情境，慨歎青春獻賦之豪情不再。昆吾：漢武帝上林苑地名，在今陝西藍田縣西。御宿：即御宿苑，漢武帝時的離宮別院。逶迤：道路曲折貌。紫閣峰：終南山峰名，在今陝西戶縣東南。陰：山之北、水之南，稱陰。渼（měi）陂（bēi）：水名，在今陝西戶縣西，唐時風景名勝之地。陂：池塘湖泊。香稻啄餘鸚鵡粒：此兩句為倒裝語序，寫渼陂物產之美。拾翠：拾取翠鳥的羽毛。相問：贈送禮物。

仙侶：指春遊之伴侶。移：此謂移船他處，以盡遊賞之興。彩筆：五彩之筆，喻指華美艷麗的文筆，典出《南史·江淹傳》："又嘗宿於冶亭，夢一丈夫自稱郭璞，謂淹曰：'吾有筆在卿處多年，可以見還。'淹乃探懷中，得五色筆一，以授之。爾後為詩絕無美句，時人謂之才盡。"干氣象：此謂自己曾於天寶十載上《三大禮》賦，得到唐玄宗讚賞。望：望京華。

四、水龍吟·楚天千里清秋 ［辛棄疾］

【叙題】

辛棄疾（1140～1207），南宋最傑出的愛國詞人，也是著名軍事家。原字坦夫，改字幼安，別號稼軒，歷城（今山東濟南）人。出生時，中原已為金兵所占。21歲參加抗金義軍，不久带兵歸南宋。一生力主抗金，以恢復為志。曾上奏《美芹十論》與《九議》，條陳戰守之策，顯示其卓越軍事才能與愛國熱忱，却屢受朝廷投降派的排擠打擊，歷任湖北、江西、湖南、福建、浙東安撫使等職，晚年閒居於江西上饒、鉛山一帶。韓侂胄當政時一度起用，不久病卒。

辛棄疾存詞629首，數量為宋人詞之冠。其作品以慷慨悲壯的愛國詞為其主調，或表現殺敵報國的雄心壯志和恢復中原的理想抱負，如《破陣子》（醉裏挑燈看劍）等；或借登臨懷古抒發壯志難酬的苦悶憂患，如《水龍吟》（楚天千里清秋）等；或譴責執政者屈辱求安，如《摸魚兒》（更能消几番风雨）等；或描寫鄉村生活圖景，如《清平樂》（茅簷低小）等。

在藝術形式上，稼軒詞善于化用前人典故入詞，風格沉雄豪邁又不乏細膩柔媚，可謂摧柔入剛，與蘇軾並稱"蘇辛"。與李清照並稱"濟南二安"，有并稱"人中之傑、詞中之龍"。劉辰翁《辛稼軒詞序》說："自辛稼軒前，用一語如此者，必且掩口。及稼軒，橫豎爛熳，乃如禪宗棒喝，頭頭皆是；又如悲笳萬鼓，平生不平事並尼酒，但覺賓主酣暢，談不暇顧。詞至此亦足矣。"有《稼軒長短句》12卷傳世。今人輯有《辛稼軒詩文鈔存》。

辛詞代表作《水龍吟·楚天千里清秋》作於乾道四至六年（1168～1170）間建康通判任上，詞調下自注"登建康賞心亭"。賞心亭位於南宋建康（今江蘇南京）城上，下臨秦淮，盡得觀賞之勝。此時作者南歸已有八九年，卻僅任建康通判而投閒置散，不得一遂報國之願。偶有登臨周覽之際，一抒鬱結心頭的悲憤之情。上闋展現無際楚天與滾滾長江，境界闊大，觸發家國之恨和鄉關之思。下闋用三個典故，表白自己以天下為己任的抱負，嘆惜流年如水，壯志成灰，英雄失途。

楚天千里清秋，水隨天去秋無際。遙岑遠目，獻愁供恨，玉簪螺髻。落日樓頭，斷鴻聲裏，江南遊子。把吳鉤看了，欄杆拍遍，無人會、登臨意。

休說鱸魚堪膾，盡西風，季鷹歸未？求田問舍，怕應羞見，劉郎才氣。可惜流年，憂愁風雨，樹猶如此！倩何人喚取，紅巾翠袖，搵英雄淚！

（正文據上海古籍出版社1993年版鄧廣銘《稼軒詞編年箋注》）

【注疏】

遙岑（cén）：遠山。玉簪：碧玉簪。螺髻：螺旋盤結的髮髻，形容遠山秀美。斷鴻：失群的孤雁。吳鉤：指寶刀，相傳古時吳地冶金鑄劍技術最爲發達。季鷹：即西晉吳人張翰，字季鷹，在洛陽做官，見秋風起，因想到家鄉吳中的鱸魚等美味，遂棄官而歸，見《晉書·張翰傳》。求田問舍：置地買房。劉郎：劉備，史載劉備曾批評當時名士許汜在國家危難之際只知置地買房，見《三國志·魏書·陳登傳》。流年：流逝的時光。樹猶如此：桓溫北伐經金城，見從前所植柳樹已長得十分粗大，慨然歎道："木猶如此，人何以堪！"典出《世說新說·言語》。倩：請托。紅巾翠袖：代指女子。搵（wèn）：擦拭。

第二章　散文

一、尚德緩刑書 ［路溫舒］

【叙题】

　　路溫舒是西漢時期著名的司法官吏。《漢書》本傳載："路溫舒，字長君，鉅鹿東里人也。父爲里監門。使溫舒牧羊，溫舒取澤中蒲，截以爲牒，編用寫書。稍習善，求爲獄小吏，因學律令，轉爲獄史，縣中疑事皆問焉。太守行縣，見而异之，署決曹史。又受《春秋》，通大義。舉孝廉，爲山邑丞，坐法免，復爲郡吏。"可知他習《春秋》經義，又熟悉律令，可謂兼備德治與法治理念之官吏，得到朝廷的重用。《漢書》記載"溫舒子及孫皆至牧守大官"，班固贊曰："路溫舒辭順而意篤，遂爲世家，宜哉！"

　　宣帝初即位，溫舒身爲朝官，作《尚德緩刑》奏疏，上書直諫，請求改變重刑罰、重用治獄官吏的政策，主張"尚德緩刑"，"省法制，寬刑罰"。又提出廢除誹謗罪，以便廣開言路。受到宣帝認可和重視，予以升職，并下詔在廷尉之下設置廷平四員，秩六百石，負責審理冤獄。

　　本篇奏疏，本選自《漢書·賈鄒枚路傳》，因又曾選入《古文觀止》，故社會上流傳甚廣。

　　臣聞齊有無知之禍，而桓公以興；晉有驪姬之難，而文公用伯。近世趙王不終，諸呂作亂，而孝文爲太宗。由是觀之，禍亂之作，將以開聖人也。故桓、文扶微興壞，尊文、武之業，澤加百姓，功潤諸侯，雖不及三王，天下歸仁焉。文帝永思至德，以承天心，崇仁義，省刑罰，通關梁，一遠近，敬賢如大賓，愛民如赤子，内恕情之所安而施之於海内，是以囹圄空虛，天下太平。夫繼變化之後，必有异舊之恩，此賢聖所以昭天命也。

【注疏】

　　臣聞齊有無知之禍，而桓公以興：無知：春秋時齊公子，杀襄公而自立，後被人殺死，襄公之弟公子小白與流亡中自莒回齊即位，後成爲五霸之一的齊桓公。

　　驪姬：春秋時晉獻公寵姬，本居驪戎（今陝西臨潼東北），被晉獻公伐驪戎時所得，立為夫人，生奚齊、卓子，不久就譖殺太子申生，立奚齊為太子，公子重耳、夷吾出奔。獻公死，奚齊、卓相繼为國君，後被殺，驪姬亦被殺。重耳回晉，成為春秋時一代霸主。用：因而。伯：同霸。趙王：漢高祖劉邦的寵姬戚夫人之子，名如意，封為趙王。劉邦死，惠帝立，太后呂雉毒死趙王如意，殘害戚夫人。諸呂作亂：呂雉同其侄兒呂產、呂禄等專權，死後，大臣周勃、陳平等消滅諸呂，迎立代王劉恒即位。孝文：孝文帝，即刘恒，廟號太宗，有所谓"文景之治"。關：關卡，關口。梁：橋樑。一：統一，動詞。恕：寬容。圄圉：牢獄。

往者，昭帝即世而無嗣，大臣憂戚，焦心合謀，皆以昌邑尊親，援而立之。然天不授命，淫亂其心，遂以自亡。深察禍變之故，乃皇天之所以開至聖也。故大將軍受命武帝，股肱漢國，披肝膽，決大計，黜亡義，立有德，輔天而行，然後宗廟以安，天下咸寧。臣聞《春秋》正即位，大一統而慎始也。陛下初登至尊，與天合符，宜改前世之失，正始受命之統，滌煩文，除民疾，存亡繼絕，以應天意。

【注疏】

即世：逝世。援：援用舊例。大將軍：指霍光，于武帝死後，輔佐年仅八岁的昭帝即位。股肱(gōng)：大腿和手臂，此謂輔佐。正：重視正统。《春秋》記載王侯即位，极講究即位名分。大一統：重視天下統一的事業。大：尊重，重視。始受命：指初即位。統：法制。

臣聞秦有十失，其千尚存，治獄之吏是也。秦之時，羞文學，好武勇，賤仁義之士，貴治獄之吏，正言者謂之誹謗，遏過者謂之妖言，故盛服先生不用於世，忠良切言皆鬱於胸，譽諛之聲日滿於耳，虛美熏心，實禍蔽塞，此乃秦之所以亡天下也。方今天下，賴陛下恩厚，亡金革之危、饑寒之患，父子夫妻戮力安家，然太平未洽者，獄亂之也。

夫獄者，天下之大命也，死者不可復生，絕者不可復屬。《書》曰："與其殺不辜，寧失不經。"今治獄吏則不然，上下相驅，以刻為明，深者獲公名，平者多後患。故治獄之吏，皆欲人死，非憎人也，自安之道在人之死。是以死人之血流離於市，被刑之徒比肩而立，大辟之計歲以萬數。此仁聖之所以傷也。太平之未洽，凡以此也。夫人情安則樂生，痛則思死，棰楚之下，何求而不得？做囚人不勝痛，則飾詞以視之，吏治者利其然，則指道以明之，上奏畏卻，則鍛練而周内之；蓋奏當之成，雖咎繇聽之，猶以為死有餘辜。何則？成練者眾，文致之罪明也。是以獄吏專為深刻，殘賊而亡極，媮為一切，不顧國患，此世之大賊也。故俗語曰："畫地為獄議不入；刻木為吏期不對。"此皆疾吏之風，悲痛之辭也。故天下之患，莫深於獄；敗法亂正，離親塞道，莫甚乎治獄之吏，此所謂一尚存者也。"

臣聞烏鳶之卵不毀，而後鳳凰集；誹謗之罪不誅，而後良言進。故古人有言："山藪臧疾，川澤納汙，瑾瑜匿惡，國君含詬。"唯陛下除誹謗以招切言，開天下之口，廣箴諫之路，掃亡秦之失，尊文武之德，省法制，寬刑罰，以廢治獄，則太平之風可興於世，永履和樂，與天亡極，天下幸甚。

（正文據中華書局 1962 年版《漢書》卷 51《賈鄒枚路傳》）

【注疏】

文學：此謂文教之事。遏過：防止過失。盛服先生：此謂衣冠齐楚的儒者。金革：兵革，指戰爭。戮力：並力，盡力。洽：協調。

獄者：指刑獄。屬：接续。寧失不經：語出《尚書·大禹謨》。不經：不合常規。刻：刻薄、苛刻。大辟：死刑。棰楚：古代刑具。棰：木棍。楚：荆條。視：同示，此謂招供。畏卻：害怕被批駁退回。練：通"煉"，鍛煉。比喻酷吏枉法，多方編造罪名。周：周密。内：同"納"，歸納。咎繇（gáo yáo）：舜時建立法律設立監獄之臣。聽：審訊。成練：構成各種罪名。文致：文飾而使人獲罪。賊：敗壞，傷害。亡：無。媮：同偷，苟且。議：謀慮。期：必定。不對：不对质。

鳶（yuān）：老鷹。古人有言：見《左傳·宣公十五年》載晉大夫伯宗之語。詬：恥辱。藪（sǒu）：多草湖澤。瑾瑜：美玉。箴（zhēn）：勸戒，勸告。

二、歸田賦［張衡］

【叙題】

張衡（78～139），東漢辭賦家、科學家，字平子，南陽西鄂（今河南南陽）人。史載他"通《五經》，貫六藝"，曾擬班固《兩都賦》作《二京賦》。任南陽主簿八年，善於製造機巧之物，尤好天文、陰陽、曆算之學。公車特徵拜為郎中，遷太史令。曾製造觀察天象的渾天儀，又製造測定地震的地動儀，後來隴西地震，果驗其妙。《隋書·經籍志》有《張衡集》14 卷，久佚；明人張溥編有《張河間集》，收入《漢魏六朝百三家集》。當代國際天文組織將太陽系 1082 號小行星命名為"張衡星"。

東漢安帝、順帝時期，外戚宦官當道，朝政日非，豪強肆虐，綱紀全失，張衡遂被罷黜為河間相。此賦即爲於順帝永和三年（138）於河間相任上書乞骸骨時所作。"《歸田賦》者，張衡士不得志，欲歸於田，因作此賦"，（李善《文選注》）"衡遊京師，四十不仕。順帝時閹官用事，欲歸田裏。故作是賦。"（六臣《文選注》）二百餘字，勾勒出一派欣欣向榮的自然風貌，表達了對歸田生活的嚮往，也暗寓對官場齷齪的厭惡。寄情于景，情景交融，語言清新，優美生動。雖然張衡一生都沒有隱居，本賦僅表達其向往美好社會的的願望，但其中凝聚了他一生的感慨與情志，歷來深受人們愛賞傳誦。

　　《歸田賦》在我國文學史佔有重要地位，是第一篇寫田園隱居生活的文學作品、第一篇比較成熟的駢賦、第一篇完整的抒情小賦，同時開四六駢文之先河。一洗漢大賦鋪采摛文、閎侈巨衍、虛誇堆砌的舊弊，轉為文句雅致精煉、結構短小靈活的風格，之後漢魏兩晉的著名短制駢賦即相繼問世，如趙壹《刺世疾邪賦》、禰衡《鸚鵡賦》、王粲《登樓賦》、曹植《洛神賦》、向秀《思舊賦》、陶淵明《悲士不遇賦》、嵇康《與山巨源絕交書》、劉伶《酒德頌》、阮籍《大人先生傳》等，陶淵明的《歸去來兮辭》在構思、命意、手法上都直接受《歸田賦》的啟示。

　　本篇多用典故，充分利用了歷史典故詞句短小、内涵量大的優點，於文辭之外又平添了更加豐富的内容。又运用疊韻、重復、雙關等修辭方法，如“關關嚶嚶”“交頸頡頏”，形象地描繪了田園山林和諧歡快、神和氣清的景色。

　　游都邑以永久，無明略以佐時；徒臨川以羨魚，俟河清乎未期。感蔡子之慷慨，從唐生以決疑。諒天道之微昧，追漁父以同嬉；超埃塵以遐逝，與世事乎長辭。

　　於是仲春令月，時和氣清。原隰鬱茂，百草滋榮。王雎鼓翼，鶬鶊哀鳴；交頸頡頏，關關嚶嚶。於焉逍遙，聊以娛情。

【注疏】

　　都邑：指東漢京都洛陽。永：長。久：滯，滯留。明略：明智的謀略。徒：空，徒然。羨：願。羨魚：出自《淮南子·說林訓》：“臨川流而羨魚，不如歸家織網。”俟：等待。河清：傳說黃河千年一清，古人認為是政治清明的標誌，此謂等待政治清明未可預期。蔡子：指戰國時燕人蔡澤，史載蔡澤遊學諸侯，未發跡時曾請唐舉看相，後入秦，代范睢為秦相。唐生：戰國時魏人唐舉，善看相。決疑：請人看相以解決前途命運的疑惑。諒：確實。微昧：幽隱。漁父：指隱居江湖的人。宋洪興祖《楚辭補注》引王逸《漁父章句序》：“漁父避世隱身，釣魚江濱，欣然而樂。”嬉：樂。埃塵：比喻紛濁的事務。遐逝：遠去。長辭：永別。

　　令：善。令月：吉日，美好時節。原：寬闊平坦之地。隰：低濕之地。鬱茂：草木繁盛。王雎：鳥名，即雎鳩。鼓：扇動。鶬鶊：鳥名，即黃鸝。關關嚶嚶：鳥鳴聲。頡頏（jié háng）：鳥飛上下貌。於焉：於是乎。逍遙：安閒自得。

　　爾乃龍吟方澤，虎嘯山丘。仰飛纖繳，俯釣長流；觸矢而斃，貪餌吞鉤；落雲間之逸禽，懸淵沉之鯊鰡。

　　於時曜靈俄景，系以望舒。極般游之至樂，雖日夕而忘劬。感老氏之遺誡，將廻駕乎蓬廬。彈五弦之妙指，詠周孔之圖書；揮翰墨以奮藻，陳三皇之軌模。苟縱心於物外，安知榮辱之所如？

　　　　（正文據中華書局 1977 年影印蕭統《昭明文選》清嘉慶十年胡克家刻本）

【注疏】

爾乃：於是。方澤：大澤。方：通"旁"。纖：細。繳（zhuó）：射鳥時系在箭上的絲繩。逸禽：雲間高飛的鳥。鯊鰡（shā liú）：兩種小魚名，常伏在水底沙上。

曜靈：指太陽。俄：斜。景：同"影"。系：繼。望舒：神話傳說中為月亮駕車之神，此謂月亮。般（pán）遊：遊樂。般：樂。劬（qú）：勞苦。老氏：老子。感老氏之遺誡：指《老子》十二章："馳騁田獵，令人心發狂。"蓬廬：茅房。五弦：五弦琴。指：通"旨"。周孔之圖書：周公、孔子著述的典籍。翰：毛筆。奮藻：寫文章揮發詞藻。陳：陳述。軌模：法則。如：往，至。

三、進學解 ［韓愈］

【叙題】

韓愈（768～824），字退之，唐代文學家，河內河陽（今河南孟州）人。自稱郡望昌黎，世稱韓昌黎。三歲而孤，受兄嫂撫育，雖孤貧卻刻苦好學，有讀書經世之志。20歲赴長安考進士，三試不第。25歲中進士，而後却三試博學鴻詞科不成，赴汴州董晉、徐州張建封兩節度使幕府任觀察推官職。後回京歷任四門博士、監察御史，因上書論天旱人饑狀，請減免賦稅，被貶陽山令。憲宗時北歸，為國子博士、國子祭酒等學官。元和十二年（817），隨裴度以行軍司馬身份平定淮西軍亂，因軍功晉授刑部侍郎。又因諫憲宗迎佛骨，被貶為潮州刺史。回朝歷國子祭酒、兵部侍郎、吏部侍郎、京兆尹等職。故世稱韓吏部；諡號"文"，又稱韓文公。有《韓昌黎集》。

韓愈在思想上提倡"道統"，尊儒反佛；在文學上倡導古文運動，與柳宗元並稱"韓柳"，主張學習先秦兩漢的散文語言，破駢為散，擴大文言文的表達功能。宋代蘇軾稱他"文起八代之衰"，明代學者列之為唐宋八大家之首，世稱"文章巨公""百代文宗"。韓愈還是一位語言巨匠，善於使用前人語匯，又注重當代口語的提煉，創造出許多新的語句，成為成語流傳至今，如"落井下石""動輒得咎""雜亂無章"等。

《進學解》作於元和七八年間任國子博士時，假託訓誡學生在學業、德行方面取得進步，於學生提出質問後，再進行解釋，故名"進學解"，藉以抒發自己懷才不遇、仕途蹭蹬的不滿，同時也反映了當時社會人不能盡其才的普遍現象。

國子先生晨入太學，招諸生立館下，誨之曰："業精於勤，荒於嬉；行成于思，毀於隨。方今聖賢相逢，治具畢張。拔去凶邪，登崇俊良。佔小善者率以録，名一藝者無不庸。爬羅剔抉，刮垢磨光。蓋有幸而獲選，孰云多而不揚？諸生業患不能精，無患有司之不明；行患不能成，無患有司之不公。"

【注疏】

国子先生：韓愈自稱，時任國子博士。唐朝京都最高學府國子監下設有國子學、太學等七學，各學置博士為教授官。國子學為高級官員子弟而設。太學：指唐朝國子監，相當於漢朝的太學，此用前代舊稱。嬉：戲樂，遊玩。隨：不經意，隨便。治具：治理的工具，指法令，所謂"法令者，治之具"（《史記·酷吏列傳》）。畢：全部。張：建立、確立。率：都。庸：通"用"，採用、錄用。爬羅：爬梳搜羅。剔抉：剔除挑選。刮垢磨光：刮去污垢，磨出光亮，此謂精心造就人才。有司：負有專責的部門及其官吏。

言未既，有笑於列者曰："先生欺余哉！弟子事先生，於茲有年矣。先生口不絕吟於六藝之文，手不停披於百家之編。紀事者必提其要，纂言者必鉤其玄。貪多務得，細大不捐。焚膏油以繼晷，恒兀兀以窮年。先生之業，可謂勤矣。觝排異端，攘斥佛老。補苴罅漏，張皇幽眇。尋墜緒之茫茫，獨旁搜而遠紹。障百川而東之，回狂瀾於既倒。先生之於儒，可謂有勞矣。

【注疏】

六藝：指《詩》《書》《禮》《樂》《易》《春秋》六部儒家經典。百家之編：指儒家經典以外各學派著作。纂言者：指言論集、理論著作。膏油：油脂，指燈燭。晷（guǐ）：日影。恒：經常。兀（wù）兀：辛勤不懈貌。窮：終、盡。異端：稱儒家以外的學說、學派，所謂"攻乎異端，斯害也已。"（《論語·為政》）攘（rǎng）：排除。老：老子，此指道家。苴（jū）：鞋底中墊的草，此謂填補。罅（xià）：裂縫。皇：大。幽：深。眇：微小。緒：前人留下的事業，指儒家道統。

"沉浸醲郁，含英咀華，作為文章，其書滿家。上規姚姒，渾渾無涯；周誥、殷《盤》，佶屈聱牙；《春秋》謹嚴，《左氏》浮誇；《易》奇而法，《詩》正而葩；下逮《莊》、《騷》，太史所錄；子雲、相如，同工異曲。先生之於文，可謂閎其中而肆其外矣。少始知學，勇於敢為；長通於方，左右具宜。先生之於為人，可謂成矣。然而公不見信於人，私不見助於友。跋前躓後，動輒得咎。暫為御史，遂竄南夷。三年博士，冗不見治。命與仇謀，取敗幾時。冬暖而兒號寒，年豐而妻啼饑。頭童齒豁，竟死何裨。不知慮此，而反教人為？"

【注疏】

英、華：花，此指文章中的精華。姚、姒（sì）：相傳虞舜姓姚，夏禹姓姒。周誥：《尚書·周書》中有《大誥》《康誥》《酒誥》《召誥》《洛誥》等篇，誥為訓誡勉勵的文告。殷《盤》：指《尚書·商書》中《盤庚》。佶屈：屈曲。聱牙：不順口。逮：及、到。太史：指漢代太史令司馬遷。子雲：漢代文學家揚雄字子雲。相如：漢代辭賦家司馬相如。見信、見助：被信任、被幫助。跋（bá）：踩。躓（zhì）：絆，語出《詩經·豳風·狼跋》："狼跋其胡，載疐其尾。"意謂進退都有困難。輒：常常。竄：竄逐，貶謫。南夷：指韓愈任監察御史時上書論宮市之弊，觸怒德宗，被貶為廣東連州陽山令。冗：閒散。見：通"現"，表現，顯露。幾時：不一定何時，即隨時。為：語助詞，表示疑問、反詰。

先生曰：“吁，子來前！夫大木為杗，細木為桷，欂櫨、侏儒，椳、闑、扂、楔，各得其宜，施以成室者，匠氏之工也。玉札、丹砂、赤箭、青芝，牛溲、馬勃，敗鼓之皮，俱收並蓄，待用無遺者，醫師之良也。登明選公，雜進巧拙，紆餘為妍，卓犖為傑，校短量長，惟器是適者，宰相之方也。昔者孟軻好辯，孔道以明，轍環天下，卒老於行。荀卿守正，大論是弘，逃讒於楚，廢死蘭陵。是二儒者，吐辭為經，舉足為法，絕類離倫，優入聖域，其遇於世何如也？

今先生學雖勤而不繇其統，言雖多而不要其中，文雖奇而不濟於用，行雖修而不顯於眾。猶且月費俸錢，歲靡廩粟；子不知耕，婦不知織；乘馬從徒，安坐而食。踵常途之促促，窺陳編以盜竊。然而聖主不加誅，宰臣不見斥，茲非其幸歟？動而得謗，名亦隨之。投閒置散，乃分之宜。若夫商財賄之有亡，計班資之崇庳，忘己量之所稱，指前人之瑕疵，是所謂詰匠氏之不以杙為楹，而訾醫師以昌陽引年，欲進其豨苓也。

（正文據中國書店 1987 年版沈德潛編選《唐宋八大家古文》）

【注疏】

吁（xū）：嘆詞。杗（máng）：屋樑。桷（jué）：屋椽。欂櫨（bó lú）：鬥栱，柱頂上承托棟樑的方木。侏儒：梁上短柱。椳（wēi）：門樞臼。闑（niè）：門中央所豎的短木。扂（diàn）：門閂之類。楔（xiè 屑）：門兩旁豎長木柱。玉札：藥名，即地榆。丹砂：朱砂。赤箭：天麻。青芝：藥名，指龍蘭。以上皆名貴藥材。牛溲：牛尿，一說為車前草。馬勃：馬屁菌。以上皆賤價藥材。紆（yū）餘：委婉從容貌。妍：美。卓犖（luò）：突出，超群出眾。校（jiào）：比較。孟軻好辯：孟子說：“予豈好辯哉！予不得已也。”（《孟子‧滕文公下》）轍：車輪痕跡。荀卿：即荀況，戰國後期儒家大師，曾在齊國做祭酒，被人讒毀，逃到楚國，春申君任蘭陵（今山東棗莊）令。絕、離：超越。類、倫：此謂一般人。

繇：通“由”。靡：浪費，消耗。廩（lǐn）：糧倉。踵（zhǒng）：腳後跟，此謂跟隨。促促：拘謹局促貌，或謂當作“役役”，指勞苦。窺：從小孔、縫隙或隱僻處察看。陳編：古舊的書籍。財賄：財物，此指俸祿。班資：等級、資格。亡：通“無”。庳（bēi）：通“卑”，低。前人：指職位在自己前列的人。瑕（xiá）：玉石斑點。疵（cī）：病。杙（yì）：小木樁。楹（yíng）：柱子。訾（zǐ）：譭謗非議。昌陽：昌蒲，藥材名，相傳久服可以長壽。豨（xī）苓：又名豬苓，利尿藥。

第三章　小説

一、世說新語［劉義慶］

【叙題】

劉義慶（403～444），彭城（今江蘇徐州）人，字季伯，劉宋宗室，武帝劉裕之侄，襲臨川王，後任江州刺史、開府儀同三司。任官各地，清正有績。《宋書》本傳說他“性簡素，寡嗜欲”。愛好文學，廣招四方文學之士，聚於門下，包括鮑照等著名詩人。作《世說新語》流傳於世。梁代劉孝標為《世說新語》作注，引書四百多種，與之並行。

《世說新語》是魏晉南北朝時期“志人小說”的代表作，記述東漢至東晉士族階層各色人物逸聞軼事以及“魏晉清談”的風氣，依内容分為德行、言語、政事、文學等36門，始于“德行”，終於“仇隙”，共一千多則故事，歷代受到文士階層的喜愛和重視，傳佈海内外，據載古代日本士人即將之作為“枕中書”，魯迅稱之為“名士的教科書”。其“筆記體小說”開創了一種新文體，對後世小說發展有深遠影響，後代多有效仿，在中國小說史中自成一體。《世說新語》善於以富於特徵的細節描寫來表現人物的性格和精神面貌，語言簡短精練，行文雋永傳神，有不少故事後世成為成語典故，如“拾人牙慧”“望梅止渴”“七步成詩”“難兄難弟”“咄咄怪事”“擊鼓罵曹”“新亭對泣”“何必見戴”等。同時也保存了當時社會、政治、思想、文學、語言等方面史料，具有重要史料價值。

關於《世說新語》的作者，自《隋書·藝文志》至《四庫全書總目》，歷代著録均記作劉義慶，而魯迅《中國小說史略》認為：“《宋書》言義慶才詞不多，而招聚文學之士，遠近必至，則諸書或成於眾手，亦未可知也。”即認為此書亦可能集文人雅士之所作。

茲所選第29門《儉嗇》記述士族階層各種性格表現和生活側面，第30門《汰侈》記載豪門貴族兇殘暴虐、窮奢極侈的本性。

儉嗇：

（1）和嶠性至儉，家有好李，王武子求之，與不過數十。王武子因其上直，率將少年能食之者，持斧詣園，飽共啖畢，伐之，送一車枝與和公。問曰：“何如君李？”和既得，唯笑而已。

（2）王戎儉吝，其從子婚，與一單衣，後更責之。

（3）司徒王戎，既貴且富，區宅、僮牧、膏田、水礁之屬，洛下無比。契疏鞅掌，每與夫人燭下散籌算計。

【注疏】

儉嗇，指吝嗇。王武子：王濟，字武子，和嶠的妻舅，勇力過人，有名望。上直：當值；值班。率將：帶領。

從子：侄兒。責：索取。

區宅：房屋。僮牧：奴僕和放牧的僕人；僕役。膏田：肥沃的田地。水礁（duì）：利用水力舂米的設備。契疏：契約、賬簿。鞅掌：眾多。籌算：籌碼，計數用的工具。

（4）王戎有好李，賣之，恐人得其種，恒鑽其核。

（5）王戎女適裴頠，貸錢數萬。女歸，戎色不說；女遽還錢，乃釋然。

（6）衛江州在尋陽，有知舊人投之，都不料理，唯餉王不留行一斤。此人得餉，便命駕。李弘范聞之，曰：“家舅刻薄，乃復驅使草木。”

【注疏】

衛江州：衛展，字道舒，西晉末任鷹揚將軍、江州刺史，江州官署所在地在潯陽。知舊：知己和舊友。料理：照顧、幫助。王不留行：藥草名，送此物暗示不留之意。家舅：對人稱自己的舅父。

（7）王丞相儉節，帳下甘果盈溢不散。涉春爛敗，都督白之，公令舍去，曰：“慎不可令大郎知！”

（8）蘇峻之亂，庾太尉南奔見陶公，陶公雅相賞重。陶性儉吝，及食，啖薤，庾因留白。陶問：“用此何為？”庾云：“故可種。”於是大歎庾非唯風流，兼有治實。

（9）郗公大聚斂，有錢數千萬，嘉賓意甚不同。常朝旦問訊，郗家法，子弟不坐，因倚語移時，遂及財貨事。郗公曰：“汝正當欲得吾錢耳！”乃開庫一日，令任意用。郗公始正謂損數百萬許，嘉賓遂一日乞與親友、周旋略盡。郗公聞之，驚怪不能已已。

【注疏】

帳下：幕府中。都督：軍事長官。大郎：父稱長子為大郎。

蘇峻之亂：發生在東晉成帝時的一次大規模叛亂，由歷陽內史蘇峻發起，聯結鎮西將軍祖約以討伐庾亮為名起兵進攻建康，次年攻破建康執掌朝政，庾亮則與江州刺史溫嶠推舉征西大將軍陶侃為盟主，討伐蘇峻，兩年後動亂結束。賞重：贊賞、重視。薤：草本植物，地下有鱗莖，可以吃，也可以再種。靠近根部的薤頭稱薤白。治實：治國的實際才能。

郗公：指郗愔。聚斂：搜刮錢財。嘉賓：指郗愔之子郗超，字嘉賓，好施捨，喜交遊。移時：過了很久。乞與：給與。周旋：指有交往的人。

汰侈：

（1）石崇每要客燕集，常令美人行酒，客飲酒不盡者，使黃門交斬美人。王丞相與大將軍嘗共詣崇，丞相素不能飲，輒自勉強，至於沈醉。每至大將軍，固不飲，以觀其變。已斬三人，顏色如故，尚不肯飲。丞相讓之，大將軍曰："自殺伊家人，何預卿事！"

【注疏】

汰侈：驕縱奢侈。石崇：字季倫，曾任荆州刺史，因劫奪遠使、客商而致富，常與貴戚王愷等鬥富，後被害。行酒：斟酒勸客。黃門：閹人，在内庭侍候的奴僕。交：接連，交替。王丞相：王導。大將軍：指王敦，王導的從兄。詣：往，至。素：平素。讓：責備。伊家：他家。預：牽涉。卿：指王導。

（2）石崇廁，常有十餘婢侍列，皆麗服藻飾；置甲煎粉。沈香汁之屬，無不畢備。又與新衣著令出，客多羞不能如廁。王大將軍往，脫故衣，著新衣，神色傲然。群婢相謂曰："此客必能作賊！"

（3）武帝嘗降王武子家，武子供饌，並用琉璃器。婢子百餘人，皆綾羅褲糯，以手擎飲食。烝豚肥美，異於常味。帝怪而問之，答曰："以人乳飲豚。"帝甚不平，食未畢，便去。王、石所未知作。

【注疏】

侍列：在各自位置上侍候。藻飾：修飾，打扮。甲煎粉：一種香粉。沉香汁：沉香木製成的香水。降：臨幸，指皇帝到某處去。糯（luó）：女人上衣。擎：托。王、石：指王愷、石崇。

（4）王君夫以飴糒澳釜，石季倫用蠟燭作炊。君夫作紫絲布步障碧綾裹四十里，石崇作錦步障五十里以敵之。石以椒為泥，王以赤石脂泥壁。

【注疏】

王君夫：王愷，字君夫，晉武帝司馬炎的舅父，與石崇鬥富，常得到晉武帝的幫助。以飴（yí）糒（bèi）澳釜：以錫和飯擦鍋，或謂應为"澳"，意謂烧火。飴：麥芽糖。糒：乾飯。步障：古代权貴出行，於道旁設置用來遮避風塵或禁止人們窺視的幕布。椒：指花椒，其種子可用來和泥塗牆。赤石脂：一種風化石，可用塗飾牆壁。

（5）石崇為客作豆粥，咄嗟便辦；恒冬天得韭萍虀。又牛形狀氣力不勝王愷牛，而與愷出遊，極晚發，爭入洛城，崇牛數十步後迅若飛禽，愷牛絕走不能及。每以此三事為扼腕，乃密貨崇帳下都督及御車人，問所以。都督曰："豆至難煮，唯豫作熟末，客至，作白粥以投之。韭萍虀是搗韭根，雜以麥苗爾。"復問馭人牛所以駛。馭人云："牛本不遲，由將車人不及，制之爾。急時聽偏轅，則駛矣。"愷悉從之，遂爭長。石崇後聞，皆殺告者。

（6）王君夫有牛，名八百里駁，常瑩其蹄角。王武子語君夫："我射不如卿，今指賭卿牛，以千萬對之。"君夫既恃手快，且謂駿物無有殺理，便相然可，令武子先射。武子一起便破的，卻據胡床，叱左右速探牛心來。須臾，炙至，一臠便去。

（7）王君夫嘗責一人無服餘衵，因直著曲閣重閨裏，不聽人將出。遂饑經日，迷不知何處去。後因緣相為，垂死，乃得出。

（8）石崇與王愷爭豪，並窮綺麗以飾輿服。武帝，愷之甥也，每助愷。嘗以一珊瑚樹高二尺許賜愷，枝柯扶疏，世罕其比。愷以示崇，崇視訖，以鐵如意擊之，應手而碎。愷既惋惜，又以為疾己之寶，聲色甚厲。崇曰："不足恨，今還卿。"乃命左右悉取珊瑚樹，有三尺、四尺，條榦絕世，光彩溢目者六七枚，如愷許比甚眾。愷惘然自失。

（9）王武子被責，移第北邙下。於時人多地貴，濟好馬射，買地作埒，編錢匝地竟埒。時人號曰金溝。

（10）石崇每與王敦入學戲，見顏、原象而歎曰："若與同升孔堂，去人何必有間！"王曰："不知餘人云何，子貢去卿差近。"石正色云："士當令身名俱泰，何至以甕牖語人！"

（11）彭城王有快牛，至愛惜之。王太尉與射，賭得之。彭城王曰："君欲自乘，則不論；若欲噉者，當以二十肥者代之。既不廢噉，又存所愛。"王遂殺噉。

（12）王右軍少時，在周侯未坐，割牛心噉之。於此改觀。

（正文據中華書局 1983 年版余嘉錫《世說新語箋疏》）

【注疏】

學：此謂大學，即設在京城的最高學府。顏、原：指孔子弟子顏回（字子淵）和原憲（字子思）。有間（jiàn）：有距離；有差別。子貢：端木賜，字子貢，孔子弟子，曾經商而家累千金。差近：比較近。泰：平安。甕牖：用破甕做窗户，比喻貧苦人家，相傳原憲家即如此貧窮。此言石崇醒悟到不該以顏、原自比。

彭城王：司馬權，字子輿，是晉武帝的堂叔父，封為彭城王。王太尉：王衍。噉：吃。

王右軍：王羲之。周侯：周顗，曾任吏部尚書，名望很大。

二、鶯鶯傳 [元稹]

【叙題】

元稹（779～831），字微之，行九，世稱元九。為北魏宗室鮮卑族拓跋部後裔。祖籍洛陽，六世祖遷居長安。八歲喪父，家貧而勤學，隨母親鄭氏居鳳翔，15 歲在長安應試明經科及第。貞元十九年（803），與白居易同登書判撥萃科，同入秘書省任校書郎。後應才識兼茂明於體用科試，名列第一，授左拾遺，又為監察禦史。後擢祠部郎中、知制誥。唐穆宗時擢為中書舍人，翰林承旨學上，居相位三月。後逝于武昌軍節度使任上。其生前死後，世人對其人品、官品評價頗不一。陳寅恪《元白詩箋證稿》曾評價："微之所以棄雙文（即崔鶯鶯）而娶成之（韋叢），及樂天（白居易）、公垂（李紳）諸人之所以不以其事為非，正當時社會輿論道德之所容許"，"綜其一生形跡，巧宦故不待言，而巧婚尤為可惡也。豈多情哉？實多詐而已矣"，"乘此社會不同之道德標準及習俗並存雜用之時，自私自利"。

元稹詩歌創作與白居易齊名，自少與之唱和，並稱"元白"，號為"元和體"。他寫作新樂府詩早於白居易，同為新樂府運動宣導者。又與李紳、韓愈、劉禹錫、柳宗元、白行簡、張籍、王建等著名文學家都有交往。元稹詩文創作多有成就，著述頗豐，生前曾多次自編詩文集，後總匯為《元氏長慶集》，收錄詩賦、詔冊、銘諫、論議等共 100 卷。

元稹所作傳奇《鶯鶯傳》原題《傳奇》，《太平廣記》收錄時改作《鶯鶯傳》，沿用至今。又因傳中有賦《會真詩》等內容，後世亦稱《會真記》。敘述張生與崔鶯鶯的愛情悲劇故事，文筆優美，刻畫人物性格和心理頗細緻，塑造了崔鶯鶯的豐滿小說藝術形象，既寫出了這位封建家庭大家閨秀對封建禮教的反叛，又寫出其性格中軟弱的一面。

　　關於《鶯鶯傳》的創作背景，陳寅恪認為是追述元稹自己的一段真實往事："少日之情人所謂崔鶯鶯者。"魯迅《中國小說史略》說："元稹以張生自寓，述其親歷之境，雖文章尚非上乘，而時有情致，固亦可觀，惟篇末文過飾非，遂墮惡趣。""篇末文過飾非，遂墮惡趣。"鄭振鐸《插圖本中國文學史》評價其結尾："這不能算是悲劇，實在'怪劇'。"這方面的考證還可參考王鉽《〈傳奇〉辨證》、王桐齡《會真記事蹟真偽考》、陳寅恪《讀鶯鶯傳》、孫望《鶯鶯傳事蹟考》。

　　《鶯鶯傳》的故事廣泛流傳，對後世說唱文學影響較大。當時李紳就受其影響，作《鶯鶯歌》。北宋以降，士大夫"無不舉此以為美談，至於倡優女子，皆能調說大略"。後世據以改寫的戲曲作品，不可勝數。如宋代有趙令畤《商調蝶戀花》鼓子詞、《鶯鶯傳》話本、《鶯鶯六么》雜劇，金代有董解元《西廂記諸宮調》，元代有王實甫《西廂記》雜劇，明清更有許多同類題材的雜劇傳奇。已成為中國許多戲曲劇種的傳統劇碼，家喻戶曉。直到當代那些仍活躍在電影、電視以及各種劇碼中的西廂故事，《鶯鶯傳》仍是其源頭。

　　貞元中，有張生者，性溫茂，美風容，內秉堅孤，非禮不可入。或朋從遊宴，擾雜其間，他人皆洶洶拳拳，若將不及，張生容順而已，終不能亂。以是年二十三，未嘗近女色。知者詰之。謝而言曰："登徒子非好色者，是有凶行；余真好色者，而適不我值。何以言之？大凡物之尤者，未嘗不留連於心，是知其非忘情者也。"詰者識之。

　　無幾何，張生游於蒲。蒲之東十餘里，有僧舍曰普救寺，張生寓焉。適有崔氏孀婦，將歸長安，路出於蒲，亦止茲寺。崔氏婦，鄭女也。張出於鄭，緒其親，乃異派之從母。是歲，渾瑊薨於蒲。有中人丁文雅，不善於軍，軍人因喪而擾，大掠蒲人。崔氏之家，財產甚厚，多奴僕。旅寓惶駭，不知所托。先是，張與蒲將之黨有善，請吏護之，遂不及於難。十餘日，廉使杜確將天子命以總戎節，令於軍，軍由是戢。

　　鄭厚張之德甚，因飾饌以命張，中堂宴之。復謂張曰："姨之孤嫠未亡，提攜幼稚。不幸屬師徒大潰，實不保其身。弱子幼女，猶君之生，豈可比常恩哉！今俾以仁兄禮奉見，冀所以報恩也。"命其子，曰歡郎，可十餘歲，容甚溫美。次命女："出拜爾兄，爾兄活爾。"久之，辭疾。鄭怒曰："張兄保爾之命，不然，爾且擄矣。能復遠嫌乎？"久之，乃至。常服晬容，不加新飾，垂鬟接黛，雙臉銷紅而已。顏色豔異，光輝動人。張驚，為之禮。因坐鄭旁。以鄭之抑而見也，凝睇怨絕，若不勝其體者。問其年紀，鄭曰："今天子甲子歲之七月，終於貞元庚辰，生年十七矣。"張生稍以詞導之，不對，終席而罷。張自是惑之，願致其情，無由得也。

【注疏】

溫茂：溫和而感情豐富。洶洶拳拳：喧鬧歡騰貌。容順：表面隨和。登徒子：登徒為複姓，指稱好色而不擇美醜者，典出宋玉《登徒子好色賦》。物之尤者：即尤物，指特美之女。《左傳·昭公二十八年》："夫有尤物，足以移人；苟非德義，則必有禍。"

蒲：蒲州，州治在今山西永濟。張出於鄭：張生的母親也是鄭家女。異派之從母：遠房的姨母。渾瑊（jiān）：唐朝大將，鐵勒九姓渾部人，英勇善戰，屢立戰功，官至中書令，曾為河中尹。中人：指監軍的宦官。廉使：指唐觀察使，掌舉劾所屬州縣官吏。杜確：繼渾瑊之後任河中尹兼河中絳州觀察使。總戎節：統管軍事。戢：收斂，此指安定。

飾饌以命張：設宴款待張生。命：指邀請。嫠（lí）：寡婦。未亡：未亡人，古代寡婦自稱。辭疾：以疾病推辭。遠嫌：遠離以避免嫌疑。睟（suì）容：天然光澤的面容。睟：潤澤貌。垂鬟接黛：兩鬟垂到眉旁。銷：此謂散布。抑而見：強迫出見。若不勝其體：嬌弱得身體好像支援不住似的。今天子甲子歲：指唐德宗興元元年（784）。貞元庚辰：指貞元十六年（800）。此謂鶯鶯生於興元元年七月，到現在貞元十六年，已有17歲了。

崔之婢曰紅娘。生私為之禮者數四，乘間遂道其衷。婢果驚沮，腆然而奔。張生悔之。翼日，婢復至。張生乃羞而謝之，不復云所求矣。婢因謂張曰："郎之言，所不敢言，亦不敢泄。然而崔之姻族，君所詳也。何不因其德而求娶焉？"張曰："余始自孩提，性不苟合。或時紈綺閒居，曾莫流盼。不為當年，終有所蔽。昨日一席間，幾不自持。數日來，行忘止，食忘飽，恐不能逾旦暮。若因媒氏而娶，納采問名，則三數月間，索我於枯魚之肆矣。爾其謂我何？"婢曰："崔之貞慎自保，雖所尊不可以非語犯之。下人之謀，固難入矣。然而善屬文，往往沉吟章句，怨慕者久之。君試為喻情詩以亂之，不然，則無由也。"張大喜，立綴《春詞》二首以授之。是夕，紅娘復至，持彩箋以授張，曰："崔所命也。"題其篇曰《明月三五夜》。其詞曰："待月西廂下，迎風戶半開。拂牆花影動，疑是玉人來。"張亦微喻其旨。是夕，歲二月旬有四日矣。崔之東有杏花一株，攀援可逾。既望之夕，張因梯其樹而逾焉。達於西廂，則戶半開矣。紅娘寢於床褥上，因驚之。紅娘駭曰："郎何以至？"張因紿之曰："崔氏之箋召我也。爾為我告之。"無幾，紅娘復來，連曰："至矣！至矣！"張生且喜且駭，必謂獲濟。及崔至，則端服嚴容，大數張曰："兄之恩，活我之家，厚矣。是以慈母以弱子幼女見托。奈何因不令之婢，致淫逸之詞？始以護人之亂為義，而終掠亂以求之，是以亂易亂，其去幾何？誠欲寢其詞，則保人之奸，不義；明之於母，則背人之惠，不祥；將寄於婢僕，又懼不得發其真誠。是用托短章，願自陳啟。猶懼兄之見難，是用鄙靡之詞，以求其必至。非禮之動，能不愧心？特願以禮自持，毋及於亂！"言畢，翻然而逝。張自失者久之。復逾而出，於是絕望。

【注疏】

腆（tiǎn）然：害羞貌。孩提：幼兒。紈綺閒居：指與女性在一起。紈綺：精美絲織品，此代指婦女。納采問名：舊時婚禮中的六禮之二。納采：男方向女方送求婚禮物。問名：男家具書托媒請問女子的名字和出生年月日。枯魚之肆：幹魚店，代指困境，典出《莊子·外物》。爾其謂我何：你說我怎麼辦。非語：不正當的話。屬（zhǔ）文：作文章，屬：連綴。怨慕：因不得相見而思慕。亂之：挑動她。旬有四日：十四日。有：同"又"。既望：農曆十五日稱"望"，十六日稱"既望"。梯：爬，登。紿（dài）：欺哄。必謂獲濟：以為一定會成功。數（shǔ）：數落，責備。不令：不好。掠亂：乘危打劫。寢：隱藏。見難：有顧慮。

數夕，張生臨軒獨寢，忽有人覺之。驚駭而起，則紅娘斂衾攜枕而至，撫張曰："至矣！至矣！睡何為哉！"並枕重衾而去。張生拭目危坐久之，猶疑夢寐；然而修謹以俟。俄而紅娘捧崔氏而至。至，則嬌羞融冶，力不能運支體，曩時端莊，不復同矣。是夕，旬有八日也。斜月晶瑩，幽輝半床。張生飄飄然，且疑神仙之徒，不謂從人間至矣。有頃，寺鐘鳴，天將曉。紅娘促去。崔氏嬌啼宛轉，紅娘又捧之而去，終夕無一言。張生辨色而興，自疑曰："豈其夢邪？"及明，睹妝在臂，香在衣，淚光熒熒然，猶瑩于茵席而已。是後又十餘日，杳不復知。張生賦《會真詩》三十韻，未畢，而紅娘適至，因授之，以貽崔氏。自是復容之。朝隱而出，暮隱而入，同安於曩所謂西廂者，幾一月矣。張生常詰鄭氏之情。則曰："我不可奈何矣。"因欲就成之。

無何，張生將之長安，先以情諭之。崔氏宛無難詞，然而愁怨之容動人矣。將行之再夕，不復可見，而張生遂西下。數月，復遊於蒲，會於崔氏者又累月。崔氏甚工刀劄，善屬文。求索再三，終不可見。往往張生自以文挑，亦不甚睹覽。大略崔之出人者，藝必窮極，而貌若不知；言則敏辯，而寡於酬對。待張之意甚厚，然未嘗以詞繼之。時愁豔幽邃，恒若不識，喜慍之容，亦罕形見。異時獨夜操琴，愁弄淒惻。張竊聽之。求之，則終不復鼓矣，以是愈惑之。張生俄以文調及期，又當西去。當去之夕，不復自言其情，愁歎於崔氏之側。崔已陰知將訣矣，恭貌怡聲，徐謂張曰："始亂之，終棄之，固其宜矣。愚不敢恨。必也君亂之，君終之，君之惠也。則沒身之誓，其有終矣，又何必深感於此行？然而君既不懌，無以奉寧。君常謂我善鼓琴，向時羞顏，所不能及。今且往矣，既君此誠。"因命拂琴，鼓《霓裳羽衣序》，不數聲，哀音怨亂，不復知其是曲也。左右皆歔欷。崔亦遽止之，投琴，泣下流連，趨歸鄭所，遂不復至。明旦而張行。

【注疏】

覺之：叫醒他。危坐：端坐。修謹以俟：態度恭謹地等待。融冶：温順豔冶。支：同肢。熒熒：光亮微弱貌。會真：遇見神仙。三十韻：作詩六十句詩，近體詩兩句一押韻。

工刀劄：工於寫字作文。文調及期：考試的日子臨近。没（mò）身：終身。懌（yì）：喜悦。既君此誠：滿足您的願望。既：全，此謂滿足。《霓裳羽衣》：霓裳羽衣曲，唐代著名法曲，相傳為開元中河西節度使楊敬述所獻，經唐玄宗潤色並制歌詞。序：樂曲的開始部分。

　　明年，文戰不勝，張遂止於京。因贈書於崔，以廣其意。崔氏緘報之詞，粗載於此，曰："捧覽來問，撫愛過深。兒女之情，悲喜交集。兼惠花勝一合、口脂五寸，致耀首膏唇之飾。雖荷殊恩，誰復為容？睹物增懷，但積悲歎耳。伏承使於京中就業，進修之道，固在便安。但恨僻陋之人，永以遐棄。命也如此，知復何言！自去秋已來，常忽忽如有所失。於喧嘩之下，或勉為語笑，閑宵自處，無不淚零。乃至夢寐之間，亦多感咽離憂之思。綢繆繾綣，暫若尋常，幽會未終，驚魂已斷。雖半衾如暖，而思之甚遙。一昨拜辭，倏逾舊歲。長安行樂之地，觸緒牽情。何幸不忘幽微，眷念無斁，鄙薄之志，無以奉酬。至於終始之盟，則固不忒。鄙昔中表相因，或同宴處。婢僕見誘，遂致私誠。兒女之心，不能自固。君子有援琴之挑，鄙人無投梭之拒。及薦寢席，義盛意深。愚陋之情，永謂終托。豈期既見君子，而不能定情，致有自獻之羞，不復明侍巾幘。没身永恨，含歎何言！倘仁人用心，俯遂幽眇，雖死之日，猶生之年。如或達士略情，舍小從大，以先配為醜行，以要盟為可欺，則當骨化形銷，丹誠不泯，因風委露，猶托清塵。存没之誠，言盡於此。臨紙嗚咽，情不能中。千萬珍重，珍重千萬！玉環一枚，是兒嬰年所弄，寄充君子下體所佩。玉取其堅潤不渝，環取其終始不絕。兼亂絲一絇、文竹茶碾子一枚。此數物不足見珍，意者欲君子如玉之真，弊志如環不解。淚痕在竹，愁緒縈絲，因物達情，永以為好耳。心邇身遐，拜會無期。幽憤所鍾，千里神合。千萬珍重！春風多厲，強飯為嘉。慎言自保，無以鄙為深念。"張生發其書於所知，由是時人多聞之。所善楊巨源好屬詞，因為賦《崔娘》詩一絶云："清潤潘郎玉不如，中庭蕙草雪銷初。風流才子多春思，腸斷蕭娘一紙書。"河南元稹亦續生《會真詩》三十韻……

【注疏】

花勝：古代一種婦女剪綵首飾。便（pián）安：安静。便：安逸。無斁（yì）：無厭。斁：厭棄。

終始之盟：始終不渝的盟約，見《荀子·禮論》："故君子敬始而慎終，終始若一，是君子之道。" 不忒（tè）：不變。忒：差錯。援琴之挑：典出《史記·司馬相如列傳》："是時，卓王孫有女文君新寡，好音，故相如繆與令相重，而以琴心挑之。" 投梭之拒：指女子拒絕調戲，典出《晉書·謝鯤傳》："鄰家高氏女有美色，鯤嘗挑之，女投梭，折其兩齒。" 薦寢席：侍寢。明侍巾幘：公開服侍，指正式結婚。幘（zé）：古代的一種頭巾。遂：成全，如願。幽眇：隱微的心事。要（yāo）盟：脅迫對方訂立的盟約，泛指盟約。丹誠：赤誠的心。不泯：不滅。託清塵：追隨夫郎。清塵：比喻夫郎。兒：青年女子自稱。一絢（qú）：一縷。茶碾子：古時碾茶葉的器具。幽憤：幽思鬱悶。楊巨源：唐代詩人，蒲州人，貞元五年進士。潘郎：晉代潘岳，貌美，詩文中常代稱美男子，此謂張生。蕭娘：世傳一位美麗而多情的女子，此謂鶯鶯。

張之友聞之者，莫不聳異之，然而張志亦絕矣。積特與張厚，因征其詞。張曰："大凡天之所命尤物也，不妖其身，必妖於人。使崔氏子遇合富貴，乘寵嬌，不為雲為雨，則為蛟為螭，吾不知其變化矣。昔殷之辛，周之幽，據百萬之國，其勢甚厚。然而一女子敗之，潰其眾，屠其身，至今為天下僇笑。予之德不足以勝妖孽，是用忍情。"於時坐者皆為深歎。

後歲餘，崔已委身於人，張亦有所娶。適經所居，乃因其夫言於崔，求以外兄見。夫語之，而崔終不為出。張怨念之誠，動於顏色。崔知之，潛賦一章，詞曰："自從消瘦減容光，萬轉千回懶下牀。不為旁人羞不起，為郎憔悴卻羞郎。"竟不之見。後數日，張生將行，又賦一章以謝絕云："棄置今何道，當時且自親。還將舊時意，憐取眼前人。"自是，絕不復知矣。

時人多許張為善補過者。予嘗於朋會之中，往往及此意者，夫使知者不為，為之者不惑。貞元歲九月，執事李公垂宿于予靖安里第，語及於是。公垂卓然稱異，遂為《鶯鶯歌》以傳之。崔氏小名鶯鶯，公垂以命篇。

（正文據上海古籍出版社 1978 年版汪辟疆《唐人小說》）

【注疏】

妖：禍害。蛟：古代傳說中常居深淵的一種龍，能發洪水。螭（chī）：傳說中無角的龍。殷之辛：指殷紂王（名受辛），寵愛妲己而亡國。周之幽：周幽王，寵愛褒姒而亡國。僇（lú）笑：辱笑，恥笑。溺。執事：指官員。李公垂：唐詩人李紳，字公垂，曾任尚書右僕射、門下侍郎等職。靖安里：長安皇城南里坊名，元稹宅在靖安北街。

第四章　戲劇

一、西廂記·送別 ［王實甫］

【叙题】

　　王實甫，大都（今北京市）人，元代著名雜劇作家。生平史料極為少見，元末鐘嗣成所編纂的元雜劇作家傳《録鬼簿》，僅載"名德言，大都人"，列"前輩已死名公才人"而位於關漢卿之後，可推知他生活的年代與關漢卿同時而略晚。現存其所作雜劇名目可考的有 13 種，全本僅存有《崔鶯鶯待月西廂記》、《吕蒙正風雪破窑記》和《四大王歌舞麗春堂》。《西廂記》描寫崔鶯鶯和張君瑞的愛情故事，可謂於元雜劇中影響最大，在戲劇結構、矛盾衝突、人物塑造等方面，無論是思想性還是藝術性，都達到了元雜劇的高峰，成為最具舞臺生命力的一部佳作，家喻户曉，當時就被譽為："新雜劇，舊傳奇，《西廂記》天下奪魁。"自誕生七百年來，被全國多個劇種演唱至今，久演不衰。

　　崔、張故事源自唐代元稹的傳奇小說《鶯鶯傳》。在宋代以崔、張故事為題材的各種文藝作品的基礎上，金章宗時董解元集其大成，創作曲藝《西廂記諸宮調》。由於當時流行於北方的諸宮調的伴奏樂器是琵琶和箏，所以又稱為《西廂彈詞》或《弦索西廂》。董《西廂》以鶯鶯和張生的相愛、私奔以至美滿團圓改變了《鶯鶯傳》"始亂終棄"的悲劇性結局，以崔、張同崔老夫人的衝突代替了原作張生和鶯鶯的矛盾，從而在根本上改變了主題，突出了反對封建禮教的思想意義，為王實甫創作雜劇《西廂記》奠定了堅實的基礎。王《西廂》描寫了崔鶯鶯和張君瑞對愛情的熱烈追求及其與封建禮教、封建門閥婚姻制度的矛盾衝突，歌頌了青年男女的自由而真摯的愛情，故事主題性質相對於《鶯鶯傳》而言已經發生了根本改變，從肯定張生拋棄鶯鶯的"忍情"改編為對崔、張爭取自由愛情與婚姻的讚美，也使得全劇的主題更為突出、人物形象更為鮮明。又因其優美而極富於表現力的戲劇語言，使得這一劇本成為戲劇藝術的典範。

　　對後世戲劇創作，王《西廂》也顯示出超凡的影響，在中國文學史上第一次表現了"願普天下有情的都成了眷屬"的主題；開創了青年男女密約幽期、反抗家長專制、最後走向喜劇大團圓結局的模式。王《西廂》突破元雜劇一本四折的體制，以長達五本二十一折的長篇巨制演述崔、張故事，是較早的一部以多本雜劇連演一個故事的劇本。雖然一折戲中依然以一人主唱，但也有若干折由數人輪唱，體現出王實甫的藝術革新精神，對後來的戲劇創作起到了引領作用，故明人稱《西廂記》為"傳奇之祖"。

《西廂記》歷來得到戲劇家、評論家的高度讚賞。明人王世貞稱《西廂記》為北曲的壓卷之作。王驥德認為雜劇南戲之中"法與詞兩善其極，唯實甫《西廂》可當之"，稱為"千古絕技"（《曲律》）。清代戲曲家李漁說："自由《西廂》而迄於今，四百餘載，推《西廂》為填詞第一者，不知幾千萬。"（《閒情偶寄》）明清以來以愛情為題材的戲劇無不受其影響，即使《紅樓夢》等小說也都不同程度地留有《西廂記》的某些印記。明清之際金聖歎批改《西廂記》，列為《六才子書》。如今《西廂記》也得到全世界各地觀眾的喜愛。

本篇選自《西廂記》五劇第四本《草橋店夢鶯鶯》中的第三折，題目《送別》乃依當今社會流行選本。記敘張生與鶯鶯的分別，劇情設置張生去後鶯鶯猶自徘徊悵望，不忍遽歸，表演出兩情依依的情狀，體現了中國戲曲舞臺沒有空間限制的特點。

（夫人長老上云）今日送張生赴京，十里長亭安排下筵席。我和長老先行，不見張生、小姐來到。（旦末紅同上）（旦云）今日送張生上朝取應，早是離人傷感，況值那暮秋天氣，好煩惱人也呵！悲歡聚散一杯酒，南北東西萬里程。

【正宮】【端正好】碧雲天，黃花地，西風緊，北雁南飛。曉來誰染霜林醉？總是離人淚。

【滾繡球】恨相見得遲，怨歸去得疾。柳絲長玉驄難係。恨不倩疏林掛住斜暉。馬兒迍迍的行，車兒快快的隨。卻告了相思回避，破題兒又早別離。聽得一聲"去也"，鬆了金釧。遙望見十里長亭，減了玉肌。此恨誰知！

（紅云）姐姐，今日怎麼不打扮？（旦云）你那知我的心裏呵！

【叨叨令】見安排著車兒、馬兒，不由人熬熬煎煎的氣，有甚麼心情花兒、靨兒，打扮的嬌嬌滴滴的媚，準備著被兒、枕兒，則索昏昏沈沈的睡，從今後衫兒、袖兒，都搵做重重疊疊的淚。兀的不悶殺人也麼哥，兀的不悶殺人也麼哥！久已後書兒、信兒，索與我悽悽惶惶的寄。

（做到見夫人科）（夫人云）張生和長老坐，小姐這壁坐，紅娘將酒來。張生，你向前來，是自家親眷，不要回避。俺今日將鶯鶯與你，到京師休辱末了俺孩兒，掙揣一個狀元回來者。（末云）小生托夫人餘蔭，憑著胸中之才，視官如拾芥耳。（潔云）夫人主見不差，張生不是落後的人。

（把酒了，坐）（旦長吁科）

【脫布衫】下西風黃葉紛飛，染寒煙衰草萋迷。酒席上斜簽著坐的，蹙愁眉死臨侵地。

【小梁州】我見他閣淚汪汪不敢垂，恐怕人知。猛然見了把頭低，長吁氣，推整素羅衣。

【么篇】雖然久後成佳配，奈時間怎不悲啼。意似癡，心如醉，昨宵今日，清減了小腰圍。

（夫人云）小姐把盞者。（紅遞酒，旦把盞長吁科云）請吃酒。

【上小樓】合歡未已，離愁相繼。想著俺前暮私情，昨夜成親，今日別離。我諗知這幾日相思滋味，卻元來此別離情更增十倍。

【么篇】年少呵輕遠別，情薄呵易棄擲。全不想腿兒相挨，臉兒相偎，手兒相攜。你與俺崔相國做女婿，妻榮夫貴，但得一個並頭蓮，煞強如狀元及第。

（夫人云）紅娘把盞者。（紅把酒科）（旦唱）

【滿庭芳】供食太急，須臾對面，頃刻別離。若不是酒席間子母每當回避，有心待與他舉案齊眉。雖然是廝守得一時半刻，也合著俺夫妻每共桌而食。眼底空留意，尋思起就裏，險化做望夫石。

（紅云）姐姐不曾吃早飯，飲一口兒湯水。（旦云）紅娘，甚麼湯水咽得下。

【快活三】將來的酒共食，嘗著似土和泥。假若便是土和泥，也有些土氣息，泥滋味。

【朝天子】暖溶溶玉醅，白泠泠似水。多半是相思淚。眼面前茶飯怕不待要吃，恨塞滿愁腸胃。蝸角虛名，蠅頭微利，拆鴛鴦在兩下裏。一個這壁，一個那壁，一遞一聲長吁氣。

（夫人云）輛起車兒，俺先回去，小姐隨後和紅娘來。（下）（末辭潔科）（潔云）此一行別無話兒，貧僧準備買登科錄看，做親的茶飯，少不得貧僧的。先生在意，鞍馬上保重者。從今經懺無心禮，專聽春雷第一聲。（下）（旦唱）

【四邊靜】霎時間杯盤狼藉，車兒投東，馬兒向西。兩意徘徊，落日山橫翠。知他今宵宿在那裏？有夢也難尋覓。

張生，此一行得官不得官，疾便回來。（末云）小生這一去，白奪一個狀元。正是：青霄有路終須到，金榜無名誓不歸。（旦云）君行別無所贈，口占一絕，為君送行：棄擲今何在，當時且自親。還將舊來意，憐取眼前人。（末云）小姐之意差矣，張珙更敢憐誰？謹賡一絕，以剖寸心：人生長遠別，孰與最關親？不遇知音者，誰憐長歎人？（旦唱）

【耍孩兒】淋漓襟袖啼紅淚，比司馬青衫更濕。伯勞東去燕西飛，未登程先問歸期。雖然眼底人千里，且盡生前酒一杯。未飲心先醉，眼中流血，心裏成灰。

【五煞】到京師服水土，趁程途節飲食，順時自保揣身體。荒村雨露宜眠早，野店風霜要起遲。鞍馬秋風裏，最難調護，最要扶持。

【四煞】這憂愁訴與誰？相思只自知，老天不管人憔悴。淚添九曲黃河溢，恨壓三峰華嶽低。到晚來悶把西樓倚，見了些夕陽古道，衰柳長堤。

【三煞】笑吟吟一處來，哭啼啼獨自歸。歸家若到羅幃裏，昨宵個繡衾香暖留春住，今夜個翠被生寒有夢知。留戀你別無意，見據鞍上馬，閣不住淚眼愁眉。

（末云）有甚言語，囑付小生咱？（旦唱）

【二煞】你休憂文齊福不齊，我則怕你停妻再娶妻。休要一春魚雁無消息，我這裏青鸞有信頻須寄，你卻休金榜無名誓不歸。此一節君須記：若見了那異鄉花草，再休似此處棲遲。

（末云）再誰似小姐，小生又生此念？（旦唱）

【一煞】青山隔送行，疏林不做美，淡煙暮靄相遮蔽。夕陽古道無人語，禾黍秋風聽馬嘶。我為甚麼懶上車兒內？來時甚急，去後何遲！

（紅云）夫人去好一會，姐姐，咱家去。（旦唱）

【收尾】四圍山色中，一鞭殘照裏。遍人間煩惱填胸臆，量這些大小車兒如何載得起？

（旦紅下）（末云）僕童，趕早行一程兒，早尋個宿處。淚隨流水急，愁逐野雲飛。（下）

【注疏】

碧雲天，黃花地：語出范仲淹［蘇幕遮］詞：“碧雲天，黃葉地，秋色連波，波上寒煙翠。”黃花：指菊花，秋天開放。倩（qìng）：請。玉肌：肌膚光澤如玉。斜簽著坐：側身半坐。推：此謂藉口，假裝。擲：此指遠離鶯鶯。眼底空留意：意謂只能以眉眼傳情表意。蝸角虛名：喻微小浮名，典出《莊子·則陽》：“有國于蝸之左角者，曰觸氏。有國於蝸之右角者，曰蠻氏。時相與爭地而戰，伏屍數萬，逐北旬有五日而後反。”春雷第一聲：進士試于春正、二月舉行，故稱中第消息為春雷第一聲。賡（gēng）：續。趁程途：趕路。文齊福不齊：意謂有文才而缺少福分，即落榜。棲遲：流連、逗留，語出《詩經·陳風·衡門》：“衡門之下，可以棲遲。”量：審度，估量。大小：偏義復詞，義取小。

（正文據上海古籍出版社 1978 年版王季思校注《西廂記》）

二、灰闌記·拽子 ［李潛夫］

【叙題】

李潛夫，字行道，又字行甫，絳州（今山西新絳）人，元代雜曲作家，時稱“絳州高隱”（賈仲明《録鬼簿》），一生未仕，隱居鄉間，現僅存雜劇《包待制智勘灰闌記》（“闌”通“欄”），頌揚了包公鐵面無私、智謀果斷的精神。

《灰闌記》劇情梗概：風塵女子張海棠從良嫁給員外馬均卿為妾，生一子取名壽郎，已五歲。馬員外正妻與姦夫趙令史合謀毒殺了馬員外，反誣張海棠為兇手，又為了侵其遺產家財，冒領認其子為己所有。鄭州太守蘇順是個“律令不曉”的糊塗官，任衙内趙令史代理此案，合同馬妻遂以偽證與嚴刑拷打，迫使海棠招供，押送開封府定罪。包待制清廉公正，細心復審，發現此案可疑，巧施灰闌計，令真偽母奪子，海棠不忍傷害其子，多次鬆手。於是揭穿馬妻殺夫、奪子、爭產之陰謀。結果馬妻與趙令史被處死，蘇順罷官，偽證者流放，解子充軍，公理得明，正義得申，大快人心。《灰闌記》為一出公案劇，但同時亦揭露元代吏治的腐敗，抨擊恃強凌弱、欺詐澆薄的社會風氣，反映下層婦女的苦難生活，具有深刻的社會現實意義。

《灰闌記》在今存十部元雜劇包公戲中，是特色較鮮明、影響較大的一部。劇中包拯不是靠偵察後掌握人證、物證去破案，而是根據母親愛子的常理，巧設灰闌計，當場辨明瞭案件真相，表現了包拯的智慧和鋤奸安良的精神，也使劇情構思新穎，懸念叢生，波瀾起伏，不落俗套，有很強的戲劇性，因此深受人民群眾的喜愛。

關於《灰闌記》二婦爭一子情節之來源，或謂受北魏慧覺所譯《賢愚經》卷12《檀膩羈品》所記阿婆羅提目法王審案故事的影響：“見二母共諍一兒，詣王相言。時王明黠，以權智計語二母言：‘今唯一兒，二母召之。聽汝二人各挽一手，誰能得者，即是其兒。’其非母者，於兒無慈，盡力頓牽，不恐傷損；其生母者，於兒慈深，隨從愛護，不忍拽挽。王鑒真偽，語出力者：‘實非汝子，強挽他兒，今於王前道汝事實。’即向王道：‘我審虛妄，枉名他兒。大王聰聖，幸恕其過。’兒還其母，各自放去。”或謂源自漢末應劭《風俗通義》所記：“潁川有富室，兄弟同居，兩婦俱懷妊。大婦數月胎傷，因閉匿之。產期至，到乳舍，弟婦生男，夜因盜取。爭訟三年州縣不能決。丞相黃霸出殿前，使卒抱兒去兩婦各十馀步，叱婦自往取之。長婦抱持甚急，兒大啼。弟婦恐傷害之，乃放與，而心正悽愴。霸曰：‘此弟婦子也。’責問，婦乃伏。”同類故事，在古代東西方國家如印度、希臘、羅馬等也有流傳，如《舊約·撒母耳記》載所羅門王以劍判争人子案，也與此類相似。

《灰闌記》早在19世紀就被介紹到歐洲。1832年曾被法國漢學家朱利安（漢名儒蓮）（Stanis Juien，1799～1873）譯成法文，以後又有德文、日文、英文譯本。影響最大者當屬德國著名戲劇家布萊希特（Bortolt Brecht）於1944年改編創作的《高加索灰阑記》。兹選第四折。

（沖末扮包待制引丑張千、祗候上）（張千喝云）喏！在衙人馬平安，抬書案。（包待制詩云）當年親奉帝王差，手攬金牌勢劍來。盡道南衙追命府，不須東嶽嚇鬼台。老夫姓包名拯，字希文，乃廬州金鬥郡四望鄉老兒村人氏。為老夫立心清正，持操堅剛；每皇皇于國家，恥營營於財利；唯與忠孝之人交接，不共讒佞之士往還。謝聖恩可憐，官拜龍圖待制天章閣學士，正授南衙開封府府尹之職，敕賜勢劍金牌，體察濫官汙吏，與百姓伸冤理枉，容老夫先斬後奏。以此權豪勢要之家，聞老夫之名，盡皆斂手；兇暴奸邪之輩，見老夫之影，無不寒心。界牌外結繩為欄，屏牆邊畫地成獄。官僚整肅，戒石上鐫“御制”一通；人從森嚴，廳階下書“低聲”二字。绿槐陰裏，列二十四面鵲尾長枷；慈政堂前，擺數百餘根狼牙大棍。（詩云）黃堂盡日無塵到，唯有槐陰侵甬道。外人誰敢擅喧嘩，便是烏鵲過時不啅噪。老夫昨日見鄭州申文，說一婦人喚做張海棠，因奸藥死丈夫，強奪正妻所生之子，混賴家私，此系十惡大罪，决不待時的。我老夫想來，藥死丈夫，惡婦人也，常有這事。只是強奪正妻所生之子，是兒子怎麼好強奪的？況姦夫又無指實，恐其中或有冤枉。老夫已暗地著人吊取原告，並干證人等到來，以憑復勘。這也是老夫公平的去處。張千，抬聽審牌出去，各州縣解到人犯，著他以次過來，待老夫定罪咱。（正旦同解子、張林上）（張林云）妹子，你到官中，少不得問你，只要說的冤枉，這包待制就將前案與你翻了。若說不過時，你可努嘴兒，我幫你說。（正旦云）我這冤枉，今日不訴，更等待何日也！（董淨云）待制爺爺開廳久了，須要趕牌解到，快進去。（正旦唱）

【雙調】【新水令】則我這腹中冤枉有誰知？剛除的哭啼啼兩行情淚。恨當初見不早，到今日悔何遲！他將我後擁前推，何曾道暫歇氣。（張林云）妹子，這是開封府前了，待我先進，你隨解子入來。這包待制是一輪明鏡，懸在上面，問的事就如親見一般，你只大著膽自辯去。（正旦云）

哥哥。（唱）

【步步嬌】你道他是高懸明鏡南衙內，拚的個訴根由直把冤情洗。我可也怕甚的？則為帶鎖披枷有話難支對。萬一個達不著大人機，哥哥也，你須是搭救你親生妹。

【注疏】

包待制：指包拯。包拯本為真實歷史人物，字希仁，北宋廬州（今安徽合肥）人，做官以斷獄英明剛直而著稱於世，累遷監察禦史，建議練兵選將、充實邊備。後知諫院，多次論劾權幸大臣。曾任天章閣待制，人稱"包待制"；後進為龍圖閣直學士，故亦稱"包龍圖"。又權知開封府、權禦史中丞、三司使、樞密副使。包拯執法不避親党，廉潔公正，不攀附權貴，故有"包青天"及"包公"之名。張千、祗候：此指包待制的隨從小吏。黃堂：官員辦公的廳堂。喑噪：吵鬧。覆勘：復審。張林：女主角張海棠之兄。

（張林做先進科）（正旦同二淨跪見科）（董淨云）鄭州起解女囚一名張海棠解到。（張千云）刑案司吏，與解子批文，打發回去。（包待制云）留下在這裏，待審過了，發批回去。（張千云）理會的。（包待制云）張海棠，你怎麼因奸藥殺丈夫，強奪正妻所生之子，混賴他家私，你逐一從頭訴與老夫聽咱。（正旦做努嘴，看張林科）（張林云）妹子，你說麼，嗨！他出胞胎可曾見這等官府來？我替你說罷。（跪云）稟爺，這張海棠是個軟弱婦人，並不敢藥殺丈夫，做這般歹勾當哩。（包待制云）你是我衙門裏祗候人，怎麼替犯人稟事？好打！（張林起科）（包待制云）兀那婦人，你說那詞因來。（正旦再努嘴科）（張林跪云）稟爺，這張海棠並無奸夫，他不曾藥殺丈夫，也不曾強奪孩兒，也不曾混賴家私。都是他大渾家養下奸夫趙令史，告官時又是趙令史掌案，委實是屈打成招的。（包待制云）兀那廝，誰問你來？張千，拿下去，與我打三十者。（張千拿張林打科）（張林叩頭，云）這張海堂是小的親妹子，他從來不曾見大官府，恐怕他懼怯，說不出真情來，小的替他代訴。（包待制云）可知道為兄妹之情，兩次三番，在公廳上胡言亂語的；若不是呵，就把銅鍘來切了這個驢頭。兀那婦人，你只備細的說那實話，老夫與你做主。（正旦云）爺爺呵！（唱）

【喬牌兒】妾身在廳階下忙跪膝，傳臺旨問詳細。怎當這虎狼般惡狠狠排公吏，爺爺也，你聽我一星星說就裏。（包待制云）兀那張海棠，你原是甚麼人家的女子，嫁與馬均卿為妾來？（正旦唱）

【甜水令】妾身是柳陌花街，送舊迎新，舞姬歌妓。（包待制云）哦，你是個妓女。那馬均卿也待的你好麼（正旦唱）與馬均卿心廝愛，做夫妻。（包待制云）這張林說是你的哥哥，是麼？（張林云）張海棠是小的妹子。（正旦唱）俺哥哥只為一載之前，少吃無穿，向我求覓。（包待制云）這等你可與他些甚的盤纏麼？（正旦唱）是、是、是，他將去了我這頭面衣袂。（張林叩頭，云）小的買窩銀子，就是這頭面衣服倒換的。（包待制云）難道你丈夫不問你這頭面衣服，到那裏去了？（正旦云）爺爺，俺員外曾問來，就是這大渾家攛掇我與了哥哥將的去，卻又對員外說我背地送了姦夫，教員外怎的不氣死也！（唱）

【折桂令】氣的個親男兒唱叫揚疾，（包待制云）既是他氣殺丈夫，怎生又告官來？（正旦唱）沒揣的告府經官，吃了些六問三推。（包待制云）你夫主死了，那強奪孩兒，又怎麼說？（正旦唱）一壁廂夫主身亡，更待教生各札子母分離。（包制待云）這孩兒說是那婦人養的哩。（正旦唱）信著他歹心腸千般妒嫉，（包待制云）那街坊、老娘，都說是他的。（正旦唱）他買下了眾街坊，聽事兒依隨。（包待制云）難道官吏每更不問個虛實？（正旦唱）官吏每再不問一個誰是誰非，誰信誰欺。（包待制云）你既是這等，也不該便招認了。（正旦唱）妾身本不待點紙招承，也則是吃不過這棍棒臨逼。（包待制云）那鄭州官吏，可怎生監逼你來？（正旦唱）

【雁兒落】怎當他官不威牙爪威，也不問誰有罪誰無罪。早則是公堂上有對頭，更夾著這祇候人無巴壁。

【得勝令】呀！廳階下一聲叫似一聲雷，我脊梁上一杖子起一層皮。這壁廂吃打的難挨痛，那壁廂使錢的可也不受虧。打的我昏迷，一下下骨節都敲碎。行杖的心齊，一個個腕頭有氣力。

【注疏】

趙令史：鄭州衙門趙令史，與張海棠丈夫馬均卿（馬員外）的大渾家私通，施毒害死馬員外。一星星：一點點。唱叫揚疾：大吵大鬧。生各札：活生生地。無巴壁：沒來由，沒辦法。

（張千稟云）鄭州續解聽審人犯，一起解到。（包待制云）著他過來。（搽旦、俫兒，並街坊、老娘入跪科）（張千云）當面，（包待制云）兀那婦人，這孩兒是誰養的？（搽旦云）是小婦人養的。（包待制云）兀那街坊、老娘，這孩兒是誰養的？（眾云）委實大娘子養的。（包待制云）此一樁則除是恁般。喚張林上來。（做票臂、張林做出闌科，下）（包待制云）張千，取石灰來，在階下畫個闌兒。著這孩兒在闌內，著他兩個婦人，拽這孩兒出灰闌外來。若是他親養的孩兒，便拽得出來；不是他親養的孩兒，便拽不出來。（張千云）理會的。（做畫灰闌，著俫兒站科）（搽旦做拽俫兒出闌科）（正旦拽不出科）（包待制云）可知道不是他所生的孩兒，就拽不出灰闌外來。張千，與我采那張海棠下去，打着者。（張千做打正旦科）（包待制云）著兩個婦人，再拽那孩兒者。（搽旦做拽俫兒出科）（正旦拽不出科）（包待制云）兀那婦人，我看你兩次三番，不用一些氣力拽那孩兒。張千，選大棒子與我打著。（正旦云）望爺爺息雷霆之怒，罷虎狼之威。妾身自嫁馬員外，生下這孩兒，十月懷胎，三年乳哺，咽苦吐甜，煨幹避濕，不知受了多少辛苦，方才抬舉的他五歲。不爭為這孩兒，兩家硬奪，中間必有損傷。孩兒幼小，倘或扭折他胳膊，爺爺就打死婦人，也不敢用力拽他出這灰闌外來，只望爺爺可憐見咱。（唱）

【掛玉鉤】則這個有疼熱親娘怎下得！　（帶云）爺爺，你試覷波。（唱）孩兒也這臂膊似麻秸細。他是個無情分喬婆管甚的，你可怎生來參不透其中意？他使著僥倖心，咱受著腌臢氣。不爭俺倆硬相奪，使孩兒損骨傷肌。

（包待制云）律意雖遠，人情可推。古人有言：視其所以，觀其所由，察其所安，人焉廋哉！人焉廋哉！你看這一個灰闌，倒也包藏著十分利害。那婦人本意要圖占馬均卿的家私，所以要強奪這孩兒，豈知其中真假，早已不辨自明了也。（詩云）本為家私賴子孫，灰闌辨出假和真。外相溫柔心毒狠，親者原來則是親。我已著張林拘那姦夫去了，怎生這早晚還不到來？（張林拿趙令史上，跪科，云）喏，稟爺，趙令史拿到了也。（包待制云）兀那趙令史，取得這等好公案！你把這因姦藥殺馬均卿，強奪孩兒，混賴家私，並買囑街坊老娘，扶同硬證，一樁樁與我從實招來。（趙令史云）哎喲，小的做個典吏，是衙門裏人，豈不知法度？都是州官，原叫做蘇模棱，他手裏問成的。小的無過是大拇指頭撓癢，隨上隨下，取的一紙供狀。便有些甚麼違錯，也不干典吏之事。（包待制云）我不問你供狀違錯，只要問你那因姦藥殺馬均卿，可是你來？（趙令史云）難道老爺不看見的，那個婦人滿面都是抹粉的，若洗下了這粉，成了甚麼嘴臉？丟在路上也沒人要，小的怎肯去與他通姦，做這等勾當！（搽旦云）你背後常說我似觀音一般，今日卻打落的我成不得個人，這樣欺心的。（張林云）昨日大雪裏，趙令史和大渾家，趕到路上來，與兩個解子打話，豈不是姦夫？只審這兩個解子，便見分曉。（董淨云）早連我兩個都攀下來了也。（包待制云）張千，采趙令史下去，選大棒子打著者。（張千云）理

會的。（做打趙令史科）（正旦唱）

【慶宣和】你只想馬大渾家做永遠妻，送的我有去無歸。既不（你兩個趕到中途有何意？咱與你對嘴，對嘴。

（趙令史做死科）（包待制云）他敢詐死？張千，采起來，噴些水者。（張千噴水，趙令史醒科）（包待制云）快招上來。（趙令史云）小的與那婦人往來，已非一日，依條例也只問的個和奸，不至死罪。這毒藥的事。雖是小的去買的藥，實不出小的本意。都是那婦人自把毒藥放在湯裏，藥死了丈夫。這強奪孩兒的事，當初小的就道，別人養的不要他罷。也是那婦人說，奪過孩兒來，好圖他家緣家計。小的是個窮吏，没銀子使的，買轉街坊老娘，也是那婦人來買。囑解子要路上謀死海棠，也是那婦人來。（搽旦云）呸！你這活教化頭，早招了也，教我說個甚的？都是我來，都是我來。除死無大災，拚的殺了我兩個，在黃泉下做永遠夫妻，可不好那！（包待制云）一行人聽我下斷：鄭州太守蘇順，刑名違錯，革去冠帶為民，永不敘用。街坊老娘人等，不合接受買告財物，當廳硬證，各杖八十，流三百里，董超、薛霸，依在官人役，不合有事受財，比常人加一等，杖一百，發遠惡地面充軍。姦夫姦婦，不合用毒藥謀死馬均卿，強奪孩兒，混賴家計，擬凌遲，押付市曹，各剮一百二十刀處死。所有家財，都付張海棠執業。孩兒壽郎，攜歸撫養。張林著與妹同居，免其差役。（詞云）只為趙令史賣俏行奸，張海棠負屈銜冤。是老夫灰闌為記，判斷出情理昭然。受財人各加流竄，其首惡斬首階前。賴張林拔刀相助，才得他子母團圓。（正旦同張林叩頭科，唱）

【水仙子】街坊也卻不道您吐膽傾心說真實，老娘也卻不道您久年深記不得，孔目也卻不道您官清法正依條例，姐姐也卻不道您是第一個賢慧的，今日就開封府審問出因依。這幾個流竄在邊荒地，這兩個受刑在鬧市裏，爺爺也這灰闌記傳揚得四海皆知。

題目　張海棠屈下開封府
正名　包待制智勘灰闌記

（正文據中華書局 1989 年版 ［明］ 臧晉叔《元曲選》）

【注疏】

不爭：如果。堯婆：妖婆。

三、牡丹亭·驚夢［湯顯祖］

【叙題】

湯顯祖（1550～1616），明代末期戲曲劇作家。字義仍，號海若、清遠道人，晚年號若士、繭翁，江西臨川人。湯顯祖出生於書香門第，從小便飽讀詩書，性格剛正不阿。萬曆五年（1577）湯顯祖進京趕考，因不肯接受首輔張居正的拉攏，結果兩次落第，張居正死後次年，才考中進士。仍不肯趨附新任首輔申時行，故僅能在南京任虛職。與東林黨人交往甚密，揭發時政積弊，抨擊朝廷，彈劾大臣，因而觸怒神宗皇帝，謫遷廣東、浙江為縣官。為官清廉，體恤民情，深得民心，但終不滿朝政腐敗，於萬曆二十六年（1598）棄官回鄉，閒居臨川，寓所號"玉茗堂"，從此致力於戲劇文學創作，作《還魂記》（《牡丹亭》）。

他景仰被封建統治者視為"異端"的李贄，並提出"情至"說，所謂"情有者，理必無；理有者，情必無"；"情不知所起，一往而深。生者可以死，死可以生。生而不可與死，死而不可復生者，皆非情之至也"（《牡丹亭題詞》）。以此肯定"情"是生活的客觀規律，與封建主義"理"的教義相對立。代表作《牡丹亭》，原名《牡丹亭還魂記》，又名《杜麗娘慕色還魂記》，寫杜麗娘和書生柳夢梅的生死之戀。南宋時南安太守杜寶獨生女杜麗娘春日遊園，於睡夢中與書生柳夢梅在夢中相愛，醒後尋夢不得，抑鬱而死。杜麗娘臨終前將自己的畫像封存並埋入亭旁。三年後柳夢梅趕考並高中狀元，發現杜麗娘的畫像，受杜麗娘魂魄之托，掘墳開棺，杜麗娘復活。二人終成眷屬。深刻地表達了作者"生者可以死，死可以生"的思想，以強烈的追求個性解放的進步思想，抨擊了腐朽封建道學的理念束縛。

時人謂"《牡丹亭》一出，家傳戶誦，幾令《西廂》減價"（沈德符《顧曲雜言》）。譽為"妙處種種，奇麗動人，稱古今絕唱"。與《紫釵記》（原名《紫簫記》）、《南柯記》和《邯鄲記》並稱為"玉茗堂四夢"或"臨川四夢"。

湯顯祖與英國的莎士比亞同時期，被譽為"中國的莎士比亞"。1959年，田漢到江西臨川拜訪"湯家玉茗堂碑"，作詩曰："杜麗如何朱麗葉，情深真已到梅根。何當麗句鎖池館，不讓莎翁在故村。"茲選第十齣。

【繞池遊】（旦上）夢回鶯囀，亂煞年光遍。人立小庭深院。（貼）炷盡沉煙，拋殘繡線，恁今春關情似去年？

〔烏夜啼〕"（旦）曉來望斷梅關，宿妝殘。（貼）你側著宜春髻子恰憑闌。（旦）剪不斷，理還亂，悶無端。（貼）已分付催花鶯燕借春看。"（旦）

春香，可曾叫人掃除花徑？（貼）分付了。（旦）取鏡臺衣服來。（貼取鏡臺衣服上）"雲髻罷梳還對鏡，羅衣欲換更添香。"鏡臺衣服在此。

【步步嬌】（旦）嫋晴絲吹來閒庭院，搖漾春如線。停半晌、整花鈿。沒揣菱花，偷人半面，迤逗的彩雲偏。（行介）步香閨怎便把全身現！

（貼）今日穿插的好。

【醉扶歸】（旦）你道翠生生出落的裙衫兒茜，豔晶晶花簪八寶填，可知我常一生兒愛好是天然。恰三春好處無人見。不提防沉魚落雁鳥驚喧，則怕的羞花閉月花愁顫。

（貼）早茶時了，請行。（行介）你看："畫廊金粉半零星，池館蒼苔一片青。踏草怕泥新繡襪，惜花疼煞小金鈴。"（旦）不到園林，怎知春色如許！

【皂羅袍】原來姹紫嫣紅開遍，似這般都付與斷井頹垣。良辰美景奈何天，賞心樂事誰家院！恁般景致，我老爺和奶奶再不提起。（合）朝飛暮卷，雲霞翠軒；雨絲風片，煙波畫船：錦屏人忒看的這韶光賤！

（貼）是花都放了，那牡丹還早。

【好姐姐】（旦）遍青山啼紅了杜鵑，荼蘼外煙絲醉軟。春香呵，牡丹雖好，他春歸怎占的先！（貼）成對兒鶯燕呵。（合）閑凝眄，生生燕語明如翦，嚦嚦鶯歌溜的圓。

（旦）去罷。（貼）這園子委是觀之不足也。（旦）提他怎的！（行介）

【隔尾】觀之不足由他繾，便賞遍了十二亭臺是枉然。倒不如興盡回家閒過遣。

（作到介）（貼）"開我西閣門，展我東閣床。瓶插映山紫，爐添沉水香。"小姐，你歇息片時，俺瞧老夫人去也。（下）

【注疏】

亂煞年光：繚亂的春光。宿妝：隔夜的殘妝。羅衣欲換更添香：見唐薛逢《宮詞》詩。迤逗：或作拖逗，引意，挑逗。彩雲：指美麗髮卷。三春好處：比喻青春美貌。姹（chà）紫嫣紅：花色鮮豔貌。錦屏人：此指深閨中人，遊園中人。荼：花名，晚春時開放。觀之不足：看不厭。開我西閣門：見《木蘭詩》："開我東閣門，坐我西閣床。"韓夫人得遇于郎：唐人傳奇《青瑣高議》前集卷5《流紅記》載唐僖宗時，宮女韓氏以紅葉題詩，從禦溝中流出，被於祐拾到。于祐也以紅葉題詩，於上流投入溝水寄給韓氏。後來兩人結為夫婦。

（旦歎介）"默地遊春轉，小試宜春面。"春呵，得和你兩留連，春去如何遣？咳，恁般天氣，好困人也。春香那裏？（作左右瞧介）（又低首沉吟介）天呵，春色惱人，信有之乎！常觀詩詞樂府，古之女子，因春感情，遇秋成恨，誠不謬矣。吾今年已二八，未逢折桂之夫；忽慕春情，怎得蟾宮之客？昔日韓夫人得遇于郎，張生偶逢崔氏，曾有《題紅記》《崔徽傳》二書。此佳人才子，前以密約偷期，後皆得成秦晉。（長歎介）吾生於宦族，長在名門。年已及笄，不得早成佳配，誠為虛度青春。光陰如過隙耳。（淚介）可惜妾身顏色如花，豈料命如一葉乎！

【山坡羊】没亂裏春情難遣，驀地裏懷人幽怨。則為俺生小嬋娟，揀名門一例、一例裏神仙眷。甚良緣，把青春抛的遠！俺的睡情誰見？則索因循靦覥。想幽夢誰邊，和春光暗流轉？遷延，這衷懷那處言！淹煎，潑殘生，除問天！身子困乏了，且自隱几而眠。（睡介）（夢生介）

【注疏】

張生偶逢崔氏：即張生和崔鶯鶯的愛情故事，見唐元稹《會真記》及後來《西廂記》。下文所謂《崔徽傳》是另外一個故事：妓女崔徽和裴敬中相愛，久別不見，崔徽請畫工畫了一幅像，托人帶給敬中說："崔徽一旦不及卷中人，徽且為郎死矣！"偷期：幽會。得成秦晉：得成夫婦，典出春秋時代秦、晉兩國世代聯姻。及笄：《禮記·內訓》載古代女子15歲時以笄（簪）束髮，意謂已至婚配之年。没亂裏：形容心緒很亂。淹煎：受熬煎，遭折磨。潑殘生：苦命兒。潑：表示厭惡的罵語。隱几：靠著幾案。

（生持柳枝上）"鶯逢日暖歌聲滑，人遇風情笑口開。一徑落花隨水入，今朝阮肇到天臺。"小生順路兒跟著杜小姐回來，怎生不見？（回看介）呀，小姐，小姐！（旦作驚起介）（相見介）（生）小生那一處不尋訪小姐來，卻在這裏！（旦作斜視不語介）（生）恰好花園內，折取垂柳半枝。姐姐，你既淹通書史，可作詩以賞此柳枝乎？（旦作驚喜，欲言又止介）（背想）這生素昧平生，何因到此？（生笑介）小姐，咱愛殺你哩！

【山桃紅】則為你如花美眷，似水流年，是答兒閑尋遍。在幽閨自憐。小姐，和你那答兒講話去。（旦作含笑不行）（生作牽衣介）（旦低問）那邊去？（生）轉過這芍藥欄前，緊靠著湖山石邊。（旦低問）秀才，去怎的？（生低答）和你把領扣松，衣頻寬，袖梢兒扭著牙兒苫也，則待你忍耐溫存一晌眠。（旦作羞）（生前抱）（旦推介）（合）是那處曾相見，相看儼然，早難道這好處相逢無一言？（生強抱旦下）

（末扮花神束髮冠，紅衣插花上）"催花禦史惜花天，檢點春工又一年。蘸客傷心紅雨下，勾人懸夢彩雲邊。"吾乃掌管南安府後花園花神是也。因杜知府小姐麗娘，與柳夢梅秀才，後日有姻緣之分。杜小姐游春感傷，致使柳秀才入夢。咱花神專掌惜玉憐香，竟來保護他，要他雲雨十分歡幸也。

【鮑老催】（末）單則是混陽蒸變，看他似蟲兒般蠢動把風情搧。一般兒嬌凝翠綻魂兒顫。這是景上緣，想内成，因中見。呀，淫邪展汙了花臺殿。咱待拈片落花兒驚醒他。（向鬼門丟花介）他夢酣春透了怎留連？拈花閃碎的紅如片。秀才纏到的半夢兒；夢畢之時，好送杜小姐仍歸香閣。吾神去也。（下）

【山桃紅】（生、旦攜手上）（生）這一霎天留人便，草藉花眠。小姐可好？（旦低頭介）（生）則把雲鬟點，紅鬆翠偏。小姐休忘了呵，見了你緊相偎，慢廝連，恨不得肉兒般團成片也，逗的個日下胭脂雨上鮮。

（旦）秀才，你可去呵？（合）是那處曾相見，相看儼然，早難道這好處相逢無一言？（生）姐姐，你身子乏了，將息，將息。（送旦依前作睡介）（輕拍旦介）姐姐，俺去了。（作回顧介）姐姐，你可十分將息，我再來瞧你那。"行來春色三分雨，睡去巫山一片雲。"（下）（旦作驚醒，低叫介）秀才，秀才，你去了也？（又作癡睡介）

（老旦上）"夫婿坐黃堂，嬌娃立繡窗。怪他裙衩上，花鳥繡雙雙。"孩兒，孩兒，你為甚瞌睡在此？（旦作醒，叫秀才介）咳也。（老旦）孩兒怎的來？（旦作驚起介）奶奶到此！（老旦）我兒，何不做些針指，或觀玩書史，舒展情懷？因何晝寢於此？（旦）孩兒適花園中閑玩，忽值春暄惱人，故此回房。無可消遣，不覺困倦少息。有失迎接，望母親恕兒之罪。（老旦）孩兒，這後花園中冷靜，少去閑行。（旦）領母親嚴命。（老旦）孩兒，學堂看書去。（旦）先生不在，且自消停。（老旦歎介）女孩兒長成，自有許多情態，且自由他。正是："宛轉隨兒女，辛勤做老娘。"（下）

（旦長歎介）（看老旦下介）哎也，天那，今日杜麗娘有些僥倖也。偶到後花園中，百花開遍，睹景傷情。沒興而回，晝眠香閣。忽見一生，年可弱冠，丰姿俊妍。於園中折得柳絲一枝，笑對奴家說："姐姐既淹通書史，何不將柳枝題賞一篇？"那時待要應他一聲，心中自忖，素昧平生，不知名姓，何得輕與交言。正如此想間，只見那生向前說了幾句傷心話兒，將奴摟抱去牡丹亭畔，芍藥闌邊，共成雲雨之歡。兩情和合，真個是千般愛惜，萬種溫存。歡畢之時，又送我睡眠，幾聲"將息"。正待自送那生出門，忽值母親來到，喚醒將來。我一身冷汗，乃是南柯一夢。忙身參禮母親，又被母親絮了許多閒話。奴家口雖無言答應，心内思想夢中之事，何曾放懷。行坐不寧，自覺如有所失。娘呵，你教我學堂看書去，知他看那一種書消悶也。（作掩淚介）

【綿搭絮】雨香雲片，才到夢兒邊。無奈高堂，喚醒紗窗睡不便。潑新鮮冷汗粘煎，閃的俺心悠步軃，意軟鬢偏。不爭多費盡神情，坐起誰忺？則待去眠。

（貼上）"晚妝銷粉印，春潤費香篝。"小姐，薰了被窩睡罷。

【尾聲】（旦）困春心遊賞倦，也不索香薰繡被眠。天呵，有心情那夢兒還去不遠。

春望逍遙出畫堂（張說），間梅遮柳不勝芳（羅隱）。

可知劉阮逢人處（許渾）？回首東風一斷腸（韋莊）。

（正文據人民文學出版社 1980 年版徐朔方楊笑梅校注《牡丹亭》）

【注疏】

阮肇到天臺：此謂見到愛人，用劉晨和阮肇在天臺山桃源洞遇到仙女的故事。是答兒：到處。那答兒：那邊。催花禦史：見《說郛》卷 27《雲仙散錄》引《玉塵集》："唐穆宗，每宮中花開，則以重頂帳蒙蔽欄檻，置惜花禦史掌之。"景：影。見：顯現。緣、想、因：佛家觀念，此謂姻緣短暫，是不真實的夢幻。展汙：沾汙、弄髒。鬼門：一作古門，戲臺上演員的上、下場門。消停：休息。弱冠：男子二十歲，表示已經成人。見《禮記·曲禮》："人生十年曰幼，學；二十曰弱，冠；三十曰壯，有室。"南柯一夢：唐人傳奇故事載淳於棼夢見自己被大槐安國國王招為駙馬，做南柯太守，歷盡富貴榮華，人世浮沉，醒後發現槐安國只是大槐樹下的一個蟻穴，南柯郡則是南面樹枝下的另一個蟻穴。見《太平廣記》卷 475 引李公佐《淳於棼》。南柯：後來成為夢的代稱。雨香雲片：雲雨，指夢中的幽會。步軃：腳步不動。軃：偏斜。不爭多：差不多，幾乎。忺（xiān）：愜意。香篝：即薰籠，薰香用。

四、桃花扇·卻奩 ［孔尚任］

【叙題】

孔尚任（1648～1718），字聘之，又字季重，號東塘，別號岸堂，自稱雲亭山人。山東曲阜人，孔子 64 代孫，清初戲曲作家。青年時，接觸一些南明遺民，瞭解許多南明王朝興亡的史料和人物軼事，有志于寫一部反映南明興亡的歷史劇，開始了《桃花扇》的構思和試筆。1684 年康熙南巡北歸，特至曲阜祭孔，37 歲的孔尚任在御前講經，頗得康熙的賞識，破格授為國子博士，赴京就任。後奉命赴江南治水，歷時四載，足跡幾乎踏遍南明故地，又與一大批有民族氣節的明代遺民結為知交，加深了對南明興亡歷史的認識。他積極收集素材，豐富創作《桃花扇》的構思。康熙二十九年（1690），奉調回京，歷任國子監博士、戶部主事等。三易其稿，十年後終於寫成了傳奇劇本《桃花扇》。一時洛陽紙貴，他的作品還有和顧采合著的《小忽雷》傳奇及詩文集《湖海集》、《岸堂文集》、《長留集》等，均傳世。

《桃花扇》這部表現南明亡國之痛的歷史劇，共40齣，以復社名士侯方域（字朝宗）與秦淮名妓李香君的悲歡離合為主線，貫穿南明弘光朝的覆滅，把愛情和政治結合起來，所謂"一生一旦為全本綱領，而南明治亂系焉"（《桃花扇小引》），同時也力求說明"三百年之基業，隳於何人、敗於何事，消於何年，歇於何地"，總結了整個年明朝腐敗和衰亡的歷史經驗，表現了豐富複雜的社會歷史內容，"懲創人心，為末世之一救"，為後人提供歷史借鑒。劇情敘明末東林黨人侯方域逃難到南京，重新組織"復社"，團結吳次尾、陳定生等清流，同太監魏忠賢的餘黨阮大鋮、馬士英等南明朝廷腐朽力量作鬥爭。結識秦淮艷姬李香君，兩人陷入愛河並贈題詩扇。阮大鋮匿名贈送妝奩以拉攏侯方域，被李香君拒絕。阮大鋮懷恨在心，於受到南明弘光皇帝重用後，陷害侯方域，迫使其投奔史可法，並強將李香君許配他人，李香君堅決不從，撞頭欲自盡，血濺詩扇，文人楊龍友利用血點在扇上畫成桃花。南明滅亡後，李香君、侯方域先後出家學道。劇作家自稱"借離合之情，寫興亡之感，實事實人，有憑有據"（《桃花扇·先聲》），寫歷史事件甚至考證精確到某月某日，但也虛構了一些故事情節以及人物感情刻畫，比如歷史上真實的侯方域是在順治年間回河南參加了鄉試而入仕，但是劇情則是侯、李二人在國破家亡後出家，可謂歷史真實與藝術真實相結合，使男女之情與興亡之感都得到哲理性的昇華，具有很高的藝術表現力，影響深遠。一柄詩扇貫穿全劇，既是侯、李定情信物，又是二人離合象徵，通過贈扇、濺扇、畫扇、寄扇、撕扇等劇情，串聯南明政權各派以及社會中各色人物的活動與矛盾鬥爭，劇情紛繁錯綜、起伏轉折。

王國維《文學小言》中說："元人雜劇，辭則美矣，然不知描寫人物為何事。至國朝之《桃花扇》，則矣！"即認為在刻畫人物性格方面，《桃花扇》在中國戲曲史上無與倫比。

"以史為鑒，可以知興亡。"三百多年來，《桃花扇》曾以多個劇種形式上演。在抗日戰爭時期，劇作家歐陽予倩將《桃花扇》改為話劇，將結尾改成侯方域剃髮留辮，改換清服入仕，找到李香君後，李香君憤而斷交，以諷喻當時賣國漢奸之流，話劇廣泛上演，鼓舞了人民群眾愛國抗日的鬥志。後來中央實驗話劇院幾度將《桃花扇》搬上舞臺，在國內外演出。導演謝晉也將《桃花扇》搬上銀幕，上海電視臺也曾改編成電視連續劇《李香君》。

本篇選自第七齣《卻奩　癸未三月》，敘阮大鋮匿名托人贈送豐厚妝奩以拉攏侯方域，被李香君知曉堅決退回，塑造了香君大義凜然的人物形象，令人敬佩。

（雜扮保兒掇馬桶上）龜尿龜尿，撒出小龜；鱉血鱉血，變成小鱉。龜尿鱉血，看不分別；鱉血龜尿，說不清白。看不分別，混了親爹；說不清白，混了親伯。（笑介）胡鬧，胡鬧！昨日香姐上頭，亂了半夜；今日早起，又要刷馬桶，倒溺壺，忙個不了。那些孤老、表子，還不知搜到幾時哩。（刷馬桶介）

【夜行船】（末）人宿平康深柳巷，驚好夢門外花郎。繡户未開，簾鉤才響，春阻十層紗帳。

下官楊文驄，早來與侯兄道喜。你看院門深閉，侍婢無聲，想是高眠未起。（喚介）保兒，你到新人窗外，說我早來道喜。（雜）昨夜睡遲了，今日未必起來哩。老爺請回，明日再來罷。（末笑介）胡說！快快去問。（小旦内問介）保兒！來的是那一個？（雜）是楊老爺道喜來了。（小旦忙上）倚枕春宵短，敲門好事多。（見介）多謝老爺，成了孩兒一世姻緣。（末）好說。（問介）新人起來不曾？（小旦）昨晚睡遲，都還未起哩。（讓坐介）老爺請坐，待我去催他。（末）不必，不必。（小旦下）

【步步嬌】（末）兒女濃情如花釀，美滿無他想，黑甜共一鄉。可也虧了俺幫襯，珠翠輝煌，羅綺飄蕩，件件助新妝，懸出風流榜。

（小旦上）好笑，好笑！兩個在那裡交扣丁香，並照菱花，梳洗才完，穿戴未畢。請老爺同到洞房，喚他出來，好飲扶頭卯酒。（末）驚卻好夢，得罪不淺。（同下）（生、旦豔妝上）

【沉醉東風】（生、旦）這雲情接著雨況，剛搔了心窩奇癢，誰攪起睡鴛鴦。被翻紅浪，喜匆匆滿懷歡暢。枕上餘香，帕上餘香，消魂滋味，才從夢裏嘗。

【注疏】

孤老、表子：妓女稱長期固定的客人作孤老。表子：指妓女。花郎：指賣花人。黑甜共一鄉：指睡熟。丁香：即丁香結，指衣服的紐扣。菱花：鏡子，古代銅鏡背面一般鑄成菱花圖案，故稱。扶頭：意謂振奮頭腦，或謂酒名。卯酒：早晨卯時前後飲的酒。雲情、雨況：指男女交歡。

（末、小旦上）（末）果然起來了，恭喜，恭喜！（一揖，坐介）（末）昨晚催妝拙句，可還說的入情麼。（生揖介）多謝！（笑介）妙是妙極了，只有一件。（末）那一件？（生）香君雖小，還該藏之金屋。（看袖介）小生衫袖，如何著得下？（俱笑介）（末）夜來定情，必有佳作。（生）草草塞責，不敢請教。（末）詩在那裡？（旦）詩在扇頭。（旦向袖中取出扇介）（末接看介）是一柄白紗宮扇。（嗅介）香的有趣。（吟詩介）妙，妙！只有香君不愧此詩。（付旦介）還收好了。（旦收扇介）

【園林好】（末）正芬芳桃香李香，都題在宮紗扇上；怕遇著狂風吹蕩，須緊緊袖中藏，須緊緊袖中藏。

（末看旦介）你看香君上頭之後，更覺豔麗了。（向生介）世兄有福，消此尤物。（生）香君天姿國色，今日插了幾朵珠翠，穿了一套綺羅，十分花貌，又添二分，果然可愛。（小旦）這都虧了楊老爺幫襯哩。

【江兒水】送到纏頭錦，百寶箱，珠圍翠繞流蘇帳，銀燭籠紗通宵亮，金杯勸酒合席唱。今日又早早來看，恰似親生自養，賠了妝奩，又早敲門來望。

（旦）俺看楊老爺，雖是馬督撫至親，卻也拮据作客，為何輕擲金錢，來填煙花之窟？在奴家受之有愧，在老爺旋之無名；今日問個明白，以便圖報。（生）香君問得有理，小弟與楊兄萍水相交，昨日承情太厚，也覺不安。（末）既蒙問及，小弟只得實告了。這些妝奩酒席，約費二百餘金，皆出懷寧之手。（生）那個懷寧？（末）曾做過光祿的阮圓海。（生）是那皖人阮大鋮麼？（末）正是。（生）他為何這樣周旋？（末）不過欲納交足下之意。

【五供養】（末）羨你風流雅望，東洛才名，西漢文章。逢迎隨處有，爭看坐車郎。秦淮妙處，暫尋個佳人相傍，也要些鴛鴦被、芙蓉妝；你道是誰的，是那南鄰大阮，嫁衣全忙。

【注疏】

金屋：指極華貴的房子。尤物：稱有特殊姿色的美人。流蘇：絲條類的裝飾品。流蘇帳：用流蘇裝飾四周的帳子。馬督撫：即馬士英，時任鳳陽督撫。萍水相交：以浮萍在水面漂流，比喻偶然相遇、交情短淺的朋友。懷寧：即稱阮大鋮，因其為懷寧人。東洛才名：此暗用晉代左思寫《三都賦》之故事，喻侯方域之才名。爭看坐車郎：相傳潘嶽貌美，每坐車出遊，婦女相爭看他。南鄰大阮：此謂阮大鋮，典出晉代阮籍，時稱大阮。嫁衣：語出秦韜玉《貧女》："為他人作嫁衣裳"。

（生）阮圓老原是敝年伯，小弟鄙其為人，絕之已久。他今日無故用情，令人不解。（末）圓老有一段苦衷，欲見白於足下。（生）請教。（末）圓老當日曾游趙夢白之門，原是吾輩。後來結交魏黨，只為救護東林，不料魏黨一敗，東林反與之水火。近日復社諸生，倡論攻擊，大肆毆辱，豈非操同室之戈乎？圓老故交雖多，因其形跡可疑，亦無人代為分辯。每日向天大哭，說道："同類相殘，傷心慘目，非河南侯君，不能救我。"所以今日諄諄納交。（生）原來如此，俺看圓海情辭迫切，亦覺可憐。就便真是魏黨，悔過來歸，亦不可絕之太甚，況罪有可原乎。定生、次尾，皆我至交，明日相見，即為分解。（末）果然如此，吾黨之幸也。（旦怒介）官人是何等說話，阮大鋮趨附權奸，廉恥喪盡；婦人女子，無不唾罵。他人攻之，官人救之，官人自處於何等也？

【川撥棹】不思想，把話兒輕易講。要與他消釋災殃，要與他消釋災殃，也提防旁人短長。官人之意，不過因他助俺妝奩，便要徇私廢公；那知道這幾件釵釧衣裙，原放不到我香君眼裏。（拔簪脫衣介）脫裙衫，窮不妨；布荊人，名自香。

（末）阿呀！香君氣性，也忒剛烈。（小旦）把好好東西，都丟一地，可惜，可惜！（拾介）（生）好，好，好！這等見識，我倒不如，真乃侯生畏友也。（向末介）老兄休怪，弟非不領教，但恐為女子所笑耳。

【前腔】（生）平康巷，他能將名節講；偏是咱學校朝堂，偏是咱學校朝堂，混賢奸不問青黃。那些社友平日重俺侯生者，也只為這點義氣；我若依附奸邪，那時羣起來攻，自救不暇，焉能救人乎。節和名，非泛常；重和輕，須審詳。

（末）圓老一段好意，也還不可激烈。（生）我雖至愚，亦不肯從井救人。（末）既然如此，小弟告辭了。（生）這些箱籠，原是阮家之物，香君不用，留之無益，還求取去罷。（末）正是"多情反被無情惱，乘興而來興盡還"。（下）（旦惱介）（生看旦介）俺看香君天姿國色，摘了幾朵珠翠，脫去一套綺羅，十分容貌，又添十分，更覺可愛。（小旦）雖如此說，捨了許多東西，倒底可惜。

【尾聲】金珠到手輕輕放，慣成了嬌癡模樣，辜負俺辛勤做老娘。

（生）些須東西，何足掛念，小生照樣賠來。（小旦）這等才好。（小旦）花錢粉鈔費商量，（旦）裙布釵荊也不妨；（生）只有湘君能解佩，（旦）風標不學世時妝。

（正文據人民文學出版社 1980 年版王季思等注《桃花扇》）

【注疏】

趙夢白：即趙南星。水火：此謂彼此不相容。操同室之戈：本指兄弟間自相殘殺，此謂同類人自相攻擊。旁人短長：旁人評論。布荊：即布衣、荊釵。忒：太。畏友：指方正剛直而被朋友所敬長的朋友。不問青黃：不管是非黑白。從井救人：意謂不能救起別人，卻害了自己。多情反被無情惱：語出宋蘇軾《蝶戀花》詞句。乘興而來：東晉王子猷訪訪問戴安道時之語。花錢粉鈔：指花費在花粉裝飾等上面的錢鈔。湘君解佩：形容香君的卻奩，語出《楚辭·九歌·湘君》："遺余佩兮澧浦。"

附

一、知識答問

1. 賦體有幾種體制？有哪些代表作家？

答：賦是一種綜合詩、文的特殊文體。《詩經》、楚辭、先秦散文都是孕育賦的源泉。作為文體的名稱，最早見於荀子《賦篇》。藝術形式上以抒情、說理、比物連類、誇飾鋪排、主客辯難等為表現特徵。賦體在發展演變過程中有四種主要形式：騷賦、古賦、駢賦和文賦。

騷賦產生於漢初，源於楚辭，模擬《楚辭》，以"兮"字入句，内容則重在"寫志"而非"體物"，代表作如賈誼的《弔屈原賦》《鵩鳥賦》。

古賦是指騷賦以外的漢賦，體制多分為三部分，開始為近似序的散文，中間常用問答的形式，篇幅較長，極力鋪陳誇張，韻文中夾雜散文，結尾抒發議論，寄託諷喻，類似楚辭的"亂"或"訊"。句式上不再用"兮"字。漢大賦體式為枚乘《七發》開創，司馬相如的創作達到高峰。司馬相如字長卿，少好讀書，學擊劍，景帝時為武騎常侍。因景帝不好辭賦，相如告病免官。武帝即位，喜好辭賦，相如因《子虛賦》得武帝召見。今存《子虛》《上林》《哀秦二世》《大人》四篇。《子虛賦》和《上林賦》實為一篇，稱《天子遊獵賦》。揚雄，字子雲。少而好學，博覽群書。為人不慕富貴，喜好深思。作品有《蜀都》《甘泉》《河東》《校獵》《長楊》五篇大賦。東漢初期賦家繼承前漢賦風，以京都為題材創作鋪張揚厲的大賦，如班固《兩都賦》、張衡《二京賦》。中期以後，以張衡《歸田賦》為發端，賦體創作向貼近現實人生、篇幅短小和抒情言志的方向發展。

古賦在六朝時期發展成為駢賦，多位四六句式，且講究對偶和平仄，堆砌典故，等於具有鋪陳誇張特色的有韻駢體文，如江淹《別賦》。駢賦發展到唐宋時期，科舉中要求平仄對仗，並限定韻字，因而又稱"律賦"。

文賦是受唐宋古文運動的影響而產生的一種文體。唐宋古文家在賦體創作上，極力摒棄駢儷舊套，通篇貫串散文的氣勢，重視清新流暢，在藝術形式上給賦體注入了新的活力，如蘇軾的《赤壁賦》等。

2. 何謂太康詩歌？有哪些代表作家？

答：指晉武帝太康時期的文學成就，以潘嶽、陸機、張載、張協、陸雲等人為代表。其詩講究雕章琢句，追求詞藻，流於輕靡，詩風繁縟華麗，代表著當時詩壇的主流。所謂“三張二陸兩潘一左”：指主要活動於西晉太康、元康年間的八位詩人：張載、張協、張亢兄弟，陸機、陸雲兄弟，潘岳及其侄潘尼，還有左思。

陸機，字士衡。少有異才，文章冠世，文學成就賦勝於詩。其《文賦》是中國文學理論史上的名篇。潘岳，字安仁，性輕躁，趨世利，詩歌追求辭藻綺麗，被譽為“爛若舒錦”，其《悼亡詩》三首，世人評價極高，以至“悼亡”一詞從此專用為“悼妻”之用。左思，字太沖，出身寒微，構思十年，成《三都賦》，一時洛陽紙貴。左思是西晉詩壇第一人，其代表作《詠史》八首，繼承了建安詩歌的風骨，充滿著悲憤不平之氣，對門閥制度的批判極其強烈，對貧士失志極為憤慨，一股磊落不平之氣迸發於詩中。被譽為“文典以怨”，“左思風力”，（《詩品》）即指其詩引用歷史典故以抒時憤，剛健有力。一改班固創為《詠史》時的質木無文，打入自己的身世之感，情感激烈深切，借古人之事，抒個人懷抱，使詠史詩有了新的飛躍。另外劉琨詩歌代表作有《扶風歌》《重贈盧諶》，有清剛之氣，繼承了建安風骨。

3. 魏晉南北朝文學批評有哪些代表著作？

答：曹丕《典論·論文》是我國探討文學問題最早的較具系統的文學批評論著，論及文學價值、作家個性與作品風格、文體、文學批評等問題，表明他重視文學的態度和將文學獨立出來的主張，也對自古而來的“文人相輕”之習表示反對。陸機《文賦》是文學批評史上第一篇完整的系統性文學理論作品，用賦的形式細緻分析闡述文學創作過程。劉勰《文心雕龍》是一部系統完整且結構嚴密的文學理論專著，在我國古代文學思想發展史上有承前啟後的重要地位。鍾嶸的《詩品》是中國文學批評史上第一部詩論專著，探討詩人與作品的流別，分其優劣，論述詩歌的進化現象，也論各家源出與得失，建立起歷史方法的批評。

4. 中晚唐有哪些代表詩人？

答：中唐即唐代宗至唐文宗時期，詩歌創作承接盛唐氣勢，精彩紛呈。這一時期最大特點是詩派林立，詩人的個人風格極為突出，從開始時的“大曆十才子”，到後來的韓孟詩派，無不如此。中唐詩壇主要有兩大流派：（1）元白詩派：以白居易為首的“元白詩派”，也稱“新樂府詩派”。包括元稹、張籍、王建、李紳等人，正視現實，抨擊黑暗，強化詩歌的諷諫美刺功能，語言通俗流暢、風格平易近人。（2）韓孟詩派：以韓愈為首，包括孟郊、賈島、李賀等人；著力於新途徑的開闢、新技法的探尋以及詩歌新理論的闡發，語言新穎獨特，風格奇崛。晚唐著名詩人有杜牧、李商隱、溫庭筠、皮日休等，其詩成為唐代滅亡前夕美麗的"挽歌"。杜牧、李商隱被稱為"小李杜"。

5. 宋詞藝術形式有何特點？取得哪些文學成就？

答：詞是一種音樂文學，是與樂器相配合的歌辭，在詞的初期，歌辭依附於樂曲，故稱為"曲詞"或"曲子詞"。詞早在中唐時期就開始流行，到宋代達到極致。其起源，一是來自民間歌調，二是配合隋唐時期燕樂（胡樂與北方民間音樂結合而形成的一種新的音樂系統）的曲調、以"倚聲填詞"的方式創作。詞的用韻遵循"平水韻"，平仄要求嚴格，所謂"字有定聲"。因其以長短句為其主要文學形體特徵，故又稱"長短句"。

詞人作詞所依據的曲調樂譜稱詞調或詞牌。有些詞牌原本即詞的題目，因後來詞與音樂逐漸分離，詞牌的作用僅止於規定字數、句式、平仄和用韻。詞調與詞調名稱的關係有：（1）同調異名：同一詞調具有兩個以上的別名；（2）同調異體：同一詞調有幾種別體。

宋朝詞的創作和流傳非常廣泛，無論朝廷盛典、士大夫宴會，還是長亭離人送別、歌樓藝人賣唱，都有詞的存在。又有宋一代幾乎與外患相始終，收復中原、傷時憂國，成為詞人詠歎的又一主題。前者形成了婉約詞派，後者形成了豪放詞派。

婉約詞：以"豔科"為主，描寫男女愛情，筆法細膩柔靡、委婉含蓄。北宋詞壇幾乎是婉約派的一統天下。晏殊、歐陽修詞反映士大夫的雅致生活，柳永詞則以青樓歌妓為主要描寫對象，迎合市民情趣。晏幾道、秦觀、女詞人李清照及薑夔、吳文英等分別以清新、空靈和深密的藝術風格豐富了婉約詞的詞風。

豪放詞：以慷慨激昂和沉鬱悲涼為其風格特徵，代表人物有范仲淹、蘇軾、辛棄疾。北宋蘇軾突破詞必香軟的樊籬，創作風貌一新的詞章，為詞體的長足發展開拓了道路。南宋辛棄疾用武無地、報國無路、恢復無望，將其全部精力與才情用於填詞，成為南宋最傑出的詞人。

6. 什麼是元雜劇？有哪些代表劇作家和代表作？

答：元雜劇是匯融了歌唱、舞蹈、說白、雜技等多種技術形式的一種綜合戲劇藝術。其劇本主要有唱詞、對白（有口語：兀自、也麼哥）、動作三個部分，一般分為四折一楔子，內容多為一個完整故事。最偉大的雜劇作家是關漢卿。

關漢卿（1227~1297），號己齋叟，大都人，我國戲劇史上最偉大的作家。他創作了大量的散曲和雜劇，被列為元曲四大家之首。博學能文、滑稽多智，他還能親自登臺演出，具有叛逆傳統的性格。其《不伏老》散曲自稱"我是個蒸不爛、煮不熟、捶不扁、炒不爆、響噹噹一粒銅豌豆。子弟每誰叫你鑽入他鋤不斷、斫不下、解不開、頓不脫慢騰騰千層錦套頭。……我是個普天下郎君領袖,蓋世界浪子班頭","我會吟詩,會篆籀;會彈絲,會品竹;我也會唱鷓鴣,舞垂手;會打圍,會蹴踘;會圍棋,會雙陸。你便是落了我牙,歪了我口,瘸了我腿,折了我手;天與我這幾般歹症候,尚兀自不肯休。"在這裏塑造的下層文人放浪不羈的人格形象,是元代落魄文人絕望于現實之後對傳統觀念的大膽叛逆。

元杂剧代表作家和代表作有:關漢卿《竇娥冤》《魯齋郎》《單刀會》,馬致遠《漢宮秋》,白樸《牆頭馬上》,鄭光祖《倩女離魂》。这四人被稱為元曲四大家。另有王實甫《西廂記》和紀君祥《趙氏孤兒》。關漢卿屬於本色當行派,王實甫屬於文采派。所謂"本色"主要指語言的本色(通俗口語化),所謂"當行"主要指符合演出要求。《竇娥冤》和《西廂記》號稱元雜劇雙璧。

7. 清代詩歌理論有哪些流派?

答:神韻說:清代初期,入仕詩人從"南施北宋"開始,民族意識所造成的沉重心態已逐漸淡化,其詩歌已開始以新的面貌來與現政權取得和諧的相處。王士禛的"神韻說"就是力圖擺脫政治等社會因素對詩歌藝術的干擾,注重詩歌本身淡遠清新的境界和含蓄蘊藉的語言。

格調說:王士禛之後,詩歌領域相對統一的時代結束了,各種詩歌流派紛爭。沈德潛提出宗法唐人的"格調說",即用唐詩的格調去表現封建政治和倫理思想,主張恢復儒家"溫柔敦厚"、"忠正和平"的詩教傳統,尊唐抑宋,強調詩歌須"格高、調響",強調詩歌"和性情,厚人倫,匡政治"的教化作用。

肌理說:翁方綱認為王士禛"神韻說"空泛,沈德潛"格調說"食古不化,故提出"肌理說"。即所謂以儒學經典為基礎的"義理"和結構辭章方面的"文理"。義理為"言有物",指以六經為代表的合乎儒家道德規範的思想和學問;文理為"言有序",指詩律、結構、章法等作詩之法。義理為本,變通於法,以考據、訓詁增強詩歌的內容,融詞章、義理、考據為一。以學問為根底,以考證來充實詩歌內容,使義理和文理統一。主張"為學必以考證為准,為詩必以肌理為准"。

性靈說:乾隆年間以袁枚為代表的詩派,承接明代公安派"獨抒性靈"的理念,強調詩歌創作應抒寫人的真性情,表達個性意趣,辭貴自然,追求獨創。反對以程朱理學來束縛詩歌創作,反對擬古傾向和"溫柔敦厚"的詩教。詩人而言強調要有"才"、有"靈機",是對於清代以來道統文學觀強大權威的挑戰。性靈派的成就主要為詩歌,其中七絕和七律尤佳,如《馬嵬》命意新穎,感情傾向具有人民性。

8. 何謂桐城派?

桐城派是清代中期重要的散文流派,代表人物方苞、劉大櫆、姚鼐都是安徽桐城人，故稱桐城派。方苞自稱"學行繼程、朱之後，文章介韓、柳之間"。他將自己的散文理論概括為"義法"二字，"義"即"言有物""法"即言有序，其代表作有《獄中雜記》《左忠毅公逸事》等。劉大櫆有《論文偶記》，探討文章寫作過程中"神氣""音節""字句"三者之間的關係。姚鼐，字姬傳，號惜抱，著有《惜抱軒詩文集》，編有《古文辭類纂》。強調義理、考證、文章三者兼備，提出散文八要素：神、理、氣、味、格、律、聲、色。將多種文風歸結為"陽剛"和"陰柔"兩種。代表作有《登泰山記》等。姚鼐不僅發展了桐城派的散文理論，而且還扩大了桐城派體系，其"四大弟子"有管同、梅曾亮、方東樹、姚瑩。

9. 何謂近體詩？

答：古體詩是指周、秦、漢魏六朝的詩歌以及後世模仿的作品，即對平仄、對仗、用韻等要求不嚴格，又稱"古詩""古風"。其特點：（1）不限句數、字數。（2）押韻要求較寬，可用平聲韻也可用仄聲韻，还可以換韻。

而近體詩又稱"今體詩""格律詩"，是唐初在"永明體"詩的基礎上形成的一種以講究平仄、對仗為特點的格律詩。"永明體"是南朝齊武帝永明年間（483~493）出現的一種新詩體，其特點是講究聲韻格律，代表作家為沈約和謝朓。

近體詩的分類：近體詩包括律詩、絕句、排律三大類。律詩指七律和五律，絕句指七絕和五絕。絕句由律詩截取而成，故名。排律又稱長律，是律詩的延長。排律一般是五言的，七言的很少。近體詩格律特點：（1）句數固定；（2）押韻嚴格；（3）講究平仄；（4）要求對仗。另外也有一些獨特的語言句法。

10. 近體詩形式有哪些嚴格規定？

答：

（1）句數：規定律詩是八句，絕句是四句。另有長律，又稱"排律"，多為五言，一般限制在 12 句，也有超出此數的。

（2）押韻：①位置：每聯對句的尾字；首句可入韻可不入韻，五言首句一般不用韻，七言首句一般用韻；偶句必須用韻。②特點：押平聲韻；韻腳只能取同一韻部的字，不能出韻；不能轉韻。以"平水韻"106 部為用韻標準；隋代陸法言《切韻》是隋唐通用韻書，分 193 韻。宋代重修《切韻》，改稱《廣韻》，分 206 韻，實際上一些鄰近的韻可合用。南宋平水人劉淵著《壬子新刊禮部韻略》，將《廣韻》的 206 韻中規定可同用合用的韻合併，成 107 韻。同時，金人王文郁著《平水新刊韻略》，將《廣韻》的 206 韻合併為 106 韻。後人就把這 106 韻稱為"平水韻"。"平水韻"雖出現在宋代，但其分韻符合唐人用韻的實際情況。

（3）講究平仄：平仄是對四聲的分類，"平"指平聲（陰平、陽平）："仄"

即不平，指上、去、入三聲。平仄規則：①一句之中平仄相間；②一聯之中平仄相對；③兩聯之間平仄相黏。

對：指同一聯中出句和對句的平仄關係；即偶數句的對句跟出句的平仄應當相反。不符合的叫"失對"。

黏：指上一聯對句與下一聯出句的平仄關係；即奇數句的對句跟上句的平仄應當相同。否則叫"失黏"。

（4）講究對仗：詩詞創作中的對偶叫對仗。①律詩首尾聯可對可不對，頷、頸二聯必須對仗。②詞義的對待是對仗的形式要求。③絕句不要求對仗，使用對仗時，大多數在前面一聯。④對仗原則：平仄相對；詞性相同；詞義（內容）相對。

11. 五言律詩、七言律詩有几种平仄格式？

答：平起平收式；平起仄收式；仄起平收式；仄起仄收式。

五言律詩：

（一）首句仄起仄收式（這種格式最為常見）

仄仄平平仄，平平仄仄平。

平平平仄仄，仄仄仄平平。

仄仄平平仄，平平仄仄平。

平平平仄仄，仄仄仄平平。

春夜喜雨（杜甫）

好雨知時節，當春乃發生。

隨風潛入夜，潤物細無聲。

野徑雲俱黑，江船火獨明。

曉看紅濕處，花重錦官城。

（二）首句仄起平收式

仄仄仄平平，平平仄仄平。

平平平仄仄，仄仄仄平平。

仄仄平平仄，平平仄仄平。

平平平仄仄，仄仄仄平平。

終南山（王維）

太乙近天都，連山到海隅。

白雲回望合，青靄入看無。

分野中峰變，陰晴眾壑殊。

欲投人處宿，隔水問樵夫。

（三）首句平起仄收式

平平平仄仄，仄仄仄平平。

仄仄平平仄，平平仄仄平。

平平平仄仄，仄仄仄平平。

仄仄平平仄，平平仄仄平。

山居秋暝（王維）

空山新雨後，天氣晚來秋。

明月松間照，清泉石上流。

竹喧歸浣女，蓮動下漁舟。

隨意春芳歇，王孫自可留。

（四）首句平起平收式

平平仄仄平，仄仄仄平平。

仄仄平平仄，平平仄仄平。

平平平仄仄，仄仄仄平平。

仄仄平平仄，平平仄仄平。

晚晴（李商隱）

深居俯夾城，春去夏猶清。

天意憐幽草，人間重晚晴。

並添高閣迥，微注小窗明。

越鳥巢幹後，歸飛體更輕。

（五言絕句相當於五言律詩的一半，故也有四種平仄格式）

七言律詩：

（一）首句平起平收式（這種格式最為常見）

平平仄仄仄平平，仄仄平平仄仄平。

仄仄平平平仄仄，平平仄仄仄平平。

平平仄仄平平仄，仄仄平平仄仄平。

仄仄平平平仄仄，平平仄仄仄平平。

望薊門（祖詠）

燕台一去客心驚，茄鼓喧喧漢將營。

萬里寒光生積雪，三邊曙色動危旌。

沙場烽火侵胡月，海畔雲山擁薊城。

少小雖非投筆吏，論功還欲請長纓。

（二）首句平起仄收式

平平仄仄平平仄，仄仄平平仄仄平。

仄仄平平平仄仄，平平仄仄仄平平。

平平仄仄平平仄，仄仄平平仄仄平。

仄仄平平平仄仄，平平仄仄仄平平。

客至（杜甫）

舍南舍北皆春水，但見群鷗日日來。

花徑不曾緣客掃，蓬門今始為君開。

盤飧市遠無兼味，樽酒家貧只舊醅。

肯與鄰翁相對飲，隔籬呼取盡餘杯。

（三）首句仄起平收式（這種格式也很常見）

仄仄平平仄仄平，平平仄仄仄平平。

平平仄仄平平仄，仄仄平平仄仄平。

仄仄平平平仄仄，平平仄仄仄平平。

平平仄仄平平仄，仄仄平平仄仄平。

秋興（杜甫）

聞道長安似弈棋，百年世事不勝悲。

王侯第宅皆新主，文武衣冠異昔時。

直北關山金鼓震，征西車馬羽書馳。

魚龍寂寞秋江冷，故國平居有所思。

（四）首句仄起仄收式

仄仄平平平仄仄，平平仄仄仄平平。

平平仄仄平平仄，仄仄平平仄仄平。

仄仄平平平仄仄，平平仄仄仄平平。

平平仄仄平平仄，仄仄平平仄仄平。

聞官軍收河南河北（杜甫）

劍外忽傳收薊北，初聞涕淚滿衣裳。

卻看妻子愁何在？漫捲詩書喜欲狂。

白日放歌須縱酒，青春作伴好還鄉。

即從巴峽穿巫峽，便下襄陽向洛陽。

（七絕相當於七律的一半，故也有四種平仄格式）

12. 何謂近體詩格律的對仗？

答："對仗"中的"仗"，來源儀仗隊之"仗"，兩兩相對，排列整齊。對仗是由兩個字數相等、結構相同、意義上相關聯的句子構成的句式，要求詞性相同：實詞對實詞，虛詞對虛詞。如："月下飛天鏡，雲生結海樓。"（李白《渡荊門送別》）近體詩產生以前，詩中對仗僅為修辭需要。而近體詩的對仗不僅是修辭需要，更是格律規定。對仗的位置：頷聯和頸聯必須呈現對仗，而首聯和尾聯則可對可不對；也可四聯皆對仗。絕句可其中一聯對仗，也可都對仗。排律除了首、尾兩聯外，需全部對仗。對仗的種類有：

（1）工對

句子結構相同，詞性一致，而且詞的小類也相同。如：

兩個黃鸝鳴翠柳，一行白鷺上青天。（杜甫《絕句》）

繞郭荷花三十裏，拂城松樹一千株。（白居易《餘杭形勝》）

其中名詞又細分為以下一些小類：

天文（日月風雲等）時令（年節朝夕等）

地理（山水江河等）宮室（樓臺門户等）

器物（刀劍杯盤等）衣飾（衣冠巾帶等）

飲食（茶酒餐飯等）文具（筆墨紙硯等）

文學（詩賦書畫等）草木（草木桃杏等）

人事（道德才情等）人倫（父子兄弟等）

形體（身心手足等）鳥獸蟲魚（麟鳳龜龍等）

（2）寬對

詞性相同，但小類不相同。如：

露從今夜白，月是故鄉明。（杜甫《月夜憶舍弟》）

感時花濺淚，恨別鳥驚心。（杜甫《春望》）

（3）借對：

利用一字多義或一字多音的現象來構成對仗。有兩種情況：

A. 借義：某詞有兩種意義，詩人在詩中用其中一義而以另一義相對。

B. 借音：某詞本無某義，只因讀音與另一詞相同，故借另一詞的意義相對。如：

千尋鐵鎖沉江底，一片降幡出石頭。（劉禹錫《西塞山懷古》）

酒債尋常行處有，人生七十古來稀。（杜甫《曲江》）

翠黛不須留五馬，皇恩只許住三年。（白居易《西湖留別》）

山入白樓沙苑暮，潮生滄海野塘春。（元稹《寄樂天》）

（4）流水對

指上下句的意義不能獨立，需要合在一起理解。如：

山中一夜雨，樹杪百重泉。（王維《送梓州李使君》）

玉璽不緣歸日角，錦帆應是到天涯。（李商隱《隋宮》）

東風不與周郎便，銅雀春深鎖二喬。（杜牧《赤壁》）

欲窮千里目，更上一層樓。（王之渙《登鸛雀樓》）

二、參考文獻

（一）文學專集部分

朱　熹：《楚辭集註》，上海古籍出版社 1979 年版。

蔣　驥：《山帶閣注楚辭》，中華書局 1958 年版。

洪興祖：《楚辭補注》，中華書局 1983 年版。

姜亮夫：《屈原賦校註》，人民文學出版社 1957 年版。

劉永濟：《屈賦通箋》，人民文學出版社 1961 年版。

游國恩：《離騷纂義》，中華書局 1981 年版。

袁行霈：《陶淵明集箋注》，中華書局 1994 年版。

王　琦：《李太白全集》，中華書局 1981 年版。

瞿蛻園：《李白集校註》，上海古籍出版社 1980 年版。

錢謙益：《錢註杜詩》，上海古籍出版社 1979 年版。

王嗣奭：《杜臆》，中華書局上海編輯所 1962 年版。

浦起龍：《讀杜心解》，中華書局 1978 年版。

楊　倫：《杜詩鏡銓》，中華書局上海編輯所 1962 年版。

仇兆鰲：《杜少陵集詳注》，中華書局 1979 年版。

鄧廣銘：《稼軒詞編年箋注》，上海古籍出版社 1993 年版。

徐震堮：《世說新語校箋》，中華書局 1984 年版。

余嘉錫：《世說新語箋疏》，中華書局 1983 年版。

王季思：《集評校注西廂記》，上海古籍出版社 1987 年版。

湯顯祖：《牡丹亭》，人民文學出版社 1980 年版。

孔尚任：《桃花扇》，人民文學出版社 1959 年版。

（二）文學總集部分

沈德潛：《古詩源》，中華書局 1963 年版。

嚴可均：《全上古三代秦漢三國六朝文》，中華書局 1985 年版。

逯欽立：《先秦漢魏晉南北朝詩》，中華書局 1983 年版。

北大中國文學史教研室：《先秦文學史參考資料》，中華書局 1962 年版。

北大中國文學史教研室：《兩漢文學史參考資料》，中華書局 1962 年版。

北大中國文學史教研室：《魏晉南北朝文學史參考資料》，中華書局 1962 年版。

蕭　統：《文選》，清嘉慶十年胡克家刻本影印本，中華書局 1977 年版。

高步瀛：《兩漢文舉要》，中華書局 1990 年版。

高步瀛：《魏晉文舉要》，中華書局 1989 年版。

李　昉：《文苑英華》，中華書局 1990 年版。

曹道衡：《漢魏六朝辭賦》，上海古籍出版社 1989 年版。

王茂福：《漢魏六朝賦译注》，陝西人民出版社 2005 年版。

張　溥：《漢魏六朝百三家集題辭》，人民文學出版社 1960 年版。

瞿蜕園：《漢魏六朝賦選選注》，中華書局 1964 年版。

余冠英：《漢魏六朝詩選》，人民文學出版社 1958 年版。

費振剛：《全漢賦》，北京大學出版社 1993 年版。

高步瀛：《唐宋文舉要》，上海古籍出版社 1982 年版。

高步瀛：《唐宋詩舉要》，上海古籍出版社 1978 年版。

彭定求：《全唐詩》，中華書局 1960 年版。

董　誥：《全唐文》，中華書局 1983 年版。

唐圭璋：《全宋詞》，中華書局 1965 年版。

錢锺書：《宋詩選注》，三聯書店 2002 年版。

龍榆生：《唐宋詞格律》，上海古籍出版社 1978 年版。

夏承燾：《唐宋詞欣賞》，浙江古籍出版社 1997 年版。

北大編：《全宋詩》，北京大學出版社 1995 年版。

張景星：《元詩別裁集》，上海古籍出版社 1979 年版。

沈德潛：《明詩別裁集》，中華書局 1973 年版。

沈德潛：《清詩別裁集》，中華書局 1975 年版。

龍榆生：《近三百年名家詞選》，上海古籍出版社 1979 年版。

汪辟疆：《唐人小說》，上海古籍出版社 1978 年版。

趙景深：《明清傳奇選》，中國青年出版社 1981 年版。

王季思：《全元戲曲》，人民文學出版社 1999 年版。

毛　晉：《六十種曲》，中華書局 1958 年版。

朱東潤：《中國歷代文學作品選》，上海古籍出版社 1979 年版。

林　庚：《中國歷代詩歌選》，人民文學出版社 1979 年版。

黃　侃：《文心雕龍劄記》，中華書局 1962 年版。

范文瀾：《文心雕龍注》，人民文學出版社 1978 年版。

袁行霈：《中國詩歌藝術研究》，北京大學出版社 1987 年版。

王　瑤：《中古文學史論集》，上海古籍出版社 1982 年版。

錢锺書：《管錐編》，中華書局 1979 年版。

錢锺書：《七綴集》，上海古籍出版社 1985 年版。

林　庚：《唐詩綜論》，人民文學出版社 1987 年版。

陳貽焮：《唐詩論叢》，湖南人民出版社 1980 年版。

王　力：《漢語詩律學》，上海教育出版社 1979 年版。

褚斌傑：《中國古代文體概論》，北京大學出版社 1990 年版。

（三）文學史論部分

陸侃如：《中國詩史》，作家出版社 1956 年版。

吉川幸次郎：《中國詩史》，復旦大學出版社 2001 年版。

姜書閣：《駢文史稿》，人民文學出版社 1986 年版。

郭預衡：《中國散文史》，上海古籍出版社 1999 年版。

魯　迅：《中國小說史略》，上海古籍出版社 1998 年版。

北大中文系：《中國小說史》，人民文學出版社 1978 年版。

張　庚：《中國戲曲通史》，中國戲劇出版社 1980 年版。

周貽白：《中國戲曲發展史綱要》，上海古籍出版社 1979 年版。

魯　迅：《漢文學史綱要》，上海古籍出版社 2005 年版。

褚斌傑：《先秦文學史》，人民文學出版社 1998 年版。

徐公持：《魏晉文學史》，人民文學出版社 1991 年版。

曹道衡：《南北朝文學史》，人民文學出版社 1991 年版。

陸侃如：《中古文學系年》，人民文學出版社 1985 年版。

劉師培：《中國中古文學史》，人民文學出版社 1959 年版。

鄭振鐸：《插圖本中國文學史》，北京出版社 1999 年版。

游國恩：《中國文學史》，人民文學出版社 2001 年版。

林　庚：《中國文學簡史》，北大出版社 1988 年版。

錢　穆：《中國文學史》，中華書局 1993 年版。

袁行霈：《中國文學史》，高等教育出版社 2005 年版。

中國科學院文學研究所：《中國文學史》，人民文學出版社 1979 年版。

章培恒：《中國文學史》，復旦大學出版社 2005 年版。

郭預衡：《中國古代文學史》，上海古籍出版社 1998 年版。

后　记

　　乙未岁杪，寒风栗列，京城大街小巷春节的意味也更加浓厚。将这部《国学典籍述疏》书稿审校完毕，我心理的疲惫也略感缓轻，颇有庖丁提刀、踌躇满志之意。而放眼窗外腊冬的白日蓝天，亦不免心头涌现一番感叹歆歔。自感本书从资料的积累到述疏的撰写，亦乃我半生教学与著述生涯的又一结晶。

　　我幼时就身受极其重视文化修养的父母以及兄姊的影响和熏陶，喜好文学艺术以及书法绘画，如今回忆起来，深感先父高景恕、先母安风新鞠育之恩如天高海深。我中小学时期正值"文革"时代，少年的很多时光是在教室之外的田野或车间的劳动中度过。但是即使在当时那种以阅读古籍为耻、以远离课堂为荣的社会特殊氛围之中，我仍不废对文化书籍的专注。1978年我从胶东的一座小县城考入京华燕园，经历了七年的寒窗苦读，历尽了学术方向的迷茫和苦闷，最终踏上了一条拘身于课堂与书斋的艰辛人生之路，至今已有卅载春秋。此前秋杪萧辰之际，我曾依杜少陵《秋兴八首》之用韵，作《燕京秋兴八首》，摅发我对五十多年人生的回顾与感悟，兹录之如下：

其一

朝眺幽燕霜覆林，金风玉露柏清森。

曾思兄姊助升米，犹悼严慈惜寸阴。

三匝乌飞千振翮，半生客寄一凭心。

凉飔拂木气萧瑟，隐隐圆明园里碪。

其二

蒹葭俯仰茎横斜，年年抚时感物华。

随雁望巅陟羊阪，盟鸥临海觅星槎。

凌烟阁上何需笔，迎雨途中应伴笳。

波冷潭澄丹桂艳，无蝉三径积黄花。

其三

芦获披靡带夕晖，寒鸦数点晚霞微。
叶飘片片枯荷立，鱼戏群群老蝶飞。
宋玉九秋情易感，鲁贤三立志难违。
低吟回首眄寥廓，诗癖明春赋鳜肥。

其四

烂柯人境换局棋，古调自弹谁自悲。
咄咄书空空叹世，拳拳在念念忧时。
独行缀字自闲步，同学成名各骤驰。
别鸟惊心伤契阔，暂凭杯酒逗沉思。

其五

掷卷登高忆乳山，孩提桑梓白云间。
此时电掣驶通路，早岁路长越临关。
囊厌趋庭父训语，今需追梦母慈颜。
国贫家厄可堪诉，屡忍萧萧鸣马班。

其六

刺股苏秦争上头，燕园萤烛七春秋。
留连博雅漫寻乐，惆怅未名亦识愁。
存志塔峰不学雀，忘机湖畔岂猜鸥。
浮生矻矻辨书蠹，思壮几回游九州。

其七

极目八荒大禹功，羲和驱日太清中。
金瓯迢递遭斜雨，茅屋飘飖惹疾风。
苦记儿时四壁黑，喜观盛世万山红。
东南海岛应防鬼，长啸仰天忆放翁。

其八

蓟北长城自逶迤，浮萍簇簇满西陂。
溪前余暖花凝影，岩后新寒鹊踏枝。
懵懂童髫喜月动，蹉跎繁鬓恨星移。
南翔鸿雁杳然去，暮色独看双袖垂。

（《燕京秋兴八首》）

　　这组七律虽然间以用典，景语含蓄，诗家语跳跃，但是委婉道出我对人世之感叹与思考，识者自识之，正可谓"知我者谓我心忧，不知我者谓我何求"矣。春秋鲁国大夫公孙豹倡导"立德、立功、立言"之人生"三立"，而我半生仅仅数册薄书，"三立"之末的"立言"，尚未可及，人生真如沧海一粟、大漠一砾之渺小。故特列此组拙作于此书后记以志之矣。

又回想我的半生学术生涯，乔备学力对国学典籍进行一些梳理、感悟一些心得，更应感谢昔日北京大学的老师和同窗。特别是感谢已故恩师倪其心先生，领引我走上学术考据研究之路。令人心悲的是，当年我的老师们大多故去。仰观博雅，塔影苍云变幻；俯视未名，湖光涟漪依旧。曩昔业师硕儒，而今已半仙逝；音容笑貌，中心永铭；不有恩师执鞭，何有学生拾慧。兹录怀念燕园业师的七律三首如下，以明心志矣：

> 云卷云舒望杜鹃，一思容貌一泫然。
> 谏言三及少夷路，兰舸孤航多险川。
> 元史唐文勤剔抉，宋诗汉赋细评诠。
> 吾师万木千帆后，蓑雨平生待郑笺。
>
> （《忆北大恩师倪其心先生》）

> 叹春甲午百花零，仙逝初闻老泪盈。
> 黉舍忆前多俊彦，燕园惜后少才英。
> 徐哦宋曲主柔韵，细说杜诗辨入声。
> 洒脱铿锵音貌永，艺通文史任人评。
>
> （《闻吴小如先生驾鹤兼忆昔日听讲》）

> 斜阳缕缕静无尘，轻叩宅门透绿筠。
> 隔牖英文歌咏慢，入庭闽语诵吟频。
> 屡称汉籍韦编错，更证唐诗气象真。
> 谁叹而今夫子逝，燕园四望漫逶巡。
>
> （《忆昔拜访林庚先生燕南园寓所》）

这部《国学典籍述疏》得以出版，我感受良多。当下世风现状以经济建设为中心，斯风所及，以致位卑言微之吾侪著述出版毫无金钱上的收益，唯有心力与体力的付出，唯有传承中华传统文化的心底愉悦。故在此感谢我的妻子贺晓霞、儿子高加贝长期以来对我闭门书斋的理解、埋头著述的支持。感谢我书画诗词艺术追求道路上的导师著名书画家林心传老人对我的鞭策。感谢高玉山、高玉峰两位兄长以及高玉芹、高玉梅、高玉玲诸兄姊对我一如既往的鼓励。感谢其他平时讨论中华文化之各位同仁和友朋的指教，不一一具名。感谢中国书籍出版社编审们的大力支持。还要感谢北京中联学林文化发展中心秉持弘扬国学之主旨，不计商业利润，使书稿得以付梓，感谢编辑部张金良主任以及编辑人员的辛苦工作。

编书排版之道，贵在精益求精。校勘审核，自古不易。本书文字若有衍脱纰漏之处、鲁鱼亥豕之误，尚祈读者方家不吝指正，本人感谢不尽。

又深感著书撰文实乃艰辛之事。亲历其中，书海钩沉之苦乐冷暖，如鸭饮水；爬罗资料之费神劳力，如獭祭鱼。暮冬之际，书稿杀青，即可偷得浮生半日闲，前往与寒舍仅一路之隔的圆明园遗址一游矣。红绽蝶飞、姹紫嫣红，芳春自为良辰美景；而寒鸦啄冰、水落石出，季冬亦别有一番风味矣！诗曰：

霾散负暄喜向阳，寒鸦绕树逐晴翔。

剥除凉夏缤纷色，赢得暖冬素朴妆。

掠水绿鸭频振羽，缘岩白雪屡呈光。

且掩书卷出柴闼，觅嗅溪梅一段香。

（《乙未岁杪书稿杀青后游圆明园》）

高玉昆　乙未冰月记于京华海淀坡上村大有书斋